**DECISÃO JURÍDICA
NA COMUNICATIVAÇÃO**

DECISÃO JURÍDICA
NA COMUNICATIVAÇÃO

2021

Artur Stamford da Silva

DECISÃO JURÍDICA NA COMUNICATIVAÇÃO

© Almedina, 2021

AUTOR: Artur Stamford da Silva

DIRETOR ALMEDINA BRASIL: Rodrigo Mentz
EDITORA JURÍDICA: Manuella Santos de Castro
EDITOR DE DESENVOLVIMENTO: Aurélio Cesar Nogueira
ASSISTENTES EDITORIAIS: Isabela Leite e Larissa Nogueira

DIAGRAMAÇÃO: Almedina
DESIGN DE CAPA: FBA

ISBN: 9786556271651
Fevereiro, 2021

Dados Internacionais de Catalogação na Publicação (CIP)
(Câmara Brasileira do Livro, SP, Brasil)

Silva, Artur Stamford da
Decisão jurídica na comunicativação / Artur
Stamford da Silva. -- 1. ed. -- São Paulo : Almedina,
2021.

ISBN 978-65-5627-165-1

1. Audiências - Brasil 2. Decisão judicial 3.
Direito 4. Hermenêutica (Direito) I. Título

20-50356	CDU-340.132.6:342

Índices para catálogo sistemático:

1. Hermenêutica constitucional : Direito 340.132.6:342
Aline Graziele Benitez - Bibliotecária - CRB-1/3129

Este livro segue as regras do novo Acordo Ortográfico da Língua Portuguesa (1990).

Todos os direitos reservados. Nenhuma parte deste livro, protegido por copyright, pode ser reproduzida, armazenada ou transmitida de alguma forma ou por algum meio, seja eletrônico ou mecânico, inclusive fotocópia, gravação ou qualquer sistema de armazenagem de informações, sem a permissão expressa e por escrito da editora.

EDITORA: Almedina Brasil
Rua José Maria Lisboa, 860, Conj.131 e 132, Jardim Paulista | 01423-001 São Paulo | Brasil
editora@almedina.com.br
www.almedina.com.br

SOBRE O AUTOR

Artur Stamford Da Silva
Professor Titular de Sociologia do Direito da Faculdade de Direito do Recife-CCJ-UFPE-Brasil. Pesquisador CNPq (PQ1D – Proc. 301106/2019-3). Pesquisador do Moinho Jurídico (Laboratório de Pesquisa Sócio-Jurídica do CCJ-UFPE). Fundador da ABraSD (Associação Brasileira de Sociologia do Direito). Fundador da Rede Law and Social Systems (RLSS). Editor da Revista Brasileira de Sociologia do Direito (RBSD). Docente Permanente dos Programas de Pós-graduação em Direito (PPGD-UFPE); Pós-graduação em Direitos Humanos (PPGDH-UFPE) e da Pós-graduação em Inovação Terapêutica (PPGIT-UFPE). Professor Colaborador da Universidad Adolfo Ibánéz – Chile.

Why should I worry about dying?
It's not going to happen in my lifetime!
["Por que eu deveria me preocupar com a morte?
Não vai acontecer enquanto eu estiver vivo".]
(SMULLYAN, Raymond Merrill.
This book needs no title, 1980. p. 57)

Em geral, o que distingue quem sabe de quem não sabe
é a capacidade de ensinar.
(Aristóteles. **Metafísica**, A 1, 981b 6).

"Mathematics is the consequence of what there would be
if there could be anything at all".
"Matemática é a consequência do que haveria se pudesse haver algo".
(KAUFFMAN, Louis H.. Self-reference and recursive forms.
Journal of Social and Biological Systems, v. 10, n. 1, p. 53-72, Jan. 1987.
DOI: 10.1016/0140-1750(87)90034-0)

Isso eu não conseguia entender de maneira nenhuma.
Afinal, por mais limitada que fosse sua inteligência, eles deveriam,
apesar disso, entender que esse tipo de vida era um verdadeiro assassinato
em massa, cometido aos poucos, dia após dia. O Estado (humanitário)
proibia matar um indivíduo, mas não proibia que se matassem milhões
aos poucos. Matar alguém, isto é, diminuir a soma das vidas humanas
em cinquenta anos é um crime, mas diminuir a soma das vidas
em 50 milhões de anos não é. Isso não é engraçado?
(ZAMIÁTIN, Ievguêni Ivánovitch. **Nós**. Tradução Gabriela Soares.
São Paulo: Aleph, 2017. p. 31)

Realmente, como sua carta ao Mestre de Música já o demonstra, Servo sempre pressentiu que possivelmente não era a procura do sentido último que determinava a qualidade do jogador, e que o Jogo necessitava de um esoterismo, sendo também técnica, ciência e instituição social. Em resumo, surgiram dúvidas e discordâncias, o Jogo tornara-se uma questão vital e era no momento o problema capital de sua vida, ele não se achava disposto a tornar mais fácil sua luta por meio da palavra bem-intencionada dos pastores de almas, ou banalizá-la com um amável e tranquilizante sorriso professoral desses conselheiros.

(HESSE, Hermann. **O jogo das contas de vidro**. Rio de Janeiro: Best, 2010. p. 149)

Decisão jurídica é o espaço/tempo de construção de sentido do direito. Assim, sem pré. Sem início. Sem término, mas com conclusibilidade. Sem determinismo. Assim ... sendo como fazemos dela, ser. Contingente porque poderia ser outra. Sempre. Mas ... Assim, com redundância ao mesmo tempo que variação.

(Artur Stamford da Silva. Fonte: o autor)

Para Karó,
inspiração serena de
meus desequilíbrios lúcidos.

AGRADECIMENTOS

A Alice de Lacerda Stamford, filha que tinha quatro anos, fez cinco na fase final da tese de titularidade e, hoje, tem seis anos. Obrigado Alice por me chamar para brincar quando eu estava em plena redação de pontos cruciais, "centrais" dessas reflexões. Os risos em momentos tensos me abasteceram para seguir essas reflexões com menos angústia, mais alegria e prazer. Essas reflexões não teriam qualquer valor se eu tivesse preferido elas à Alice. Com a pandemia do Covid-19 vivenciei um cotidiano de pensar o impensável e, nele, aprendi com Alice o quando cometo tantos erros sobre o ser pai e o educar. Obrigado, Alice, por me ensinar que a via do conversar, mesmo com uma criança de seis anos, é muito mais educador e construtivo para nós dois que atirar gritos de "razão paternal".

A Lara Asfora Stamford, mulher que me ensinou a viver e conviver o paradoxo de dores-com-amor bem doloridas. Agradeço seus ensinamentos do que é conviver com o pânico-reponsabilidade-cuidado de ser pai. Temor maior que tinha e vivenciei por você, nos meus limites. Enfrentamentos que agitaram dores do pânico ao mesmo tempo em que afetos do prazer de ver Lara construir seus caminhos com autonomia e potência para viver essa vida sendo ela mesma.

Carolina Leal (Karó), fortaleza e inteligência invejável – obrigado por me ensinar as vias do resgate de si mesmo quando havia optado pelo fim de mim aos 33 anos. Obrigado por seu poder de amar, pela construção a dois, pelos ensinos de como se resgatar e se redignar a querer ser alguém. Obrigado pelos nutrientes que me deram as forças que nem conhecia para seguir e não desistir de mim, da vida, de amar o próximo e a si mesmo.

Agradeço a Glynne Pomposo, Célia Stamford e Adalgisa Pomposo Facão, pai, mãe e avó, respectivamente, todos *in memoriam*. Pessoas que me nutriram

DECISÃO JURÍDICA NA COMUNICATIVAÇÃO

e seguem me nutrindo de força e coragem para viver essa vida moendo as agressividades humanas. Aprendi a não ser ator de agressividades, porém não aprendi a não reagir agressivamente quando agredido. Meu pai, mãe e avó desculpem dizer, mas a hipótese "dois não brigam quando um não quer" é uma falácia. Sim, um é, sim, suficiente para destruir afetos e dar fim a grandes amizades.

André Stamford, meu irmão que trabalha, obrigado por me ensinar o adágio: "Faz o teu!". Frase que persegui e me nutriu de coragem para seguir na profissão.

Alexandre Stamford, meu irmão que, como eu, não trabalha, afinal é docente em dedicação exclusiva, obrigado pela força acadêmica, pelos ensinamentos durante o convívio na Diretoria de Inovação da UFPE quando aprendi a lidar com ideias opostas e a contornar dificuldades de gestão optando pela melhor saída ao bem institucional e não à opinião individual. Obrigado pelas frases de apoio e por me ensinar o advento quântico para lidar com os agressores. Desculpe meus limites nessa área.

Obrigado André e Alexandre pela música, momentos raríssimos de plena felicidade! Só vocês me proporcionam tais momentos com leveza, magnitude e plenitude.

Catarina e Cristiana Stamford, obrigado pela paciência, força profissional e por me convencerem que elefante também ama.

A impossibilidade de haver ciência solipsista fica explícita com a listagem de agradecimentos, é praticamente sem fim. Estas reflexões não teriam sido possíveis não fossem as participações fundamentais, diretas e/ou indiretas, de pessoas que marcam minha história, principalmente quando havia decidido largar a profissão e fui resgatado pelos amigos de verdade que tenho até hoje.

Cláudio Souto e Darío Rodrigues Mansilla, obrigado por toda atenção sem qualquer ganho ou troca. As considerações, conselhos e aposta em mim, quando em 2006 estava certo de que não valia a pena seguir na profissão. Devo a vocês e ao meu pai, Glynne, a força para seguir em pesquisa e na carreira no momento mais agressivo a que fui submetido a suportar e superar.

Luciano Oliveira, obrigado pelos papos, por sua dedicação exemplar à Sociologia do Direito e por sua maneira de impor aos leitores a vergonha diante de seu estilo de escrita humilhante. Devo a você amizades como as de José Luiz Ratton e Ernani Carvalho. Ainda que passados anos sem novas reuniões, as poucas foram fundamentais para minha história.

Aos orientandas(os) de graduação e de pós-graduação que foram, ao lado de Darío e Cláudio, responsáveis por eu ter me mantido em pesquisa e na profissão docente, bem como pelo Moinho Jurídico ser como é. Obrigado, Chiara Michelle Ramos Moura da Silva, Lillian Maria Baima Brum e Natália Barbosa de Araújo Cordeiro de Brito. O primeiro grupo de pesquisa sob minha orientação. Devo a John-Heinz Rummenigg Barbosa Ferreira Luciano, Henrique Carvalho Carneiro, André Luiz Barreto Azevedo, Marcelle Virgínia de Araújo Penha, Rodolfo Soares Ribeiro Lopes e Breno Gustavo Valadares Lins as idas e vindas de leituras da teoria social, de Niklas Luhmann, da Forma de Dois Lados, de Spencer-Brown; dos Sistemas que observam, de Heinz Von Foerster.

Agradeço a todos que fizeram e fazem possível a Associação Brasileira de Sociologia do Direito (ABraSD), nominalmente, e em especial, às pessoas que confio em amizade franca: Germano Schwartz, Marcelo Mello, Guilherme Azevedo, Fernando Rister, Fernanda Buzanello, Leonel Severo Rocha, Callegari, Virgínia Leal, Celso Campilongo, Marília Montenegro, Renata Ribeiro.

Agradeço a todos que fazem o Departamento de Teoria Geral do Direito e Direito Privado da UFPE, em especial às conversas científicas e neuropáticas com Alexandre da Maia, Gustavo Just, João Paulo Allain Teixeira e Torquato de Castro Jr. Obrigado pelo convívio teórico, sem agressividade, e pela amizade honesta nos espaços da Faculdade de Direito do Recife e fora dela. Larissa Leal, Fabíola Albuquerque, Antonieta Lynch, obrigado por todo o carinho, palavras e força a mim dirigidas ao longo desses dezessete anos.

Indispensáveis foram os apoios dos técnicos que me ajudaram a resolver diversos problemas operacionais durante esses anos: Valéria Viana, Solange Candido de Oliveira, Mani Galindo, Ana Paula Borba Guerra, Luciene William Barros do Nascimento, Alberto de Sá e Albuquerque, Ana Micheline de Souza Silva, Rafael dos Santos Morato, Ramiro Augusto Sobrinho, Carminha Aquino, Rony, Eurico Barbosa da Silva Filho, Sandro Bezerra.

Agradeço aos socorristas. Henrique Carvalho, Andreas Krell, Karl Heinz Efken, Danilo Vaz Curado e Edvaldo Moita, pelas ajudas com passagens, termos e trechos de textos, em alemão, de Luhmann. Gustavo Just, pelos esclarecimentos gregos. Socorros indispensáveis para estas reflexões seguirem menos obscuras para mim.

Agradeço, por fim, porém não menos importante, aos Professores Titulares integrantes da Comissão Especial Examinadora desta Tese de Titularidade, nomeada pela Portaria 22/2019, da Diretoria do Centro de Ciências Jurídicas da UFPE, Diretor Prof. Dr. Francisco Queiroz Bezerra Cavalcanti: Dr. Torquato da Silva Castro Júnior, Prof. Titular pela Universidade

DECISÃO JURÍDICA NA COMUNICATIVAÇÃO

Federal de Pernambuco (UFPE)-Brasil; Dr. Celso Fernandes Campilongo, Professor Titular pela Universidade de São Paulo (USP)-Brasil; Dra. Joselí Maria da Silva, Profa. Titular pelo Instituto Federal da Paraíba(IFPB)-Brasil; Dr. Aldo Arturo Mascareño Lara, Prof. Titular pela Universidad Adolfo Ibànèz (UAI)-Chile; Dr. Pierre Guibentif, Prof. Titular pelo Instituto Universitário de Lisboa (ISCTE-IUL)-Portugal.

APRESENTAÇÃO

A teoria dos sistemas sociais nos parâmetros formulados por Niklas Luhmann tornou-se um paradigma amplo de estudos teóricos e empírico os mais diversos, variando imensamente as perspectivas de análise. Ela tem uma complexidade conceitual capaz de atrair em torno de si um amplo número de cientistas sociais, juristas, filósofos, linguistas, teóricos da comunicação e da arte, entre outros, em uma forma paradoxal de convergência provocadora de divergências. Atrativa não apenas no campo acadêmico, mas também no âmbito político, ela congrega em torno de si diversas correntes de pensamento. Assim como a obra filosófica complexa de Hegel na transição do século XVIII para o século XIX, aberta para várias intepretações, influenciou filósofos tão díspares como Karl Marx a Benedetto Croce, a obra de Luhmann, nessa passagem de milênio, similarmente, tem levado a apropriações e recepções as mais divergentes entre si. Dessa forma, tem-se construído em torno da teoria luhmanniana dos sistemas um amplo e rico espaço acadêmico de discussão aberta e dissensual sobre problemas fundamentais da sociedade mundial hodierna.

Artur Stamford da Silva, no presente livro, uma versão revista de sua tese de concurso para professor titular da renomada Faculdade de Direito do Recife da Universidade Federal de Pernambuco, no qual obteve merecida vitória, contribui para essa discussão de uma forma original ao tratar da difícil questão da "Decisão jurídica como constructo de sentido do direito: elementos de pesquisa científica sociojurídica". Além disso, ele traz outros aportes para dialogar com o modelo luhmanniano, como as contribuições de Garfinkel, Bourdieu, Marcuschi, Maingueneau e Archer, que enriquecem a sua abordagem teórica.

O trabalho é prolífico e não cabe, nesta breve apresentação, uma análise pormenorizada do seu conteúdo. Para dois aspectos parece-me relevante chamar a atenção. Artur distingue entre três tipos de decisão jurídica: a decisão judicial, aquela tomada exclusivamente por magistrados, a decisão "judiciária", tomada por juristas (como a petição inicial e a interposição de um recurso), e a decisão sociojurídica, tomada cotidianamente por toda e qualquer pessoa como endereço de comunicação na sociedade. Ao destacar essa classificação, ele aponta para o processo complexo de seletividade da decisão jurídica em face das comunicações presentes no ambiente social do direito, mas não nega a relevância desse ambiente para a reprodução do direito: a transversalidade entre direito, discurso e comunicação importa em sua obra uma conexão de complementaridade e antagonismo circular entre sistema e ambiente, em um alteridade fundamental desenvolvida nos níveis das decisões judiciais (dos magistrados no centro do sistema jurídico), "judiciárias" (dos advogados e juristas na transição entre periferia e centro do sistema jurídico) e sociojurídicas (das pessoas situadas ambivalentemente nas fronteiras comunicacionais entre sistema jurídico e seu ambiente social). Além desse aspecto teórico relevante, Artur traz referências empíricas a respeito da construção seletiva de sentido no sistema jurídico, sendo de sublinhar o sentido interno de bagatela nas decisões judiciais brasileiras. Nesse contexto, também trata da metamorfose de sentido do ambiente para o sistema jurídico, na tensão entre "literalidade" e "saliência" (Marcuschi). O significado deste livro como contribuição original à teoria dos sistemas, especialmente no que concerne ao direito, reside na capacidade de trabalhar os diversos níveis da transversalidade circular na paradoxal construção seletiva de sentido mediante decisões jurídicas.

Além deste promissor trabalho no que concerne à disseminação da teoria dos sistemas, gostaria de destacar, nesta oportunidade, o relevante papel de Artur Stamford da Silva em congregar autores da teoria dos sistemas no Brasil e no exterior para debates auspiciosos. Sua atuação na Associação Brasileira de Sociologia do Direito (ABRASD) e na Rede *Law and Social Systems*, integrando diversos grupos e pessoas em discussões relevantes, tem sido um fator altamente importante para o desenvolvimento tanto da sociologia jurídica quanto da teoria dos sistemas sociais no Brasil.

Espero que a presente obra seja bem recebida pela comunidade acadêmica e estimule os debates sobre o tema da decisão jurídica no Brasil. Assim, que seu autor continue no firme caminho de uma exitosa vida acadêmica.

Bielefeld, 10 de agosto de 2020
Marcelo Neves

PREFÁCIO

Este livro tem origem na tese de titularidade do Professor Artur Stamford da Silva, apresentada à Faculdade de Direito do Recife – UFPE. Teses de titularidade costumam ter vícios metodológicos, cacoetes teóricos e manias acadêmicas. Também oferecem prestações de contas de quem as sustenta perante a comunidade científica. São trabalhos que respondem a padrões rígidos e modelos quase seculares, que vão do estilo literário ao jargão filosófico, da ordem dos capítulos à capa do trabalho, do tom de voz à indumentária do quem oferece suas "proposições" – como prefere Artur – ou "defende" a tese, de um lado, e de quem lê, escuta, debate ou, para acuar o defensor, "ataca" a obra. Antigamente, sustentar tese acadêmica era verdadeiro momento de pânico. Em parte, ainda é assim.

Tive a honra de integrar a banca examinadora do Professor Artur Stamford da Silva na quase bicentenária Faculdade do Recife. O clima, felizmente, não foi de "defesa" contra "ataque". Os motivos são vários. Tentarei explicar alguns deles. Começo com uma curiosidade. Numa das etapas do certame, Artur se apresenta para a arguição elegantemente trajado. Terno e gravata, como manda o figurino das "defesas" nas Faculdades de Direito. Porém, em desafio de flexibilização da rigidez das estruturas, calçava despojada sandália aberta de couro, tipicamente nordestina. O Presidente da banca examinadora – Professor Torquato da Silva Castro Jr. –, que, de início, não se deu conta a indumentária pouco usual, num dos intervalos percebeu a provocação e advertiu o candidato, em tom de brincadeira: "Se tivesse notado essas sandálias logo de partida, não teríamos sequer começado a sessão! ". A quebra da ortodoxia não estava apenas nas sandálias, obviamente. Era bem maior: estava na própria tese!

Artur Stamford da Silva cumpriu sua parte. Prestou contas: mostrou currículo invejável; vasta produção; vida dedicada à pesquisa; liderança e projeção,

DECISÃO JURÍDICA NA COMUNICATIVAÇÃO

nacional e internacional. O protagonismo na criação e, depois, na profícua presidência da ABraSD – Associação Brasileira de Pesquisadores em Sociologia do Direito, apenas ilustram sua rica atividade. Mas Artur foi mais longe. Na trilha de Escola com muita tradição no estudo do Direito e da Sociologia do Direito, mostrou sua tese. Descreveu a "decisão jurídica" com comentários argutos, refinamento conceitual e originalidade. Qual a principal proposição? Na minha leitura, a proposta de Artur Stamford da Silva reside em apresentar a decisão jurídica como forma de construção recursiva do sentido do direito.

Qual o papel social da decisão jurídica? É dessa pergunta que parte a proposição do Autor. Para tanto, o trabalho mobiliza vasto conjunto de conceitos e métodos. Referência importante é oferecida logo no início da obra: a decisão jurídica é gênero das espécies decisão judicial, decisão judiciária e decisão sociojurídica. Portanto, a preocupação é mais ampla e abstrata do que a referência usual entre os juristas: a decisão judicial. No lugar dos apertados sapatos de cromo alemão, sandálias confortáveis. No posto da rigidez, a liberdade criativa, sem fundamentalismos, causalismos e ortodoxia.

Artur Stamford busca a "comunicabilidade do direito". Penetra nas entranhas do processo de escolha que confere sentido ao direito pela via da decisão jurídica. O que é sentido? Qual o sentido da decisão jurídica? Como a decisão jurídica constrói a comunicabilidade do direito? Esses os intrincados temas das proposições de Artur Stamford.

A comunicabilidade jurídica pode ser tomada como meio amplo e estável de funcionamento do sistema jurídico. A decisão jurídica lhe dá forma e operacionalidade. Ativa algumas possibilidades de comunicação e descarta outras. Enquanto a comunicabilidade jurídica está acoplada de modo amplo, as formas das decisões jurídicas estão acopladas de maneira estrita. Por isso são menos estáveis e mais precárias. Isso talvez explique como e por quais motivos o tema das investigações do Professor Stamford, ao longo de vários anos de reflexão, ganhou diferentes versões, variadas proposições e distintas descrições: as formas da decisão jurídica são dinâmicas, temporais e mudam com muita velocidade. Remetem sempre a outras possibilidades ou horizontes de sentido, como dizia Husserl.

O sentido permite delimitar os limites de um sistema. Transportado para o âmbito da decisão jurídica, o sentido dá forma aos sistemas sociais e, no caso do direito, ao sistema jurídico. O sentido determina a capacidade de conexão entre as comunicações jurídicas. Indica uma escolha e rejeita outras. Assim, a decisão jurídica pode ser entendida como um controlador seletivo das possibilidades de comunicação jurídica, mas sempre está aberta ao excesso

PREFÁCIO

de possibilidades e, portanto, variação e contingência. Stanford descreve essas possibilidades com muita sofisticação e acuidade sociológica.

A comunicabilidade do direito, numa sociedade funcionalmente diferenciada, enlaça muito mais do que simplesmente dizer o que é lícito ou ilícito. A decisão sobre esse tema – que implica argumentação e interpretação – é tomada sempre em condições de elevada incerteza. Se é verdade que "pesquisar é falar por dados", investigar a comunicabilidade da decisão jurídica é o mesmo que saber que, quando o sistema jurídico promove escolhas e decide, na verdade, quem argumenta e interpreta, de modo peculiar e dentro de limites operativos e estruturais, é a própria sociedade. Aí está o dado da pesquisa! A comunicabilidade do direito pelas decisões jurídicas é uma das mais importantes formas de operacionalização de escolhas numa sociedade complexa. É por meio da decisão jurídica que se confere parte relevante do sentido do sistema social.

O livro de Artur Stamford da Silva abre perspectivas originais e bastante avançadas de análise e descrição do sistema jurídico e de suas decisões. O trabalho é verdadeiramente profundo e de folego. Trata-se de contribuição marcante para o estudo da Sociologia do Direito. Usa com propriedade sandálias confortáveis, mas que alargam horizontes, abrem possibilidades e não impedem o rigor científico!

Celso Fernandes Campilongo
Professor das Faculdades de Direito da USP (Vice-diretor)
e da PUC-SP (Chefe do Departamento de Teoria do Direito).

LISTA DE ABREVIATURAS

AA – Analíticos Anteriores – Livro de Aristóteles
ADIn – Ação Direta de Inconstitucionalidade
ADPF – Arguição de Descumprimento de Preceito Fundamental
AP – Analíticos Posteriores – Livro de Aristóteles
CF – Constituição Federal da República Brasileira
CCivil – Código Civil Brasileiro
CPCivil – Código de Processo Civil Brasileiro
HC – Habeas Corpus
P.A.D. – Processo Administrativo Disciplinar
RE – Recurso Especial
STF – Supremo Tribunal Federal
STJ – Superior Tribunal de Justiça
TJE – Tribunal de Justiça Estadual (ex. TJPE – Tribunal de Justiça de Pernambuco)

LISTA DE QUADROS E TABELAS

IMAGEM 1 – social sistema de sentido
QUADRO 1 – giros na cientificidade
QUADRO 2 – giro positivista
QUADRO 3 – giro epistemológico
QUADRO 4 – giro fenomenológico
QUADRO 5 – giro linguístico
QUADRO 6 – giro comunicacionista
IMAGEM 2 – laws of Form
IMAGEM 3 – a recursividade da comunicação
QUADRO 8 – objeto/observador/observação
QUADRO 9 – diagrama ontológico
QUADRO 10 – neutralidade científica
QUADRO 11 – discurso em Marcuschi
QUADRO 12 – transversalidade
QUADRO 13 – comunicativação
TABELA 2 – universo amostral
QUADRO 14 – variáveis da pesquisa
TABELA 3 – universo amostral por estado
QUADRO 15 – construção de sentido de bagatela
QUADRO 16 – histórico de decisões bagatela e insignificância
GRÁFICO 1 – bagatela – ano/decisão
TABELA 4 – dados ano/doutrina/jurisprudência
GRÁFICO 2 – bagatela – doutrina/jurisprudência
GRÁFICO 3 – bagatela/doutrina/jurisprudência – STF
QUADRO 17 – orientação sistêmica contextual
QUADRO 18 – aplicação da orientação sistêmica contextual
QUADRO 19 – argumentação

SUMÁRIO

SOBRE O AUTOR   5
AGRADECIMENTOS   11
APRESENTAÇÃO   15
PREFÁCIO   17
LISTA DE ABREVIATURAS   21
LISTA DE QUADROS E TABELAS   23

INTRODUÇÃO   27

1. GIROS NA CIENTIFICIDADE   49

2. TEORIAS DA CRENÇA   125

3. POSTURA EM CIÊNCIA E A NEUTRALIDADE CIENTÍFICA   169

4. A COMUNICATIVAÇÃO   197
    4.1   Transversalidade linguagem/sociedade/direito   204
    4.2   Decisão jurídica como objeto da comunicativação   215
    4.3   Metodologia de pesquisa com decisão jurídica   264

5. A CONSTRUÇÃO DE SENTIDO JURÍDICO DE BAGATELA   273

6. INTERVENÇÃO SISTÊMICA APLICADA
AO TRABALHO ESCRAVO   307

7. DECISÃO POLÍTICA E JURÍDICA:
ANÁLISE DE ARGUMENTAÇÃO   321

REFERÊNCIAS   343

INTRODUÇÃO

Decisão jurídica pode ser abordada em perspectiva disciplinar, interdisciplinar e, inclusive, transdisciplinar. Pesquisando com decisão jurídica, aprendemos a lidar com a perspectiva sistêmica transdisciplinar da comunicativação.

Aprendemos, porque a cada pesquisa somos empurrados a revisitar e reviravoltar ideias, noções, reflexões.

Perspectiva, porque multidimensional.

Sistêmica, porque lida com a complexidade e a contingência do social. Toda comunicação poderia ter sido diferente. Mas não foi.

Transdisciplinar, porque decisão jurídica é operação de observação do direito dedicada à construção de seu próprio sentido. Há elementos de lógica, epistêmicos, linguísticos, sociológicos e jurídicos.

Comunicativação, porque a Forma de sentido se desenvolve no meio de sentido cujas irritações[1] podem ou não ativar uma comunicação. Os sistemas de sentido aprendem.

A aparência dicionarialesca desses primeiros parágrafos descumpre as exigências dogmatizantes porque não concorda que, para ocorrer uma comunicação, é obrigatório haver definições precisas; antes, parte de que vivemos e aprendemos. Observe que iniciamos a sequência acima com a palavra aprendemos e concluímos com a palavra aprendem. Assim fizemos para demonstrar a presença da lógica circular reflexiva na comunicativação, na qual não é possível reduzir a vida em sociedade a definições porque estas sequer

---

[1] Irritação é termo usado por Niklas Luhmann para se referir à seleção que, numa comunicação, retira o silêncio ou a estagnação e estimula a participação comunicativa (LUHMANN, 2007[1997], p. 29; 77; 625).

DECISÃO JURÍDICA NA COMUNICATIVAÇÃO

cumprem a função de servir de informações indiscutíveis. Toda definição é discutível. Toda informação é insuficiente e limitada num tempo.

Não há como estabelecer O único e possível sentido de vida humana. Assim é, não porque os seres humanos são limitados, mas porque precisamos da linguagem para nos relacionar com o mundo; nem porque o ser humano é superdotado, afinal evoluímos à escrita, criamos idiomas. Devido à escritura, "os sistemas perderam a facilidade de esquecer" (LUHMANN, 2005[1993], p. 175).

Estas reflexões partem da impossibilidade plena dessas duas hipóteses de compreensão e explicação da comunicação, portanto da sociedade. Por mais que muitos guiem suas vidas crentes que assim podem fazer e viver suas vidas e a dos outros. A estes, sugiro que revisitem seu imaginário classificatório-dicionarialesco. Vai que, abstraídos de autoenganos como os das definições precisas, perceberão o quanto o mundo que gostariam de vivenciar é exatamente aquele que, cotidianamente, vocês atuam justificadamente construindo o seu contrário.

Nossas pesquisas partem de comunicação como a Forma de observação com sentido que diferencia o tema em comunicação de todos os demais. Assim é porque uma informação partilhada ativa comunicações ao irritar o silêncio (ou mesmo a estagnação) ao ponto de transportá-lo ao estado comunicativo. Nessa perspectiva de comunicação, direito é o sistema de comunicação que lida com todas as comunicações possíveis sobre licitude.

A comunicativação é, pois, uma proposta teórico-metodológica dedicada às pesquisas pautadas por observar a construção de sentido do direito, observar como irritações internas e externas ativam comunicações jurídicas; pesquisar como é possível o direito aprender como aprende. Proposta esta construída na medida em que revisitas e re(vira)voltas viabilizam mutações vivenciadas em nossa concepção de decisão jurídica, de ciência, de metodologia (método, técnicas e análise de dados).

Para apresentar aonde chegamos e donde partimos com a comunicativação – da qual voltamos a partir ao mesmo tempo em que reviravoltamos olhares ao pesquisar – exploraremos as três fases de pesquisas que vivenciamos. De 2002 a 2008, as pesquisas estavam dedicadas a observar decisões tomadas em cotidianos de audiências de conciliação, de escritórios de advocacia, repartições públicas como Defensoria Pública Estadual, da União (DPE e DPU), Ministério Público de Pernambuco (MPPE). Recorríamos à visão de sociedade da ética do discurso, com Jürgen Habermas, e da etnometodologia, com Harold Garfinkel. De 2009 a 2012, as pesquisas estavam dedicadas

INTRODUÇÃO

a observar decisões do Supremo Tribunal Federal (STF), nesse período, recorríamos a elementos da Linguística, especificamente da Análise do Discurso, com base em Dominique Maingueneau, da teoria da linguagem como trabalho social, de Luiz Antônio Marcuschi e da Teoria da Sociedade como Comunicação, de Niklas Luhmann. Desde 2013, as pesquisas estão dedicadas a observar decisões judiciais, decisões judiciárias e decisões sociojurídicas sob a ótica da Comunicativação, desenvolvida desde a Sociologia da Decisão Jurídica (STAMFORD DA SILVA, 2010b; 2012a; 2014b) e a Teoria Reflexiva da Decisão Jurídica (STAMFORD DA SILVA, 2009; 2012b; 2016).

A título de introdução, informo que, na comunicativação, os *corpora* das pesquisas podem ser compostos por decisões (comunicações) coletadas em sites, blogues e outras mídias da internet, de tribunais, da sociedade civil, de personalidades, de ativistas, de movimentos sociais. Dentre os temas de pesquisas realizadas e em andamento enfatizamos: bagatela, adoção, aborto, propriedade, sexualidade, gênero, mudança de nome, regulação da prostituição, trabalho escravo, argumentação jurídica, inteligência artificial, *learning machine*. A metodologia é mutável porque, conforme a temática, definimos o método e as técnicas a serem usadas, todavia, mantemos a comuncativação como aporte teórico à análise dos dados.

Como devem ter observado, foi usada a primeira pessoa do plural bem como a primeira pessoa do singular. Assim decidi escrever por entender que, em pesquisa, há decisões individuais e há as coletivas. Quando se trata das individuais, não posso escrever em primeira pessoa do plural, por mais que esta indique cordialidade, em português. Quando afirmações a que chegamos devido aos debates da pesquisa, não as posso atribuir a mim, afinal, os autores citados estão presentes nas afirmações, assim como estão igualmente presentes as contribuições dos que participaram das conversas no Moinho Jurídico[2], em sala de aula, em eventos e outras vivências científicas. Mas, fazemos pesquisa científica?

As reflexões dedicadas a essa questão nos levaram à demarcação da Ciência principalmente porque, se fazemos pesquisa científica, as revisitas e revoltas nos permitiram saber que isso não se deve ao objeto (Decisão Jurídica) nem à metodologia (método, técnica e análise de dados) nem ao aporte teórico. A demarcação nos levou a Karl Popper, autor que se destaca por abordar os dois problemas do conhecimento: a indução, o problema de David Hume,

---

[2] Moinho Jurídico é o Laboratório de Pesquisa Sócio-Jurídica do CCJ-UFPE, cadastrado como grupo de pesquisa no CNPq e na UFPE desde 2005.

DECISÃO JURÍDICA NA COMUNICATIVAÇÃO

e a cognição, o problema de Immanuel Kant. Esses dois problemas estão trabalhados como giros na cientificidade e como teorias da crença, quando nossas reflexões estão atravessadas pela afirmação *Pesquisa é falar por dados* e pela questão *Por que crer que p?*. A afirmação nos move pelos problemas epistemológicos; a questão, pelos gnosiológicos. Como não há causalidade entre a afirmação e a questão, mas circularidade reflexiva, o leitor pode começar por quaisquer desses capítulos. Ainda mais porque não é possível ler os dois capítulos simultaneamente. Limites comunicacionais humanos, não é?

Seja como for, esbarramos na dicotomia objeto/sujeito, a qual ganhou mais notoriedade, na modernidade, com o *"Ego cogito ergo sum sive existo"* (penso, logo existo) (DESCARTES, 2001[1637], p. 39-40). René Descartes chamou atenção para o saber científico como lugar da importância e necessidade, à época, de o ser humano assumir a responsabilidade pela criação de um saber desvinculado do poder político e do religioso, como já havia anunciado, em 1597, Francis Bacon, ao ter o indutivismo como o autêntico método do conhecimento científico, em seu *Novum organum* (DOMINGUES, 1991, p. 33). Estou me referindo especificamente à "velha disputa entre as escolas de filosofia britânica e continental – a disputa entre o empirismo de Bacon, Locke, Berkeley, Hume e Mill e o racionalismo clássico ou intelectualismo de Descartes, Spinoza e Leibniz" (POPPER, 1972, p. 32). Disputa, essa, que nos levou a lidar com a questão da Verdade em nossas experiências de pesquisas. Experiências das quais observamos que são autorrefutáveis tanto à hipótese que *há a Verdade única*, como à que *Verdade não existe*; não só por serem fundamentalistas, mas também por inviabilizarem o conhecimento científico, uma vez que conduzem a embates quanto ao lado correto das dicotomias. A Verdade única é refutada por ela reduzir o fazer ciência à defesa de um dos lados, o que torna o fazer ciência uma questão de filiação a uma das perspectivas. Filiação nos soa mais proselitismo (doutrinamento) que ciência. No caso da inexistência da Verdade, a refutação se deve a que não é possível não comunicar, não é possível comunicar sem fazer afirmações, não é possível se comunicar sem diferenciar, distinguir, selecionar o tema da comunicação de todos os outros da infinitude de possibilidades. Que implica isso? Primeiro, que as reflexões aqui trabalhadas partem da ideia de que comunicação é célula da sociedade. Segundo, que essa é uma afirmação irrefutável, indiscutível enquanto generalização do social. Indiscutível enquanto pressuposto de nosso observar e não indiscutível porque não se pode rejeitar esse pressuposto.

Há Verdade porque há afirmações. Simples assim. Todavia, há afirmações mais contundentes e, outras, menos. Quem nega que faz afirmações como conjecturas? Nossa provocação é que isso se deve a que afirmar envolve um tempo marcado pela afirmação mesma. Afirmar conta com a contingência do que se afirma ao mesmo tempo em que conta com uma memória semântica. A afirmação mesma conta com a não necessidade e a não impossibilidade do que se afirma (LUHMANN, 1998[1984], p. 115; LUHMANN, 1997[1992], p. 89-90; MASCAREÑO, 2010, p. 212). Assim, o argumento de que comunicação é transmissão de informação é tanto autorrefutável como também o é: "comunicar é impossível". Isso nos leva a questionar: por que alguém se ocupa em comunicar se entende que é impossível comunicar? E, se comunicar é transmissão, como explicar o insucesso e o dissenso comunicativo?

Admitir que afirmar porta uma Verdade temporal não implica flexibilizar a Verdade ao ponto de eliminar a diferenciação; se isso ocorresse estaria eliminada a possibilidade de comunicação. Essa compreensão nos remete à perspectiva de que diferenciar é totalidade plenamente perfeita (*distinction is perfect continence*) (SPENCER-BROWN, 1969, p. 1). Distinguir torna possível a comunicação porque, ao afirmar, reduzimos a contingência da infinitude de comunicações possíveis com a contingência do que se afirma, pois a seleção realizada ao afirmar é inevitavelmente contingente. Com isso temos que há a Verdade científica nos moldes da gödelização da racionalidade. Com isso, esclarecemos que lidamos com Verdade no âmbito epistêmico e não no gnosiológico.

É possível distinguir ciência de não-ciência justamente porque uma afirmação científica não se confunde com uma afirmação de doutrinamento, por mais que haja os dedicados a converter os outros, no mundo científico. Ocorre que o critério dessa distinção não é lógico nem epistemológico, mas de postura no fazer ciência, de ética científica, não moralista nem normativa, saliente-se. Chegamos a esta afirmação por acatarmos que é possível distinguir fundamentalismo de antifundamentalismo (RORTY, 1979). É possível diferenciar proselitismo – doutrinação, ortodoxia – de não proselitismo, por exemplo, quando se a afirma como proposição de reflexões, não porque se está advogando ou defendendo, mas lançando ao debate para, assim, aprender com. Sendo assim, temos que a crença epistêmica justificada – aos moldes da lógica do *ao-mesmo-tempo* (lógica circular reflexiva) – somada ao giro comunicacional, viabiliza observações sobre a construção de sentido do Direito via Decisão Jurídica afastada do observar baseado em causalidade. Com isso, nos afastamos da síndrome de caçador de sentido, afinal, observar construção de sentido não se confunde com buscar sua origem nem o seu fim (futuro). Não se trata de julgar os julgadores, nem propor previsões de decisões futuras.

DECISÃO JURÍDICA NA COMUNICATIVAÇÃO

Inclusive porque, certeza e segurança jurídica se deve a que uma decisão seja tomada e não à pretensão de se poder antecipar qual decisão será tomada (STAMFORD DA SILVA, 1999, p. 261), inclusive porque "a preocupação não é formar um consenso entre as partes, mas imunizar a decisão final contra as decepções inevitáveis (STAMFORD DA SILVA, 1999, p. 267).

Se no âmbito gnosiológico a dicotomia se inscreve como sujeito/objeto, propomos que no âmbito epistemológico se inscreva como objeto/sujeito. Proponho essa inversão por a comunicativação portar a transversalidade composta pela perspectiva de língua (idioma) como trabalho social (MARCUSCHI, 2007a, p.77; MARCUSCHI, 2008a, p. 229), sociedade como sistema de comunicação (LUHMANN, 1998[1984], p. 77-112; LUHMANN, 2007[1997], p. 27-40) e decisão jurídica como construção de sentido (STAMFORD DA SILVA, 2007a, p. 333; 2009, p. 113-137; 2012a. p. 267-316; 2012b. p. 29-58; 2016, p. 27-52; 2018, p. 27-40). Transversalidade esta que nos leva a lidar com a comunicação como célula da sociedade, partindo da ideia de sociedade como sistema de comunicação com sentido. E, como tal, não conta com objeto nem com sujeito, mas com a comunicação mesma. Ocorre que epistemologicamente a comunicativação lida com a afirmação *pesquisar é falar por dados* e com a questão *Por que crer que p?*

Essa afirmação e essa questão nos nortearam quanto ao Giros da Cientificidade e as Teorias da Crença, pois nos auxiliaram a localizar as dicotomias do Direito, da Linguística e da Sociologia. Aproveito para antecipar que dicotomias são aqui tratadas como paradoxos, não no sentido de situação de aparente verdade que leva a uma contradição lógica, quando as dicotomias levam a uma disputa pelo lado correto, bom, verdadeiro. Paradoxo está concebido como participação simultânea dos dois lados das dicotomias na forma de sentido. Assim é que nos afastamos da trajetória da filiação a uma corrente científica, por exemplo. Não localizamos nada que justifique eu me exigir uma obrigatoriedade de filiação a uma teoria, a um olhar a uma perspectiva científica. Entendo essa necessidade na vida cotidiana, mas não no fazer ciência, muito menos em direito, nem mesmo em sociologia do direito. Tenho ampla dificuldade e limitação para achar que uma pesquisa pautada pela teoria crítica, por si só, é superiora, melhor que uma pesquisa pautada por etnometodologia, fenomenologia, estruturalista, funcionalista, teoria dos sistemas etc. Antes, entendo que exigir essa exclusividade é reduzir o fazer pesquisa científica à filiação a correntes. Correntes no sentido de concepções, bem como correntes no sentido de amarrações mesmo, física e psicológica. Exigir isso é eliminar a cientificidade e impor a doutrinação, o que pode ser fundamental para

INTRODUÇÃO

questões e situações em que movimentos sociais, decisões políticas, econômicas precisam ser tomadas para guiar a condução do caso. Mas, em pesquisa científica? Em pesquisa científica, não. Inclusive porque qualquer pesquisador pode recorrer a qualquer marco teórico para analisar dados. Tampouco uma suposta possível dissolução dos paradoxos das dicotomias é criar uma terceira via, unindo elementos dos lados da dicotomia ou negando tudo e propondo um novo fundamentalismo. Inclusive porque

> um indivíduo pode valorar com relativa facilidade seu conhecimento, por exemplo, extraindo consequências lógicas ou pensando criativamente como uma espécie de conexão imediata. Pelo contrário, no caso do conhecimento socialmente distribuído, qualquer valoração depende da comunicação, por isso, passa assim mesmo pelo filtro das peculiaridades dos meios de comunicação simbolicamente generalizado.

Nenhum saber individual consciente pode ser isolado, não importa quão convincente o conhecimento de um indivíduo pareça para ele mesmo, portanto, não é possível reduzir nem os conteúdos, nem a força de certeza do conhecimento aos recursos da consciência individual (LUHMANN, [1990]1996. p. 21).

Acatamos a perspectiva de que os dois lados de uma dicotomia são igualmente indispensáveis um ao outro, um só é possível justamente por haver o outro. A seleção do lado marcado numa comunicação não resulta que o lado não marcado é eliminado; antes, o não marcado segue potencialmente presente no sentido do lado marcado, portanto, segue passível de ser aventado e passar a integrar a comunicação. Com isso, alertamos que as dicotomias não são tratadas como se aporia fossem, mas como Forma de dois lados (SPENCER-BROWN, 1969), como são. Apoiado na circularidade reflexiva (FOERSTER, 1987) e na recursividade, concluímos que a comunicação nunca para, bem como que o paradoxo não leva a que a comunicação vivencie o *eterno retorno* do dito e do não dito, antes, dito e não dito compõem uma comunicação.

Devemos à circularidade reflexiva, em nossas pesquisas, transitarmos pelos dois lados das dicotomias sem nos ocupar em se filiar a um deles, tampouco sem propor a criação de uma terceira alternativa, mas reconhecendo que há casos em que um lado é o marcado e, no outro caso este mesmo lado pode ser o lado não marcado, afinal, "o outro lado do limite da 'Forma' vem dado simultaneamente" [...] "nenhum lado é algo em si mesmo" (LUHMANN, 2007[1997], p.41).

DECISÃO JURÍDICA NA COMUNICATIVAÇÃO

Aplicando isso aos saberes da transversalidade da comunicativação, temos, na Teoria do Direito, por exemplo, a dicotomia arbitrariedade/discricionariedade, que, quando relativa à Decisão Jurídica, é tematizada não como lados, mas como formas de comunicação a serem usadas por juristas em suas tomadas de decisões. Estariam, por isso, os limites do decididor no texto, no contexto, no social mesmo? Observamos que a arbitrariedade e a discricionariedade ocorrem na prática decisória, com mais ou menos ênfase, num e noutro caso. Observamos, inclusive, que uma mesma decisão conta com partes arbitrárias e partes discricionárias (KELSEN, 1992[1960], p. 249-251; HART, 1994[1961], p. 155-168; ATIENZA, 2005, p. 6-7; BUSTAMANTE, 2010, p. 176-177; TEIXEIRA MENDES, 2012, p. 458-460; GARCIA AMADO, 2013, p. 19-21).

Na Linguística temos, por exemplo, a dicotomia autoria/textualidade, que nos move pelos elementos língua, comunicação, autoria, textualidade, discurso, contexto, os quais nos reportam à nominação, à semântica, à relação palavra/objeto, bem como à tríade criatura/criador/criação presente nas perspectivas semânticas, intencionalistas e pragmáticas. Ocorre que discurso porta elementos de referência autoral (criatividade, traços de personalidade marcados nas palavras selecionadas, no tom de voz, no jeito de se expressar) ao mesmo tempo em que materializam textualidade, construção de sentido, estrutura, sociabilidade, enfim, comunicação, portanto, sociedade. Não há comunicação de um só (BAKHTIN, 2003, p. 156-167; MARCUSCHI, 2008a, p. 229-259; MAINGUENEAU, 2015, p. 29; POSSENTI, 2004, p. 123-135; LUMHANN, [1997]2007, p.41).

Na Teoria Social, temos, por exemplo, a dicotomia individualismo/coletivismo que nos move pelos elementos socialização, comunicação, estrutura social (história, cultura, memória), dinâmica social (variação, mudança), agência (a ambivalência individual/coletivo). Dicotomia que reporta a ideias como realidade social, reflexividade, estrutura e agência, memória e variação, estrutura e mudança social (MAURÍCIO DOMINGUES, 2002, p. 55-70; PETERS, 2011, p. 85-97; VANDENBERGHE, 2010, p. 183-255; MASCAREÑO, 2017, p. 54-74; VANDENBERGHE, 2018, p. 653-674), como vivenciamos com as perspectivas naturalista (natureza humana), mentalista (psicologia social interacionismo simbólico), construtivista (radical ou moderado) e comunicacional. Ocorre que comunicar contém idiossincrasia e coletividade.

A transversalidade não deixou de aportar elementos de outros saberes, ainda que tenhamos chegado a eles pela via da Teoria da Sociedade, que entende ser a comunicação a célula da sociedade, bem como que a comunicação se produz de maneira altamente seletiva (LUHMANN, 2007[1997],

INTRODUÇÃO

p. 40), posto que comunicação "é o auto-comportamento de um sistema operacional recursivo que é duplamente fechado em si mesmo" (FOERSTER, 2003c, p. 322). Assim é porque a comunicação tem Forma de sentido – construção de identidade estrutura, seleção, memória, semântica, *Eigen Values*, *Eigen Behavior*, invariância (FOERSTER, 2003d, p. 316)] – ao mesmo tempo em que, contém variação de sentido (cognição, aprendizado, mudança).

Agregamos também elementos da *autopoiesis* da comunicação (MATURANA; VARELA, 1984, p. 129; MATURANA; VARELA, 1994, p. 70) aos moldes lumannianos, não biológicos, mas sociais, quando admitimos que máquinas autopoiéticas não têm paredes, mas membranas, não têm unidades, não têm entradas nem saídas, são "perturbadas por fatos externos e experimentam internamente mudanças que compensam essas perturbações"[3] (MATURANA; VARELA, 1994, p. 71). Com isso, nos afastamos da hipótese de a decisão jurídica ser criação de um autor ou de um grupo de autores e a tomamos como operação de comunicação do sistema jurídico: a comunicação "expressa um momento criativo (*poiesis*) e um momento limitado (estrutura)" (MASCAREÑO, 2007, p. 207).

Assim justificamos, na comunicativação, a transversalidade Direito, Linguística e Teoria Social, a qual propiciou pesquisarmos a construção de sentido do direito por meio da Decisão Jurídica, tomando discurso, sociedade, sistema social e comunicação como elementos que viabilizam observações sobre essa construção. Se nos é imposto dicionarializar, diria que em nossas pesquisas: discurso é "continuamente constituído e reconstruído no interior de práticas sociais determinadas" (MAINGUENEAU, 2015, p. 29); linguagem é trabalho social (MARCUSCHI, 2008a, p. 229-259); sociedade é "constituição mútua entre a estrutura e a agência" (ARCHER, 2009[1995], p. 101); sistema é meio/Forma de sentido (LUHMANN, 2007[1997], p. 39); sistema social é ominiabarcador porque constituído de todas as possíveis comunicações humanas (LUHMANN, 2007[1997], p. 55).

Simplificando, se possível, numa frase: *decisão jurídica é operação de observação do direito dedicada à construção de seu próprio sentido.* Isso. Assim. Sem pré. Sem origem. Sem término. Sem futurologia. Com conclusibilidade, porém sem determinismo. Com limites. Com memória. Com idiossincrasias. Com influências de poder. Com influências econômicas. Contingente porque poderia ser outra. Redundância, ao mesmo tempo que variação. Tudo, simples

---

[3] No original: las máquinas autopoiéticas no tienen entradas ni salidas. Pueden ser perturbadas por hechos externos, y experimentar cambios internos que compensan esas perturbaciones.

DECISÃO JURÍDICA NA COMUNICATIVAÇÃO

assim, comunicação (discurso, sociedade), portanto, ao mesmo tempo estrutura/contingência/agência.

Na perspectiva da comunicativação, esclarecemos, sentido não é um conteúdo que se fixa (por meio do significado), nem é uma definição ou o nome identificador de algo: é Forma[4] de dois lados. Comunicar, aqui, impreterivelmente exige diferenciar o que o marca do que não marca um sentido. Ocorre que o sentido não se dá por causa do lado marcado, mas pela simultaneidade dos dois lados (meio/Forma de sentido + lado marcado/não marcado do sentido). Mais, na comunicativação, quem realiza a seleção, a distinção não é um sujeito cognoscente, mas a comunicação. Com isso não se trata de pesquisar o que um julgador pensa, mas a comunicação mesma. A comunicação não depende de um indivíduo, de um grupo ou de uma coletividade.

Ocorre que a história da humanidade, contada a partir da escrita, levou à formação de sistemas de sentido (LUHMANN, 2007[1997], p. 193; 427-440). Acatamos essa afirmação para conceber, na comunicativiação, que há sistemas de sentido, que há o social humano, que há discurso. Com isso, acatamos que direito é um sistema de sentido, que direito é um sistema que observa. Isso implica acatarmos que o social é quem produz e reproduz sentido, contudo acoplado cognitiva e estruturalmente ao seu exterior, seu ambiente – composto pelo sistema psíquico, pelo mecânico (máquinas), pelo biológico e pelo sistema físico (elementos corpóreos e geográficos). Há, lembremos, o ambiente interno e o ambiente externo aos sistemas (LUHMANN, 2007[1997], p. 45; 77), pois, ao se diferenciar, um sistema desenvolve complexidade interna infinita. Há, todavia, adaptação do sistema ao ambiente, se não a houver, não há diferenciação, por consequência, não há sentido, não há comunicação, não há autorreferência nem heterorreferência, não é possível observar, operar por comunicação. Numa comunicação ocorrem momentos de desdiferenciação, o que não há é a desdiferenciação permanente. Se for permanente, não há como distinguir o dito do não dito, não há como compreender a comunicação porque não é possível se comunicar sobre tudo ao mesmo tempo (STAMFORD DA SILVA, 2015, p. 43). Com isso estamos apenas alertando para a presença de uma perspectiva de observador presente na comunicativação.

Como sistema de sentido, o social contém simultaneamente memória semântica e variação (adaptação, aprendizado, evolução, inclusão de nova informação) é, então, modalizado na forma da distinção atual/possível

---

[4] Grafamos Forma com maiúscula sempre que estivermos nos referindo à Forma de dois lados, para não confundir com forma como maneira de.

36

(LUHMANN, 2007[1997], p. 32), tem estabilidade dinâmica (LUHMANN, 2007[1997], p.34). Sistema de sentido implica ter o social como sistema que observa, portanto em constante construção, desconstrução, reconstrução e construção. Nessa perspectiva, o sentido jurídico de algo, por exemplo, é construído no e pelo próprio Direito que, sistema social que é, "não se deixa irritar de maneira arbitrária, mas apenas de maneira altamente seletiva, ou seja, pode ser estimulado a variar" (LUHMANN, 2007[1997], p.40).

Não pesquisamos, espero já ter deixado claro, origem, causa(s), mas sim comunicações – informação (enunciado), expressão (partilha, dar-a-conhecer, ato de participar da comunicação) e compreensão (entendimento, mudança do estado não comunicativo ao comunicativo), tendo comunicação não apenas como acordo comunicativo, afinal, dissenso também é comunicação (LUHMANN, 1981, p. 61; [1990]1996, p. 23; 2005[1993], p. 79, 91, 309; 2007[1997], p. 49-53; 2010[2006], p. 65). Assim é, inclusive, porque discurso tem unidades transfrásticas (encadeamento de frases). É submetido a regras de organização. O ato que modifica uma situação (ato de fala) é interativo, contextualizado e assumido por um sujeito; contudo, sujeito é referência pessoal, temporal e espacial, não, consciência, mente (psíquico). Mais, não há criador do discurso, afinal, "a fala é dominada pelo dispositivo da comunicação do qual ela provém" (MAINGUENEAU, 2015, p. 27). Para uma compreensão visual desses pressupostos, elaboramos o seguinte esquema:

IMAGEM 1 – social sistema de sentido

Fonte: o autor

Aplicando o até aqui exposto, temos que a comunicativação nos afasta das perspectivas que têm a legislação e o judiciário com criadores do direito, porquanto autores de decisões jurídicas, uma vez que ela não só de legislativo e judiciário vive o direito. Decisões cotidianas no ambiente familiar, de trabalho, organizacionais, de movimentos sociais são igualmente jurídicas, constitutivas de direito. Distinguimos, então, decisão-judicial, decisão-judiciária

DECISÃO JURÍDICA NA COMUNICATIVAÇÃO

e decisão-sociojurídica (STAMFORD DA SILVA, 2012b, p. 50). Guardamos a expressão decisão judicial para as comunicações jurídicas de decisões tomadas por magistrados; já a expressão decisão judiciária, para aquelas comunicações jurídicas de decisões tomadas em sede administrativa de instituições, bem como as tomadas juristas como advogados, procuradores, promotores, notários (cartórios de registro público), delegados, oficiais de justiça. Assim, um conselho jurídico, uma petição, um parecer são decisões jurídicas, ainda que não judiciais, mas decisão judiciária. E, por fim, decisão sociojurídica, aquelas comunicações sobre licitude tomadas na sociedade mesma, porém não proferidas por juristas no exercício profissional. Um exemplo de Formas de decisões sociojurídicas são aquelas presentes no direito informal (WEBER, 1996[1922], p. 498-660), direito achado na rua (SOUZA JÚNIOR; FONSECA, 2017, p. 2882-2902), no direito vivo (ERHLICH, 1986[1913]). Esses são igualmente comunicação jurídicas, portanto, direitos como o é, o direito formal, estatal. Diferentes, mas todos direitos porque comunicações jurídicas, porque elementos do direito da sociedade.

As pesquisas que têm a comunicativação como aporte teórico e metodológico se diferenciam das pesquisas com decisões jurídicas que têm por objeto decisões judiciais tomadas por supremas cortes e tribunais superiores, nacionais e internacionais (ver, exemplos em: NEVES, 2009; STRUCHINER; BRANDO, 2014, p. 171-221; NEVES, 2015, p. 5-27; RIBAS VIEIRA; LACOMBE; LEGALE, 2016; AFONSO DA SILVA, 2016a, p. 648-669; AFONSO DA SILVA, 2016b, p. 96-118; HARTMANN, 2019, p. 731-754; MARIANO SILVA, 2018; 2019).

Na comunicativação, Decisão Jurídica está relaciona ao espaço/tempo da operação de observação (seleção, diferenciação e variação) do direito, dedicada à construção de seu próprio sentido. A Decisão é contingente porque necessariamente poderia ser outra e é recursiva, por nunca se repetir em redundância, por mais que conte com uma memória semântica. A Decisão que confirma uma decisão anterior agrega elementos ao sistema, por exemplo, informa que o teor da decisão anterior foi mantido, o que é uma nova informação (aprendizado) ao sistema mesmo. Um precedente judicial, assim, é tratado como recursividade comunicativa dentre decisões judiciárias. Nessa perspectiva, cada conversa, comunicação, petição, sentença é uma partilha, expressão de informações dadas a conhecer, por isso, oportunidade para o direito vivenciar mudanças de sentido. A decisão que reforça uma decisão anterior, necessariamente porta uma novidade ao direito da sociedade. Ocorre que há temas que contam com uma memória semântica, têm história e, outros, que são temáticas

INTRODUÇÃO

novas no direito. Bem como há temas mais flexíveis que outros, temas que a casualidade tem mais lugar e outros que são mais reflexivos. Há temas cuja contingência já está mais apurada. Com isso, alertamos para que a construção de sentido envolve a dimensão temporal, a qual "impede a petrificação *objetivamente coisificada* da dimensão social" (LUHMANN, 2007[1997], p. 35). De acordo com Luhmann, a comunicação, operação elementar da sociedade,

> é um acontecimento atado a um instante de tempo: enquanto surge, desvanece (se dissipa). Isso se aplica para todos os componentes da comunicação: para as informações, que só podem surpreender uma vez; para o partilhar, que, como toda ação, está ligada a um ponto momentâneo no tempo; e para a compreensão, que não pode ser repetida, mas pode, na melhor das hipóteses, ser lembrada[5] (LUHMANN, 2007[1997], p. 49).

Pesquisar Decisão Jurídica como constructo do direito é pesquisar como foi possível uma decisão ter sido tomada como foi. É pesquisar como um determinado sentido é construído, desconstruído, reconstruído, redestruído, construído no direito. É pesquisar o sentido como reflexo de história, memória semântica ao mesmo tempo em que é fluido, indefinido, mutante. Assim é que pesquisamos observando o processo de construção de sentido do direito, portanto, de que forma o direito vive sua própria construção de sentido. Pesquisamos a autonomia decisória do direito, bem como as influências que propicia aos e sobre os demais sistemas de comunicação.

Nessa perspectiva, cada petição inicial, cada sentença é uma comunicação que proporciona mudança de sentido no direito. A sentença que afirma a manutenção do sentido anterior é uma decisão que reforça um sentido do direito. Ocorre que ao reforçar muda o sentido no direito porque indica que aquele sentido não irá mudar. Assim é porque há uma comunicação mesmo no silêncio, ou seja, não se faz necessário se dizer que houve tal reforço, ele é comunicado sem a necessidade de ser expressado (MARCONDES FILHO, 2004; 2012, p. 40-49). Inclusive, uma petição, uma sentença isoladamente não são suficientes para promover mudanças radicais de sentido do direito.

---

[5] No original: Weitere Klärungen ergeben sich aus der Einsicht, daß die elementare Operation der Gesellschaft ein zeitpunktgebundenes Ereignis ist, das, sobald es vorkommt, schon wieder verschwindet. Dies gilt für alle Komponenten der Kommunikation: für Information, die nur einmal überraschen kann, für Mitteilung, die als Handlung an einen Zeitpunkt gebunden ist, und für das Verstehen, das ebenfalls nicht wiederholt, sondern allenfalls erinnert werden kann (LUHMANN, 1997, p. 71).

DECISÃO JURÍDICA NA COMUNICATIVAÇÃO

Uma sentença só não faz precedente jurídico. Que sempre há mudança, sim sempre, porque não é possível não comunicar, porque a comunicação não para. "A última palavra não existe" (LUHMANN, 2007[1997], p. 105). Contudo, mudanças radicais, aquelas que proporcionam alteração na concepção, requerem que a recursividade de petições e sentenças novidosas transformem a expectativa atual, noutra diretriz de expectativa normativa. Assim é porque o "sentido se torna um meio auto-regenerador para a seleção contínua de certas formas de sentido"[6] (LUHMANN, 2007[1997], p. 39). Assim, cada petição inicial, cada resposta do réu, cada sentença, cada parecer, cada conciliação, cada acordo judicial, cada acórdão é uma nova informação no direito, na comunicação jurídica, no sistema jurídico. É, todavia, o próprio sistema do direito que define a Forma de sentido que seguirá comunicando, posto que uma mudança se dá tanto por confirmação quanto por alteração do sentido anterior. Não é, por fim, o advogado, o promotor, o procurador, o juiz, o ativista, o conciliador, o autor, o réu, o movimento social que estabelece o sentido do direito, é a comunicação jurídica mesma. Noutras palavras, afirmar que o Ministro "A" votou "z" não tem qualquer relação com afirmar que o Ministro "A" criou direito, mas que deu a conhecer (expressou) uma informação que poderá recursivamente vir a compor o sentido jurídico. É que só o direito mesmo estabelece o que é o direito. Um voto, uma opinião – mesmo que de ministro de uma corte, de um tribunal superior e com todas as consequências ao caso e para as partes – não é já Forma de sentido do direito. Isso porque comunicação é um

> mútuo gatilho de condutas coordenadas que se dá entre os membros de uma unidade social [...] O peculiar da comunicação não é que resulte de um mecanismo distinto do resto das condutas, mas sim que se dá no domínio do acoplamento social"[7] (MATURANA; VARELA, 1994, p. 129).

[6] No original em español: el sentido se vuelve un *médium* que se regenera permanentemente para la continua selección de formas determinadas". No original alemão: wird Sinn zu einem sich selbst laufend regenerierenden Meio für die laufende Selektion bestimmter Formen.

[7] No original: comunicación es mutuo gatillado de conductas coordinadas que se da entre los miembros de una unidad social. De esta manera, estamos entendiendo como comunicación a una clase particular de conductas que se da con o sin la presencia del sistema nervioso en el operar de los organismos en sistemas sociales. Y, como ocurre con toda conducta, si podemos distinguir el carácter instintivo o aprendido de las conductas sociales, podremos también distinguir entre formas filogenéticas y ontogénicas de comunicación. Lo peculiar de la comunicación, entonces, no es que resulte de un mecanismo distinto del resto de las conductas, sino que sólo se da en el dominio de acoplamiento social.

INTRODUÇÃO

Estes são os elementos que usamos em nossas pesquisas, não como verdades indiscutíveis, porém, contingentes.

Passemos a algumas advertências terminológicas. Empregamos a palavra *elementos* como recurso para evitar o termo objeto. É que objeto remete a ideias como categorias, coisa, fisicalidade do ser, mentalismo, consciência, portanto criva de ontologia metafísica as reflexões. Com o termo *elementos* nos distanciamos da causalidade e nos aproximamos da ideia de "regulação mútua" entre ontologia, metodologia e teoria social prática (ARCHER, 2009[1995], p. 97), bem como da perspectiva de sociedade como comunicação, o que nos move a reconhecer o quanto, simultaneamente, há a interveniência de elementos culturais, sociais, psicológicos, orgânicos e físicos no social humano (SOUTO; SOUTO, 2003, p. 175-176; RODRIGUEZ, 2006, p. V). E, mais, o afastamento da causalidade metafísica nos leva a considerar que os embates dicotômicos não são "resolvíveis" pela via da filiação a um dos lados, o que nos remove do elisionismo (ARCHER, 2009[1995], p. 100-101) e da "idealização do observador" (LUHMANN, 1996[1990], p. 15). Tampouco se resolve mesclando pontos positivos de cada lado da dicotomia para se propor uma terceira via.

Empregamos a palavra perspectiva em lugar de concepção, olhar, leitura, visão por querer enfatizar a ideia de "olhar que alcança" (panorama), maneira de considerar uma situação, um problema (ponto de vista), de "representar objetos tridimensionais sobre uma superfície plana, pela utilização de linhas que convergem para um ponto central da tela"[8]. Assim, *perspectiva* reflete a noção de panorama, de ponto de vista e de representação multidimensional, mesmo se em superfície plana. Com isso, destacamos o quanto comunicação vai muito além do escrito, do dito, da intencionalidade, do ponto de vista. Destacamos o quanto não é possível não comunicar, pois o não dito também comunica. O silêncio comunica tanto quanto o ruído. O que não ocorre é transmissão de informação, pois não há como eliminar o outro, por mais que se pense possível ignorá-lo numa comunicação. Não há hierarquia, mas heterarquia comunicacional.

As palavras *elemento* e *perspectiva* nos colocam em referência à lógica do *ao mesmo tempo*, na qual dicotomias são produtos de causalidades que configuram paradoxos e, como tais, são tratados aos moldes da Teoria da Incompletude – todo sistema, para ser completo, tem que ser incompleto (GÖDEL, 2006[1968],

---

[8] Vimos o verbete *perspectiva* no Dicionário Houaiss, no Dicionário Aulete, no Dicionário Aurélio, bem como no Dicionário italiano Lo Zingarelli (PROSPETTIVA), no Gran Dicionário Español SBS (PESPECTIVA) e no Dicionário Cambridge (on line) (PERSPECTIVE). Encontramos em todos eles como sinônimo: panorama, ponto de vista e representação tridimensional.

DECISÃO JURÍDICA NA COMUNICATIVAÇÃO

p.103-104) – da teoria da Forma de dois lados (SPENCER-BROWN, 1969, p.1) e da Teoria dos Sistemas que observam (FOERSTER, 2003e, p. 4-5).

A afirmação *pesquisar é falar por dados* nos levou a iniciar estas reflexões com os giros na cientificidade. Usamos o termo giro (que poderia ter sido ciclo, mas optamos por giro devido às expressões giro hermenêutico e giro linguístico) para lidar com as "mudanças" na visão de mundo sobre algo. Um giro não necessariamente marca uma revolução científica, "mudanças de paradigma" (KUHN, 2000[1962], p. 145); giro apenas registra evoluções (mudanças), sejam lógicas, gnosiológicas e ou epistemológicas. Evolução, salientamos, implica mudança, não necessariamente para melhor. Com os giros questionamos o quanto seguimos herdeiros da filosofia grega, da verdade por representação.

Já a questão *Por que crer que p?* nos levou a reflexões sobre a crença epistêmica, sobre o lugar da certeza, da verdade, da dúvida nas pesquisas, portanto, a questionar a perspectiva de objeto, observador e observação, o que nos remontou a dicotomias gnosiológicas (Verdade cognitiva) como: quanto ao objeto, coisa em si/fenômeno; quanto ao observador (sujeito), inatismo/experiência, proselitismo/reflexão; quanto à relação objeto/sujeito, dogmatismo/ceticismo, racionalismo/empirismo/ objetividade/arbitrariedade. *Por que crer que p?* norteou também reflexões referentes à observação (Verdade epistêmica), aos limites do que podemos afirmar a partir dos dados coletados, portanto, aos limites das observações, o que nos remonta a dicotomias epistemológicas como: indução/dedução; neutralidade/ideologia; internalismo/externalismo; naturalismo/construtivismo. Também devido ao revisitar e revoltar, com a transdisciplinaridade, lidamos com dicotomias da Linguística, do Direito e da Sociologia como: autoria/textualidade; literal/simbólico; leitura certa/leitura errada; dito/não-dito; individualismo/coletivismo; micro/macro; local/global; arbitrariedade/discricionariedade; justa/injusta; legal/ilegal.

Para lidar com a questão *Por que crer que p?*, acatamos a alternativa de buscar "a explicação para a crença no mesmo lugar em que você procuraria a explicação para a descrença" (SPRINGER DE FREITAS, 2003, p. 62). Sendo assim, "ciência não depende de acordos sobre o que considerar um 'fato', mas de problemas e de (boas) teorias" (SPRINGER DE FREITAS, 2003, p. 65). Isso se dá, inclusive, porque "não existe uma natureza, uma cultura, 'lá fora', que nos conduzam a acreditar no que quer que seja" (SPRINGER DE FREITAS, 2003, p. 63). Assim é porque "tanto a crença quanto a descrença resultam de formas determinadas de convívio social" (SPRINGER DE FREITAS, 2003, p. 63). Com isso, temos que verdade, conhecimento verdadeiro não é uma característica de objetos ou enunciados ou conhecimentos sobre os quais alguém pode estar equivocado, mas sim um *meio de comunicação simbolicamente generalizado* que requer validez empírica de referência ao que se tem por ciência numa sociedade. Verdade é o símbolo (não o signo) que viabiliza enlaces para que a comunicação científica tenha continuidade. Não cabe, portanto, considerar verdade como um princípio ou um critério de verdade (LUHMANN, 1996 [1990], p. 143), mas sim como um meio, um "ambiente" no qual as comunicações científicas emergem. Numa frase: verdade "funciona como um símbolo utilizado em processos empiricamente observáveis" (LUHMANN, 1996 [1990], p. 131).

Após lidar com os Giros na Cientificidade e com as Teorias da Crença, chegamos à Postura no fazer pesquisa. Distinguimos postura no fazer ciência de perspectiva lógica. A Perspectiva lógica – a lógica aplica na análise dos dados – pode ser: tautologia, quando os dados são tratados como objetos ontólogos-metafísicos, *tout court* (sem mais, é tal como é); causal, quando os dados são tratados sob a relação causa-efeito; doxástica, quando os dados são analisados sob um valor de verdade, uma crença quanto ao que se afirma, seja por convenção, por coerência, por hábito, por regularidade, por um corpo de evidências devido aos dados; e lógica do *ao mesmo tempo*, quando os dados são tratados sob a perspectiva da lógica da incompletude, a incerteza, da calculabilidade recursiva. Distinguimos pesquisa científica de pesquisa forense, aquela realizada para fins de elaboração de uma peça jurídica, a exemplo de petição, sentença, parecer.

As posturas em pesquisa científica podem ser fundamentalista (certeza) ou antifundamentalista (incompletude). A primeira se refere ao pesquisador proselitista; a outra, ao pesquisador circular reflexivo. Tomar a postura como portadora de elementos à demarcação da ciência teve lugar porque

> nenhuma corrente científica (nem charlatona) [il.] é total, e nenhuma corrente se manteve em sua forma original e imutável. Não houve uma única época na ciência em que tenha existido apenas uma única corrente (embora quase sempre tenha existido uma corrente dominante). Não se pode nem falar de ecletismo: a fusão de todas as correntes em uma única seria mortal para a ciência (se a ciência fosse mortal). Quanto mais demarcação, melhor, só que demarcações benevolentes. Sem brigas na linha de demarcação. Cooperação. Existência de zonas fronteiriças (nestas costumam surgir novas correntes e disciplinas) (BAKHTIN, 2003[1979], p. 372).

DECISÃO JURÍDICA NA COMUNICATIVAÇÃO

Igualmente central no seguimento destas reflexões foram as passagens:

Princeton se tornou ainda mais cosmopolita, com muitos dos melhores cérebros da Europa fugindo de Hitler. Nas palavras de um educador americano: "Hitler sacode a árvore, e eu colho maçãs". Algumas das melhores maçãs foram parar nesse pequeno recanto do mundo (GOLDSTEIN, 2008, p. 12).

Em 1930, o reformador educacional Abraham Flexner havia persuadido os dois herdeiros de uma loja de departamentos de Nova Jersey, Louis Bamberger e sua irmã, a sra. Felix Fuld, a criar um tipo novo de academia, dedicada à "utilidade do conhecimento inútil" (GOLDSTEIN, 2008, p. 12).

"Aquela deveria ser uma sociedade livre formada de acadêmicos", escreveu Flexner. "Livres, porque pessoas maduras, animadas por propósitos intelectuais, devem ter liberdade para perseguir seus próprios objetivos da sua própria maneira." Ela deveria fornecer um ambiente simples, mas espaçoso, "e acima de tudo tranquilidade – sem os distúrbios das preocupações mundanas ou da responsabilidade paternal por um corpo de estudantes imaturos". Os Bamberger/Fuld queriam originalmente localizar sua escola em Newark, Nova Jersey, mas Flexner os persuadiu de que Princeton, com suas tradições seculares de vida acadêmica e suas camadas protegidas de serenidade, seria bem mais propícia a obter os resultados desejados de gênios não tolhidos. Flexner decidiu fundamentar sua visão nos alicerces firmes da matemática, "a mais rigorosa de todas as disciplinas", em suas palavras. Os matemáticos, em certo sentido, são os acadêmicos mais distantes dos pensamentos sobre "o mundo real" – uma expressão que, nesse contexto, significa mais do que apenas o mundo prático do dia-a-dia (GOLDSTEIN, 2008, p. 14).

Ele logo atenuou as exigências para permitir o ingresso dos físicos mais teóricos e dos economistas mais matemáticos e, no final de 1932, pôde anunciar triunfalmente as primeiras contratações: o próprio Oswald Veblen, de Princeton, um matemático de primeira linha, e ninguém menos que o alemão Albert Einstein, um cientista tão popular que se tornou um dos alvos preferenciais dos nazistas. As teorias revolucionárias da relatividade restrita e da relatividade geral haviam sido atacadas por cientistas alemães como representantes da física patologicamente

INTRODUÇÃO

"judaica", corrompida pela paixão judaica e pela matemática abstrata. Mesmo antes de os planos genocidas entrarem em operação, o físico havia sido colocado na lista negra do Terceiro Reich (GOLDSTEIN, 2008, p. 16).

Como era de esperar, uma série de universidades estavam mais do que dispostas a abrir as portas para um refugiado tão prestigioso. Em particular, o Instituto de Tecnologia da Califórnia, em Pasadena, vinha vigorosamente tentando recrutá-lo. Mas Einstein preferiu Princeton, alguns dizem por ter sido a primeira universidade norte-americana a mostrar interesse por seu trabalho. Seus amigos, lançando os olhos cosmopolitas sobre aquele centro de estudos provinciano de Nova Jersey, lhe perguntaram: "Você está querendo se suicidar?". Mas, com sua terra natal tendo se tornado fanaticamente hostil, talvez a cordialidade prematura e duradoura de Princeton se mostrasse irresistível. Einstein pediu a Flexner um salário de 3 mil dólares, e Flexner ofereceu 16 mil (GOLDSTEIN, 2008, p. 16).

Longa estas reproduções, não é? Ainda mais numa introdução. Concordamos, mas optamos por utilizar ela assim, longa mesma, para dar ao leitor liberdade de leitura, de modo a vir a concordar ou discordar da nossa. Seguiremos assim ao longo destas reflexões, sempre buscando oferecer a opção por leitura diversa da nossas quanto aos dados de pesquisa. Nesse caso, quanto à bibliografia que veste a comunicativação. No desta passagem longa, a reproduzimos por ela retratar os necessários cuidados e o perigo de se pretender estabelecer uma relação "umbilical" entre política e ciência, como ocorre nos moldes de qualquer fundamentalismo (MERTON, 1973, p. 42-43; SPRINGER DE FREITAS, 2003, p. 15-20), de qualquer "fabricação de objetos" (LATOUR, 1994, p. 27), de qualquer representacionismo (RORTY, 1997, p. 17; RORTY, 2005, p. 7-35), de qualquer "círculo infernal da reprodução social" (VANDENBERGHE, 2016, p. 133). Esses e quaisquer moldes similares eliminam a cientificidade uma vez que funcionam estabelecendo inimigos autoelegidos, portanto, assimilam o fazer ciência a "um boxeador que tem que descobrir os pontos fracos, as debilidades, as fraquezas, os movimentos especiais de seu contrário para poder acomodar seu próprio estilo a estas condições" (FEYERABEND, 1993[1980], p. 50). A ideia de neutralidade científica envolve justamente o embate entre os que afirmam e os que negam a demarcação da ciência.

DECISÃO JURÍDICA NA COMUNICATIVAÇÃO

No capítulo *Comunicativação* nos dedicamos às petições de princípios de nossas pesquisas: à gödelização da racionalidade (a lógica do *ao mesmo tempo*), ao não normativismo (não julgar previamente nem posteriormente os dados pela visão de mundo) e à reflexividade (constituída por elementos da etnometodologia de Garfinkel, da pragmática de Rorty, do realismo crítico de Margareth Archer e da teoria social de Niklas Luhmann). Não se trata de unir teorias e autores, mas sim de apresentar como, desses aportes teóricos e autores, fomos cunhando elementos para observar a construção de sentido do direito.

Nos capítulos finais, estão três casos de pesquisa empírica. O primeiro se refere à pesquisa sobre a construção de sentido de Bagatela, ou Princípio da Insignificância, no Direito. O segundo, pesquisa em que empregamos elementos da Teoria da Intervenção Sistêmica para analisar a construção de sentido de trabalho escravo no Brasil, especificamente, quanto à Portaria No 1.129/2017, do Ministério do Trabalho, de 16 de outubro de 2017. No terceiro, demonstramos como aplicamos a comunicativação para analisar argumentação.

A comunicativação, encerrando esta introdução, é composta por elementos lógicos, epistemológicos, linguísticos, sociológicos e jurídicos que foram se integrando a ela ao longo de nossas vivências, de modo que o objeto (a decisão jurídica), os métodos e as técnicas de pesquisa, a concepção de ciência, a perspectiva de observador e de observação foram e seguem sendo revisitados e revoltados. Até o momento, o que podemos informar é que chegamos às ideias de que:

a) direito é comunicação dedicada ao sentido de licitude;

b) licitude é o meio de comunicação simbolicamente generalizado do Direito, sendo a Forma de sentido o código binário que dá unidade comunicativa ao direito: lícito/ilícito (*Eigen value*). Lícito e ilícito (*Recht/Unrecht*) integram a Forma Direito, seus valores internos, ficando não jurídico (Nicht*recht*) como comunicações de seu ambiente;

c) o direito opera recursivamente (*Eigen Bahavior*), observando (aprendendo) consigo mesmo (autorreferência) e com seu ambiente (heterorreferência);

d) direito é linguagem como trabalho social, portanto, comunicação discursiva que contém regras, *ethos*, cena da enunciação, argumentação, memória, semântica, pragmática, mutação, contingência;

INTRODUÇÃO

e) a decisão jurídica não se reduz às decisões de magistrados (decisão judicial), pois decisões dos demais juristas (decisão judiciária) e da sociedade civil (decisão sóciojurídica) produzem sentido de direito, pois operam comunicações jurídicas;

f) direito é comunicação da sociedade [observe que nos devolvemos à letra A, acima].

1. GIROS NA CIENTIFICIDADE

Como anunciado na introdução, as três fases de pesquisa propiciaram revisitas e reviravoltas da nossa perspectiva de decisão jurídica e de metodologia (método, técnica e análise de dados). Nesse processo vivenciamos o ideal de que fazer ciência conta simultaneamente com dados e observações. Para demonstrar como elementos epistemológicos foram integrando a comunicativação, questionamos: fazemos pesquisa científica? Se sim, por quê? Querermos que sejam científicas, altera em que nossas afirmações? Para lidar com essa temática partimos da afirmação *ciência é falar por dados* e da questão *por que crer que p?* Os giros na cientificidade lidam com a afirmação. As teorias da crença, com a questão.

As respostas a estas questões não estão ocupadas se direito é ciência porque é evidente que há comunicação científica do direito, portanto há ciência do direito (TEIXEIRA MENDES, 2012, p. 447-482; OLIVEIRA, 2014, p. 33; SEVERO ROCHA, 2013, p. 141-149; CUNHA; SILVA, 2013; SOUTO, 2014, p. 38-49; MEZZAROBA; TAVARES NETO, p. 116-132, 2016). Quanto à dogmática jurídica, não há qualquer elemento que implique nalguma especificidade própria da dogmática, ao ponto de ela ser tida como um tipo particular de ciência. Tampouco a sociologia do direito se configura como o único saber científico do direito (SOUTO, 2014, p. 38-49; RODRIGO RODRIGUEZ, 2012, p. 21-32; BANAKAR; TRAVERS, 2005; PATERSON; TEUBNER, 2005, p. 215-237; BELLO; ENGELMANN, 2015; FONTAINHA; GERALDO, 2015; XAVIER, 2018; MAGALHÃES, 2019, p.1-19), pesquisa empírica em direito não é exclusividade da sociologia do direito. O ponto é que o termo pesquisa conta com várias espécies de investigação, a científica é uma de seus usos. Partimos destes pontos para lidar com a distinção pesquisa forense e pesquisa científica do direito.

Pesquisa forense é aquela realizada no exercício da profissão jurídica, é uma pesquisa voltada à elaboração de uma peça jurídica (petição, sentença,

DECISÃO JURÍDICA NA COMUNICATIVAÇÃO

parecer etc.). Intuitivamente a diferença entre a pesquisa forense e a científica é reconhecida. Ocorre que, quando se questiona o que as diferenciam, as respostas vão de "devido ao método", "devido ao objetivo" ... até o "confesso que não sei por quê, mas é diferente".

A diferença não está no objeto porque ambas podem ter o mesmo objeto, bem como legislações, jurisprudências e doutrinas podem ser dados de pesquisa tanto numa confecção de uma peça judicial quanto em pesquisas científicas do direito (seja ela dogmática, sociológica, antropológica, histórica, psicológica etc.). A via metodológica também não justifica a diferença porque, nos dois casos, os métodos, as técnicas e as análises de dados podem ser os mesmos. Prova testemunhal é entrevista, só para citar um exemplo. No mais, não há porque privilegiar o objeto ou a observação, afinal, há situações em que os dados conduzem mais às observações; noutras, as observações são mais condutoras das afirmações de pesquisa; e noutras, os dados e as observações são igualmente condutores às afirmações. Então, a pesquisa voltada ao fazer uma peça judicial é científica? Não. Não é.

Por a comunicativação partir da circularidade reflexiva, mitos dicotômicos como objeto/sujeito, teoria/prática, indução/dedução são desparadoxizados via a Forma de sentido da ciência, na qual não há prática sem teoria nem teoria sem prática, não há indução sem dedução nem dedução sem indução. Demarcar não implica considerar o senso comum melhor ou pior que o saber acadêmico, mas admitir que uma afirmação científica não porta a mesma condição explicativa de outras porque não contém os mesmos elementos, parâmetros e alcance que uma opinião, um parecer. Os giros na cientificidade estão pautados pela questão de se e o quanto a modernidade realmente nos afastou da metafísica.

Com a modernidade – período do iluminismo, da secularização, do humanismo, a institucionalização do calendário gregoriano, a formação dos estados, a oficialização dos idiomas nacionais, bandeiras, hino nacionais – o empirismo se tornou a tônica da cientificidade como via de oposição à metafísica. Mas, o que diferencia as explicações científicas dos dogmas de fé? Há várias respostas. Dentre as mais aceitas está a que considera que a fundamentação do saber científico está em observações sobre dados, em experimentos capazes de provar e comprovar uma informação, aquilo que se afirma. O saber científico se apresenta portador de uma verdade própria e imune à política e à religião. Mas, como foi possível esse saber ser aceito por verdadeiro ao ponto de se impor contra a fé e o poder?

1. GIROS NA CIENTIFICIDADE

Uma resposta é porque a teoria científica é uma explicação que conta com a demonstração – justificação comprovada através de dados e experimentos. Ciência se diferencia de outros saberes (da opinião, do senso comum, da fé) por sua capacidade de descrever e explicar algo. Ocorre que já em Aristóteles lemos:

> os empíricos têm mais sucesso que os que possuem a teoria sem a prática. E a razão disso é a seguinte: a experiência é conhecimento dos particulares, enquanto a arte é conhecimento dos universais; ora, todas as ações e as produções referem-se ao particular.
>
> Todavia, consideremos que o saber e o entender sejam mais próprios da arte do que da experiência, e julgamos os que possuam a arte mais sábios do que os que só possuem a experiência, na medida em que estamos convencidos de que a sapiência, em cada um dos homens, corresponda à sua capacidade de conhecer. E isso porque os primeiros conhecem a causa, enquanto os outros não a conhecem. Os empíricos conhecem o puro dado de fato, mas não seu porquê; ao contrário, os outros conhecem o porquê e a causa (Aristóteles. **Metafísica**, A 1, 981a 13-30).

Tematizamos, portanto, nossos limites durante as análises de dados, limites da comunicação científica, limites da observação mesma, como são os limites da crença epistêmica justificada. Reparem que não se trata da dicotomia objeto/sujeito, mas da tríade: objeto (*p*), comunicação (a crença) e observação (justificação da crença de que *p*). Com isso deixamos as questões da relação objeto e sujeito na gnosiologia e as questões dessa tríade, na epistemologia.

Karl Popper lida com a demarcação da ciência explorando os dois problemas do conhecimento: a indução, o problema de David Hume; e a cognição, o problema de Immanuel Kant (POPPER, 1973; POPPER, 2013[1930-1933]). Via Popper, os ceticismos e reflexões sobre o quanto, ainda em 2020, seguimos sendo metafísicos indica que "a ciência assumiu o papel antes desempenhado pela religião e, desta forma, transformou-se em dogma" (BERNARDINO COSTA; ROCHA, 2015, p. 141-149), porém o falibilismo nos salva. Será?

Para lidar com a tríade, propomos como giros na cientificidade: o giro positivista; o epistemológico; o fenomenológico; o linguístico e; o comunicacional. Cada giro grafa uma perspectiva, cujas diferenças de objeto, observador e observação nos permitiram formular o quadro dos giros na cientificidade.

DECISÃO JURÍDICA NA COMUNICATIVAÇÃO

QUADRO 1 – giros na cientificidade

Giro	Objeto	Comunicação	Observação
Perspectiva	Existência	Visão	Verdade
positivismo/ /proposicional	coisa em si	dogmática	correspondência / justificação linear
cético epistemológico	dúvida (crítica)	suspensão cética	convencional / justificação por hábito
Fenomenológico	mente / fenômeno	cético / pirrônico	coerência / justificação doxástica estática
Linguístico	linguagem	interacional	coerência / justificação doxástica dinâmica
Comunicacional	comunicação	reflexivo	incompletude/justificação transitiva

Fonte: o autor.

Giro não é sinônimo de revoluções científicas – "episódios extraordinários" que geram alterações nos compromissos profissionais de uma comunidade científica, como são os "complementos desintegradores da tradição à qual a atividade da ciência normal está ligada" (KUHN, 2000[1962], p. 25) –, mas alterações na resposta quanto às questões da cientificidade. Note-se que não se trata de gnosiologia, da relação sujeito/objeto para lidar com o conhecimento, mas quanto aos limites da ciência em razão do objeto, da comunicação (a postura lógica) e da observação (concepção de justificação no fazer ciência). Iniciemos com o giro do positivismo ou proposicional.

QUADRO 2 – giro positivista

Giro	Objeto	Comunicação	Observação
Perspectiva	Existência	Visão	Verdade
positivismo/ /proposicional	coisa em si	Dogmática	correspondência / justificação linear

Fonte: o autor

O Giro positivista se refere à concepção de ciência desenvolvida por Augusto Comte, para quem "todos os nossos conhecimentos devem estar fundamentados

52

1. GIROS NA CIENTIFICIDADE

em observação" (COMTE, 1875[1868], p. 104). Este giro registra as primeiras propostas de superação da metafísica da Idade Média, quando o conhecimento se pautava pela existência de um conhecimento inato, o de um deus único, do saber supremo, cujo primeiro princípio está no divino, só acessível a uns privilegiados: o clero. Com a ilustração, o racionalismo iluminista, uma nova terminologia foi construída, como que ciência é o conhecimento que detém objeto e método próprios. Mas essa nova terminologia não deixou de nos manter dogmáticos: dedicados à busca da coisa em si; pautados pela verdade por correspondência. Assim seguimos, por mais que tenhamos vivenciado experimentos científicos desde a lei dos corpos, o princípio da inércia e o heliocentrismo, com Galileu Galilei, Johannes Kepler, Nicolau Copérnico como responsáveis pela revolução científica do séc. XVII. Experimentos que provocaram a abertura de um lugar para um saber que se apresenta verdadeiro, "ainda que" independente da ideologia religiosa e da política. Esta força repousa na demonstração empírica. Ocorre que a empiria terminou se tornando o método à semelhança de um "novo" deus, o saber supremo, o inatismo da verdade empírica: "em verdade, na verdade vos demonstro provando cientificamente". A matemática e a física assumiram o posto de saber detentor de primeiros princípios, de verdades indiscutíveis, de afirmações frutos de demonstração por meio de provas empíricas. Curioso como o imaginário humano faz inumanos. Nossa acusação é que essa revolução científica mantive a produção de saber *tout court*, seja o quê e como se debata, mesmo assim, é assim que é. Com os giros, abordamos as reflexões sobre a afirmação *pesquisar é falar por dados*, deixamos para as teorias da verdade a pergunta *por que crer que p?*

Poderíamos até chamar de giro hermenêutico, para diferenciar do conhecimento inato aos moldes platônicos, bem como diferenciar a tábula rasa de Aristóteles da tábula rasa do empirismo experiencial de John Locke (PROENÇA-ROSA, 2012a; PROENÇA-ROSA, 2012b; SERRES, 1998), mas preferimos manter o termo positivista para registrar a aposta no elemento humanoide e no terceiro estágio do desenvolvimento: o positivismo.

Comte defendia que a evolução se dá em três estágios. O primeiro, teológico, é dedicado às "investigações para a natureza íntima dos seres, as causas primeiras e finais de todos os efeitos que o tocam. Numa palavra, para os conhecimentos absolutos" (COMTE, 1875[1868], p. 4). No segundo, o estágio metafísico, os

> agentes sobrenaturais são substituídos por forças abstratas, verdadeiras entidades (abstrações personificadas) inerentes aos diversos seres

do mundo, e concebidas como capazes de engendrar por elas próprias todos os fenômenos observados, cuja explicação consiste, então, em determinar para cada um uma entidade correspondente" (COMTE, 1978[1830], p. 4).

O terceiro é o positivo, estágio do espírito humano. Neste estágio, reconhecemos a impossibilidade de se obter noções absolutas, é quando renunciamos a procurar a origem e o destino do universo, a conhecer causas íntimas dos fenômenos. Ainda neste estágio, nos dedicamos a "descobrir, graças ao uso bem combinado do raciocínio e da observação, suas leis efetivas, a saber, suas relações invariáveis de sucesso e de similitude. A explicação dos fatos, reduzida a seus termos reais" (COMTE, 1978[1830], p. 4-5).

Esses estágios registram as dificuldades para se pautar um rompimento com a metafísica, o que nos alerta para quanto o positivismo científico não altera a perspectiva de hierarquia, dominação e controle entre saberes tal como se registra na idade média. Mudam-se os "donos" do saber, mas não a gnosiologia. Seguimos sendo os mesmos e vivendo ortodoxos, dogmáticos, proselitistas doutrinadores.

Com o Positivismo, ciência é a demonstração da existência de algo constante, permanente. Ciência expressa a repetitividade de algo, como é o método positivo (COMTE, 1875[1868], p. 104). Também apostam na empiria, Francis Bacon, com seu Novo Organum, publicado em 1620; René Descartes, em especial seu livro Discurso do método, publicado em 1637; John Locke, com o livro Ensaio acerca do entendimento humano, publicado em 1690; Gottfried Wilhelm Leibniz, com os livros: Discursos de Metafísica, publicado em 1686, Novos ensaios sobre o conhecimento humano, publicado em 1705, e Monadologia, publicado em 1714; George Berkeley, com o livro Princípios do conhecimento humano, publicado em 1710.

Neste período, o debate estava centrado na concepção da Matemática e da Física como modelos de conhecimento científico. Minha impressão é que, se na Idade Média uma divergência de opiniões era silenciada com a frase "Porque Deus quer assim", neste período, a frase que silencia uma divergência é: "Porque a física já comprovou"; "Isso está cientificamente provado".

Em direito, não raro, ouço: "isso está pacificado pela jurisprudência". A certeza, a infalibilidade, a verdade indiscutível têm sido termos questionados quanto a qual é esse fundamento último. É possível aplicar o modelo positivista comteano para explicar, entender, pesquisar questões deontológicas, da sociedade? Para pesquisar a decisão jurídica?

1. GIROS NA CIENTIFICIDADE

Como momento histórico, entendemos a necessidade do positivismo romper com as ideologias da nobreza e da igreja para se firmar como conhecimento crível e indiscutível. O que questiono é como, ainda em 2020, essa ortodoxia é presente, inclusive, no fazer ciência e, não só a jurídica. Será que apenas se substituiu um deus por outro? Mantemos, realmente, a perspectiva doutrinal, ainda que agora com um outro deus que não o deus divino?

Com o Iluminismo, *falar por dados* é uma aposta na empiria, porém traz uma dificuldade: como passar de afirmações das observações realizadas para afirmações universais? Ampliar, das observações dos casos observados, para casos não observados, levou a críticas ao positivismo, principalmente quanto à pretensão de previsibilidade, futurologia. Ora, se um saber é verdadeiro porque reflete a realidade, a realidade (física ou ideal) é comprovada por observações empíricas, então, as leis científicas são leis da natureza e, como tais, são indiscutíveis. Essa perspectiva de ciência chega às ciências humanas como ciência das leis físicas da vida em sociedade. O positivismo é marcado pela justificação causal do conhecimento científico. Essa causalidade criva, no fazer ciência, a importância dos dados, a ponto que chegamos a acreditar que quanto mais decisões judiciais forem catalogadas e analisadas maior a força do que se afirma. Para nos livrar dessa fobia por quantidade recorremos à estatística, pois, com ela aprendemos que não é a quantidade de dados que viabiliza um saber científico, mas a maneira como dados são "controlados", sua pertinência numa pesquisa científica. Entendemos assim que 100% não é necessário, inclusive porque obter 100% dos dados raramente é possível e viável.

Ao elevar o positivismo ao status de religião, a religião positivista, Comte tornou a cientificidade mera metafísica e, com isso, fez o positivismo perder capilaridade. Cientistas foram se afastando de Comte. Ganhamos, contudo, o giro epistemológico.

QUADRO 3 – giro epistemológico

Giro	Objeto	Comunicação	Observação
Perspectiva	Existência	Visão	Verdade
positivismo/ /proposicional	coisa em si	Dogmática	correspondência / justificação linear
cético epistemológico	dúvida (crítica)	suspensão cética	convencional / justificação por hábito

Fonte: o autor.

DECISÃO JURÍDICA NA COMUNICATIVAÇÃO

René Descartes e David Hume se inscrevem como protagonistas do giro epistemológico por chamarem atenção para a insuficiência do positivismo científico. Céticos por lançarem dúvida quanto à validade do conhecimento científico, da aposta na empiria. Descartes e Hume questionam a capacidade de a causalidade ser a lógica empregada no fazer ciência. As meditações de Descartes, suas dúvidas metódicas, instalam o ceticismo radical da impossibilidade de conhecer o mundo exterior "em solilóquio consigo mesmo" (DESCARTES, 2004[1641], p. 69). Descartes crê ter conseguido se despir de todos os seus sentidos e ter acessado a causa primeira de todo conhecimento: o pensar. O método de Descartes

> prega uma dúvida universal não apenas sobre nossos anteriores princípios e opiniões, mas também sobre nossas próprias faculdades, de cuja veracidade, dizem, devemos nos assegurar por meio de uma cadeia argumentativa deduzida de algum princípio original que não tenha menor possibilidade de ser fraudulento ou enganoso (HUME, 2004[1641], p. 204).

Descartes acreditava ser possível afastar o erro, o engano, a crença por persuasão e se obter um conhecimento primeiro que justifique um saber independente de qualquer causa. Na meditação terceira, Descartes desenvolve a relação entre o pensamento, a denominação e as coisas físicas e imaginadas. Das meditações, reproduzo:

> Entre meus pensamentos, alguns são como as imagens das coisas, e só àqueles convém propriamente o nome de ideias: como no momento em que eu represento um homem ou uma quimera, ou o céu, ou um ano, ou mesmo Deus. Outros, além disso, têm algumas outras formas: como, no momento em que eu quero, que eu temo, que eu afirmo ou que eu nego, então concebo efetivamente uma coisa como o sujeito da ação de meu espírito, mas acrescento também alguma outra coisa por esta ação à ideia que tenho daquela coisa; e deste gênero de pensamentos, uns são chamados vontades ou afecções, e outros juízos.
> Agora, no que concerne às ideias, se as consideramos somente nelas mesmas e não as relacionamos a alguma outra coisa, elas não podem, propriamente falando, ser falsas; pois quer eu imagine uma cabra ou uma quimera, não é menos verdadeiro que eu imagino tanto uma quanto a outra.

1. GIROS NA CIENTIFICIDADE

Não é preciso temer também que se possa encontrar falsidade nas afecções ou vontades; pois, ainda que possa desejar coisas más, ou mesmo que jamais existiram, não é por isso, todavia, menos verdade que as desejo.

Assim, restam tão somente os juízos, em relação aos quais eu devo acautelar-me para não me enganar. Ora, o principal erro e o mais comum que se pode encontrar consiste em que eu julgue que as ideias que estão em mim são semelhantes ou conformes às coisas que estão fora de mim; pois, certamente, se eu considerasse as ideias apenas como certos modos ou formas de pensamento, sem querer relacioná-las a algo de exterior, mal poderiam elas dar-me ocasião de falhar (DESCARTES, 2004[1641], p. 75).

Ocorre que o método da dúvida, o ceticismo cartesiano, busca a verdade última, o que nos leva a questionar se essa dúvida não assume o mesmo papel metodológico do inatismo divino ou naturalista. Uma hipótese é que, finalmente, distinguimos epistemologia de gnosiologia, afinal, Descartes põe na razão o fundamento da ciência, da qual se parte para desenvolver a certeza e a verdade científica, não a cognitiva, afinal, aposta no método, não no saber. Se é assim, podemos considerar que a metafísica não mais participa da cientificidade? Entendo que não.

David Hume nos ensina que as afirmações científicas não passam de hábitos do instinto humano, o qual, como todos os outros instintos, "pode ser falaz e enganoso" (HUME, 2004[1748], p. 215).

[...] se um objeto nos fosse apresentado e fôssemos solicitados a nos pronunciar, sem consulta à observação passada, sobre o efeito que dele resultará, de que maneira, eu pergunto, deveria a mente proceder nessa operação? Ela deve inventar ou imaginar algum resultado para atribuir ao objeto como seu efeito e, é óbvio, que essa invenção terá de ser inteiramente arbitrária. O mais atento exame e escrutínio não permite à mente encontrar o efeito na suposta causa, pois o efeito é totalmente diferente da causa e não pode, consequentemente, revelar-se nela" (HUME, 2004[1748], p. 57-58).

A conclusão é que a influência do hábito é tanta que: "quando ele é mais forte, não apenas encobre nossa ignorância, mas chega a ocultar a si próprio e parece não estar presente simplesmente porque existe no mais alto grau" (HUME, 2004[1748], p. 57). A experiência, por si só, permite que se tenha, por causa e efeito, expectativas sobre o futuro, mas não conhecimento do futuro, afinal "todas as inferências da experiência são efeitos do hábito, não do raciocínio" (HUME, 2004[1748], p. 75).

David Hume critica o ceticismo da dúvida universal de Descartes por ter lançado dúvida sobre todos os princípios originais, o que impede haver conhecimento, uma vez que não há qualquer princípio original autoevidente e, se existisse, "não se poderia avançar um passo além dele, a não ser pelo uso daquelas próprias faculdades das quais se supõe que já desconfiamos" (HUME, 2004[1748], p. 204).

Uma vez afastado do ceticismo universal, do niilismo cartesiano (Descartes inviabiliza qualquer forma de conhecimento), Hume elenca outros tipos de ceticismo à ciência e à investigação, contudo mantém a hipótese de haver conhecimento científico, pois há a diferenciação. Esta perspectiva ficou conhecida como ceticismo consequente, o da dúvida da possibilidade de se conhecer, quer devido às faculdades mentais do ser humano, quer devido à impossibilidade de, por meio dos sentidos, chegar--se a conclusões falaciosas por se depositar fé, neles. A natureza externa dos objetos e a imagem subjetiva são representações da mente (HUME, 2004[1748], p. 205-206), afinal

> por qual argumento se poderia provar que as percepções da mente devem ser causadas por objetos externos inteiramente distintos delas, embora a elas assemelhados (se isso fosse possível), e não poderiam pro-vir, seja da energia da própria mente, seja da sugestão de algum espírito invisível e desconhecido seja de alguma outra causa que ignoramos ainda mais?" (HUME, 2004[1748], p. 207-208).

Outro argumento cético é que as qualidades sensíveis não estão nos obje-tos em si, mas nas percepções da mente, as responsáveis pela ideia de quente e frio, branco e preto. Esse saber se deve à mente, a uma criação de quali-dades secundárias nos objetos e, não, aos objetos sentidos, mas à pura abs-tração (HUME, 2004[1748], p. 210). Retirar a percepção dos sentidos tato, visão, audição, olfato, paladar dos objetos e as atribuir à mente é, para Hume, um absurdo tal que "nenhum cético julgará valer a pena argumentar con-tra ela" (HUME, 2004[1748], p. 211). Ocorre que, se for realmente assim, "não dispomos de nenhum argumento que possa nos convencer de que os objetos que, em nossa experiência, apresentam-se frequentemente conjuga-dos, continuarão a aparecer conjugados do mesmo modo em outros casos" (HUME, 2004[1748], p. 215).

1. GIROS NA CIENTIFICIDADE

A única oposição a este ceticismo, explica Hume, é que dele não se pode "esperar algum bem ou proveito duradouro para a sociedade" [...] "um pirrônico não pode esperar que sua filosofia venha a ter alguma influência constante na mente humana; ou, se tiver, que essa influência seja benéfica para a sociedade" (HUME, 2004[1748], p. 216).

Há ainda o ceticismo acadêmico, a exemplo do pirronismo, ou ceticismo excessivo, no qual as dúvidas são indiscriminadas. Sua correção só terá lugar via senso comum. Assim é, porque tendemos a ser afirmativos e dogmáticos em nossas opiniões, porém, movidos pelo senso comum, "ao contemplar os objetos apenas unilateralmente, sem fazer ideia de qualquer argumento que se possa contrapor, atiram-se precipitadamente em direção aos princípios para os quais sentem inclinação, e não demonstram nenhuma indulgência para com aqueles que professam opiniões contrárias" (HUME, 2004[1748], p. 217). Assim, academicamente seguimos fazendo afirmações dogmáticas sob o manto de uma intelectualidade que não passa de senso comum.

Esse ponto nos leva a uma referência histórica para nos localizar nas violências experimentadas neste período e, com elas, a inovação de reflexões sobre o fazer ciência, sobre a sociedade, sobre a tecnologia e as guerras, sobre o quanto a ciência não é amorfa, . Em 24 de outubro de 1648, foi assinado o Tratado de Vestfália, acordo de paz que registra a "sedimentação" do estado moderno com um soberano; esse Tratado marca a força das relações internacionais entre estados nacionais, e sua força se deve pelo fato de ter posto "fim" nas guerras religiosas após forte abalo ao poder do Sacro Império (FRANCA FILHO, 2006, p. 1447; JESUS, 2010, p. 221-222). Vale lembrar também a Guerra dos Trinta Anos – entre o Império Romano-Germânico e as cidades-estado luteranas e calvinistas, no norte da atual Alemanha – e a Guerra dos Oitenta Anos, com o tratado de Münster, promovendo o reconhecimento da Espanha e da Holanda, a independência dos Países Baixos (FRANCA FILHO, 2006, p. 1447; JESUS, 2010, p. 221-222).

Essa localização histórica nos é salutar para as reflexões epistemológicas por seu lugar na construção da demarcação da ciência. Não se trata de buscar uma causalidade historicista, nem causalidade entre política e ciência, mas de não ignorar o quanto essa relação integra a comunicação científica. Empreendimentos humanos guiam o sentido de vida em sociedade, influenciam o fazer ciência, as inovações, as conquistas, a escravidão passa a ser assumida como violência, porém a exploração da força trabalho não. São formuladas novas concepções, novos desejos, necessidades, vontades. A técnica molda os debates da ciência enquanto "intensificação de aquisições evolutivas" (LUHMANN, 2007[1997], p. 409). A tecnologia se impõe como seguimento indispensável, o novo deus da vida em sociedade, portanto presente na comunicação sobre a diferenciação do saber científico. Quem nega que a computação é uma realidade e que ela está presente no fazer ciência? Que área da ciência não tem influência da informática? O ponto é que o ser humano se leva a momentos de caos, quando o posto se mostra insuficiente e incapaz, porém o novo é tão ainda inusitado que é concebido como igualmente insuficiente e incapaz, porém sem volta. Este momento pode ser tratado como crise, no sentido de que

> A complexidade social é o meio em que as crises surgem e evoluem. Uma teoria da crise em sistemas sociais complexos deve ser capaz de reconhecer o mecanismo gerador que origina o processo de crise, as transições de fase e as técnicas de modelagem adequadas para analisar sua dinâmica (MASCAREÑO, GOLES, RUZ, 2016, p. 4).

Como crise, todavia, a técnica avança no fazer ciência, quando então a ontologia do objeto, tanto quanto a da mente, dá lugar ao ceticismo moderado de David Hume. Para Popper, Hume é o responsável por abalar a visão explicativa de certeza e verdade metafísica, presente na ciência positiva, ao questionar: "Somos justificados em raciocinar partindo de exemplos (repetidos), dos quais temos experiência, para outros exemplos (conclusões), dos quais não temos experiência?" (POPPER, 1973, p. 15), ao que o próprio Hume responde: "Não, por maior que seja o número de repetições" (POPPER, 1973, p. 15).

O tecnicismo avança e, com ele, a validação da força da explicação científica, a imunização racional. Hume traz, além da questão epistemológica, a questão psicológica, ao dizer que as afirmações teóricas científicas estão pautadas por confiança e não por relação de causa e efeito de observações sobre observações: "Por que temos expectativas em que depositamos grande confiança?" (POPPER, 1973, p. 15). Segundo Hume, conhecimento científico é crença justificada por razões baseadas em pesquisa empírica, porém a prática de se estender as afirmações pautadas por observações de casos particulares a casos não observados é possível não por demonstração, mas por hábito, pelo hábito de se crer que a teoria tem uma base empírica.

Em se tratando de nossas pesquisas com decisão jurídica, temos observado que, em casos de temas como bagatela (Princípio da Insignificância), pesquisa

1. GIROS NA CIENTIFICIDADE

com célula tronco, comercialização de produtos transgênicos, abandono afetivo, casamento de pessoas do mesmo sexo, aborto anencefálico, direito ao nome para transexuais entre outros, a construção de sentido do direito se dava mesmo sem legislação vigente. Observamos ainda que, nesses casos, que podem ser chamados de *direitos novos*, elementos fáticos e doutrinários eram os responsáveis por integrar a construção de sentido, ou seja, a observação do direito sobre seu ambiente. O ponto aqui não são as pesquisas, mas que as afirmações delas produzidas nos crivam de pretensão para nortear afirmações sobre casos não pesquisados. Ocorre que, como esta ampliação se dá por analogia, não estão baseadas em pesquisa empírica, essas afirmações são tomadas como conjecturas explícitas, jamais com a mesma "força" das afirmações presentes nas pesquisas realizadas. Com isso, entendemos que Hume não cuidou desse detalhe.

Ariscamos afirmar que no caso do abandono afetivo, as decisões judiciárias se pautaram, inicialmente, por argumentos fáticos e doutrinários, como ocorreu no caso das decisões sobre bagatela. Bem como, ariscamos afirmar que, na medida em que começou a haver decisões dos tribunais, os argumentos doutrinários foram sendo substituídos por precedentes jurisprudenciais. Não realizamos pesquisa sobre abandono afetivo, mas sim sobre bagatela. Alertados por Hume, pudemos ampliar algumas observações da pesquisa sobre bagatela ao caso do abandono afetivo, porém isso não elimina a necessidade de se fazer a pesquisa empírica sobre abandono afetivo, tampouco faz das conclusões da pesquisa sobre bagatela automaticamente aplicáveis aos demais casos de direitos novos. Contudo, entendemos que sim, é possível tecer elementos teóricos sobre o gênero direitos novos, sem que, para isso, tenhamos que esperar pesquisas sobre cada caso e hipótese de direito novo.

Negamos a possibilidade de a teoria científica ser doutrinamento, por mais que haja um hábito na cientificidade. Ocorre que o hábito de confiar em afirmações científicas não é em si já fazer ciência. Sim, Hume foi fundamental para pôr alertas quanto aos limites do saber científico, afinal, sim podemos fazer conjecturas sobre casos não pesquisados, mas essas afirmações não têm a força comunicativa das afirmações numa comunicação sobre o tema pesquisado. Essa constatação me leva a ampliar o que observamos das pesquisas realizadas a temas não pesquisados, portanto a afirmar que a criação judicial do direito não se reduz a casos de novos direitos, mas também dos já consagrados, como observamos quando o Supremo Tribunal Federal decidiu que integra a expressão "entidade familiar" a união de pessoas do mesmo sexo,

DECISÃO JURÍDICA NA COMUNICATIVAÇÃO

mesmo os textos legislativos da Constituição (CF) e do Código Civil Brasileiro (CCB), respectivamente, serem:

> Art. 226. A família, base da sociedade, tem especial proteção do Estado (CF). § 3º – Para efeito da proteção do Estado, é reconhecida a união estável entre o homem e a mulher como entidade familiar, devendo a lei facilitar sua conversão em casamento.

> Art. 1.723. É reconhecida como entidade familiar a união estável entre o homem e a mulher, configurada na convivência pública, contínua e duradoura e estabelecida com o objetivo de constituição de família (CCB).

Devemos ao giro epistemológico vivermos alertas sobre os limites da comunicação, afinal, com Hume aprendemos que as afirmações sobre pesquisas são emitidas partindo de observações de pesquisas realizadas e podem ser alastradas a pesquisas não realizadas sem por isso cairmos em metafísica. Assim é porque a comunicação não se reduz à pessoa humana, a sujeitos concretos, afinal, sistemas de sentido também observam, como ocorre com animais, células biológicas e máquinas, por mais que sejam observações distintas do observar humano. Essa questão nos reporta a Immanuel Kant ao afirmar que David Hume o despertou de seu sono dogmático: "Confesso francamente: foi a advertência de David Hume que, há muitos anos, interrompeu o meu sono dogmático e deu às minhas investigações no campo da filosofia especulativa uma orientação inteiramente diversa"[9] (KANT, Fundamentação Metafísica A 13-14 = 2007[1785], p. 17), ainda em Kant, lemos:

> [...] não foi a investigação da existência de Deus, a imortalidade e assim por diante, mas sim a antinomia da razão pura – "O mundo tem um começo, não tem começo, e assim por diante: há liberdade no homem, contra não há liberdade, apenas a necessidade da natureza – foi isso que

---

[9] No original alemão: *Ich gestehe frei: die Erinnerung des David Hume war eben dasjenige, was mir vor vielen Jahren zuerst den dogmatischen Schlummer unterbrach, und meinen Untersuchungen im Felde der spekulativen Philosophie eine ganz andre Richtung gab.* Fizemos questão de buscar a citação original em alemão porque a expressão "dogmatischen Schlummer" tem sido traduzida por SONHO DOGMÁTICO, mas parece que seria mais próximo SONO DOGMÁTICO ou DESCANSO DOGMÁTICO. É que SONHO nos soa como algo que vem à mente imaginariamente e SONO OU DESCANSO nos soa como algo sobre o que se estabeleceu como indiscutível, como sem lugar para debate e, portanto, do qual se parte, a petição de princípio.

1. GIROS NA CIENTIFICIDADE

primeiro me despertou do meu sono dogmático e me levou à crítica da própria razão, a fim de resolver o escândalo da contradição ostensiva da razão consigo mesmo[10] (KANT, 1999, p. 552).

Despertar este, que nos retira do giro positivista e nos move ao giro cético epistemológico, quando, então, nossa atenção passa do fundacionismo – calçado no objeto, na observação de um padrão (modelo, exemplar, paradigma), na explicação voltada a estabelecer a única resposta correta, como no positivismo dogmático – para o criticismo, o ceticismo da dúvida sobre possibilidade do conhecer, da observação epistêmica. Duvida-se do conhecimento calçado na essência da coisa em si e, então, credita-se na experiência o limite do conhecimento. Questiona-se a liberdade quanto ao que se pode afirmar sobre os dados, o que implica questionar a comunicação. Até que ponto os dados limitam uma comunicação? Com essa questão, o limite do que se pode afirmar devido aos dados assume uma configuração ética de pesquisa.

Como partimos da noção de que sociedade é comunicação, ciência é expressão de trabalho social, não solipsismo do pesquisador. A comunicação não é livre, tampouco os dados falam por si. Dados não falam. Dados "em si" não comunicam. Só a comunicação comunica. Essa é uma diferença entre o giro positivista e o epistêmico quando se pesquisa o social como comunicação. No positivista, a ênfase é no objeto. No giro cético epistêmico, na observação. Há uma atenção ao observador, ainda que o objeto se mantenha central para a observação. Dados não dizem nada, por mais que influenciem na observação, afinal, o pesquisador não pode dizer o que quiser sobre os dados. Dados não dizem nada, porém delineiam limites ao que se pode afirmar cientificamente.

Ter ciência como trabalho social implica admitir que ela é produção humana, o que não se confunde com afirmar que ciência é a vontade de um pesquisador. Afirmação, no âmbito científico, move debates e remove convicções, implica discussões e dúvidas, mais que determinismos. "Comunicação é atualizar informações" (LUHMANN, 2007[1997], p. 65), inclusive "uma informação cujo sentido se repete, já não é informação" (LUHMANN, 1998[1984], p. 84). Não o é porque nem reduz nem aumenta complexidade, simplesmente reproduz, ocorre que comunicar não envolve transmissão de

---

[10] No Original: *It was not the investigation of the existence of God, immortality, and so on, but rather the antinomy of pure reason – "The world has a beginning; it has no beginning, and so on [sic]: There is freedom in man, vs. there is no freedom, only the necessity of nature" – that is what first aroused me from my dogmatic slumber and drove me to the critique of reason itself, in order to resolve the scandal of ostensible contradiction of reason with itself.*

informações, mas sim um seleção dentro de um campo de possibilidades (LUHMANN, 1998[1984], p. 85).

Pesquisa científica, nesta perspectiva, não se faz sobre algo de que se tem convicção. Porém isso tem lugar em pesquisa forense, na qual se pesquisa para selecionar argumentos para persuasão, para defesa de algo.

Lembremo-nos, inclusive, de que há comunidade científica. A ela devemos uma centralização quanto ao que será respaldado ou não cientificamente. Ocorre que mesmo ideias contrárias aos modelos dessa comunidade, quando são científicas, não são ignoradas pela comunidade, podem até mesmo serem enaltecidas, merecedoras de prêmios e anunciadas como novo ciclo. Movimentos no mundo da ciência, nas comunicações científicas não são raros (KUHN, 2000[1962]). Vivenciamos intervenções de elementos de poder, de economia na ciência. Há política pública de ciência. O que integrará o saber científico e o que não, todavia, não é decretado politicamente nem economicamente. Tanto é assim que a estrutura da ciência foi e segue sendo criticada frente às manipulações vivenciadas no mundo da ciência (MERTON, 1973, p. 88).

Por mais que haja uma escolha do observador quanto a que excertos transcrever na pesquisa, escolha quanto a que excerto transcrever para analisar, portanto, quais dados lançar na planilha, essa escolha não é arbitrária porque há um cuidado no que transcrever, cuidado este que se deve não ao arbítrio, à boa vontade do pesquisador, mas ao quer evitar críticas destruidoras da pesquisa, da capacidade de irritação que as afirmações da pesquisa podem gerar. Um pesquisador não despreza o reconhecimento da comunidade, por isso não ignora que a escolha dos dados a apresentar se deve à delimitação do objeto de pesquisa, à pergunta de pesquisa, ao que se está tratando cientificamente, à comunidade científica, não aos seus interesses, desejos e idiossincrasias. Por isso, afirmo que, se um observador cria dados, inventa excertos de decisões para defender sua hipótese, ele não só não está fazendo ciência, como esta atitude aética viabilizará seu descrédito e "suicídio" acadêmico, científico. Cedo ou tarde será exposto ao ridículo científico. Risco que não muitos optam correr.

Quando se pesquisa sobre Decisão Jurídica, os excertos não são observados como textos de autoria do pesquisador – é aético alterar conteúdos, criar dados, excertos, falas[11] etc. Há uma espécie de "controle" dos leitores,

---

[11] Constituem os corpora de nossas pesquisas não exclusivamente textos de sentenças e acórdãos, mas também falas, pronunciamentos em audiências, portanto, falas de *amicus curiae* e de ministros do STF disponíveis na TV Justiça, no you tube.

1. GIROS NA CIENTIFICIDADE

do social, da comunidade científica. Ademais, assim como não somos os autores do idioma português, mas usuários e, como usuários, temos nossa idiossincrasia em nosso uso do português, mas não poder para criar o idioma, assim é a relação comunicação-sistema-científico, comunicação-no--observar. Com isso, apenas alertamos para o fato de que não cabe considerar que a comunicação é manipulada pelos dados, tanto quanto não ignoramos que não cabe considerar que a comunicação pode criar dados. Essa é uma falsa aporia; extremos que confundem a reflexão sobre o tema, pois não há hierarquia entre dados e comunicação. Considerar uma dessas duas perspectivas é esconder o que ocorre durante uma pesquisa. No mínimo é um truque de pesquisa (LATOUR, 2001, p. 27-33; 85; BECKER, 2008, p. 8; 27).

Chegamos assim ao debate do conhecimento verdadeiro, o qual nos leva a diferenciar entre a fé e a crença fundamentada, diferenciar convicção de justificação epistêmica. Não se trata de negar que, em ciência, há afirmações mais contundentes, com menor potencial de alteração, mas, sim, negar que em ciência há verdade última. Negamos que os debates norteados por primeiros princípios, pela coisa *per se*, podem ser científicos. Podem até virem a ser entendidos como pesquisas de estudos, quando se quer esclarecer, entender algo, mas não tem como serem científicos. É o que aprendemos com o legado de Augusto Comte: virou convicção, fé, deixou de ser ciência e se tornou religião positiva. Esse debate nos lembra Aristóteles e sua concepção de haver coisa em si, ainda que relacionada a outra coisa. Não temos como desenvolver aqui se o problema está na forma como Tomás de Aquino usou Aristóteles para construir sua doutrinação religiosa, ou se está em Aristóteles mesmo esta via gnosiológica. Seja como for, lemos em Aristóteles: "[...] descrevo uma coisa como *pertencente em si mesma (per se) a uma outra* se constituir um elemento na natureza essencial da outra, como, por exemplo, uma linha pertencente a um triângulo" (ARISTÓTELES, Organón-AP 73a 33-35). Esse debate, inclusive, leva-nos, ainda, ao que se tem pautado, em razão de Platão, quanto ao conhecimento ser uma questão de imagem, reflexo, espelho de uma realidade que existe, independentemente do observador, ou se é ideia, criação do observador mesmo. Lidamos com esse debate recorrendo ao exemplo da gravidade. A gravidade é um fenômeno natural em si, *per se*, ao mesmo tempo em que é construção da memória semântica, afinal, parafraseando Bruno Latour: onde estava a gravidade antes de Isaac Newton? "Onde andavam os micróbios antes de Pasteur" (LATOUR, 2001, p. 169). Não conseguimos negar que foram seres humanos quem denominou a gravidade como gravidade, mas não que já existia o nome gravidade ou que a nominação gravidade é uma

DECISÃO JURÍDICA NA COMUNICATIVAÇÃO

relação de representação de uma realidade independente de existir seres humanos. Parece-nos razoável conceber que, se não houvesse seres humanos, não haveria a palavra gravidade. Se existe planeta Terra, se não existirem seres humanos...não sei se duvido disso, mas confesso que comunicação, sim, entendo que não existirá, se os humanos não existirem, assim como não existirão os idiomas, valores sociais, estado, amor, arte, ciência, direito, economia, educação, esportes, política, religião, saúde.

Com o giro epistemológico temos o embate entre os que têm por verdade científica aquela revestida de revelação descritiva de uma natureza e os que têm por verdade um produto social, um hábito, costume, repetições pelo mecanismo de associação de ideias (POPPER, 1973, p. 16). Esse embate leva à questão da falsidade na ciência, falsa por ser uma conclusão errada ou falsa porque superada. Popper lida com essa questão como um problema lógico da indução. Para Popper, Hume trouxe o problema da validez do saber científico, porém Popper o trata como problema epistêmico, de conhecimento científico, e não cognitivo. Com isso, a validez de um saber científico é abordada como justificação de uma informação científica, a verdade científica, então, não pode ser tratada com os mesmos elementos que uma verdade cognitiva, gnosiológica. Essa mudança leva a que as afirmações universais científicas não são consideradas verdades últimas, mas "leis ou teorias hipotéticas, conjecturais; isto é, suposições" (POPPER, 1973, p. 20). Popper propõe três questões lógicas ao problema lógico da indução de David Hume:

> L1 – pode a alegação de que uma teoria explanativa universal é verdadeira ser justificada por "razões empíricas"; isto admitindo a verdade de certas asserções de teste ou asserções de observação (que se pode dizer: são baseadas em experiência)? (POPPER, 1973, p. 18)
>
> L2 – Pode a alegação de que uma teoria explanativa universal é verdadeira, ou é falsa, ser justificada por "razões empíricas", isto é, pode a admissão da verdade de asserções teste justificar a alegação de que uma teoria universal é verdadeira, ou a alegação de que é falsa? (POPPER, 1973, p. 18)
>
> L3 – pode uma preferência, com respeito à verdade ou à falsidade, por algumas teorias universais em concorrência com outras ser, alguma vez, justificada por tais "razões empíricas"? (POPPER, 1973, p. 19)

A resposta de Popper para L1 é "não, não pode. Nenhuma quantidade de asserções de teste verdadeiras justificaria a alegação de que uma teoria explanativa universal é verdadeira" (POPPER, 1973, p. 18). Para L2 é, "sim, a admissão da verdade de asserções de teste às vezes nos permite justificar a alegação de que uma teoria explanativa universal é falsa" (POPPER, 1973, p. 18). Para L3 é "sim, às vezes pode, se tivermos sorte. [sic] Pois pode acontecer que nossas asserções de teste refutem algumas – mas não todas – teorias concorrentes; e como estamos procurando uma teoria verdadeira, preferimos aquelas cuja falsidade não foi estabelecida" (POPPER, 1973, p. 19).

Trata-se de confiabilidade nas asserções científicas universais, ou seja, de a ciência deter credibilidade porque suas afirmações terminam sendo respaldadas não só como descrição, mas também como prescrição. Não se pode negar que a ciência se arvora a prever, a ampliar o que foi observado para o que não foi observado. Sobre esta tema, a saída de Popper foi afirmar que essa era a questão de Hume e não a de Kant, pois a sua pergunta (de Popper) não é a extensão de observações para casos não observados, mas a possibilidade de, a partir de observações, se caminhar para asserções universais verdadeiras. A diferença é que a passagem de observações para teorias verdadeiras não se confunde com a passagem de observações para casos não observados. Afinal, a formulação de teorias não implica verdade absoluta, mas, sim, conjectura. Com isso, Popper entende ter resolvido o problema da indução de Hume, recorrendo à dedução: "do ponto de vista da lógica dedutiva, há uma assimetria entre verificação e falsificação por experiência" (POPPER, 1973, p. 23).

Assim, as assertivas teóricas não são verdades últimas, antes, as verdes universais da teoria científica são probabilidades e, como tais, são precipuamente reconhecidas como limitadas. Popper, contudo, conclui que o método científico, o que demarca a ciência, é o falsificacionismo, afinal, a ciência é marcada pela testagem da justificação atual via o método crítico: "método de experiências e eliminação de erros, de propor terias e submetê-las aos mais severos testes que possamos projetar" (POPPER, 1973, p. 27), o qual consiste na "lei de falsificação" (POPPER, 1973, p. 25). A testabilidade das teorias demonstra que a preferência do pesquisador é pela hipótese mais provável, por isso, "qualquer teoria probabilística de preferência (e, portanto, qualquer teoria probabilística de indução) é absurda" (POPPER, 1973, p. 28). A corroboração não é mais que grau de testabilidade, ou seja, resistências ou sobrevivência de umas teorias frente a outras concorrentes ou frente a testes de refutação. Corroboração não tem relação com futurismo, com fidedignidade, mas apenas com a prova de aptidão de determinada teoria para sobreviver no futuro (POPPER, 1973, p. 29). Sendo assim, a melhor teoria é a mais testada.

DECISÃO JURÍDICA NA COMUNICATIVAÇÃO

Ainda com Popper, lemos a questão da preferência pragmática. Popper lança dois problemas pragmáticos à indução: "Pr1 – Em que teoria confiaremos, para ação prática, de um ponto de vista racional? Pr2 – Que teoria preferiremos para ação prática, de um ponto de vista racional?" As respostas de Popper são: para Pr1, "de um ponto de vista racional, não podemos confiar em teoria alguma, pois nunca se mostrou, nem se pode mostrar, que qualquer teoria é verdadeira"; para Pr2, "podemos preferir, entretanto, como base de ação, a teoria mais bem testada" (POPPER, 1973, p. 29). Essa passagem nos leva a reflexões sobre a relação entre teoria e prática, especificamente, pesquisa científica e política pública. Em relação ao Direito, temos o debate de se (e quanto) apenas a dogmática é capaz de influenciar a prática forense ou uma política pública, a exemplo dos debates sobre a rigidez do Direito Penal e a redução da criminalidade, quanto pena de morte serve para inibir seres humanos a cometerem crimes. Nesse debate, temos a polêmica Hans Kelsen/Eugen Ehrlich.

Como anunciamos na introdução, não se trata de o Direito ser ou não ciência. Esse debate é frequente quando jocosamente se diz que a teoria do direito, na prática forense, é outra. Nossa dificuldade para lidar com isso é que não conhecemos prática forense sem qualquer influência da ciência jurídica. Inclusive, mesmo aquelas que se imaginam puras dogmáticas, contam com elementos sociológicos (SOUTO, 1989, p. 11-13; PEREIRA DE ANDRADE, 2003, p. 37; RODRIGO RODRIGUEZ; PÜSCHEL, ASSIS MACHADO, 2012, p. 42-46; LUHMANN, 2018[1974], p. 29-33). Em nossas pesquisas, recorremos a diversos métodos e técnicas, o que nos levou a revisitar e revoltar em pesquisa ao ponto de nem a concepção de decisão jurídica ter seguido a mesma, em todas as pesquisas vivenciadas. Outro ponto é que, para mim, em nada afeta a prática forense se Direito é ou não ciência, nem o como se faz pesquisa nessa área. O que não me retira da opinião que a ausência de pesquisa na formação do jurista colabora para uma prática forense reprodutora. A crítica é que o direito não se reduz a papel, lida com vida humana, o que me leva a considerar ser indispensável formar juristas com noções básicas de saber científico e afastados da ideia de escola de um só (STAMFORD DA SILVA; DA MAIA; ALLAIN TEIXEIRA, 2008).

Sobre o tema, na atualidade, ainda há quem debate se dogmática jurídica é ciência ou só o é a empírica sociológica do direito. Ocorre que nem na polêmica que mais registra esse debate, a polêmica Kelsen/Ehrlich, nos anos de 1913 a 1917, encontramos a defesa de uma exclusividade da dogmática ou

1. GIROS NA CIENTIFICIDADE

da sociologia. A separação teoria e prática, portanto o debate do lugar da pesquisa no direito, dogmática (teoria) ou sociológica (empírica), corrobora a perspectiva de a dogmática ser ciência voltada a

> programar, orientar, pautar ou preparar as decisões judiciais e, nesta mesma, orientação, racionalizá-las para a gestação da segurança jurídica; o que significa não apenas possibilitar as condições para a decidibilidade, mas para as decisões judiciais calculáveis, equitativas e seguras" (PEREIRA DE ANDRADE, 2003, p. 79).

Ocorre que não é possível considerar essa perspectiva pela via da exclusividade dogmática ou sociológica, mas, necessariamente, pela transversalidade entre esses saberes. O que nos guia é a ideia de que não toda afirmação, não toda opinião, não todo conhecimento é científico, o que implica lidar com critério(s) de demarcação do que criva uma afirmação como científica. Pesquisa doutrinária, tanto quanto a sociológica, pode ser científica (LUHMANN, 2018[1974], p. 17-19; 2005[1993], p. 63-70).

A polêmica Kelsen e Ehrlich registra esse debate (NELKEN, 2007, p. 189--2002; 2008, p. 443-471; TEUBNER, 2003, p. 9-32). Em 1913, da autoria de Eugen Ehrlich, temos o livro *Fundamentos da Sociologia do Direito*; Hans Kelsen, em 1915, publica, no periódico *Archiv für Sozialwissenschaft und Sozialpolitik*, o artigo *Eine Grundlegung der Rechtssoziologie* (Uma fundação da sociologia do direito), no qual critica a concepção de direito e de ciência de Ehrlich. Em 1916, Ehrlich responde à crítica de Kelsen com o artigo *Entgegnungs* (Resposta a Kelsen), também publicado no *Archiv für Sozialwissenschaft und Sozialpolitik*, do qual sucedeu uma réplica de Kelsen, e, em 1917, também no *Archiv*, é publicada a tréplica de Ehrlich a Kelsen, seguida do artigo *Schlusswort* (Conclusões ou Epílogo) de Kelsen (CARRINO, 1993, p. 1-26; ROBLES, 2012, p. 2; ANTONOV, 2011, p. 6; KLINK, 2006, p. 1-2; MARTINI; BACK, 2017, p. 110-111; KONSEN; BORDINI, 2019, p. 305). A polêmica não é o alvo aqui. Recorreremos a ela apenas para exemplificar o que denominamos de, nestas reflexões, posturas lógicas.

Concordamos que a lógica da disputa pelo monopólio da competência de estabelecer a ideologia dominante na criação do direito (BOURDIEU, 1989[1982], p. 13) tem proporcionado difícil conexão entre dogmáticos e sociólogos do direito, inclusive quando se parte da noção de que a força do direito conta com uma disputa pelo poder simbólico de "constituir o dado pela enunciação, de fazer ver e fazer crer, de confirmar ou transformar a visão do mundo e, deste modo, a ação sobre o mundo" (BOURDIEU, 1989[1982], p. 14), disputa pelo poder de construir a realidade (BOURDIEU, 1989[1982], p. 9) de um determinado campo, no caso disputa pela força do direito, porquanto "o campo jurídico é o lugar de concorrência pelo monopólio de dizer o direito" (BOURDIEU, 1989[1982], p. 212). Ocorre que não temos essa ideia de ciência, mas sim que a produção científica do direito não é uma disputa por reserva de mercado, de monopólio de capital simbólico, mas um sistema de sentido que observa e opera limitado pela unidade conhecimento/não conhecimento científico ou verdade/falsidade científica (LUHMANN, 1996[1990], p. 128). Admitimos que há cientificidade e não cientificidade tanto na dogmática quanto na sociologia do direito.

O que registramos com a polêmica Ehrlich/Kelsen é que: a) o debate da função social do direito, da sua capacidade de estabelecer expectativas normativas, o que implica o direito ser desenvolvido "na própria sociedade" (EHRLICH, 1986[1913] p. Prefácio), portanto, a ciência do direito é uma ciência que tem por objeto as normas sociais que regem a "marcha da vida" (EHRLICH, 1986 [1913], p. 375); b) se direito é exclusivamente produzido pelo Estado (KELSEN, 1992[1960], p. 222-223), sem esquecer que, afinal, Estado é produto da vida em sociedade, não é um ente natural nem sobrenatural. Kelsen afirma que as ações/os posicionamentos de Ehrlich o fazem tão normativista quanto ele (KELSEN, 2019[1915], p. 780). Se assim for, o normativismo de Ehrlich se diferencia, porém, do de Kelsen porque aquele defende que se "deveriam investigar as configurações reais, que são diferentes em cada classe social e em cada região, mas que possuem uma essência uniforme e típica" (EHRLICH, 1986[1913], p. 377). Trata-se do direito vivo

> em contraposição ao apenas vigente diante dos tribunais e órgãos estatais. O direito vivo é aquele que, apesar de não fixado em prescrições jurídicas, domina a vida. As fontes para conhecê-lo são sobretudo documentos modernos, mas também a observação direta do dia-a-dia do comércio, dos costumes, dos usos e também das associações, tanto as legalmente reconhecidas quanto as ignoradas e até ilegais (EHRLICH, 1986[1913], p. 378).

Assim, a sociologia se inscreve como ciência do direito com a aplicação do método sociológico, o qual "exige que os resultados obtidos a partir de decisões dos órgãos estatais sejam complementados pela observação direta da vida" (EHRLICH, 1986[1913], p. 379), ou ainda, a

1. GIROS NA CIENTIFICIDADE

> análise sociológica do direito terá como comparar com a realidade não só as prescrições jurídicas, [sic] mas também os documentos, ela também neste particular terá de distinguir entre direito vigente e direito vivo. Direito vigente (norma de decisão) parece ser conteúdo decisivo do documento, pois [isc] em caso de processo [sic] é ele que conta, mas ele só é direito vivo na medida em que as partes o observam, mesmo que não pensem em processo. Quem desconhece estas diferenças básicas entre as partes constitutivas de um contrato escrito corre o risco de ter um quadro distorcido da vida (EHRLICH, 1986[1913], p. 381-382).

A última frase do livro de Eugen Ehrlich é: "o método é tão infinito quanto a própria ciência" (EHRLICH, 1986[1913], p. 388). Se o ponto não está na normatividade da vida social, mas sim no controle dessa normatividade, então, sim, é compreensível que, para um teórico puro, essa frase de Ehrlich seja um absurdo, pois ela elimina, puramente, a possibilidade de haver uma ciência do direito. Ademais, elimina qualquer possibilidade de essa ciência poder se inscrever como tal devido ao "sincretismo metodológico" que a sociologia contém, por mais que se possa admitir a possibilidade de a conduta normativa humana poder ser pensada como natural, portanto, tratada sob a ótica da causalidade científica (KELSEN, 1992[1960], p. 54). Ocorre que

> é preciso ter clareza quanto ao fato de que uma sociologia do direito é essencialmente diversa, em objeto e método, de uma ciência do direito que se coloca a tarefa de reconhecer não o que de fato é, mas sim o que deve ser por conta do direito, de uma ciência do direito valorativa, não explicativa, em outras palavras: de uma ciência normativa do direito (KELSEN, 2019 [1915], p. 777).

Pautado pela distinção entre ciência causal (da natureza, a ciência do ser, que descreve seu objeto) e ciência normativa (do direito, ciência do dever ser, ciência que prescreve seu objeto), Kelsen defende que só é ciência do direito aquela normativa, a que toma o direito como norma jurídica, não como proposição jurídica, afinal, "o direito prescreve, permite, confere poder ou competência – não 'ensina' nada" (KELSEN, 1992[1960), p. 51). Não se trata de defender a exclusividade da dogmática como ciência do direito: essa seria uma acusação enganosa contra Kelsen, pois, já na primeira crítica a Ehrlich, Kelsen escreve que "não se pode, naturalmente, falar de uma luta entre as duas disciplinas, no sentido de que, de um ponto de vista geral do conhecimento

DECISÃO JURÍDICA NA COMUNICATIVAÇÃO

científico, somente uma ou outra seja legítima e possível" (KELSEN, 2019[1915], p. 777). O afã em "decretar" uma ciência pura do direito, eliminando, contudo, todos os objetos não jurídicos, leva Kelsen a, pautado pela distinção entre ser e dever-ser, negar que elementos da vida social tenham características de normativas que se configuram como direito tanto quanto as normatividades do direito estatal.

A polêmica nos serve para mostrar que não se trata de defender exclusividade a um método: o dogmático, o sociológico, o histórico, o antropológico etc. Tampouco se pode acusar Ehrlich de não ter um objeto para a ciência do direito: é o que lemos quando Ehrlich escreve que, mesmo tendo o economista o mesmo objeto de pesquisa do jurista, as pesquisas não se confundem, afinal

> não há dúvida de que os economistas já muitas vezes se dedicaram a pesquisas iguais às que aqui são exigidas. Com isso [sic] o trabalho dos juristas, porém, de forma alguma se tornou supérfluo. O jurista e o economista ocupam-se dos mesmos fenômenos sociais. Propriedade, dinheiro, crédito, câmbio, sociedades de ações, direito hereditário: praticamente não há objeto que não interesse tanto à ciência jurídica quanto à [sic] economia. Trata-se, porém, de aspectos totalmente diferentes dos mesmos fenômenos sociais pelos quais um e outro se interessam: um se interessa pelo seu significado econômico e pela sua abrangência, o outro por sua regulamentação econômica e pelas consequências jurídicas. Mesmo que o jurista possa aprender muito do economista e o economista do jurista, as questões que os mesmos objetos propõem às suas respectivas ciências são bem diversas; exatamente por isso também não é possível relegar qualquer parte do imprescindível trabalho de ambos ao outro (EHRLICH, 1986[1913], p. 385-386).

Quanto à cientificidade – que dados coletar (objeto), como analisar (comunicação) e que afirmações fazer (observação) – reconhecemos as limitações frutos dos recursos de validação das afirmações científicas empregados numa pesquisa científica. Essa validação, contudo, distingue uma firmação científica de uma opinião, uma petição jurídica. Refiro-me à crença epistêmica justificada, a que os dados estabelecem, "impõem" limites de análise, de observação. Há limites quanto ao que se pode afirmar cientificamente e, por isso, opinião sobre os dados não é científica, inclusive porque "sociedade não é apenas um objeto de conhecimento" (VANDENBERGHE, 2016, p. 138). Pesquisa, afinal (no caso aqui, a sociológica), "é, em última instância,

1. GIROS NA CIENTIFICIDADE

uma *ars combinatoria*, um modo complexo de combinar elementos simples em um número de associações, permutações e compleições sempre novas, mas estruturalmente limitadas" (VANDENBERGHE, 2016, p. 141). Fazer pesquisa científica é ter noção (consciência) do nós, das comunicações que fazemos, da cidadania, afinal, analisar dados é desenvolver afirmações e partilhar, portanto é sociedade, é comunicação. Assim, o paradoxo do internalismo/ /externalismo, na sociologia, é desparadoxizado ao se conceber que o pesquisador, o sociólogo é, ele mesmo, objeto daquilo que pesquisa, ainda mais quando se parte de que sociedade é comunicação. Neutralidade científica, com isso, não é uma aporia, mas sim um paradoxo e, como tal, desparadoxizado saltando para o paradoxo do sentido enquanto forma de dois lados, como explorado no Quadro 10 – Neutralidade científica.

O conhecimento dogmático do direito foi e ainda tem sido acusado de metafísico, por não ser dotado de cientificidade, como constata Kirchmann, em palestra ministrada em Berlin, em 1847, e publicada em 1848[12]. A não relação com o social levou à constatação de a dogmática jurídica perder lastro de efetividade ao se reduzir à interpretação de textos legislativos, o que fez a dogmática se opor ao desenvolvimento do direito e não lidar com seu próprio objeto de estudo (ÁLVARES SALDANHA, 1990, p. 275; FITTA QUIRINO, 2010, p. 314; PEREIRA DE ANDRADE, 2003, p. 97). Ocorre que, como vimos, a cientificidade não se esgota na concepção positivista, de modo que, para um conhecimento ser científico, ele deve ter atributos semelhantes aos da física, como queria Augusto Comte ao propor a física social: "a física social deve fundar-se num corpo de observações diretas que lhe seja próprio, atentando, como convém, para sua íntima relação necessária com a fisiologia propriamente dita" (COMTE, 1978 [1830], p. 32).

A acusação que a dogmática é excessivamente formalista e conservadora (PEREIRA DE ANDRADE, 2003, p. 93) pauta a discussão pela perspectiva de ciência que se toma. Entre os matizes de ciência – racionalista, positivista, neopositivista, neokantiana e social –, a dogmática não se pauta por quaisquer das duas primeiras (PEREIRA DE ANDRADE, 2003, p. 93). Fica, portanto, o debate da criticidade do direito por meio da ciência do direito, reconhecendo-se, além disso, a possibilidade de haver criticidade dogmática do direito, criticidade que não é exclusividade da sociologia, antropologia, política, psicologia, história do direito (PEREIRA DE ANDRADE, 2003, p. 110-112),

---

[12] Trata-se do texto, de 33 páginas, Die Wertlosigkeit der Jurisprudenz als Wissenschaft (A falta do valor da jurisprudência como ciência).

DECISÃO JURÍDICA NA COMUNICATIVAÇÃO

inclusive porque o pensador dogmático "está tanto a serviço da eficácia como da legitimidade do direito ao exercer o papel de organizar o material jurídico com o fim de obter soluções adequadas aos problemas sociais" (RODRIGO RODRIGUEZ, 2012, p. 22). Criticidade não se reduz à teoria crítica da escola de Frankfurt, porém, por identidade e registro histórico, deixaremos a grafia "teoria crítica" exclusivamente para esta escola.

À medida que íamos vivenciando as pesquisas, nas reuniões de pesquisa, era frequente se questionar: para quê fazer pesquisa em direito? Nunca hesitei em responder: "porque ter formação em pesquisa empírica resultará num jurista com habilidades argumentativas, lógicas e acuidade com o que afirmar, afinal, se aprende que argumentar sem dados é fofocar e não fazer pesquisa científica; além disso, o exercício da pesquisa permite habilitar o profissional a perceptivas 'diferenciadas' quanto ao olhar para os casos jurídicos. O exercício de fazer pesquisa científica influencia, inclusive, na ética, no comportamento prático profissional". Assim entendo por considerar que fazer pesquisa alerta o observador contra argumentos de autoridade e contra preconceitos, inclusive quanto aos conhecimentos de outras áreas do saber. Essa é uma das contribuições da ciência para a prática jurídica.

O direito, saliente-se, não tira argumentos práticos forenses exclusivamente das fontes dogmáticas de informação, é o que temos observado nas leituras de petições, sentenças, votos, acórdãos, pareceres: há até – raramente, mas há – referências a historiadores, antropólogos, politólogos, sociólogos.

Lidar com metodologia da pesquisa científica (coleta, sistematização e análise de dados) auxilia não só na elaboração de peças judicias e defesas orais, mas também na lide, quando são frequentes os chavões (*topoi*, para lembrar Aristóteles) do "senso comum teórico dos juristas" (WARAT, 1982, p. 38-47), como são os "'slogans' operacionais" (WARAT, 1984, p. 36), os tecnicismos experienciais forenses (STAMFORD DA SILVA, 2002, p. 66). Fazer pesquisa reflete na superação do manualismo, do academicismo jurídico frequente no direito, com se observa com a presença de argumentos de autoridade fundamentando opiniões calçadas em dados de legislação, doutrina e jurisprudência (OLIVEIRA, 2004, p. 143-144). Tudo isso nos leva a afirmar que a formação em pesquisa adverte juristas quanto ao lugar dos argumentos de autoridade na prática forense, por fazer com que estruturas de poder percam um pouco sua hierarquia na prática forense (SOUTO, 2002, p. 80-81; SOUTO, 2003, p. 234; OLIVEIRA, 2004; WARAT, 1984, p.15) e, com essa perda, a construção de sentido do direito seria menos reduzida a argumentos de autoridade, principalmente porque a dogmática trata de

1. GIROS NA CIENTIFICIDADE

"programar, orientar, pautar ou preparar as decisões judiciais" (PEREIRA DE ANDRADE, 2003, p. 79).

Se há um purismo nessas ideias, não é porque ignoramos as imposturas científicas, nem a capacidade do ser humano criar dados e manipular informações para forjar concepções de mundo e, até mesmo, ganhar dinheiro com pesquisa enganosa (penso aqui especificamente nos casos registrados sobre fármacos). Essa situação, porém, nos remonta justamente ao tema da legitimidade do conhecimento. Não faltam, inclusive, registros históricos do quanto uma crença determinística, ortodoxa, aproximou o ser humano da violência legitimada, da necropolítica, que lida com a soberania como "a capacidade de definir quem importa e quem não importa, quem é descartável e qual [sic] não é" (MBEMBE, 2018, p. 41), o que implica a aplicação de estratégias para viabilizar a legitimação do matar como "assunto de alta precisão" (MBEMBE, 2018, p. 47). Legitimação, esta, que dá lugar para que ocorra um processo social que promove uma autoimunidade promotora da destruição da ordem social vigente (MASCAREÑO, 2020). Isso não é alterado pela ciência, nem mesmo pelo fazer ciência com seriedade e honestidade científica, porém entendemos que devemos à Ciência o reconhecimento de alguns dos tantos enganos históricos, como a defesa da escravidão, a defesa do branquismo, a defesa do racismo, a defesa do machismo, a defesa da homofobia.

A Ciência alerta para o quanto essas defesas deram lugar a violências legitimadas, contudo, a construção de sentido, a memória semântica social não elimina o lado não marcado, não elimina a contracultura, antes, as mantém em potência no lado marcado do sentido. Não é possível não comunicar significa justamente admitir que a comunicação não se limita ao que o observador seleciona, antes, ela é contingente, pode sempre ser diferente da que foi. O mundo é, nessa perspectiva, um potencial infinito de surpresas e, por ser assim, infinito de possibilidades. A comunicação só é possível depois que se diferencia o que compõe a comunicação, o que – do que foi expressado, partilhado, enunciado – provocou irritação, foi considerado na continuidade da comunicação mesma. Se é assim, o uso da Ciência por grupos políticos para manipular informações e construir concepções de sociedade não é causa eficiente, razão suficiente para se concluir que não há neutralidade científica, afinal, se fosse assim, não seria possível distinguir Ciência de Política. Inclusive há política científica, há política pública e há política da comunidade científica em toda área do conhecimento.

Depositamos, portanto, na criticidade científica – na ciência como espaço crítico, porque busca soluções a problemas sociais (inovação) – a aposta

DECISÃO JURÍDICA NA COMUNICATIVAÇÃO

e a esperança de uma sociedade menos violenta. Por isso, a formação científica, por mais que contenha uma tecnocracia tecnológica (métodos, técnicas e análise de dados, portanto meios de validação das afirmações científicas), é uma das vias de construção de uma sociedade menos excludente, menos preconceituosa, menos agressiva porque esta formação desperta para a acuidade do *Por que crer que p?* Com isso, apostamos na ciência como, também, espaço social de registro de mudanças de visão de mundo, por viabilizar reconhecimentos de que preconceitos são problemas sociais que precisam ser tratados e não verdades indiscutíveis. Ciência é uma forma de comunicação humana que lida com afirmações científicas, ou seja, com a crença epistemológica justificada.

Na atualidade, vale salientar, pesquisas MITidisciplinares[13] são cada vez mais bem-vindas. Sincretismo metodológico não é algo a ser, portanto, afastado, antes, a ser estimulado.

Para concluir os debates e desafios deixados pelo giro epistemológico, entendemos que falar por dados passa a ter "por dados" as observações, a aplicação de afirmações provenientes de observações a casos ainda não observados, como ocorre com a Matemática e a Física. Nesta perspectiva, *crer que 'p'* é uma questão de credibilidade, confiança no saber emitido pelos cientistas, pelos integrantes da comunidade científica. Ocorre que, quando se trata de Sociologia e Psicologia, a credibilidade das afirmações pautadas sob a demonstração matemática não tem lugar. A questão se volta à hipótese da imaturidade das Ciências Humanas (BUNGE, 1980, p. 492-93) e à, de que seus conceitos ainda não lograrem definições suficientes para suprir os desentendimentos de conteúdo entre os cientistas sociais das humanidades (HAHN; NEURATH; CARNAP, 1986, p. 12).

Ao tomarmos por pesquisa *falar por dados*, as reflexões referentes ao "por que você acredita que 'p'?" são ainda atribuídas ao ser. No giro epistemológico, a força do conhecimento científico está na capacidade de o observador descrever o mais realisticamente possível um fenômeno natural, porém segue em dúvida quanto ao que afirma. No caso das ciências do espírito, à semelhança da Física, das Ciências Naturais, o observador descreve o mais fidedignamente os dados que observa da vida em sociedade, do seu objeto de pesquisa. É certo que já não se trata do positivismo aos moldes de Comte, porém ainda se tem a observação como descrição, ainda que há um afastamento do objeto e uma aposta no observador.

---

[13] MIT indica a possibilidade de ser Multidisciplinares, Interdisciplinares e/ou Transdisciplinar.

1. GIROS NA CIENTIFICIDADE

Este estágio epistêmico se une ao mentalismo e criva, na ciência, a identificação do padrão do que é constante e repetitivo, porém não devido ao objeto, mas à observação, à comunicação que produz uma suspensão cética, ou seja, aponta ao ponto de partida, agora já não o primeiro motor, um princípio básico, a coisa em si, aos moldes da sapiência, tampouco com a dúvida cartesiana. Neste giro, a observação é, com lemos em David Hume, uma questão de hábito, de convenção. Ocorre que, sendo hábito, o conhecimento científico pode ser tanto verdadeiro quanto falso. É possível haver justificação falsa.

O ponto aqui é que, para pesquisas sobre Decisão Jurídica, pautadas por observar a construção de sentido do direito, o giro epistemológico nos ofereceu elementos para seguirmos alertas quanto ao que podemos afirmar, porém não foi suficiente para nos permitir distinguirmos quando estamos fazendo ciência e quando estamos emitindo uma opinião. Afinal, se ciência é convenção, é justificação por hábito, então, para qualquer ideia se tornar científica, basta que a tornemos um hábito. Cabe, portanto, o adágio: uma mentira repetida diversas vezes, vira verdade. Se essa retórica serve para explicar questões de ordem política, inclusive de política do direito, é muito insuficiente para a delimitação da ciência.

A distinção entre ciência natural e ciência humana, inclusive, se configura mais como ausência de critério à demarcação que para salvar as humanidades da tecnocracia científica. Essas insuficiências levaram, como se lê na história da ciência, à fenomenologia.

As leituras do giro fenomenológico nos permitiram entender o quanto não faz sentido se insistir na distinção entre mundo físico e mundo espiritual para distinguir a cientificidade. Tal distinção não tem lugar porque, como comunicação, o fazer ciência é construção social, não por isso necessariamente relativismo nem construtivismo radical.

Matemático de formação, Edmund Husserl desenvolve o giro fenomenológico criticando a perspectiva científica aplicada à matemática bem como ao psicologismo. "Mundo da vida", um dos conceitos centrais, tem lugar nessas reflexões, principalmente pela aplicação da Teoria da Comunicação de Jürgen Habermas em nossas primeiras pesquisas com Decisão Jurídica e porque, muito dessa fase, nos acompanha até hoje. Acompanha-nos, principalmente, devido à etnometodologia, à ideia de que a comunicação humana é possível, inclusive, porque, no mundo da vida, não vivemos questionando cada informação, nem vivemos exigindo uma definição precisa, um conteúdo específico de tudo que se afirma. Antes, para cada palavra que se lê, se ouve, pressupomos entendimentos, um "mundo da vida partilhado", no qual linguagem é meio de entendimento, pois, é na linguagem que "falantes e ouvintes se referem, desde um horizonte pré-interpretado que seu mundo da vida representa, simultaneamente a algo no mundo objetivo, no mundo social e no mundo subjetivo, para negociar definições da situação que podem ser compartilhadas por todos" (HABERMAS, 1987a [1981], p. 137-138).

QUADRO 4 – giro fenomenológico

Giro	Objeto	Comunicação	Observação
Perspectiva	Existência	Visão	Verdade
positivismo/ /proposicional	coisa em si	dogmática	correspondência / justificação linear
epistemológico	dúvida (crítica)	suspensão cética	convencional / justificação por hábito
fenomenológico	mente / fenômeno	cético / pirrônico	coerência / justificação doxástica estática

Fonte: o autor.

O giro fenomenológico efetua alterações no objeto, na comunicação e na observação. Husserl se dedica a apresentar rejeições ao ceticismo de Descartes e de Hume, pautando suas considerações no pressuposto de que o conhecimento ocorre. O ceticismo radical (ou niilismo) elimina a possibilidade do conhecimento e do fazer ciência. Apesar disso, há, sim, conhecimento científico. Husserl critica o ceticismo metafísico, tanto aos moldes objetivistas do cético da cognição, quanto aos do cético da intelecção (subjetividade). Para Husserl, o ceticismo gnosiológico aponta as limitações do conhecimento da coisas-em-si, portanto trata-se de metafísica e não se confunde com "ceticismo propriamente dito, a sua tese está livre de qualquer contrassenso noético, e a sua validação é somente uma questão de argumento e demonstração" (HUSSERL, 2014[1901], p. 85). Ocorre que

> se um cético metafísico formula, e.g., a sua convicção na seguinte forma: "não há conhecimento objetivo" (sc. conhecimento de coisas em si); ou: "todo o conhecimento é subjetivo" (sc. todo conhecimento fatual é conhecimento meramente de fatos de consciência), então é grande a tentação de transigir com a ambiguidade da expressão objetivo-subjetivo, e de pôr na base do sentido originário, adequado ao ponto de vista

1. GIROS NA CIENTIFICIDADE

expresso, um sentido noético-cético. A proposição: "todo conhecimento é subjetivo" torna-se então uma afirmação totalmente nova: "todo o conhecimento, como fenômeno da consciência, submete-se às leis da consciência humana, o que denominamos formas e leis do conhecimento não são nada mais do que tomadas de funções da consciência, i.e., regularidades destas formas de funções – leis psicológicas". Ora, assim como o subjetivismo metafísico (deste modo incorreto) recomenda o subjetivismo gnosiológico, também este último (quando é assumido como por si mesmo iluminador) parece, na direção inversa, fornecer um argumento de peso para o primeiro. Raciocina-se aproximadamente assim: as leis lógicas, enquanto leis para as nossas funções do conhecimento, carecem de significado real; em qualquer caso, se não pudéssemos jamais saber se se harmonizam com algo como as coisas em si, então a admissão de um 'sistema de pré-formação' seria inteiramente arbitrária (HUSSERL, 2014[1901], p. 86).

O objeto, portanto, na fenomenologia não é a coisa em si nem um ideal imaginário, mas o fenômeno, a apreensão consciente de vivências. Assim, Husserl desenvolve sua crítica à psicologia de Sigwart. Aqui nos interessa como Husserl desenvolve uma perspectiva de ciência sem uma verdade objetiva (pautada pela metafísica da coisa-em-si) nem subjetiva (aquela desenvolvida pela subjetividade psicológica, imaginária do mentalismo). A alternativa de Husserl foi considerar que

as vivências são particularidades reais, temporalmente determinadas, que se geram e perecem. A verdade, contudo, é "eterna", ou melhor: é uma ideia e, como tal, supratemporal. Não tem qualquer sentido indicar o seu lugar no tempo, ou uma duração, ainda que se estenda através de todos os tempos. É certo que se diz também da verdade que ela nos "vem à consciência" ocasionalmente, e assim é "apreendida", "vivenciada" por nós. Mas fala-se aqui, em relação a este ser ideal, de apreender, vivenciar e tornar-se consciente num sentido inteiramente diverso do que em relação ao ser empírico, i.e., individualmente isolado. "Apreendemos" a verdade não como um conteúdo empírico, que emerge e novamente desaparece no fluxo de vivências psíquicas; ela não é um fenômeno entre fenômenos, mas uma vivência naquele sentido totalmente alterado, no qual um universal, uma ideia, é uma vivência (2014[1901], p. 95-96).

DECISÃO JURÍDICA NA COMUNICATIVAÇÃO

Observe que Husserl critica a objetividade metafísica da coisa-em-si, portanto a verdade arbitrária, a razão suficiente, bem como critica a subjetividade, os ideais subjetivos psíquicos presentes no idealismo alemão de Georg W. Friedrich Hegel, Johann G. Fichte, Friedrich W. J. Schelling e Arthur Schopenhauer. A crítica à individualidade mental está em que ela conduz ao solipsismo, o que inviabiliza a possibilidade do conhecimento científico. Tanto a verdade objetiva quanto a subjetiva não encontram fundamentos. A objetiva, porque conduz ao fundamentalismo arbitrário. A subjetiva, ao relativismo cético niilista, pois deixa ao crivo de cada um anuir ou não a um saber. Ocorre que a ciência não se reduz a uma anuência individuada. Husserl apresenta, então, como alternativa, os elementos: probabilidade, legitimidade e evidência (HUSSERL, 2014[1901], p. 99; 107; 112), com os quais ele constrói a fenomenologia com o método da "economia do pensar", ao qual chega justamente devido à perspectiva de verdade como coerência, ou seja, verdade como intelecção, afinal

> todos os artifícios aqui pertencentes (os quais se usam ter em vista quando, em geral, num determinado sentido pleno, se fala em método) têm o caráter de preceitos relevantes da economia do pensar. Eles surgiram[sic] histórica e individualmente[sic] a partir de certos processos da economia natural do pensar[sic] na medida em que a reflexão lógica prática do pesquisador traz à compreensão intelectiva as suas vantagens, os aperfeiçoa em plena consciência, enlaça artificialmente[sic] e complica de tal maneira, construindo também maquinarias do pensar incomparavelmente mais eficazes do que as naturais. Os pioneiros da pesquisa, por via da intelecção e com atenção incessante a nossa particular constituição mental, inventam assim métodos cuja justificação geral comprovam de uma vez por todas (HUSSERL, 2014[1901], p. 147).

Husserl critica a confiança exagerada de Descartes na Matemática, a aposta nos princípios e fundamentos matemáticos não são demonstráveis, antes, são construídos e desenvolvidos por coerência interna do sistema matemático mesmo. Disso, temos que o objeto da fenomenologia não é um princípio, nos moldes da Matemática, nem da psiquê (nos moldes da Psicologia), mas das leis fenomenológicas. "Lei significa, aqui, uma fórmula sumária para uma ligação necessária e sem exceção na coexistência e na sucessão. A conexão é causal. De espécie inteiramente diferente é a tarefa da lógica" (HUSSERL, 2014[1901], p. 42).

1. GIROS NA CIENTIFICIDADE

O problema da Psicologia é que lhe faltam "leis genuínas e, logo, exatas, e que as proposições a que ela confere o nome de leis, embora muito valiosas, não são mais que generalizações vagas da experiência" (HUSSERL, 2014[1901], p. 46). A fenomenologia tem por objeto não a mente, mas o fenômeno. Não a consciência nos moldes do psicologismo, mas como apreensão mental, a consciência tomada como registros de vivências. Com isso, Husserl concebe o justificacionismo em oposição à verdade por correspondência e à verdade por convenção, pois

> todo conhecimento "começa com a experiência", mas não "deriva", só por isso, da experiência. O que afirmamos é que qualquer lei para os fatos deriva da experiência, e aí reside precisamente que só pode ser fundamentada por meio de indução, a partir de experiências particulares. Se há leis conhecidas intelectivamente, então não podem ser (imediatamente) leis para fatos. Sempre que alguma vez até aqui se admitiu clareza intelectiva em relação a leis para os fatos, aí se revelou ou que se misturavam genuínas leis de fatos, i.e., leis de coexistência e sucessão, com leis ideais, às quais é estranha a referência ao que é temporalmente determinado; ou que se confundia o ímpeto vivo da convicção, que a bem familiar generalidade empírica traz consigo, com a clareza intelectiva que só no domínio do puramente conceitual vivenciamos. Se um argumento dessa espécie pode não atuar decisivamente é, em todo caso, capaz de aumentar a força de outros argumentos. Acrescente-se aqui ainda um destes (HUSSERL, 2014[1901], p. 57-58).

O giro fenomenológico traz o mental, a consciência como ser. O ôntico deste giro é a percepção, por isso, mentalismo, filosofia da consciência. Não psicologia, filosofia da mente, nos moldes da psicologia com Sigmund Freud, ainda que ideias de Brentano tenham despertado a presença de elementos da psicologia na fenomenologia de Husserl.

Quanto à ciência, Edmund Husserl parte das seguintes questões:

> as questões tradicionalmente controversas a propósito da delimitação da lógica são as seguintes: 1. Se a lógica é uma disciplina teorética ou prática (i.e., uma "técnica"). 2. Se é uma ciência independente e, em especial, independente da psicologia ou da metafísica. 3. Se é uma disciplina formal ou, segundo se usa considerar, se diz respeito só à "mera forma do conhecimento", ou se tem de dizer respeito também à sua "matéria" (HUSSERL, 2014[1901], p. 5).

DECISÃO JURÍDICA NA COMUNICATIVAÇÃO

Husserl combate o objetivismo do fisicismo naturalista, com suas "verdades objetivas", e o transcendentalismo do idealismo kantiano, com suas configurações subjetivas (HUSSERL, 2002[1936], p. 55-56). É o que depreendemos ao ler que "o transcendentalismo amadurecido protesta contra o idealismo psicológico e pretende, ao contestar a ciência objetiva enquanto filosofia, abrir caminho para uma cientificidade inteiramente nova, uma cientificidade transcendental" (HUSSERL, 2002[1936], p. 56). Com isso, o *mundo da vida quotidiana*, ou apenas mundo da vida, tem seus horizontes infinitamente abertos, o cientista se dedica à ciência na medida em que desenvolve teorias para tratar das questões práticas (HUSSERL, 2002[1936], p. 39-40). Diversa da intuitividade esvaziada de sentido e do ente psíquico, como a consciência individuada subjetiva do psicologismo, Husserl nos leva a mudar o modo de lidar com o objeto, a comunicação e a observação.

Iniciemos com a lógica. Para Husserl, lógica é a técnica que estabelece as normas do conhecimento científico, por isso, passar os princípios da Psicologia para a Lógica "é tão insensato quanto retirar a moral a partir da vida. Se tomássemos os princípios da psicologia, i.e., das observações acerca do nosso entendimento, então veríamos somente como o pensar acontece, e como é submetido aos diferentes obstáculos e condições subjetivas; mas isto só conduziria ao conhecimento de leis meramente contingentes" (HUSSERL, 2014[1901], p. 18).

Com Hume aprendemos a ficar alerta quanto a afirmar baseado em observação de casos particulares para validar conhecimento universal. Já Husserl nos alerta para o quando o entendimento não pode ser reduzido a uma consciência ideal, aquela que valida casos fictícios, nem de casos particulares que ocorrem empiricamente. O que temos é uma consciência como apreensão de representações de vivências, a qual valida "representações conceituais fluidas". Afinal, como apreensão de representações de vivências,

> quando retorna "a mesma" expressão "do" conteúdo conceitual da representação, não mais temos, em sentido lógico, o mesmo, mas sim um segundo conceito e, assim, um novo conceito a cada nova alteração. Mas cada um por si é uma unidade supraempírica, e cai sob a verdade lógica referente a cada forma sua. Assim como o fluxo dos conteúdos empíricos de cor e a incompletude da identificação qualitativa não atinge a diferença entre as cores como espécies de qualidade, assim como uma espécie é um ideal idêntico perante a multiplicidade de casos particulares possíveis (que não são também cores, mais precisamente casos de uma

1. GIROS NA CIENTIFICIDADE

cor), assim se passa também com os significados ou conceitos idênticos em relação às representações conceituais, cujos "conteúdos" eles são. A capacidade de, por intuição, captar ideativamente no particular o universal, o conceito na representação empírica, e de nos assegurarmos da intenção conceptual no representar repetido da identidade, é a pressuposição para a possibilidade do conhecimento. E assim como intuindo captamos um conceito no ato da ideação – como a espécie única, cuja unidade, perante a multiplicidade de casos particulares de fato representados, ou representados como de fato, podemos intelectivamente suprir –, assim podemos também alcançar a evidência das leis (HUSSERL, 2014[1901], p. 75-76.

Fala-se então em "ato reflexivo", na capacidade de o ser humano registrar percepções, vivências, não a coisa em si, objetos físicos ou ideais, não nomos (leis, elaborações humanas, como as denominações) em oposição à *physis* (a natureza mesma, as leis naturais), mas sim fenômenos.

As experiências que registramos, de que temos consciência em um nível mínimo, nos dizem que existem atos diversos, isto é, vivências qualitativamente diversas. As vivências ligadas às sensações não são da mesma qualidade das psíquicas, e estas não são da mesma qualidade daquelas que chamamos espirituais. Em outros termos pode-se dizer que tocar, ter impulso de beber, refletir e decidir não são vivências do mesmo tipo [sic] e isso indica a estrutura constitutiva do sujeito (ALES BELLO, 2006, p. 44).

Assim foi que a ideia de mundo da vida (*Lebenswelt*) de Husserl integrou nossas pesquisas e nos afastou das ideias de intencionalidade presentes em Descartes, Hume e Kant (HUSSERL, 2002[1936], p. 60-82). Husserl nos forneceu, com a fenomenologia do mundo da vida, um mundo pré-científico, no qual se desenvolve a *dóxai* (opiniões), o

mundo da vida é entendido como o horizonte pré-científico de sentido prévio a toda e qualquer idealização científica. Trata-se do mundo da coxa, relativo aos propósitos e fins humanos, da intuição sensível não "subtraída" por construções idealizadas. Compõe-se de teleologias, de corpos, e corpos somáticos, causalidades, significações e individualidades próprias da *praxis* humana. Toda a ciência, pelo contrário, vive da suspensão, da *epoché* deste mundo pré-científico. A condição da iluminação objetiva do mundo pela ciência é o obscurecimento do seu significado relativo ao sujeito. Mas esta relatividade é, pelo contrário, constitutiva do mundo da vida. Ora, o mundo não é uma hipótese em nenhum sentido, mas estrutura transcendental a priori, o que quer dizer, inultrapassável. A intencionalidade do ego transcendental manifesta-se, em última instância, como estrutura do mundo da vida. Deste mundo da vida fazem parte outras estruturas fundamentais de sentido, como a do *corpo somático*, a da *intersubjetividade*, a da *linguagem* e a da *comunidade de cientistas* como constitutivos de uma racionalidade não mais unilateralmente encurtada como objetivismo (FERRER, 2014, p. XV).

O projeto de uma "Ciência de Rigor", que pauta a fenomenologia de Edmund Husserl, viabilizou a estratégia metodológica para o alcance das evidências apodíticas, pelo exercício da *epoché*, ou seja, pelo exercício da "suspensão de juízo" em relação à posição de existência das coisas (CÔRTES TOURINHO, 2009, p. 94). O ceticismo pirrônico[14] (niilismo não é tratado como princípio ético, hábito virtuoso, mas sim como método), permite a Husserl se afastar do problema da existência ou não das coisas naturais e lidar com as evidências apodíticas por meio da "suspensão" do regresso ao infinito. Assim, a atitude cética de buscar a primeira razão perde lugar com a fenomenologia, na qual o conhecimento da estrutura transcendental se dá por uma suspensão da dúvida, daí a redução fenomenológica. Conhecemos porque as vivências (conhecimento empírico, elementos da experiência particular) nos permitem, como sujeitos empíricos, produzir informações que nos levam a promover prognósticos, a universalizar as experiências a casos não vivenciados.

Se no giro epistemológico a relação linguagem/coisa foi explorada a partir da exigência de demonstração da relação entre as palavras e as coisas;

---

[14] O ceticismo pirrônico está considerado como o conhecimento que se dá por suspensão de juízo (*epokhè*), portanto oposição ao dogmatismo como maneira de conceber o conhecimento como saber construído pela captura da realidade, da natureza, da essência das coisas, portanto, como representação da realidade, seja ela apodítica pela via do ideal, imaginário, transcendental, ou da experiência com a observação da natureza mundana (como faz a física), a realidade ideal ou real seria conhecida por correspondência. Para Pirro, o que fazemos é proceder [sic] uma suspensão de juízo (*epokhè*), pois não se dá um saber por correspondência, mas sim por uma indecidibilidade de situações conflituais do saber (PORCHAT PEREIRA, 1997, p. 50-51). Se esse texto for uma transcrição *ipsis litteris* do original, mantém-se o [sic]; se não for, basta eliminá-lo e corrigir a regência verbal "proceder a uma suspensão..."

1. GIROS NA CIENTIFICIDADE

no giro fenomenológico essa exigência passou a ser a prova da intencionalidade, portanto, a relação entre a linguagem e o pensamento. Quanto à Decisão Jurídica, até hoje há quem aposte na intencionalidade, como os que entendem que o juiz primeiro toma sua decisão e, só depois, se ocupa em buscar argumentos para justificar aquela decisão já tomada. Não negamos essa possibilidade, o que questionamos é apenas a possibilidade de se fazer pesquisa científica para verificar que é assim que um magistrado toma decisão.

Numa pesquisa séria sobre Decisão Jurídica é possível verificar argumentos utilizados, observar as fontes de informações. O pesquisador pode observar, entre os argumentos expostos pela parte autora e pela parte ré, quais foram os ignorados e quais foram utilizados pelo julgador. Pode-se pesquisar correção entre as decisões judiciárias das partes e a decisão judicial (do magistrado), como ocorre com pesquisas de intertextualidade. É possível, também, pesquisar forças políticas entre os votos de desembargadores e ministros, verificar, inclusive, quanto de poder tem um relator numa decisão colegiada. Dizer, porém, que, por meio de pesquisa científica com Decisão Jurídica se constatou o que se passou na mente do julgador, não o que foi comunicado, mas o que foi pensado antes de comunicar, entendemos não ser uma pesquisa cientificamente possível.

A relação mente e linguagem deu lugar a construções teóricas, dentre elas a intencionalidade, explorada com seriedade por John Rogers Searle. Contemporâneo a Edmund Husserl, Ferdinand Saussure desenvolve a linguística, a análise linguística, ou seja, promove reflexões que dão lugar à linguística como área de conhecimento. O desenvolvimento destas reflexões proporcionou diversos caminhos de pesquisa e análise da linguagem e, entre elas, temos as ideias trazidas por Ludwig Josef Johann Wittgenstein (1889-1951), em especial quando passa da questão "o que é a linguagem" para "que usos fazemos da linguagem" (CONDÉ, 1998, p. 33), mudança das ideias presentes no livro "Tractatus Logico-Philosophicus", publicado em 1922 para as ideias presentes no livro "Investigações Filosóficas", publicado em 1953. Trata-se da diferença entre filosofia das linguagens artificiais, do Ciclo de Viena e a filosofia da linguagem ordinária, da linguagem natural, do Ciclo de Oxford. Portanto da diferença entre a as ideias de Moritz Schlick, Gottlob Frege, Bertrand Russell e Rudolf Carnap e as de John Langshaw Austin, Gilbert Ryle e Peter Strawson (CONDÉ, 1998, p. 32-35). Com isso, chegamos ao giro linguístico.

DECISÃO JURÍDICA NA COMUNICATIVAÇÃO

QUADRO 5 – giro linguístico

Giro	Objeto	Comunicação	Observação
Perspectiva	Existência	Visão	Verdade
positivismo/ /proposicional	coisa em si	dogmática	correspondência / justificação linear
epistemológico	dúvida (crítica)	suspensão cética	convencional / justificação por hábito
fenomenológico	mente / fenômeno	cético / pirrônico	coerência / justificação doxástica estática
linguístico	Linguagem	interacional	coerência / justificação doxástica dinâmica

Fonte: o autor.

O giro linguístico marca a passagem para a concepção da linguagem como objeto, quando sujeito é intersubjetivo e a observação é coerência, portanto justificação doxástica dinâmica. A marca do giro linguístico é a atenção à linguagem e tem por dicotomia básica a linguagem ordinária, natural, espontânea e a linguagem ideal, artificial. Seguindo a busca por negação, rejeição à metafísica, aponta-se a impossibilidade da coisa em si, não pela impossibilidade de o conhecimento científico ser uma correspondência com o mundo natural ou pela impossibilidade de haver uma relação direta entre o pensamento, a mente, e a linguagem, mas, sim, porque a linguagem só se dá pela linguagem. Essa circularidade aparenta ser tautológica, mas ela marca justamente a perspectiva da autonomia da linguagem, a qual é imune às interferências mundais e intencionais, como, inclusive, proposto pelo círculo de Viena, o positivismo lógico.

Sob a presidência de Moritz Schlick, o Círculo de Viena promove reuniões em Viena durante o período de 1922 a 1924 pautadas pelos esforços de Ernest Mach para "purificar a ciência empírica e, em primeira linha, a física, de ideias metafísicas" (HAHN; NEURATH; CARNAP, 1986, p. 7). Unem-se, no Círculo, ideias da Física, da Matemática e da Linguagem, visando promover essa pureza por meio da construção de uma linguagem técnica, artificial, capaz de ser universal como é a linguagem matemática e a da música. Wittgenstein, um dos personagens centrais, produziu o adágio: "o que pode ser dito, por ser dito claramente" (HAHN; NEURATH; CARNAP, 1986, p. 10). O círculo é frequentado por pesquisadores vinculados

1. GIROS NA CIENTIFICIDADE

à Sociedade Filosófica da Universidade de Viena e à Sociedade Ernest March e tem por ideia central que:

> se alguém afirma "existe um Deus", "o fundamento primário do mundo é o inconsciente", "há um enteléquia como princípio condutor no ser vivo", não lhe dissemos: "o que dizes é falso", mas lhe perguntamos-lhes: que queres dizer com teus enunciados? (HAHN; NEURATH; CARNAP, 1986, p. 10).

Assim, o Círculo considera que as ideias do giro epistemológico e do giro fenomenológico são metafísicas. Quanto à epistemologia, a intuição não pode ser tomada como suficiente para demonstrar a existência do que quer que seja, ela não pode ser tomada como criadora de um valor científico superior por penetrar mais profundamente no objeto de pesquisa. Assim, a sua concepção científica do mundo se pauta por duas determinações: a positivista e empirista; e a metódica da análise lógica. A primeira se refere ao critério de delimitação da ciência pelo dado: "há apenas conhecimento empírico baseado no imediatamente dado" (HAHN; NEURATH; CARNAP, 1986, p. 12). A segunda se refere à lógica simbólica, à construção do *sistema de redução*, do *sistema de constituição* de conceitos de modo que "todo enunciado científico deve poder ser indicado por meio de uma redução a um enunciado sobre dado" (HAHN; NEURATH; CARNAP, 1986, p. 12).

Afastada da cientificidade toda metafísica e teologia, a produção de uma linguagem científica especializada, ideal, artificial não logrou, todavia, o intento do Círculo, ou seja, não conseguiram "elaborar instrumentos intelectuais para o cotidiano, para o cotidiano do erudito,[sic] mas também para o cotidiano daqueles que de algum modo na consciente configuração da vida" (HAHN; NEURATH; CARNAP, 1986, p. 9).

Salientamos que a expressão giro linguístico é título de um livro de Richard Rorty: "O giro linguístico" (*The linguistic turn*: *recent essays in philosophical method*), no qual consta que a expressão fora cunhada por Gustav Bergman (1916-1944) ao afirmar que "todos os filósofos falam a respeito do mundo por meio de uma fala sobre uma linguagem apropriada. Este é o giro linguístico, a tática fundamental nos moldes de método, sob o qual estão de acordo os filósofos da linguagem ordinária e ideal" (RORTY, 1990, p. 62).

Todavia, Rorty critica as ideias do círculo de Viena, portanto do positivismo lógico, a acusando de verificacionismo, portanto incapaz de apresentar critérios para o que se pode ter por "uso apropriado da linguagem". Rorty

DECISÃO JURÍDICA NA COMUNICATIVAÇÃO

– tomando Bergman como autor que reformula os ideais do círculo de Viena, especificamente a visão de Rudolf Carnap – considera que a proposta de Bergman sobre as palavras serem usadas de modo ordinário (segundo o senso comum) ou filosófico são referentes ao método metalinguístico e não ao pré-linguístico, do falar, afinal, "qualquer linguagem se limita a mostrar algumas coisas" (RORTY, 1990[1967], p. 63), se é assim, essas são tão metafísicas quanto as metafísicas que antecederam o giro linguístico. Rorty entende que o debate entre os filósofos da linguagem ordinária e os da linguagem ideal deixa claro que não há porque haver tal controvérsia (RORTY, 1990[1967], p. 76), pois a diferença entre esclarecer um conceito e substituí-lo não fará um sistema redutor ser mais eficiente (como gostaria o filósofo da linguagem ideal, a exemplo de Goodman e sua ideia de que um sistema constitutivo permite se ter um mapa da experiência). Nenhuma dessas duas vias são capazes de eliminar enganos hermenêuticos, afinal, um termo não terá mais ou menos relação com seu uso cotidiano, como gostariam os defensores da linguagem natural, a exemplo de Peter Strawson, crítico de Carnap. Rorty lembra o quanto um idioma é produzido artificialmente, bem como que construir uma gramática não implica descobrir que as pessoas não sabem falar de acordo com suas regras, nem que há uso incorreto de um termo, de uma palavra.

A palavra família, só para citar um exemplo, não tem o mesmo significado para a sociologia da família, para a economia da família e para o direito de família. Ocorre que o sentido de família em cada uma dessas áreas tampouco é claro, muito menos único. Não há uma verdade conceitual, como propuseram os filósofos de Oxford, como Strawson, ao se oporem ao projeto da "concepção científica do mundo" do Círculo de Viena (HAHN; NEURATH; CARNAP, 1986, p.10-13). A linguagem ideal, por mais que consistente e inteligível, não elimina o problema de como ampliar um conceito a uma situação, a um caso não observado. Rorty acusa os linguistas ideais e os linguistas ordinários de metafísicos porque, se os primeiros recorrem à ideia de ampliação do conceito – o que não teriam como justificar, demonstrar porque o fariam, se não pela via opinativa, dedutiva, jamais indutiva empírica –, os segundos dirão que há uma "verdade conceitual", o que lhes torna igualmente metafísicos, afinal, recorrer à Teoria dos Atos de Fala, à "força ilocucionária de uma preferência", não resolve o desafio não metafísico desejado pelos filósofos do giro linguístico (RORTY, 1979, p. 99).

Rorty, após questionar se os filósofos da linguagem dispõem de critério para viabilizar acordos racionais sobre algo (RORTY, 1990[1967], p. 77; 97), conclui que não. O próprio autor escreve que seu entusiasmo expresso no livro "O Giro Linguístico" (publicado em 1967) foi superado passados dez anos, quando ele reconhece que as ideias deste giro não eram tão revolucionárias à metafilosofia, à metafísica ontológica, como ele, Rorty, havia acreditado e desenvolvido no livro "A filosofia e o espelho da natureza", publicado em 1969. Revisando o entusiasmo inicial, Rorty passa a indicar a necessidade de nos afastarmos da pretensão de sermos "fabricantes-de--verdades" bem como da "noção de representação" (RORTY, 1979, p. 162), afinal a relação mente e realidade ou linguagem e realidade não terão resposta na busca pela verdade, mas podem ser encontradas na justificação. É a justificação que viabiliza um começo ao fim dos trezentos anos de esforços para obter uma ponte entre o abismo do cartesianismo e a verdade por representação (RORTY, 1979, p. 166).

Após atribuir a Descartes o naturalismo da mente, a Locke o empirismo justificacionista de sua metafísica da experiência, a justificação da razão, a Kant a metafísica da coisa em si com suas leis do conhecimento, a Strawson a metafísica da dualidade dos conceitos (os gerais e os da experiência), Rorty afirma que a "causação é confundida com a justificação" e, com isso, conclui pela distinção entre verdade e justificação. Com essa distinção, a verdade por correspondência tem variadas maneiras de se construir, desde os gregos até se chegar ao giro linguístico, como se observa na perspectiva do fisicalismo (RORTY, 1990[1967], p. 139-170; LUHMANN, 1996 [1990], p. 58-59), presente no Círculo de Viena, bem como no fundacionismo, da linguagem natural do Círculo de Oxford (RORTY, 1990[1967], p. 139-170). A busca por "representações privilegiadas" durou quarenta anos, afinal "seguidores heréticos de Husserl (Sartre e Heidegger) e seguidores heréticos de Russell (Sellars e Quine) levantaram os mesmos tipos de perguntas sobre a possibilidade de verdade apodítica que Hegel havia levantado a respeito de Kant" (RORTY, 1990[1967], p. 173).

Para Rorty, a fenomenologia foi transformada em antropologia e a epistemologia analítica em historicismo (RORTY, 1990[1967], p. 173-174). Sellars, para criticar o mito do dado, considera a hipótese de haver "percepção pré--linguística", como a dor, distingue a discriminação de uma dor da justificação de uma dor, ou seja, a percepção da dor da enunciação da dor. Com essa distinção, Sellars argumenta que não há crença não proposicional e que a justificação só é possível por meio de relações proposicionais. A acusação de Rorty é que Sellars esquece que uma criança sentirá dor independentemente de saber falar, expressar uma dor. Por mais importante que tenham

DECISÃO JURÍDICA NA COMUNICATIVAÇÃO

sido as contribuições de Sellars ao debate de como, numa comunidade, se dão as trocas de justificações e asserções (RORTY, 1990[1967], p. 189).

A crítica a Quine é quanto à noção de "ideia 'ideia'", apresentada para superar o intencionalismo, em especial, aquele defendido pelo behaviorismo epistemológico de Gilbert Ryle. É que, para Rorty, Quine defende que são dispensáveis, para a ciência, as noções de crenças e desejos, assim como são as de conceito e intuição, uma vez que Quine substitui a dicotomia verdade por convenção e verdade por correspondência à experiência sensorial pela dicotomia verdade por conveniência e verdade por correspondência (RORTY, 1990[1967], p. 198). Faz isso propondo a distinção entre "coisa firme" e "coisa infirme", ou seja, entre extensão e intenção de um termo (RORTY, 1990[1967], p. 198). Ocorre que a aposta de Quine de que "o mundo pode ser descrito numa linguagem verdadeira-funcional" porta por dificuldade a identidade entre intensões, o que impede o projeto de Quine, afinal, a determinação e a indeterminação, a acessibilidade ou não, a possibilidade de investigar a compreensão e a sua inescrutabilidade exigem uma distinção entre clareza e não clareza para tratar da relação entre significado e crença. O ponto é que, o que foi dito, o que se queria ter dito e o que foi entendido e compreendido não é nada perto do que se pode ter por trivial (RORTY, 1990[1967], p. 201).

Antes de seguir, visitemos "traços ancestrais" (RORTY, 1990[1967], p. 257) do giro linguístico na filosofia grega, na qual há, ao menos, cinco respostas à nominação, à relação entre a palavra e a coisa: naturalista (Heráclito); convencionalista (Demócrito); arbitrária (Górgias); instrumental (Platão); e representacional (Aristóteles). A naturalista entende que se trata de uma relação natural, portanto o conhecimento se dá devido à relação de correspondência direta, imediata entre as palavras e as coisas; conhecer é uma questão de materialidade da linguagem, devido à ordem da substância material (DOMINGUES, 1991, p. 127; DOMINGUES, 2005).

A perspectiva convencionalista trata a nominação como conhecimento que se dá por convenção social; o nexo entre as palavras e as coisas é construído socialmente, culturalmente; linguagem não é subjetiva, mas objetiva, como em Demócrito (DOMINGUES, 1991, p. 128; KRISTEVA, 2003[1969], p. 112). No caso da nominação se dar arbitrariamente, o conhecimento resulta do uso, da subjetividade do falante e da do ouvinte, como afirmavam os sofistas, a exemplo de Górgias (DOMINGUES, 1991, p. 128-129). Se é por instrumentalidade, não há vínculo entre a palavra e a coisa, o que há é uma representação (mundo das ideias, do pensamento). Há um hiato entre o sentido e o referente, o conhecimento não é direto, imediato, mas mediado pela

1. GIROS NA CIENTIFICIDADE

linguagem, o "signo é um instrumento de que se serve o espírito para conhecer as coisas, e sua eficácia vai depender do escopo do próprio instrumento com quem opera" (KRISTEVA, 2003[1969], p. 115-117). Assim, como no diálogo Crátilo, de Platão, o ser humano é limitado e por isso necessita da linguagem para conhecer o que não ocorre com os deuses, seres perfeitos. O acesso humano se dá por imagens, apenas os filósofos se libertam das correntes da caverna e conseguem conhecer a essência das coisas, como se lê na República, de Platão, em A alegoria da caverna. A quinta e última, oferecida por Aristóteles, trata a relação entre as palavras e as coisas como resultante de representação do pensamento (lógica) e da coisa (metafísica). Há uma dupla representação, a natural e a convencional, a representação-coisa (natural) e a representação por convenção, a linguagem é uma convenção fundada na coisa (DOMINGUES, 1991, p. 131-134; 140; KRISTEVA, 2003[1969], p. 117-123).

O giro linguístico, todavia, transfere para a linguagem o fundamentalismo naturalista, das coisas ideias, das verdades metafísicas matemáticas, o qual já havia sofrido as críticas da filosofia da mente, da fenomenologia. A aposta na linguagem levou à formação do positivismo lógico, do Círculo de Viena, com a proposta da linguagem artificial, bem como à aposta na linguagem natural, ordinária, com o círculo de Oxford. Wittgenstein é apontado como influenciador dessas duas correntes. A primeira, por conta do livro *Tractatus Logico--Philosophicus*, publicado em 1922, e das suas publicações na segunda fase, as quais resultaram no livro Investigações Filosóficas, publicado postumamente em 1958 (HINTIKKA; HINTIKKA, 1994, p. 15-16).

Os elementos desse giro, voltando ao caso da pesquisa sobre bagatela (Princípio da Insignificância) temos justamente o problema do limite da linguagem. Qual o limite do direito? Este ponto nos lembra a diferenciação dentre acoplamento firme e acoplamento frouxo para lidar com as mutações que o saber científico proporcionou na visão de mundo, afinal, não importa se o funcionamento de uma técnica d se deve a uma base material, mas sim que ela funcione. O que viabiliza a *internet* funcionar, os celulares existirem não é o sucesso dos fenômenos físicos, químicos, eletrônicos, de programação (software), nem mesmo dos fatores biológicos, neurológicos e de inteligência (mente, consciência), mas sim que funcionam. Sobre o tema, lembramos que lemos em Luhmann que

> O ler é justamente um bom exemplo do quanto enganosa é a distinção
> entre matéria/espírito ou técnica/ser humano. O problema é como, num
> processo automatizado, se pode reintroduzir alternativas e necessidade

de decisões – por exemplo, obrigar o leitor a se dar conta de que nem sequer entende o que lê (LUHMANN, 2007[1997], p. 416).

Assim, temos que o fechamento operacional do sistema não significa isolamento, mas que o sistema opera as irritações de seu ambiente a partir de seus elementos internos e não dos elementos do ambiente externo (LUHMANN, 2007[1997], p. 416; 616-622). As mudanças internas num sistema, em nosso caso, no direito, não se devem ao ambiente (a objetos ou a mentes), mas às comunicações do sistema mesmo (LUHMANN, 2007[1997], p. 71; 689-697). O sistema observa, aprende autonomamente e não automaticamente. Aprende por observação. Não são legislações que fazem o Sistema Jurídico, nem os precedentes, tampouco a políticos e juristas, mas à memória semântica do direito. Ao observar, o direito opera sua construção de sentido por meio de sua própria experiência, ou ainda, o direito responde às irritações do ambiente mesmo quando não há legislação vigente nem precedente.

A questão metafísica tem lugar nesse debate justamente por alertar para o quanto a ciência jurídica, diante de direitos novos, por exemplo, lida com pesquisa baseada em observações empíricas ou em abstrações teóricas ou em opiniões dos doutrinadores. Esta questão me levou a expor a pesquisa sobre a construção de sentido de Bagatela, para exemplificar como desenvolvemos pesquisas observando a capacidade de o direito observar o social com sua autonomia. A bagatela não consta em legislação e, não por isso, deixou de integrar a comunicação jurídica nos tribunais. Isso foi possível justamente porque o direito é constantemente irritado por seu ambiente, jamais isolado dele. Mas, qual o limite dessa irritabilidade? Só o direito mesmo responde essa questão. Nesse ponto é interessante considerar que essa autonomia responsiva não é compreensível se se parte de uma visão de controle, regulação externa. Esse é um dos diferenciais e desafios da teoria dos sistemas de comunicação que observam, como é a sociedade. Entender que, justamente por estar cognitiva e normativamente acoplado ao seu ambiente, só ele mesmo é quem estabelece seus próprios limites, só ele estabelece quando se irritar, o quanto se irritar, o como se irritar e qual reação tomar, ou seja, se irá lidar com a comunicação a partir da informação, da partilha ou do entendimento (LUHMANN, 2005[1993], p. 136).

Com isso, acrescemos o Giro comunicacional, com o qual concluímos como lidamos com cientificidade na comunicativação.

1. GIROS NA CIENTIFICIDADE

QUADRO 6 – giro comunicacionista

Giro	Objeto	Comunicação	Observação
Perspectiva	Existência	Lógica	Verdade
positivismo/ /proposicional	coisa em si	Dogmática	correspondência / justificação linear
Epistemológico	dúvida (crítica)	suspensão cética	convencional / justificação por hábito
Fenomenológico	mente / fenômeno	cético / pirrônico	coerência / justificação doxástica estática
Linguístico	linguagem	Interacional	coerência / justificação doxástica dinâmica
Comunicacional	comunicação	Reflexivo	incompetude/justificação transitiva

Fonte: o autor.

O giro linguístico influencia a Teoria Social como lemos em Michel Foucault e sua concepção de formação discursiva, bem como em Pierre Bourdieu, com sua concepção de poder simbólico, campo e hábitos, e em Jürgen Habermas, especificamente na teoria da ação comunicativa, na ética do discurso. A perspectiva linguística presente nessas teorias sociais ainda é, no entanto, causal, por isso não as incluímos no giro comunicacional. O giro comunicacional está presente na Teoria da Sociedade como sistema de sentido de Niklas Luhmann, autor que nos levou à Teoria da Incompletude de Kurt Gödel e, dela, à Teoria da Forma de Dois Lados de George Spencer Brown, a Teoria dos Sistemas que Observam de Heinz von Foerster, bem como no realismo crítico de Margareth Archer com sua metodologia M/M (*Morphogenetic/Morphostatic*[15]) e a teoria social que concebe a sociedade

---

[15] Archer usa o termo 'morfogênese' para descrever o processo de estruturação social, sendo 'morfo' indicando forma e 'gênese' sinalizando que a formação é o produto das relações sociais. Assim: 'morfogênese' refere-se a 'aqueles processos que tendem a elaborar ou alterar a forma, estado ou estrutura dada de um sistema'. Inversamente, "morfostase" refere-se a esses processos em trocas complexas de sistemas ambientais que tendem a preservar ou manter a forma, a organização ou o estado de um sistema. No original: *the term 'morphogenesis' to describe the process of social structuring; 'morpho' indicating shape, and 'genesis' signalling that the shaping is the product of social relations. Thus 'Morphogenesis' refers to 'those processes which tend to elaborate or change a system's given form, state or structure'. Conversely, 'morphostasis' refers to those processes in complex system-environmental exchanges which tend to preserve or maintain a system's given form, organisation or state* (ARCHER, 1995, p. 166).

DECISÃO JURÍDICA NA COMUNICATIVAÇÃO

constituída mutuamente por estrutura e agência (ARCHER, 2009[1995], p. 101) e na pragmática de Richard Rorty.

Neste giro o paradoxo remete ao princípio do círculo vicioso, aquele no qual "nenhuma função pode ter, entre os seus valores, nada que pressuponha a função. A função é aquilo que denota ambiguamente um elemento de uma certa totalidade, nomeadamente os valores da função" (KNEALE; KNEALE, 1991, p. 664-665). Esse debate remete à questão de a totalidade não estar contida no conjunto, como ocorre com o paradoxo do barbeiro, com o paradoxo do mentiroso. Este último é o paradoxo de Epimenides, quem afirma: "todos os cretenses são mentirosos". Ocorre que, sendo Epimenides cretense, ele está mentindo ou dizendo a verdade? Se Epimenides está mentindo, o que ele diz é verdade. Se ele está dizendo a verdade, então ele está mentindo (RUSSELL, 1974[1956], p. 126). Em carta enviada por Russell a Gottlob Frege, em 1902, é posta em xeque a proposta de Frege para uma teoria formalista completa de todo o sistema da Matemática (FRESÁN, 2008, p. 151). Nesta carta, Russell pergunta se é possível um conjunto que contém a si mesmo como integrante do conjunto, ou seja, se

> existe algum sentido em perguntar se uma classe é membro de si própria ou não, então certamente em todos os casos das classes comuns da vida cotidiana verificamos que uma classe não é membro de si própria. Consequentemente, sendo isto assim, não podemos continuar a construir a classe de todas aquelas classes que não são membros de si próprias, e podemos nos perguntar, quando tenhamos feito isto, é aquela classe um membro de si própria ou não? (RUSSELL, 1974[1956], p. 125).

Para resolver essa questão, Russell cria a Teoria dos Tipos Lógicos.

> Um tipo pode ser definido como um domínio de sentido, i. e., como sendo a coleção dos argumentos para os quais uma dada função proposicional tem valores, assim porque as designações das classes são símbolos incompletos, símbolos que não podem ser definidos isoladamente, mas têm que ser definidos num contexto já que todos os símbolos complexos em que eles ocorrem com sentido podem ser substituídos por símbolos complexos equivalentes em que eles já não aparecem (KNEALE, KNEALE, 1991, p. 666-667).

1. GIROS NA CIENTIFICIDADE

Assim é porque

> podemos estabelecer que uma totalidade de qualquer tipo não pode ser um membro de si própria ... a totalidade de classes do mundo não pode ser uma classe no mesmo sentido em que elas o são. Deveremos distinguir uma hierarquia de classes. Começaremos com as classes que se compõem inteiramente de particulares: este será o primeiro tipo das classes. A seguir continuaremos até as classes cujos membros são classes do primeiro tipo: este será o segundo tipo. A seguir continuaremos até as classes cujos membros são classes do segundo tipo: este será o terceiro tipo, e assim por diante. Nunca é possível para uma classe de um tipo ser ou não ser idêntica à classe de outro tipo ... Dentro de qualquer tipo dado existe um número cardinal máximo, a saber, o número de objetos daquele tipo, mas sempre seremos capazes de obter um número maior indo para o próximo tipo. Portanto, não existe nenhum número tão grande além daquele que podemos obter num tipo suficientemente elevado. Teremos aqui os dois lados de um argumento: um lado quando o tipo é dado, o outro quando o tipo não é dado (RUSSELL, 1974[1956], p. 128).

O princípio do círculo vicioso da lógica de Russell supõe a existência de totalidades físicas, o que impede Russell de encontrar saída para o paradoxo da Teoria Geral do Conjunto (FRESÁN, 2008, p. 168-171). Nossa hipótese é que, por estar aficionado a estabelecer o átomo lógico, as unidades linguísticas que viabilizam a comunicação humana, Russell termina construindo uma metafísica por sua busca pela verdade por correspondência, como depreendemos da passagem: "quando digo que algo é 'inegável', quero dizer que não é o tipo de coisa que alguém vai negar; não se segue daquilo que é verdade, embora se conclua que todos pensaremos que é verdade – e isso é tão próximo da verdade quanto parece ser possível"[16] (RUSSELL, 2010[1924], p. 3). Ocorre que, quando alguém toma algo por verdadeiro, o que se pode fazer para que ele não o tenha por verdade última, dogma de fé? A resposta de Bertrand Russell é: Por meio de casos particulares que levem a reconsiderar tal verdade. Afinal:

---

[16] No Original: *When I say that something is "undeniable", I mean that it is not the sort of thing that anybody is going to deny; it does not follow from that that it is true, though it does follow that we shall all think it true—and that is as near to truth as we seem able to get.*

DECISÃO JURÍDICA NA COMUNICATIVAÇÃO

Não se pode sair de si mesmo e considerar abstratamente se as coisas que lhe parecem verdadeiras são verdadeiras; você pode fazer isso em um caso particular, onde uma das suas crenças é alterada em consequência de outras entre suas crenças[17] (RUSSELL, 2010[1924], p. 3).

Russell, entretanto, entende que estava afastado da metafísica, da verdade por correspondência, da filosofia da mente aos moldes de Hegel porque entende que "a lógica que defenderei é atomística, em oposição à lógica monista das pessoas que mais ou menos seguem Hegel" (2010[1924], p. 2); porém promove sim metafísica com seu atomismo, afinal considera que

a razão pela qual eu chamo a minha doutrina de atomismo lógico é porque os átomos a que desejo chegar como o último resíduo em análise são átomos lógicos e não átomos físicos. Alguns deles serão o que chamo de "particulares" – coisas como pequenas manchas de cor ou sons, coisas momentâneas – e alguns deles serão predicados ou relações e assim por diante. O ponto é que o átomo a que desejo chegar é o átomo da análise lógica, não o átomo da análise física (RUSSELL, 2010[1924], p. 3).

Em 1931, Kurt Gödel (1906-1978) publica seu teorema da incompletude (GÖDEL, 2006[1968]) como resposta ao programa de David Hilbert, no qual "existem proposições formalmente indecidíveis" (FRESÁN, 2008, p. 48). Gödel é desses "destruidores de nossas ilusões de racionalidade e objetividade" (GOLDSTEIN, 2008, p. 33). Ele demonstra que um sistema teórico só pode ser formalmente completo, se for incompleto. Trata-se de trabalhar paradoxos a partir de uma relação circular reflexiva, e não por causalidade. Há registro de que Gödel, que passara a participar das reuniões do Círculo de Viena, afirmara a Karl Menger: "Quanto mais penso na linguagem, mais me surpreendo com o fato de as pessoas conseguirem entender umas às outras" (GOLDSTEIN, 2008, p. 133).

O que nos levou à incompletude de Kurt Gödel não é o teorema em si, mas a perspectiva de proporcionar uma postura lógica diversa da fundamentalista causal para pesquisar a Decisão Jurídica. O problema da completude do direito norteia não só a questão das lacunas (BOBIBO, 1986[1961], p. 115),

---

[17] No original: *You cannot go outside yourself and consider abstractly whether the things that appear to you to be true are true; you may do this in a particular case, where one of your beliefs is changed in consequence of others among your beliefs.*

mas o debate sociológico do direito da legitimação, da eficácia e da justiça da decisão jurídica.

A resposta de que um conjunto para ser completo tem que ser incompleto, dentro de um sistema consistente, implica que tudo pode ser provado? E, quando se trata de um sistema inconsistente, sua completude contém elementos inconsistentes (GOLDSTEIN, 2008, p. 45)? Como acreditava Gödel,

> o que havia sido rigorosamente provado, supostamente com base no teorema da incompletude, é: "Ou bem a mente humana ultrapassa todas as máquinas (para ser mais preciso, ela consegue decidir mais questões teóricas sobre números do que qualquer máquina), ou bem existem questões teóricas sobre números indecidíveis para a mente humana (GOLDSTEIN, 2008, p. 172).

Os dois teoremas de Gödel são:

Teorema 1 – Cada sistema formal S que abarque Z e que tenha um número finito de axiomas e que tenha regras de substituição e implicação como únicos princípios de inferência, é um sistema incompleto;

Teorema 2 – Em cada sistema S não se pode deduzir o enunciado de que S é consistente (GÖDEL, 2006[1968], p. 103-104).

Com Kurt Gödel temos a Gödelização da racionalidade, a lógica do *ao mesmo tempo*, a qual nos retira da causalidade e nos lança à lógica circular reflexiva, lógica na qual não cabe se ocupar com a origem, a essência, nem com o fim. Recorremos a Gödel para conceber que os paradoxos da decisão jurídica não são eliminados, mas constituintes dela mesma. Paradoxos como objeto/sujeito, todo/parte, indução/dedução, teoria/prática, abstrato/concreto, ideal/real, interno/externo, individual/coletivo, ação/sistema são desparadoxizados por meio da lógica do *ao mesmo tempo* com base na gödelização da racionalidade.

Em Direito, a pauta da completude foi conduzida pelos debates entre dogmáticos e sociólogos do Direito, principalmente quando o dogma da completude foi defendido pelos formalistas exegetas que não reconheciam a possibilidade de haver lacuna no ordenamento jurídico, no direito estatal. Afinal – e neste ponto incluímos Hans Kelsen, que não era formalista, mas sim normativista –, nos termos da lógica modal deôntica, o que não é proibido é permitido. Fato é que essa completude, como lemos em Bobbio,

DECISÃO JURÍDICA NA COMUNICATIVAÇÃO

é lacuna ideológica, pois há casos nos quais a questão não está em haver falta de legislação, mas sim não haver alternativa de justiça a ser aplicada ao caso (BOBBIO, 1986[1961], p. 141-143). Na Sociologia do Direito, especificamente em Eugen Erhlich e seu Direito Vivo, a completude não é possível porque a vida em sociedade tem uma dinâmica que não é acompanhada pelo direito estatal – uma lei, por exemplo, no dia em que é publicada, já está ultrapassada (ERHLICH, 1986[1913], p. 169); além disso, "qualquer juiz ou administrador sabe que raramente decide somente com base em prescrições jurídicas" (ERHLICH, 1986[1913], p. 34). Norbert Bobbio resolve a questão propondo que o direito é completável, por heterointegração ou por autointegração, ou seja, recorrendo a outros ordenamentos, como ao direito natural, ao costume, à jurisprudência (ao Direito Judiciário), a ordenamentos jurídicos de outros estados ou via autointegração com a analogia e os princípios gerais do direito (BOBBIO, 1986[1961], p. 146-160). Há de se considerar que essas soluções não são suficientes quando se tem direito como normatividade responsável por conduzir à justiça social, à equidade. Isso envolve o problema da expectativa normativa, da previsibilidade das decisões jurídicas baseadas em normas anteriores, desafio que, no Direito Moderno, está vinculado à textura aberta do direito, à linguagem (HART, 1994[1961], p. 139), à indeterminação não intencional do direito (KELSEN, 1992[1960], p. 246-247).

Um dos responsáveis por desenvolver reflexões sobre a linguagem e o direito é Herbert L. A. Hart, tanto via a textura aberta da linguagem como via a regra de reconhecimento. A textura aberta da linguagem viabiliza que o Direito acompanhe as mudanças sociais porque, devido a elas, os tribunais assumem a "função criadora de regas que os organismos administrativos executam de forma centralizada na elaboração de padrões variáveis" (HART, 1994[1961], p. 149). A regra de reconhecimento parte da concepção que "ordenar as pessoas que façam coisas é uma forma de comunicação e efetivamente implica que nos dirijamos a elas" (HART, 1994[1961], p. 27). Ocorre que Direito não se reduz à ordem coercitiva, pois a coercibilidade não é suficiente para distinguir Direito de comando, afinal o comando quando vinculado à violência, à força não se constitui em Direito, mesmo quando advindo de autoridade hierarquicamente superior. Nesta tônica, para se validar como Direito, um comando precisa ser reconhecido (HART, 1994[1961], p. 111 e ss.). É essa legitimação que supre a incerteza da regra primária da obediência geral (HART, 1994[1961], p. 104-105) e permite que um comando seja reconhecido como Direito, comando legítimo. Mais, não é o ser obedecido pela maioria que faz um comando ser Direito, assim fosse os comandos de

1. GIROS NA CIENTIFICIDADE

Hitler eram direito. Para isso Hart propõe a distinção entre noção, substância e essência, a qual aporta para a validade do Direito elementos de substância e não só do reconhecimento da autoridade que o emite, assim fosse, o comando de um assaltante seria direito (HART, 1994[1961], p. 27). Com a perspectiva de comunicação de Hart, a generalidade das normas jurídicas envolve o problema da justeza na aplicação das leis ao caso. Trata-se do desafio de se estabelecer regras para problemas futuros, o que implica na impossibilidade de haver uma única decisão correta. Essas ideias nos levaram a pesquisas a decisão jurídica como espaço de construção do direito (STAMFORD DA SILVA; LUMBANBO DE MELO; BARBOSA, 2005, p. 211-212).

Os giros na cientificidade nos levam a considerar que o problema do limite na decisão judicial não está no fato (giro positivista), nem mesmo no fato jurídico, nem na mente do julgador – uma vez que o solipsismo leva a se atribuir ao poder do juiz a validez da decisão judicial (giro epistêmico), tampouco na experiência jurídica (giro fenomenológico), nem mesmo na linguagem jurídica (giro linguístico). Foi, contudo, com o giro comunicacional que chegamos à hipótese de que tais limites estão na comunicação mesma, no direito mesmo enquanto sistema que aprende, como presente na segunda fase da cibernética, ou seja, quando a cibernética se afastou da teoria da informação que tinha a comunicação como transmissão de informações.

A cibernética foi desenvolvida nas *Macy Conferences*[18], reuniões realizadas de 1942 a 1952, promovidas pela Josiah Macy Jr. Foundation (SCHWANINGER, 2004, p. 515-527). Dessas conferências resultou a *Cybernetics Conferences* [do latim *gubernator* (dirigente, governador), do grego, *kybernan* (dirigir, pilotar)]. O termo cibernética[19] foi empregado por Norbert Wiener (1894-1964) em sua conferência na reunião de 1948, intitulada: *Circular Causal and Feedback Mechanisms in Biological and Social Systems* (WIERNER, 1965, p. 65). Em 1950, as reuniões passaram a se chamar Cibernética. Participaram destas conferências[20] nomes como os dos matemáticos John von Neumann e Norbert Wiener;

---

[18] Para noção do que foram as dez reuniões do grupo The Macy Conference, visitar: http://www.asc-cybernetics.org/foundations/history.htm.

[19] Sobre a origem do termo cibernética: "cibernética, derivei da pronúncia grega de *kubernetes* (o timoneiro). A mesma raiz da qual os povos do Ocidente cunharam o termo governo e de seus derivados. Por outra parte, encontrei mais tarde que a pronúncia havia sido usada já por Ampère, aplicada na política, e introduzida, em outro sentido, por um homem de ciência polonês, ambos os casos datam do início do séc. XIX (WIENER, 2009).

[20] Uma listagem detalhada dos participantes das *Macy Conference* é encontrada no *site*: http://www.asc-cybernetics.org/foundations/history/MacyPeople.htm

DECISÃO JURÍDICA NA COMUNICATIVAÇÃO

do engenheiro eletrônico Heinz von Foerster; do psiquiatra W. Ross Ashby; os antropólogos Margaret Mead, Gregory Bateson; do sociólogo Paul Lazarsfeld; do psicólogo Kurt Lewin; dos linguistas Roman Jakobson e Charles Morris. Bateson e Margareth Mead levaram as ideias e compuseram a Escola de Palo Alto, o *Invisible College* (Colégio Invisível) que influenciou o interacionismo simbólico, com George Mead e Erving Goffman.

Quando Norbert Wiener traz a perspectiva do *feedback* como retroalimentação, tem lugar os debates de um processo de desambiguização (*disambiguation*) das dicotomias, principalmente aquelas presentes nas reflexões pautadas pela causalidade. No caso da comunicação, por exemplo, a visão de transmissão de informação perde lugar para a concepção de construção de sentido, porquanto o processo de formação dos conceitos é constitutivo da constante formulação e reformulação dos conceitos (ADAMS, 2003, p. 471-501; RAV, 2002, p. 780). Com Heinz von Foerster (1911-2002) temos a perspectiva de sistemas que observam, aqueles que operam com causalidade retroativa, ou ainda, por retroalimentação (FOERSTER, 2003e, p. 4-5). Foi das ideias desse autor que cunhei a expressão circularidade reflexiva.

Central aqui é a teoria da observação como distinção. Distinguir tem como traço latente operar por autorreferência, do que resulta o observador ser objeto da observação mesma. Assim temos a teoria dos sistemas que observam, os sistemas aprendem por operação de observação. Aprender, aqui, não tem qualquer relação com a perspectiva behaviorista de troca de informação por repetitividade, mas com a perspectiva construtivista. Antes que os opositores sem leitura teçam críticas, peço que leiam a seguinte passagem:

> A teoria clássica dos sistemas (Wiener, von Bertalanffy, Jay Forrester) se referiam basicamente ao conceito de *transfer* ou fluxo e entendia os sistemas como sua regulação. Isso se aplica a todos os tipos de transferências (*transfer*) – para sistemas biológicos e econômicos, para organizações, para sistemas de consciência e para máquinas – e tornou possível compará-los. As relações com o ambiente eram representadas com o modelo *input/ /output*, ou com ajuda de um looping de retroalimentação; sempre sob o pressuposto de que o sistema controla esse processo regulando-o ou porque o produz. Porém, se não se compreende a comunicação como transferência, se rompe com a antiga suspeita de que a teoria dos sistemas não é apta para tratar do social, ou tem que se reformular a teoria dos sistemas. Isso poderia ser feito recorrendo à pergunta de como emergem a produção e reprodução da diferença sistema/ambiente. É precisamente a esta

1. GIROS NA CIENTIFICIDADE

pergunta que o conceito de comunicação pretende ser resposta para um tipo específico de sistema: os sistemas sociais (LUHMANN, 2007[1997], p. 76).

Essa reformulação é justamente a que concebe os sistemas que observam. Tais sistemas não incorporam (*order from order*) informações que se desagregam (*order from desorder*) de seu ambiente. Os sistemas que observam autorreferencialmente são auto-organizados. As irritações do ambiente os influenciam a operar mantendo, ampliando ou perdendo energia, porém operam a partir de seus próprios elementos internos. Esses sistemas vivem em constante estado de interação com o ambiente, interação esta que o levam a observar as energias e a ordem interna, bem como a de seu próprio ambiente. Cada sistema estabelece seu ambiente, no e com o qual se desenvolve. Há a realidade do ambiente, a qual possui a estrutura (FOERSTER, 1987, p. 57), e há a realidade interna do sistema. Com isso, Foesrter elabora o princípio da "ordem na desordem" (FOERSTER, 1987, p. 53):

> se considero um universo finito U0 ... e imagino que esse universo U0 tenha uma superfície fechada que divida o universo mesmo em duas partes reciprocamente distintas: uma das duas partes é completamente ocupada por um sistema auto-organizador S0, enquanto a outra a que podemos chamar de "ambiente" A0 do sistema auto-organizador: S0 & A0 = U0 . A isso posso acrescentar que é indiferente colocar o nosso sistema auto-organizador no interior ou no exterior da superfície fechada. Indubitavelmente, esse sistema auto-organizador se permite escolher, a qualquer tempo, sua própria tarefa de auto-organizar-se, neste intervalo de tempo, a sua entropia será necessariamente diminuída, o que não o transforma num sistema mecânico, mas ainda termodinâmico (FOERSTER, 1987, p. 51-52).

Sistemas, nesta perspectiva, não são entidades estruturais, "seres" fixos, muito menos "máquinas de controle"; são Formas de comunicação. Formas de dois lados.

Luhmann aporta esses elementos e desenvolve sua teoria da sociedade partindo de que comunicação é a célula da sociedade, sendo sociedade o sistema que observa a si mesma ao mesmo tempo em que observa seu ambiente. Sociedade é um sistema que aprende, aprende com seus próprios elementos (autorreferência), bem como aprende com elementos de seu ambiente

DECISÃO JURÍDICA NA COMUNICATIVAÇÃO

(heterorreferência). Sociedade é um sistema do tipo auto-organizado (*self-organizing system*), ela "consome energia e ordem de seu ambiente"[21] (FOERSTER, 2003e, p. 6). Sociedade é o sistema de todas as comunicações possíveis que tem em seu ambiente, além de outros elementos, o sistema psíquico, o sistema mecânico (fenômenos físicos, químicos, geográficos, máquinas, computador etc.) e o sistema biológico.

Aplicando isso à cientificidade, especificamente à observação, temos que o limite da observação não está na comunicação, nem na coisa observada, nem na observação mesma, mas em todos esses elementos ao mesmo tempo. Foerster acresce à visão de observação de Maturana – "Anything said is said by an observer" "todo que é dito, é dito por um observador" – que "Anything said is said to an observer" ("todo que é dito, é dito a um observador") (FOERSTER, 2003a, p. 283). Ganhamos com isso a ideia de que a tautologia contém mais elementos que um lógico se nega a admitir, reconhecer. Quando pesquisamos, nessa perspectiva, associamos "às noções de desordem, ordem e complexidade, medidas que nos permitem falar sobre diferentes graus de ordem, digamos: 'Mais ordem aqui!' ou 'Menos ordem lá!'", e observar os processos que estão mudando esses graus"[22] (FOERSTER, 2003a, p. 278). Temos, assim, *a lógica do ao mesmo tempo*.

> Deixe-me tirar da posição construtivista algumas consequências epistemológicas inacessíveis a uns pretendentes a serem descobridores. Uma delas é que as propriedades que se acredita residirem em coisas acabam sendo propriedades do próprio observador. Tomemos, por exemplo, as irmãs semânticas de Desordem: Ruído, Imprevisibilidade, Mudança; ou os da Ordem: Lei, Previsibilidade, Necessidade. A última dessas duas tríades, Mudança e Necessidade, foi associada, até recentemente, ao funcionamento da natureza. A partir de um ponto de vista construtivista, Necessidade surge da capacidade de fazer deduções infalíveis, enquanto Mudança surge da incapacidade de fazer induções infalíveis. Ou seja, Necessidade e Mudança refletem algumas de nossas habilidades e incapacidades, e não as da natureza.

---

[21] No original, Foerster assim resume seus pontos: *(1) By a self-organizing system I mean that part of a system that eats energy and order from its environment. (2) There is a reality of the environment in a sense suggested by the acceptance of the principle of relativity. (3) The environment has structure.*

[22] No original: *to associate with the notions of disorder, order, and complexity, measures that permit us to talk about different degrees of order, say: "More order here!" or "Less order there!", and to watch the processes that are changing these degrees.*

1. GIROS NA CIENTIFICIDADE

Mais que isso, sendo breve. No momento, passo a me entreter com a questão de se existe um *backup* biológico para essas noções. A resposta é sim, e, de fato, estou muito feliz por termos aqui apenas aquelas pessoas ao redor das quais estamos produzindo este mesmo *backup*, o que me permite falar sobre um organismo como uma entidade autônoma. A versão original veio de três neuro-filósofos chilenos, que inventaram a ideia de auto-poiese. Um deles está sentado aqui, Francisco Varela; outro é Humberto Maturana, e o terceiro é Ricardo Uribe, que agora está na Universidade de Illinois. Eles escreveram o primeiro artigo em inglês sobre a noção de autopoiese e, em minha linguagem de computador, eu diria que a auto-poiese é aquela organização que calcula sua própria organização. Espero que Francisco não me desaponte amanhã e se dirija à sua própria noção de autopoiese. A autopoiese é uma noção que requer fechamento sistêmico. Isso significa fechamento organizacional, mas não necessariamente ter-modinâmico. Os sistemas autopoiéticos são termodinamicamente abertos, mas fechados organizacionalmente[23] (FOERSTER, 2003b, p. 280-281).

A leitura desta passagem demarca a frequência da expressão *ao mesmo tempo*. Nos traz a perspectiva que de não há ordem sem desordem. Há fecha-mento e abertura, ordem e desordem, auto e heterorreferência, auto e hete-rorreprodução, auto e hetero-observação. A co-presença dos dois lados dessas duas dicotomias se dá devido à recursividade e à *re-entry*. A existência, por exemplo, é possível porque existe. Admitir o existir requer o próprio existir.

---

[23] No original: *Let me draw from this constructivist position a few epistemological consequences that are inaccessible to would-be discoverers. One of these is that properties that are believed to reside in things turn out to be those of the observer. Take, for instance, the semantic sisters of Disorder: Noise, Unpredictability, Chance; or those of Order: Law, Predictability, Necessity. The last of these two triads, Chance and Necessity, have been associated until even recently with Nature's working. From a constructivist point of view, Necessity arises from the ability to make infallible deductions, while Chance arises from the inability to make infallible inductions. That is, Necessity and Chance reflect some of our abilities and inabilities, and not those of Nature. More of that shortly. For the moment, however, let me entertain the question of whether there exists a biological backup for these notions. The answer is yes, and indeed, I am very happy that we have just those people around who were producing this very backup that allows me to speak about an organism as an autonomous entity. The original version came from three Chilean neuro-philosophers, who invented the idea of autopoiesis. One of them is sitting here, Francisco Varela; another one is Umberto Maturana, and the third one is Ricardo Uribe, who is now at the University of Illinois. They wrote the first paper in English on the notion of autopoiesis, and in my computer language I would say that autopoiesis is that organization which computes its own organization. I hope that Francisco will not let me down tomorrow and will address himself to the notion of autopoiesis. Autopoiesis is a notion that requires systemic closure. That means organizational, but not necessarily thermodynamic, closure. Autopoietic systems are thermodynamically open, but organizationally closed.*

DECISÃO JURÍDICA NA COMUNICATIVAÇÃO

Observe que nessa frase, existir é sujeito e predicado. Quando sujeito, tem um sentido que não é o mesmo do existir quando predicado. Para se compreender "existir como existir" é preciso observar, promover uma distinção e, ao mesmo tempo, assinalar uma identidade. Repare que observar não está relacionado a qualquer dos lados da dicotomia objeto/sujeito, mas ao observar mesmo.

Acrescemos a isso a perspectiva de que distinção é totalidade plenamente perfeita (*distinction is perfect continence*) (SPENCER-BROWN, 1969, p. 1), no sentido de que a distinção é quem torna possível haver qualquer comunicação. Partindo desta perspectiva de distinção, George Spencer-Brown desenvolve a Teoria da Forma de Dois Lados, na qual "uma distinção é traçada delineando um limite com lados separados, de modo que um ponto em um lado não pode chegar ao outro lado sem cruzar o limite"[24]. Ao distinguir se diferencia, porém não se separa, pois o lado marcado contém o lado não marcado, sem o que não se teria o que está marcado. Diferenciar é estabelecer o que informa e o que não informa, porém esses dois elementos integram necessariamente a comunicação. Assim, o dito e o não dito são os pares de toda comunicação. É que a indicação do valor dito ou do valor não dito é estabelecido pelo estado marcado de uma expressão. Ocorre que compreender o lado marcado requer uma calculabilidade da marca e não a marca em si, pois a indicação (informação partilhada) envolve sucessivas distinções, ou seja, re-entradas (*re-entry*) da distinção na distinção, da forma na forma, do valor marcado no valor marcado. Com a condensação do valor marcado, temos a forma da distinção e, com ela, a calculabilidade da indicação do que se distingue sem por isso eliminar o lado não marcado. Pelo contrário, esse participa da comunicação justamente porque viabiliza a compreensão do que poderia ter sido dito, mas não foi.

Deve-se à calculabilidade a possibilidade de expansão do valor referenciado, ou seja, as sucessivas ocorrências de re-entrada da forma na forma promovem recursividade. Recursividade, entretanto, é uma expressão matemática desenvolvida pelos teóricos da Teoria do Caos, para explicar como é possível uma máquina não-trivial dar resultados calculáveis, ainda que imprevisíveis: trata-se do comportamento *Eigen*, ou seja, de reconhecibilidade das regularidades (FOERSTER, 2003d, p. 321).

Aplicando a ideia de recursividade à comunicação, temos que seres humanos não são máquinas triviais, mas sim máquinas não triviais. O termo

---

[24] No original: *a distinction is drawn by arranging a boundary with separate sides so that a point on one side cannot reach the other side without crossing the boundary.*

1. GIROS NA CIENTIFICIDADE

máquina – convém alertar – não está empregado na conotação de equipamento, coisa, instrumento composto de peças interligadas para produzir determinado efeito, mas sim como metáfora para se referir à complexidade da comunicação humana mesma, afinal, o ser humano tem sua complexidade específica, afinal, conta com elementos físicos, biológicos, psíquicos e sociais (SOUTO; SOUTO, 2003, p. 175-176; LUHMANN, 1996[1990], p. 15; RODRIGUEZ, 2006, p. V; ARCHER, 2009[1995], p. 100-101; SOUTO, 2019, p. 4). A metáfora máquina não trivial empregada para lidar com o social como comunicação (humana ou não) implica admitir que a forma de comunicação contém estrutura e variação. As máquinas triviais trabalham linearmente as informações que recebem e as processam produzindo os resultados desejados; nas máquinas não triviais há, entretanto, uma autonomia de funcionamento interno, ou seja, a "cada operação, esse estado interno muda, de modo que, quando a próxima operação ocorre, a operação anterior não é repetida, mas outra operação pode ocorrer"[25] (FOERSTER, 2003d, p. 312). Recursividade, nestes termos, envolve não uma repetição, a redundância, mas a circularidade reflexiva, afinal, sempre conta com acréscimo de informação. Com a *re-entry* e a recursividade, o sistema é capaz de aprendizado, tanto consigo mesmo, quanto com seu ambiente; ao observar, no próprio sistema ocorrem intercâmbios de operações e composições de ordem internas tanto quanto externas a ele (FOERSTER, 2003d, p. 308; 319). Trata-se da *Eigen Function, Eigen Values, Eigen Behavior,* ou seja, da autorreferência, portanto de a comunicação deter sua própria função, seus valores próprios de referência e, inclusive, deter comportamentos próprios no sentido de deter um nível de invariância, o que torna possível a comunicação mesma.

Um ponto central nestas reflexões é que o social não se reduz aos seres humanos, inclusive porque não só seres humanos comunicam. A comunicação humana tem, contudo, suas peculiaridades as quais não se processam, não se desenvolvem, selecionam, observam, ou operam nos mesmos moldes de comunicações de máquinas, nem mesmo nos casos das máquinas que aprendem (*learning machine*), como estamos vivenciando com a inteligência artificial.

Este giro se diferencia dos demais por alterar, não apenas a visão de objeto, comunicação e observação, mas também a de postura científica. É o que depreendemos da substituição de hierarquia por heterarquia proposta por Louis H. Kauffman em sua Teoria dos Nós (KAUFFMAN, 1980, p. 53-72; KAUFFMAN,

---

[25] No original: In each operation, this inner state changes, so that when the next operation takes place, the previous operation is not repeated, but rather another operation can take place.

DECISÃO JURÍDICA NA COMUNICATIVAÇÃO

1987, p. 53-72), na qual os sistemas contém a si mesmo (marca, o lado interno, lado marcado da Forma) e ao seu ambiente (lado externo, lado não marcado da Forma). Luhmann aplica essas ideias ao afirmar "a comunicação cria para si o *médium* de sentido, no qual incessantemente se estabelece se a comunicação seguirá pela busca de seu problema na informação, no ato de partilhar ou no entendimento" (LUHMANN, 2007[1997], p. 50).

É assim que, aplicando as ideias de Spencer-Brown, Foerster e Kauffman, Luhmann radicaliza a ideia de sociedade como comunicação afirmando que o social não é composto por seres humanos (LUHMANN, 2007[1997], p. 20; 24), afinal, a sociedade não se caracteriza por uma determinada essência nem por uma determinada moral, mas unicamente por operações que produzem e reproduzem a sociedade, isto é: a comunicação (LUHMANN, 2007[1997], p. 48). Assim afirma, justamente, por considerar que o social é comunicação e não consciência, embora a comunicação seja submetida à interpenetração, às ficções operativas que só se podem acessar via a comunicação mesma.

Comunicação é "genuinamente social" e não uma entidade sobrenatural, externa ao ser humano, tão pouco ela é uma "consciência comum coletiva", pois "comunicação não leva ao consenso em pleno sentido de acordo verdadeiramente completo" (LUHMANN, 2007[1997], p. 58). A isso acrescemos que não só o ser humano se comunica, a comunicação que é a célula da sociedade, é a menor partícula do social (LUHMANN, 2007[1997], p. 58), mas não por isso exclusivamente humana no sentido de que só o ser humano pode comunicar, afinal, animais e máquinas que aprendem, principalmente na atualidade, devido ao desenvolvimento da inteligência artificial, repetimos. Inclusive, como o social e o psíquico são sistemas de comunicação que estabelecem sentido, poderíamos pensar que voltamos ao ponto de só o ser humano estabelecer sentido. Nossa hipótese, sobre este tema, é que a comunicação atingiu um nível evolutivo que é ela mesma quem estabelece o sentido, não o ser humano como sujeito concreto. Para esclarecer esta reflexão, sugerimos ao leitor se perguntar quem determina, dita, estabelece, limita um idioma? A nossa resposta é: o próprio idioma, por mais que ele tenha sido uma criação humana, não é o ser humano individuado, concreto quem determina o que, num determinado idioma, terá sentido, fosse assim, não existiriam tantas gírias e linguagens identificadores de pertencimento a um gueto, para citar um exemplo.

A comunicação é autônoma enquanto comunicação, ela mesma institui um tempo próprio para a construção de sua memória semântica. "A comunicação é autopoiética na medida em que só se produz em relação recursiva com outras comunicações e, portanto, só num emaranhado cuja reprodução concorre cada uma das comunicações" (LUHMANN, 2007[1997], p. 58). Assim, entendemos que, do mesmo modo que a Forma (o sentido marcado) contém elementos do meio (contexto linguístico – lugar, idioma, ethos, gênero linguístico, auditório, intenções, objetivos), o meio integra a Forma. O sentido, então, contém elementos do meio e da estrutura (da Forma). Conter elementos do ambiente não implica se confundir com o ambiente, mas que necessariamente o sistema se diferencia de seu ambiente, inclusive porque é o próprio sistema quem estabelece seu próprio ambiente. Não cabe atribuir a nenhum elemento extra comunicativo, a uma entidade superior, a uma entidade natural, mas exclusivamente à própria comunicação (ao próprio sistema de comunicação) a decisão quanto ao que constituirá o lado marcado (estrutura sistêmica e ambiente interno ao sistema) e o lado não marcado (ambiente externo ao sistema). Conter elementos do ambiente é uma necessidade de diferenciação, saliente-se, pois, se não há diferenciação, não há marca, não há comunicação, não há qualquer ocorrência, não há "irritação", mudança no estado de silêncio para o de comunicação.

Para comunicar, seres humanos falam, escrevem, gesticulam, desenham etc. Realizamos uma "notificação", "marcação", "indicação", uma diferenciação. Nessa perspectiva, uma comunicação é possível, por mais que improvável (LUHMANN, 2001), justamente pela ocorrência dessa realização, ou seja, porque ela registra, marca, indica, diferencia o que se comunica do tudo o mais que não foi comunicado. Esse *tudo o mais*, todavia, integra a comunicação, não é separado dela. Mais, nenhuma comunicação é originária, nem material nem temporalmente – há, antes, a *memory function* que "permite dispor dos resultados das seleções passadas como estado presente" (LUHMANN, 2007[1997], p. 28-29).

As comunicações são, nessa perspectiva, operações que produzem e reproduzem os sistemas sociais. Nessa perspectiva, direito é o sistema funcional da sociedade dedicado às comunicações que tem por unidade de referência (limitação) a licitude. Com isso, temos que o sistema jurídico é constituído por um lado marcado, a sua estrutura sistêmica (lícito – Recht) e ao mesmo tempo pelo seu ambiente interno (ilícito – Unrecht), sendo seu lado não marcado, o ambiente externo, o não direito (Nicth Recht). Uma comunicação, por fim, é referente ao direito se e quando tematiza o meio de comunicação simbolicamente generalizado: *licitude*. As comunicações que tematizam a licitude operam pela distinção lícito/ilícito são jurídicas (LUHMANN, 1981, p. 39; 45; 55-57; 364-366).

Observe que não se trata de pensar a comunicação como algo que tem uma correspondência metafísica, física (natural), nem imaginária (mental, fenomenológica), nem linguística, mas sim como comunicação mesmo. Esse é o

DECISÃO JURÍDICA NA COMUNICATIVAÇÃO

ponto. A comunicação tem "entidade própria", ela é autônoma. O ser humano concreto não é comunicação, é ser humano com toda a complexidade do ser humano, a qual não se pode reduzir, restringir ao social, à comunicação. Se a pretensão é saber o que controla a comunicação, a resposta, neste giro é: a comunicação mesma, não um ser humano. Comunicação pressupõe autorreferência reflexiva da comunicação, o que quer dizer que

> a comunicação sempre comunica também que está comunicando. Ela pode corrigir retrospectivamente ou negar que quis dizer o que parecia significar. A comunicação se deixa interpretar numa faixa que vai de credível a implausível. Mas sempre traz consigo uma memória, mesmo que de curto prazo, que praticamente exclui a possibilidade de ela não ter acontecido. Retrospectivamente, surgem, portanto, normas e desculpas, exigências de cadência (compasso, temporalidade, tomada de turno) e do ignorar contrafático (casos de discordância), com o que a comunicação se desintoxica de distúrbios ocasionais[26] (LUHMANN, 2007[1997], p. 3).

Essa passagem contém o que se pode acusar de alucinógeno deste giro, ou seja, admitir que a comunicação assume sua identidade, detém capacidade de

---

[26] Optei por trazer essa passagem no original alemão porque, as traduções ao espanhol e ao inglês, me trouxeram dúvidas, não sobre o geral, mas sobre alguns detalhes, considerando que o trecho lida com a autorreferência da comunicação. Uni a tradução espanhola à inglesa e o original alemão (para o que explorei os amigos Henrique Carvalho e Edvaldo Moita).

No Original: *In den Begriff der Kommunikation ist die Annahme eines reflexiven Selbstbezugs eingebaut. Die Kommunikation kommuniziert immer auch, daß sie kommuniziert. Sie mag sich retrospektiv korrigieren oder bestreiten, daß sie gemeint hatte, was sie zu meinen schien. Sie läßt sich in einer Spannweite von glaubwürdig bis unglaubwürdig durch Kommunikation interpretieren. Aber sie führt immer ein, und sei es kurzfristiges, Gedächtnis mit, das es praktisch ausschließt, zu behaupten, sie habe gar nicht stattgefunden. Retrospektiv entstehen dann Normen und Entschuldigungen, Anforderungen an Takt und an kontrafaktisches Ignorieren, mit denen die Kommunikation über gelegentliche Störungen hinweg sich selbst entgiftet (Die Gesellschaft der Gesellschaft, p. 14).*

A tradução ao espanhol é: *La comunicación comunica que lo comunicado puede corregirse o discutirse hacia atrás, o que quiso decirse lo que se dijo; deja interpretarse, pues, mediante comunicación en una banda que va de lo creíble a lo increíble. Pero siempre – así sea con ayuda de una memoria muy corta – lleva prácticamente a excluir la afirmación de que no pasó nada. Al devolverse surgen las normas y las disputas, las exigencias de tacto, o el ignorar contra facto con el cual la comunicación se desintoxica de las molestias ocasionadas (sociedad de la sociedad, p. 3).*

A tradução ao inglês é: *Communication always communicates that it communicates. It might correct itself in retrospect or deny that it had meant what it appeared to mean. It can be interpreted by means of communication on a scale from credible to incredible. But it is always accompanied by memory, even though it might be only short-term, which practically excludes any assertion that it has not taken place at all. Retrospectively, norms and excuses, tact requirements and counterfactual disregard arise, with which communication detoxifies itself in the event of the occasional malfunction (Theory of society, v. 1, p. xiii-xiv).*

limitar o que dizer, o como dizer, e mantém infinitas as alternativas de reação. Trata-se de admitir que a comunicação, mesmo que se dê por meio de uma pessoa, não é essa pessoa quem a manipula, mas sim a comunicação por si mesma.

Quando se fala em comunicação se faz uma referência a atores (por exemplo, escritor/leitor, falante/ouvinte, emitente/destinatário, orador/auditório, ator/plateia), porém estes atores não têm o poder de controlar a comunicação, podem até controlar uma conversa, porém não a comunicação ela mesma. Essa referência perde lugar porque a comunicação comunica que comunica, não há como controlar o que (se quisermos manter a hipótese de referência a alguém individuado ou coletivo) os interlocutores enunciam, o que quis dizer e o que será entendido do que foi dito. Como lemos em Luhmann: "difícil é gerar um "sem sentido", pois o esforço por gerá-lo produz sentido"[27] (LUHMANN, 2007[1997], p. 33). Por mais que se organizem os elementos linguísticos (gramática, textualidade, contexto, cenas da enunciação, *ethos* discursivo etc.), a expectativa do enunciador não passa de sua expectativa, a qual não se transmite ao destinatário, antes, esta lida com a comunicação sem precipuamente qualquer controle pelo enunciador. Evidente, elementos de poder, interesse pessoal etc. atuam na comunicação, porém, atuam como já elementos da comunicação, não externos a ela. Se o interlocutor aceita ou rejeita a comunicação, ele não a afeta em nada, mas afeta a relação entre os interlocutores. A comunicação é corrigida ou rejeitada por ela mesma, não devido a sujeitos concretos.

O social, na vida em sociedade, no mundo da vida, cotidianamente não tematizamos cada palavra, não questionamos cada palavra, cada frase partilhada, assim é porque para uma comunicação ser possível conta com uma memória semântica, com informações compartilhadas historicamente. Há "consenso atemático do mundo da vida" (LUHMANN, 2007[1997], p. 4), como são os "esquemas primários", os enquadres, os frames (GOFFMAN, 2012, p. 45), as "práticas 'reflexivas'", "atividades familiares comuns", as práticas "reconhecidas como 'uma outra primeira vez'" (GARFINKEL, 2018[1967], p . 9). A comunicação, numa frase, envolve autorreferência e heterorreferência, ela é dotada de recursividade da forma na forma, conta com *re-entry* (autorreferência) ao mesmo tempo em que é dotada de heterorreferência do meio na forma (KAUFFMAN, 1987, p. 56).

Tomando o sentido como Forma de sentido, temos que a comunicação (sistema, Forma de sentido) se diferencia do ambiente (entorno, *Meio* de sentido), porém não se separa dele (Forma de dois lados que é). Por se diferenciar,

---

[27] No original: Schwierig ist es dagegen, Unsinn zu erzeugen, da die Bemühung darum schon wieder Sinn macht (LUHMANN, 1997, p, 51).

os elementos de um sistema de comunicação operam pautados pelos limites desse mesmo sistema (da comunicação mesma), e isso não devido ao ambiente, mas com o ambiente. Assim, o não dito compõe o dito. Se o sistema (a comunicação) não estiver em constante contato com (acoplado ao) seu ambiente, ele não tem como operar por comunicação com sentido, pois não se diferencia. Seja por nunca ter sido diferenciado, ou se desdiferenciado, em quaisquer desses casos, não há a diferenciação sistema/ambiente. Não haver a diferenciação resulta não ser possível tematizar, não há como comunicar porque não há a possibilidade de selecionar um sentido. Assim entendemos as leis da Forma de Spencer Brown, assim entendemos a ciência linguística de Ferdinand de Saussure (a semiótica de Charles Sander Peirce, a estética da criação verbal de Mikhail Bakhtin, assim entendemos a teoria dos atos de fala, em especial, a enunciação performativa (*performative utterance*) de John Langshaw Austin, a sociolinguística com Dell Hymes, William Labov, John Gumperz, a pragmática com Richard Rorty, a semanálise de Julia Kristeva, a antropologia linguística com Alessandro Duranti, as análises de discurso com Patrick Charaudeau, Dominique Maingueneau, a análise crítica de discurso com Ruth Wodak, Norman Fairclough. Há ainda Eni Puccinelli Orlandi, Sírio Possenti, Freda Indusky, José Luiz Fiorin, Manfredo Araújo de Oliveira, Danilo Marcondes, Viviane de Melo Resende e Viviane Ramalho.

Para grafitar a perspectiva de comunicação em nossas pesquisas, reproduzimos as imagens e ideias de Spencer Brown e, em seguida, na imagem 3.

IMAGEM 2 – laws of Form

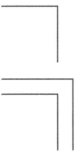

Fonte: G. Spencer Brown. Laws of Form. p. 4-6

1. GIROS NA CIENTIFICIDADE

Observem que há um espaço em branco, entre a palavra Imagem 2 e a primeira diferenciação. Este espaço em branco marca a infinitude de palavras, termos, enunciados, expressões que se pode utilizar para comunicar algo. Ocorre que, para comunicar, temos que proceder a uma seleção, selecionar a temática da comunicação, designar a Forma de sentido. Em Luhmann lemos que

> a Forma é precisamente a distinção em si, na medida em que força a designação (e, portanto, a observação) de um lado ou de outro e justamente por isso a própria unidade (bem diferente do conceito) pode se realizar. A unidade da Forma não é seu sentido espiritual "superior". Pelo contrário, é o terço excluído que não pode ser observado enquanto se observa com a ajuda da Forma mesma. O conceito de Forma também pressupõe que ambos os lados são determinados por referência ao outro; mas aqui não é um pré-requisito para uma "reconciliação" de sua oposição, mas um pré-requisito para a distinguibilidade de uma distinção (LUHMANN, 2007[1997], p. 41-42).

A seleção estabelece o movimento denominado de *cross* (SPEN-CER-BROWN, 1969, p. 6), cruzamento do estado "em branco" para o estado "marcado" de comunicação, com isso se marca o que se comunica. Ao cruzar da infinitude de possibilidades para as possibilidades limitadas de comunicação, não se estabelecem esses limites, por isso, não se grafam os quatro lados do quadrado, mas apenas dois deles, deixando os outros dois sem marcar. Assim, se grafita a ideia de que a comunicação é fechada estruturalmente, mas aberta cognitivamente. Essa situação está demonstrada com a marca de duas linhas registrando a imagem de que só duas partes do quadro estão marcadas. Claro que isso não passa de uma metáfora para auxiliar a compreensão da perspectiva de comunicação empregada em nossas pesquisas – em nada isso tem a ver com considerar que, na prática, uma comunicação é quadrada e não redonda etc. O que estamos afirmando é que comunicação contém dupla referência: a referência à memória semântica e a referência ao atual comunicado. Essa condição é a operação reflexiva (SPENCER-BROWN, 1969, p. 28), a qual conta com generalização, integração e variação; estamos nos referindo, portanto, à recursividade da comunicação.

IMAGEM 3 – a recursividade da comunicação

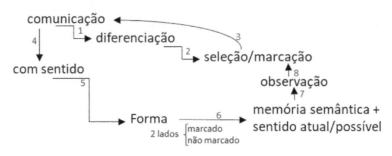

Fonte: o autor

A recursividade aplicada à comunicação implica que para comunicar se promove uma diferenciação, ou seja, se diferencia o que será tomado com sentido (lado marcado) e o que constituirá o lado não marcado do sentido. Isso não implica que, para ter sentido, tem que haver um conteúdo preciso, ou seja, o estabelecimento determinístico de uma definição precisa, como que uma definição que reflete a essência da coisa em si. Isso implica que, para ter possibilidade, probabilidade de sentido, o que se enuncia tem que ser verificável não porque descritor de fatos ou pensamentos, mas porque o enunciado mesmo enuncia algo. Há, acrescentamos, enunciados que não são verdadeiros nem falsos, por exemplo, "Sim, juro" pronunciado por alguém tomando posse num cargo (AUSTIN, 1993[1962], p. 5-6), além de outros enunciados com sentido, há os que se disfarçam enunciar algo. Seja como for, para haver comunicação, há de se realizar a operação de diferenciação, passar (*cross*) do "estado em branco" para o "estado em comunicação", portanto cruzar do lado não marcado para o marcado. Por isso, afirmar que algo não tem sentido só tem sentido se se conhece o que tem sentido, afinal, só temos o que tem sentido porque conseguimos selecionar, diferenciar, operar por observação. No caso do direito, por exemplo, só o direito comunica sobre direito, "ao sistema jurídico pertence só a comunicação coordenada por códigos, só aquela comunicação que afirme a indicação de valores: conforme ao direito/não conforme ao direito" (LUHMANN, 2005[1993], p. 123).

A palavra sistema pode muito bem ser substituída por discurso, por sociedade, por comunicação, a depender do contexto. Tais expressões são equivalentes aqui. Fiquemos com sistema. O sistema contém ambiente interno e mantem referência com o ambiente externo, sem os quais uma comunicação humana seria impossível, pois não haveria qualquer elemento de referência

1. GIROS NA CIENTIFICIDADE

sobre o que se está comunicando, sobre o sentido das palavras. Sentido, porém, não é um dicionário, um conteúdo pronto acabado, um conteúdo definitivo: antes, sentido é justamente o limite infinito que viabiliza a comunicação. A tentativa de reduzir palavras a um sentido único e preciso não teve sucesso, como se pode verificar com a passagem pelo positivismo lógico, na história da ciência.

Haver elementos de referência não tem qualquer relação com ter correspondência a algo, a um objeto metafísico, físico, psíquico etc. Trata-se da autorreferência (referência a si mesmo, ao seu ambiente interno) e da heterorreferência (referência ao seu ambiente externo). Assim, "a marca tem um duplo significado. Ele pode ser visto como um operador, transformando o estado em seu interior em um estado diferente em seu exterior[sic] e pode ser visto como o nome do estado marcado" (KAUFFMAN, 2000, p. 7). Cada sentido, portanto, tem seu significado no próprio sentido (autorreferência) ao mesmo tempo em que se refere ao lado não referenciado da distinção (heterorreferência) (LUHMANN, 2007[1997], p. 31). A cada operação, o sistema opera em referência a si mesmo, ao mesmo tempo em que novas informações são referenciadas, e por isso não cabe falar em circularidade tautológica, mas sim em circularidade reflexiva.

Aplicada essa perspectiva à Decisão Jurídica, temos que qualquer tema ou assunto pode integrar o sistema jurídico, bastando, para isso, que a comunicação esteja pautada pela licitude. Segundo Luhmann, "o sistema se coloca a si mesmo na situação de oscilar entre operações valoradas como positivas ou negativas e na de oscilar entre autorreferência e heterrorreferência" (LUHMANN, 2007[1997], p. 28-29). Neste sentido, na Linguística, "não há texto adâmico" (BAKHTIN, 2003[1979], p. 272), pois as palavras que compõem um texto não nascem devido ao texto. Há temas que têm mais história na história do direito, portanto a memória funcional do direito (destes sistemas de comunicação) contém mais elementos, informações, *Eigen Values* (valores marcados, invariância). Há , no entanto, temas que têm menos histórias e há, ainda, outros temas bem recentes, a exemplo das questões que a inteligência artificial está provocando no direito, as quais já interferem nas operações do direito aportando novidades, portanto promovendo construções de sentido que envolvem processamento de debates pautados por informações internas do direito, da comunicação jurídica. A partir dessas incursões, vemos que o direito mesmo opera o sentido de inteligência artificial, movendo, por suas operações internas, respostas e, ao mesmo tempo, aprendendo e vivenciando alterações, adaptações. Desse modo, o direito mesmo é quem processa

DECISÃO JURÍDICA NA COMUNICATIVAÇÃO

as informações, observando, a partir de seus programas e pautado pela invariância de seu *Eigen Values* (lícito/ilícito), os *Eigen Behavior*, que são os comportamentos possíveis, ainda que infinitamente variados. São as expectativas normativas que equacionam as mudanças sociais que a inteligência artificial promove no direito mesmo. Isso para citar um exemplo.

Vejamos uma aplicação no direito de família. Parte da terminologia está mantida (*herança*), parte passou por modificações (*família*), parte foi excluída (*filho ilegítimo, pátrio poder*) e novos termos foram incluídos (*abandono afetivo*). Há termos cuja memória semântica remonta ao Código Civil Romano. Quando se fala em filiação, gestão familiar, em 2020, não se ignora toda a historicidade, tampouco se deixa de se vivenciarem alterações semânticas. Assim entendemos por que de a vida em sociedade mover tantos questionamentos, comunicar, irritar a hipercomplexidade comunicativa mesma. Historicidade, memória, salientamos, não se confundem com acúmulo de informação. A recursividade alerta justamente para o engano dessa hipótese.

No caso da prática jurídica, vivemos constantes acréscimos de informações. Com a perspectiva de evolução que empregamos nas pesquisas, sentido não tem qualquer relação com linearidade, com acúmulo de informação, com fixação de sentido que vai se sedimentando. Antes, evolução é necessariamente mudança, vivência de irritações, alteração de um estado para outro. Costumamos brincar com a frase: "Seres vivos, como os humanos, evoluem para a morte". Essa frase serve para exemplificar a diferença entre lidar com um tema sobre o prisma da linearidade, de máquina trivial, e tratá-lo a partir da perspectiva de máquina não trivial, portanto, reflexivamente.

Vejamos o tema da gestão familiar, nos seguintes excertos legislativos:

> a) 1916. pátrio poder, no Código Civil 1916, Lei Nº 3.071, de 1º de janeiro de 1916: art. 380. "Durante o casamento, exerce o pátrio poder o marido, como chefe da família (art. 233), e, na falta ou impedimento seu, a mulher)";
>
> b) 1962. Art. 380. Durante o casamento compete o pátrio poder aos pais, exercendo-o o marido com a colaboração da mulher. Na falta ou impedimento de um dos progenitores, passará o outro a exercê-lo com exclusividade. (Redação dada pela Lei nº 4.121, de 27.8.1962)
>
> Parágrafo único. Divergindo os progenitores quanto ao exercício do pátrio poder, prevalecerá a decisão do pai, ressalvado à mãe o direito de recorrer ao juiz para solução da divergência. (Parágrafo acrescentado pela Lei nº 4.121, de 27.8.1962)

c) 1988. Passa a ser Poder Familiar: Constituição Federal:

Art. 226. A família, base da sociedade, tem especial proteção do Estado.

§ 5º Os direitos e deveres referentes à sociedade conjugal são exercidos igualmente pelo homem e pela mulher.

d) 2002. Código Civil. art. 1630

Art. 1.630. Os filhos estão sujeitos ao poder familiar, enquanto menores.

Art. 1.631. Durante o casamento e a união estável, compete o poder familiar aos pais; na falta ou impedimento de um deles, o outro o exercerá com exclusividade.

Parágrafo único. Divergindo os pais quanto ao exercício do poder familiar, é assegurado a qualquer deles recorrer ao juiz para solução do desacordo.

Art. 1.632. A separação judicial, o divórcio e a dissolução da união estável não alteram as relações entre pais e filhos senão quanto ao direito, que aos primeiros cabe, de terem em sua companhia os segundos.

Art. 1.633. O filho, não reconhecido pelo pai, fica sob poder familiar exclusivo da mãe; se a mãe não for conhecida ou capaz de exercê-lo, dar-se-á tutor ao menor.

Art. 1.634. Compete a ambos os pais, qualquer que seja a sua situação conjugal, o pleno exercício do poder familiar, que consiste em, quanto aos filhos: (seguem os nove incisos, que entendi por bem não reproduzir aqui porque esse conteúdo é suficiente para nossos propósitos aqui).

A leitura destes textos legislativos nos serve para esclarecer como empregamos a ideia de recursividade na comunicação jurídica. Mesmo que já não conste mais a expressão "Pátrio Poder" na legislação, comunicações que lidam com a licitude da mãe ou do pai na gestão familiar não ignoram que a diferença entre pátrio poder e poder familiar porta mudanças, mudanças que registram alterações na maneira como se está vivendo na atualidade, mudanças que registram a memória semântica ao mesmo tempo em que produz sentido. Temos, assim, que o social exerce irritações nas comunicações jurídicas, afeta a argumentação jurídica, a prática forense, a doutrina, a ciência do direito. Afirmar que ainda prevalece a preferência para a mulher obter a guarda de um filho ou filha, sob a argumentação que a natureza da mulher detém o "mito da maternidade", devido a sua candura natural, afetividade, amor, requer mais acuidade e atenção na atualidade do que no passado. As pesquisas que fizemos sobre o tema indicam que advogados da área de família e magistrados compreendem que: "hoje, na prática jurídica, está havendo

DECISÃO JURÍDICA NA COMUNICATIVAÇÃO

uma verdadeira revolução, na legislação atual, o marco do Código Civil de 2002, a preferência da mulher não mais é argumento eficaz para o ganho de causa" (Advogado A), "os juízes de família, hoje, têm atuado mais pela guarda compartilhada, não havendo situação de violência, física ou moral. Há plena igualdade no poder familiar: a guarda não é mais um 'direito' prevalente da mulher" (Advogado B). "Prover os filhos, hoje, é um debate a ser desenvolvido caso a caso, o que tem prevalecido é mais o homem" (Magistrado A).

Voltando ao teórico, no caso da comunicação social, atribui-se à recursividade o elemento que torna possível a comunicação (GOTTHARD, 1973, p. 187-210; KRIPPENDORFF, 1989, p. 15; FOERSTER, 2003d, p. 281) justamente por ela lidar com a invariância e, ao mesmo tempo, com a variação, pois recursividade não é uma circularidade tautológica, linear, mas reflexiva. Aproveitamos para esclarecer que tampouco se trata de radical construtivismo, como em Ernst von Glasersfeld (1984, p. 17-40), o que levaria a um "novo" fundamentalismo, por mais que Glasersfeld tenha imaginado que criou a alternativa para superação da metafísica. É que lemos o radical construtivismo como uma espécie de fundamentalismo, semelhante ao niilismo autorrefutável de que "verdade não existe!".

A perspectiva deste giro difere da dos demais justamente por ela não se pautar pela busca de uma essência, de um objeto, um método, uma nova fórmula de fazer ciência, de conhecer a verdade. Antes, este giro admite que as passagens históricas da filosofia, da teoria do conhecimento, da história da ciência não são progressos evolutivos de superações, como se acúmulo de informações propulsoras de melhorias. Não faltam casos de refutações, de erros, de enganos, de violências, para as quais se pensa não ter mais lugar, que voltam a ser vivenciadas pela humanidade, o que uns concebem como retrocesso outros como progresso. É o que herdamos quando "revisões da história" são partilhadas e dão lugar à volta de ódios "legitimados", como se vê em casos de preconceitos éticos, raciais, de gênero, como machismo, racismo e homofobia.

Nesse giro não se cai na condição de argumento autorrefutável justamente por não haver lugar para radicalização de ideias, informações, afirmações, argumentos, enunciados. Os componentes deste giro são duplo vínculo (Gregory Bateson), enquadre (*frame*) (Irving Goffman), incompletude (Kurt Gödel), forma de dois lados, distinção como *"perfect continence"*, norma como *"draw a distinction"*, *market space, re-entry* , condensação, cancelamento, operação de cruzar, cálculo da Forma (George Spencer Brown), autorreferência, causalidade recursiva, autorreferência e heterroreferência, observação de segunda ordem (Heinz von Foerster), seletividade do enlace

1. GIROS NA CIENTIFICIDADE

recursivo, observação como distinção/seleção, comunicação como unidade composta de informação/expressão/compreensão, dupla contingência, produção de redundâncias, acoplamento cognitivo e estrutural (Niklas Luhmann), linguagem com trabalho social (Luiz Antônio Marcuschi).

A circularidade reflexiva consiste em que não se defende uma ideia, mas sim que ideias são lançadas à observação, portanto trata-se de partilhamento. O que se vai entender do que é partilhado é uma questão de expectativas, jamais de certeza. Não há transmissão de informação. Na lógica deste giro, os fundamentos são expostos não como fundamentos últimos, indiscutíveis, convicções, mas como pauta ao debate. Se algo se aplica como indiscutível, esse indiscutível é necessariamente momentâneo, afinal, como comunicação, ser indiscutível é uma seleção, uma diferenciação, e como tal, é uma operação de observação. Uma comunicação, inclusive, só ocorre quando se está em comunicação, ainda que seus elementos deem Forma de sentido, como temos com a formação dos idiomas, dos sistemas de sentido. Assim, explicamos a perspectiva de petição de princípio que aplicamos nas pesquisas, ou seja, petição de princípio contingente, ou seja, sempre é possível não necessariamente ser como foi, sempre é possível ser diferente de como foi. Petição de princípio, portanto, disposta e aberta a alterações.

A diversidade de condições para a calculabilidade da desordem comunicativa (a entropia da comunicação) não elimina sua existência. Antes, permite compreender que jurista não sabe o que é direito, sociólogo não sabe o que é sociedade, politólogo não sabe o que é política, filósofo não sabe que é justiça, deontólogo não sabe o que é ética, porém jurista se comunica sobre direito, sociólogo sobre sociedade, politólogo sobre política, filósofo sobre justiça, deontólogo sobre ética. O que temos é a impossibilidade de precisão, impossibilidade de se estabelecer uma definição definitiva, uma definição essencialista. Há, mesmo assim, uma calculabilidade comunicacional, afinal, no caso da comunicação humana, ela é possível justamente porque somos capazes de adequar, moldar, equacionar, compreender informações. Compreender não implica entender exatamente algo, mas sim equacionar, pois comunicar envolve selecionar, distinguir, envolve elementos estruturais e de variação, sem os quais não seria possível a comunicação, inclusive a humana.

Não saber o que é justiça, por exemplo, não impede nem elimina a possibilidade ou o ato de se conversar sobre justiça. O que perde lugar, nessa perspectiva, é a exigência de se estabelecer uma definição determinística de justiça, uma definição que descreva, que represente a essência do que

DECISÃO JURÍDICA NA COMUNICATIVAÇÃO

é justiça. Exigência própria da metafísica e imprópria da comunicação reflexiva, como é a comunicação social.

O ponto é que nós nos comunicamos sobre o que quer que seja, sem que conceitos e definições sejam precisos. Antes, como se pode identificar em qualquer texto, o autor emprega a mesma palavra, num mesmo texto, numa mesma conversa com conteúdos distintos e, não por isso, deixa de comunicar, de ser compreendido. Com isso, apenas alertamos sobre a compreensão de que as palavras comportam uma estrutura (como a sequência das letras que a compõe) e uma desordem. Comunicar não se reduz a concordar com. Há comunicação mesmo quando ao fim da conversa há discordância de opinião. O dissenso, a divergência de opinião não justificam negar que comunicar é possível.

Seguindo com a hipótese da entropia comunicacional, aplicando-a à comunicação humana, assim como na entropia termodinâmica, entendemos que é possível medir energia, pressão e volume numa comunicação humana, ou seja, que, na comunicação, se calculam gastos energéticos – isso acontece quando, por exemplo, se recorre a elementos redutores da dispersão, da diversidade, da opacidade da linguagem.

Do mesmo modo que o grau de liberdade escondida, que a variável escondida não é possível ser calculada num sistema termodinâmico, temos que uma comunicação também se dá com imprecisão. Isso, porém, não elimina a calculabilidade de a comunicação comunicar. Insistimos, não se trata de transmissão de sentido. Se assim não fosse, que sentido teria desenvolver textos e falas? Pode-se recorrer à ascese erótica, à vontade de compreender, à intencionalidade, sem uma disposição mínima para entender e dialogar, comunicar se mostra provavelmente sem possibilidade de ocorrer. Mesmo em debates fundamentalistas, notadamente os de ordem religiosa, política e gostos pessoais há comunicação. Há comunicação porque o dissenso, a divergência não é fator eliminador nem impeditivo da comunicação, mas sim registros de dissenso e divergência. Inclusive, dissenso e divergência só são possíveis justamente porque se tem o que marca o sentido. Quando se trata de ciência, não de questão de gosto, isso se mostra mais evidente.

Com isso, não se deve abandonar um debate, um tema por não haver possibilidade de acordo sobre ele. Inclusive porque a memória semântica se constrói e registra não só o momento em que dura uma comunicação, mas sim a Forma de sentido, o sistema social mesmo. Apostamos, com isso, que a falta de acordo comunicativo é uma justificativa para que sejam desenvolvidos mais e mais debates sobre o tema. Estou me referindo especificamente a comunicações dedicadas a tematizar raça, cor, gênero bem como embates políticos,

1. GIROS NA CIENTIFICIDADE

religiosos etc. Apelar para a frase "justiça, cada um tem a sua" para optar por não se comunicar sobre justiça é o que inviabiliza a construção de percepções sobre justiça. Entendo, para quem deseja impor sua concepção de justiça, que não faz sentido tudo isso, e justamente por isso trataremos das posturas lógicas. Não há, portanto, a opção *abandonar o tema*. Não é possível invibilizar um tema, um problema social, não há como inviabilizar que nos comuniquemos sobre qualquer tema, fosse assim, as crueldades e violências vividas na história estariam se perpetuando e, não, movendo movimentos sociais de oposição a elas. Inclusive, pesquisas sobre decisão jurídica e movimentos sociais cada vez ganha mais atenção (NEVES, 2009, p. 279-285; STAMFORD DA SILVA, 2010b, p. 121-150; CAMPILONGO, 2012; STAMFORD DA SILVA, 2014b, p. 66-85; CATHARINA, 2015; COLOMBAROLI, 2017, p. 26-50; DUTRA; ARENARI, 2017, p. 29-36; FANTI, 2017, p. 241-274; MOREIRA, 2017, p. 830-868; LIMA; FINCO, 2019,p. 27-41; BONFIGLI; SCHWARTZ, 2020, p. 3-33; SCHWARTZ, 2020). Numa frase, conversar sobre justiça não tem qualquer relação com ter que estabelecer um acordo sobre uma concepção determinística de justiça, inclusive, não faltam casos e exemplos que, mesmo sem acordo, as pessoas conversam e guiam comportamentos justamente ao considerar as divergências de opinião sobre algo.

Cabe, inclusive, considerar que a comunicação tem, no mínimo, dois interagentes, sejam dois seres humanos ou não. Por isso, conta necessariamente com variáveis e complexidades distintas. Há que se dizer também que uma comunicação pode ser observada como interação, organização ou sistema. Uma comunicação conta com condições ambientais (biológicas, físicas, neurais, corpóreas), psíquicas (ascese erótica, que é a disposição para entender, compreender, intencionalidade, preconceitos, memória individual), comunicativas organizacionais (linguagem, contexto, ambiente social, diretrizes institucionais, normativas oficiais e não oficiais) e com condições sistêmicas (elementos jurídicos, econômicos, políticos, religiosos, científicos, educacionais).

Aplicando isso à Decisão Jurídica, tomando direito como sistema de comunicação, seu limite está em essa comunicação lidar com a licitude, portanto ser pautada pelo código lícito/ilícito[28] (LUHMANN, 2005[1993], p. 80),

---

[28] No livro "El derecho de la sociedad", os tradutores escreveram uma nota que ocupa duas páginas (a 80 e a 81) tratando da tradução de Recht/Unrecht para outros idiomas. Sugestões vão de conforme//não conforme ao direito, até legal/ilegal, derecho/no derecho, lawfull/unlawfull. Para nós, é importante que fique claro tratar-se do código, da unidade do sistema do direito, portanto da especificidade comunicativa do direito, ou simplesmente, da diferenciação funcional do direito enquanto sistema, diferenciando-o dos demais sistemas da sociedade bem como dos sistemas mecânico, biológico e do psíquico.

DECISÃO JURÍDICA NA COMUNICATIVAÇÃO

o que implica que, ao mesmo tempo em que não é possível determinar qual será a decisão de um caso – é possível estabelecer possibilidades, probabilidades, expectativas quanto às possíveis decisões favoráveis ou desfavoráveis –, não se pode descartar o arquivamento do processo por morte de uma das partes, por impossibilidade jurídica do pedido, por perda de prazo, realização de acordo extrajudicial etc. Por mais que não se possa antever o conteúdo da decisão, é possível, sim, promover uma calculabilidade da decisão. Assim como os juristas *experts* numa determinada área têm experiência prática que lhes permite tais previsões, embora não certas e garantidas, mas expectativas. Sabe-se que, nos casos em que a legislação, doutrina e jurisprudência dispõem de elementos às argumentações favoráveis à causa de pedir, há maior probabilidade de se lograr êxito.

Por mais que as fontes formais, estatais do direito não possam garantir "ganho" de causa, na prática forense se fala em bom direito para se referir a uma expectativa de ganho, ou, ao contrário, de mal direito ou de causa com pouca expectativa de sucesso. Por mais que o leitor não tenha a menor ideia do que é ser bom, em direito, arrisco que ele entende que "direito bom" não se confunde com o que quer que seja "*fumus boni iuris*", tampouco com justiça, no sentido de o direito (ordenamento jurídico, estatal) servir para o bem da humanidade, para evitar ocorrências de conflitos sociais por exercer a função de expectativas normativas.

Esse debate nos lembra que Rudolf von Jhering (1818-1892), na segunda fase de seu pensamento, tratava da questão de o direito ter por finalidade a paz social (JHERING, 2002a[1877-1883]; JHERING, 2002b[1877-1883]). Para Jhering não há direito dado, mas direito construído, direito obtido, luta pelo direito, afinal

> a idéia do direito encerra uma antítese que se origina nesta idéia, da qual jamais se pode, absolutamente, separar: a luta e a paz; a paz é o termo do direito, a luta é o meio de obtê-lo.
>
> Poder-se-á objetar que a luta e a discórdia são precisamente o que o direito se propõe evitar, porquanto semelhante estado de coisas implica uma perturbação, uma negação da ordem legal, e não uma condição necessária da sua existência.
>
> A objeção seria procedente se se tratasse da luta da injustiça contra o direito; ao contrário, trata-se aqui da luta do direito contra a injustiça. Se, neste caso, o direito não lutasse, isto é, se não resistisse vigorosamente contra ela, renegar-se-ia a si mesmo.

1. GIROS NA CIENTIFICIDADE

Esta luta perdurará tanto como o mundo, porque o direito terá de precaver-se sempre contra os ataques da injustiça.

A luta não é, pois, um elemento estranho ao direito, mas sim uma parte integrante de sua natureza e uma condição de sua idéia.

Todo direito no mundo foi adquirido pela luta; esses princípios de direito que estão hoje em vigor foi indispensável impô-los pela luta àqueles que não os aceitavam; assim, todo o direito, tanto o de um povo, como o de um indivíduo, pressupõe que estão o indivíduo e o povo dispostos a defendê-lo.

O direito não é uma idéia lógica, porém idéia de força; é a razão porque a justiça, que sustenta em uma das mãos a balança em que pesa o direito, empunha na outra a espada que serve para fazê-lo valer (JHERING, 1999[1872], p. 1).

Este giro traz a ideia de duplo fechamento. A falta de resposta dessa ideia à metafísica é apontada como um problema do pensar com a lógica de hierarquia – como ocorre na causalidade que lida com a relação causa/efeito, priorizando a busca pela causa como via para detectar soluções. Ocorre que a hierarquia é substituída pela heterarquia, concepção de observação como operação altamente seletiva do acoplamento estrutural e da reprodução da trama recursiva autopoiética – como ocorre quando a redundância produz informação ao especificar a sensibilidade do sistema (LUHMANN, 2005[1993], p. 417). Desse ponto de vista, a unidade do distinguido não pode ser observada, ela antecede a própria produção de sentido (LUHMANN, 2007[1997], p. 36), que resulta da recursividade e reentrada (*re-entry*) do sistema no sistema mesmo. Tudo isso faz com que o sistema se torne incalculável e, portanto, "alcance um estado de indeterminação não atribuível ao imprevisto dos efeitos externos (variável independente), mas ao sistema mesmo" (LUHMANN, 2007[1997], p. 28).

Concluindo: observamos que as passagens dos giros na ciência foram grafando a memória semântica da cientificidade. As ideias do giro positivista não são eliminadas pelo giro cético epistêmico, nem as ideias destes dois foram eliminadas pelo giro epistemológico. Observando como evolução, percebe-se que não há acúmulo de informações nem um processo de eliminação de etapas, mas sim construção de sentido de ciência.

Também devido aos giros, concebemos que todo questionamento pode ser abordado por três perspectivas de abordagem e comporta, no mínimo, quatro respostas. As três perspectivas são: fundamentalista, eclética e reflexiva. As quatro respostas são: sim; não; em parte sim em parte não; sim e não.

DECISÃO JURÍDICA NA COMUNICATIVAÇÃO

A primeira das três perspectivas é quando se parte de um fundamento, de uma perspectiva indiscutível para o observador. Raramente ele declara seu fundamentalismo, porém o texto é carregado de frases de efeito e afirmações contundentes que permitem observar o fundamentalismo presente na textualidade. Essa perspectiva é presente quando a resposta é sim ou a resposta é não. Predomina aqui a lógica causal e, talvez por isso, essa perspectiva é confundida com ontologia dogmática ou cética niilista.

A segunda perspectiva tem lugar quando o observador se dedica a unir elementos das respostas positivas (sim) e das negativas (não) ao problema de pesquisa. Predomina a construção de uma terceira via como alternativa, normalmente baseada em elementos que têm parte na resposta sim e partes na resposta não das perspectivas do embate. O risco do ecletismo é suportar as críticas, ou seja, lidar com dois "inimigos" igualmente fundamentalistas. Essa situação leva à tendência de esta via não ser muito divulgada e presente nos debates, como na ideia de probabilidade e de ceticismo moderado. Outro risco é se esse giro se transformar num novo fundamentalismo, numa nova "onda" teórica.

A terceira perspectiva, a reflexiva, não se ocupa em produzir uma terceira via mesclando elementos das respostas sim e não, tampouco se trata de elaborar um novo fundamentalismo. À semelhança do não representacionismo de Rorty, a reflexividade não se ocupa em produzir uma terceira via e não se arvora a se pôr como um novo fundamentalismo. Antes, põe-se como comunicação para empregar elementos de uma e da outra perspectiva fundamentalista bem como da alternativa eclética. Assim o faz sem se ocupar em negar seus lugares nos debates, o que, inclusive, lhe permite admitir que, a depender do tema da pesquisa, o método, a(s) técnica(s) e marco teórico para análise de dados podem ser moldados às condições da pesquisa científica. Assim, não caímos na falácia naturalista, como Putnam atribui ser o caso quando "determinada crença pode satisfazer certas condições, mas ainda assim, não ser verdadeira" (RORTY, 2005, p. 6).

Uma comunicação circular reflexiva não se dedica a denegrir os outros, não cria inimigos autoeleitos, pois, na postura reflexiva, ainda que cause estranheza por quem não tem nem um pouco de aproximação e familiaridade com a abordagem, a resposta sim-e-não não é niilista, nem defensora da inexistência da verdade, apenas não localiza a verdade precipuamente, antes que se inicie um debate. Admite, contudo, haver expectativas cognitivas e normativas, as quais viabilizam conversas, comunicações sobre qualquer temática, inclusive verdade, justiça, ética, moral, direito, política etc. Isso

1. GIROS NA CIENTIFICIDADE

é possível porque comunicação, inclusive as humanas, contam com a calculabilidade comunicativa. A incompletude da comunicação é revestida da lógica do *ao mesmo tempo*, ou seja, de memória e acréscimo de informação, de atual e possível, de ensino e aprendizagem.

Nossas pesquisas sobre Decisão Jurídica foram pautadas pela postura lógica do *ao mesmo tempo*, da qual retiramos, por critério de demarcação, a criação de inimigos autoelegidos e podemos lidar com a dogmática e a sociologia sem dicotomizá-las, sem cairmos na "obrigação" de escolher uma dentre esses clichês: ser dogmático ou ser sociólogo. Isso nos lembra e nos afasta do elitismo platônico: "uma vez que o filósofo é o indivíduo capaz de apreender o ser eternamente imutável, e os demais não, por se perderem os não filósofos na esfera do múltiplo e variável, a qual deles compete dirigir a cidade?" (PLATÃO República, VI 484 b).

Concluímos, por ora, que há pesquisas científicas do direito e pesquisas forenses, independentemente de o viés ser dogmático ou sociológico. Mais, não só de cientista vive o sentido de direito da sociedade. Nesta ótica, não faz o menor sentido estigmatizar a dogmática com a caricatura de reprodutora de ideais, com a função de sistematizar saberes, pois isso é desconhecer "o estado atual da pesquisa e da prática dogmática brasileira" (RODRIGO RODRIGUEZ, 2012, p. 23).

Os giros da cientificidade nos permitiram conhecer perspectivas para lidar com pesquisa sobre Decisão Jurídica; com eles observamos as mudanças na perspectiva metodológica, nas vivências durante nossas pesquisas. Não localizamos, porém, critérios à demarcação do conhecimento científico, assim como não os localizamos nas teorias da crença, afinal, a crença básica (dogma de fé, fundacionismo), a coerência (justificacionismo) ou a questão de gosto (solipsismo), nos levou a classificar por fundacionistas aqueles que lidam com verdade por correspondência, como é a verdade fenomênica, a verdade por convenção, a verdade por verificação, a verdade por justificação e a verdade por referência, enquanto o coerentismo é presente na verdade por consistência, na verdade por regras semânticas, na verdade por uso (pragmática) e na verdade porque o resultado da crença dá certo.

Com o giro comunicacional, nos afastamos dessas alternativas não porque ele lança uma nova teoria ou propõe a união entre teorias da crença, mas porque com a lógica do *ao mesmo tempo* não cabe lidar com hierarquia, mas sim com heterarquia. Afinal, nesse giro, por exemplo, uma pesquisa pode ter elementos fundacionais, crenças básicas ao mesmo tempo que dúvidas. O embate fundacionismo/ceticismo, assim, perde sentido, pois não cabe falar em

DECISÃO JURÍDICA NA COMUNICATIVAÇÃO

disputa, hierarquia, entre concepções de verdade necessária, verdade última, verdade *a priori*, verdade *a posteriori*, mas sim em heterarquia entre estas verdades, afinal, não há pesquisa científica sem fundacionismo, mínimo que seja, e ao mesmo tempo sem observação, empiria. Pesquisar, afinal, necessariamente contém perguntas, problematizações, questões em aberto e sem respostas, e se assim não for, não há pesquisa científica, mas sim ensino da ciência ou até um parecer, uma opinião embasada sobre algo.

Assim, não cabe falar em justificação última dos fundamentos aplicados, tampouco em impossibilidade de pesquisa científica porque o futuro é imprevisível. Ser imprevisível não é ser incalculável, mas sim que o futuro não é uma consequência causal do passado. Com isso, temos que as observações em experimentos não levam a teorias infalíveis, como já escrevia Popper (1971, p. 14-15).

Os giros na cientificidade não nos levaram a demarcar a cientificidade, o que nos levou às teorias da crença.

2. TEORIAS DA CRENÇA

Vistos os giros na cientificidade, passemos ao tema da validação epistêmica, da crença epistêmica justificada, ou ainda, dos elementos que validam uma comunicação como científica.

Teorias da crença epistemológica são intentos, na Modernidade, de diferenciar o conhecimento científico do metafísico, como vivenciamos notadamente após Francis Bacon, com seu *Novo Organum*, publicado em 1620, seguido de René Descartes, em especial seu livro *Discurso do método*, publicado em 1637; John Locke, com o livro *Ensaio acerca do entendimento humano*, publicado em 1690; Gottfried Wilhelm Leibniz, com os livros *Discursos de Metafísica*, publicado em 1686 e *Novos ensaios sobre o conhecimento humano*, publicado em 1705 (sobre o tema, ver: RUSSELL, 1957, p. 541-545; 557-568; 581-596; 604-647; DOMINGUES, 1991, p. 157-162; ABBAGNANO, 1993b, p. 37-42; 73-80; 86-93, 132-148). A dicotomia central deste debate é objeto/sujeito.

Aplicadas à Decisão Jurídica, as teorias da crença não lidam com a questão de se uma decisão é um objeto metafísico (natureza jurídica), físico (texto), psíquico (intencionalidade) ou social (construção social); tampouco lidam com a dicotomia subjetivista/objetivista, quando se fala em vontade do legislador, vontade do julgador ou vontade do texto (KELSEN, 1992[1960], p. 249-251; HART, 1994[1961], p. 155-168; ATIENZA, 2005, p. 6-7; SCHWARTZ, SANTOS NETO, 2008, p. 196; 206; BUSTAMANTE, 2010, p. 176-177; ATIENZA, 2012; TEIXEIRA MENDES, 2012, p. 458-460; GARCIA AMADO, 2013, p. 19-21). Essas teorias pautaram nossas pesquisas quanto à questão da validação de nossas observações sobre os dados de pesquisa. Com isso, apenas alerto para o fato de que nossas contribuições são meramente metodológicas.

Como já informado, nossas pesquisas estão pautadas pelo giro comunicacionista, o qual nos afasta da dicotomia objeto/sujeito e nos aproxima da tríade objeto, comunicação e observação. Trataremos da crença epistêmica

DECISÃO JURÍDICA NA COMUNICATIVAÇÃO

justificada desobrigados de buscas pela origem de qualquer decisão jurídica, afinal, essa busca é desnecessária porque estas decisões não se devem a uma resultante de textualidade legislativa nem de jurisprudências, tampouco se deve à vontade do decididor.

Com a tríade objeto, comunicação e observação, exploramos a questão *Por que crer que p?* Questão que nos levou aos gregos e, com eles, à dicotomia mudança-movimento/imutável-constante, fruto do embate entre o "fluxo perpétuo" de Heráclito (RUSSELL, 1957, p. 60; ABBAGNANO, 1993a, p. 20-23) e o ser imutável, eterno, imóvel e infinito do "argumento metafísico" de Parmênides (RUSSELL, 1957, p. 61; ABBAGNANO, 1993a, p. 35-39). Essa dicotomia nutre debates epistemológicos com mais dicotomias, como: indução/dedução, experiência/razão, prática/teoria, *a posteriori/a priori*. Com tais dicotomias, tematizamos a validação da crença epistêmica em relação à metodologia da pesquisa, ou seja: aos caminhos de pesquisa (métodos); às técnicas de levantamento de dados (bibliográfica, documental, observação, questionário, entrevista, estudo de caso etc.) e à análise de dados quantitativa (estatística), qualitativa (análise de texto, análise de argumentação, análise retórica, análise de discurso) ou quali-quantitativa.

Não se trata, fique claro, de gnosiologia. Não tomamos a questão como uma questão de cognição, de conhecimento, nem de lógica como estudo da verdade, da argumentação verdadeira, nem de lógica como técnica de conhecimento formalmente verdadeiro, nem de lógica como "estudo dos métodos e princípios usados para distinguir o raciocínio correto do incorreto" (COPI, 1974, p. 19), nem de lógica como o tratamento dos princípios da inferência válida (KNEALE; KNEALE, 1991, p. 3), mas sim de lógica de pesquisa (POPPER, 1971; HABERMAS, 1996[1982]).

Como lógica epistêmica, lidamos com o pensar cientificamente, no qual a crença epistêmica justificada envolve a questão da prova científica, quando a perspectiva de verdade como demonstração argumentativa científica é tida como verificação de como foi possível determinada proposição ser científica. Trata-se, contudo, de observar se realmente "o conhecimento científico só é válido se e somente se a premissa primeira for verdadeira" (KNEALE; KNEALE, 1991, p. 3). Lógica, então, está tratada, aqui, como "nada mais do que a própria teoria da investigação" (KAPLAN, 1972, p. 9).

Com a crença epistêmica, tematizamos a distinção entre o conhecimento científico e o não científico, ou seja, entre crença epistêmica e dogma de fé.

Ainda que estas não sejam reflexões de história da ciência, não serão explorados autores e teorias dessa história; registraremos as marcas, em nossas pesquisas, da crença epistêmica justificada e da neutralidade científica, para o que iniciamos com Heráclito e Parmênides.

Com Heráclito de Éfeso – para quem "'tudo se move', 'tudo escorre' (*panta rhei*), nada permanece imóvel e fixo, tudo muda e se transmuta, sem exceção" (REALE; ANTISERI, 1990, p. 35) – temos a contingência, o conhecimento do mutável, do saber temporário, fluido. Com Parmênides de Eleia – cuja base pitagórica conduz à concepção de que o ser é imutável e imóvel, afinal "o ser é e não pode não ser; o não ser não é e não pode ser de modo algum" (REALE; ANTISERI, 1990, p. 35) – temos a ideia de ciência como saber do permanente, daquilo que se repete, e não do contingente, mas da essência. Parmênides indicava que, para se conhecer o ser, há três caminhos: "1) o da verdade absoluta; 2) o das opiniões falazes (a *doxa* falaz), ou seja, o caminho da falsidade e do erro; 3) ou por fim, um caminho que se poderia chamar como o da opinião plausível (a *doxa* plausível)" (REALE; ANTISERI, 1990, p. 50).

O conhecimento científico, na Modernidade, para superar a metafísica ôntica-teológica, é colocado como observação do permanente, do constante, daquilo que se pode observar porque se repete, o que é tomado como padrão de realidade. Nessa perspectiva, a aceitação de algo depende não do que se afirma, como se comunicação dependesse de todos os envolvidos terem a mesma definição de todos os conceitos enunciados, antes, o pressuposto é que nem o emissor domina cada termo que ele mesmo usa. Exigências como "por que esses dados e não outros?" viabilizaram se depositar na observação a validação da crença epistêmica justificada. Pautados por essa crença, epistemólogos embasaram as pretensões de superação da metafísica no ceticismo, tomando por ceticismo a provocação de dúvidas.

No caso da Modernidade, desenvolveram-se dúvidas sobre as verdades da Idade Média e, assim, se viabilizou a perspectiva de Ciência da Modernidade, uma ciência que se pretende independente de política e de religião porque descritora da realidade, como o caso exemplar da gravidade, das leis de Newton: a Lei da inércia; a Lei do princípio fundamental da dinâmica; e a Lei da ação e reação.

Ocorre que a divergência, na escola itálica, entre Heráclito e Parmênides já constava com essa questão, o que nos leva a manter nossa afirmação de que o positivismo científico teve sua indiscutível contribuição ao afastamento da metafísica de base religiosa e política da sociedade, porém não logrou êxito nesse intento – antes, o positivismo se fez de si a nova metafísica, a metafísica moderna.

DECISÃO JURÍDICA NA COMUNICATIVAÇÃO

A ideia de demarcação da ciência ganhou notoriedade, como vimos nos giros na cientificidade. Repetiremos ideias centrais para fins de esclarecer a relação da demarcação com a de verdade científica, de validade do saber científico.

Com René Descartes, "ao fazer das matemáticas a gramática do mundo, a língua falada pelas coisas e pelos homens, as estende a todos os campos do conhecimento – da física à astronomia, da fisiologia à metafísica" (DOMINGUES, 1991, p. 35), o que nos lembra Hume: "Descartes prega a dúvida universal não apenas sobre nossos anteriores princípios e opiniões, mas também sobre nossas próprias faculdades, de cuja veracidade, dizem, devemos nos assegurar por meio de uma cadeia argumentativa deduzida de algum princípio original" (HUME, 2004[1748], p.204). Após Descartes, com os livros *Discurso sobre o método*, publicado em 1637, e *Meditações sobre filosofia primeira*, publicado em 1641, é David Hume, com as *Investigações sobre o entendimento humano*, publicado em 1748, quem provoca o embate. Hume questiona se cremos na gravidade porque ela é uma descrição precisa de um fenômeno da natureza ou porque é uma explicação coerente ou porque fomos acostumados a denominar algo como gravidade. Assim, Hume chama nossa atenção para quanto a crença epistêmica não é uma questão de causalidade, nem de demonstração empírica por observação (indução), mas, sim, uma questão de hábito. A crença na teoria científica, então, advém da coerência das afirmações científicas, das teorias, e não da observação em experimentos empíricos (HUME, 2004[1748], p. 33-37). O ceticismo de Hume abala a aposta no indutivismo, e não deposita no dedutivismo a explicação científica. Seu ceticismo, porém, não nega haver verdade científica, porém questiona o que a viabiliza.

Ao lidar com os debates dedicados à questão *Por que crer que p?*, localizamos as dicotomias: verdade/justificação; certeza/crença; representacionista/ /antirrepresentacionista; fundamentalista/antifundamentalista. E, das respostas pautadas por essas dicotomias, catalogamos as seguintes teorias da crença epistêmica:

1. por correspondência – fundacionismo, crenças básicas (Immanuel Kant, Augusto Comte, René Descartes, Laurence BonJour);
2. por convenção – hábito (David Hume);
3. por enunciação observável – empirismo fenomênico (Edmund Husserl);
4. por verificação – descricionismo, positivismo lógico [Wittgenstein (*Tratactus*)], Bertrand Russell, Rudolf Carnap);

5. por justificação – via conversação holística, justificação social da crença (Willard Van Orman Quine; Wilfrid Sellars);
6. por consistência – coerentismo, razões convincentes, conjecturas probabilísticas (Karl Popper, Keith Lehrer);
7. por regra – atender às regras semânticas do significado – confiabilidade, referência, jogo de linguagem (Wittgenstein – Investigações), atos de fala (J. L. Austin);
8. por referência – coerentismo holístico (Saul Kripke);
9. por conversação – construtivismo radical (Ernst von Glasersfeld); ética do discurso (Habermas e Apel);
10. por compreensão – antirrealismo (Michael Dummett);
11. por uso – behaviorismo epistêmico, pragmática, contextualidade (Charles Sanders Pierce, Willian James, Donald Davidson, Hilary Putnam; Richard Rorty).

Cada uma dessas perspectivas de crença registra uma tentativa de afastar a cientificidade moderna do fundacionismo, do realismo "inocente", do representacionismo metafísico que marca a cientificidade da Idade Média. Trata-se de propostas céticas, umas mais e outras menos radicais quanto à verdade, ao conhecimento científico.

O embate se move entre metafísicos e céticos. A primeira perspectiva tem por verdade a certeza apoiada em um ponto de partida; para um metafísico, conhecer o grau zero, o primeiro princípio é conhecer a verdade. Essa perspectiva aporta a verdade como externa ao ser humano, sendo este um observador dedicado a descrever a realidade. A verdade é representação da realidade. É aí que o cético ganha força por se nutrir da dúvida quanto à origem do conhecimento, ao negar justamente a possibilidade de se conhecer com certeza o que nos é exterior (objeto físico) e interior (objeto mental). Aos céticos radicais empregaremos o termo niilista, deixando o termo cético para os moderados, aqueles que duvidam da possibilidade do conhecimento, mas admitem haver crença justificada.

Aplicada essa perspectiva à comunicação, esta existe, para um metafísico, quando o que se afirma reflete a realidade, pois linguagem é representação do real, de algo físico ou ideal (imaginário). O niilista toma a comunicação como impossível. O cético admite a possibilidade da comunicação, ainda que precipuamente improvável.

Aproveito para esclarecer que recorremos ao termo metafísico e não ao dogmático porque, em direito, dogmática é uma das espécies de ciência.

DECISÃO JURÍDICA NA COMUNICATIVAÇÃO

Assim, ficamos com a dicotomia metafísicos/céticos, deixando os termos dogmática e doutrina para o mundo jurídico.

Iniciando nosso catálogo das teorias da crença, ainda que centrado na Modernidade, voltamos à dicotomia objeto/sujeito dos gregos, inicialmente com Platão, para quem conhecer o ser (o objeto) é conhecer sua essência, sua grandeza, sua completude, sua identidade una. Assim é que o não-ser não existe e, se existisse, seria um ser (PLATÃO, Parmênides, 161a). Nessa lógica, um saber é necessariamente verdadeiro, pois uma opinião falsa não é conhecimento, já que admitir algo contrário é admitir a possibilidade de se conhecer o não-ser. Ter opinião falsa, porém, é diferente de pensar no que não existe (PLATÃO, Teeteto, 189b), afinal, saber que um conhecimento é falso só é possível quando se sabe qual conhecimento é o verdadeiro e, este último, é alcançado se e somente se, se conhece o objeto mesmo, não sua imagem, mas sua essência.

Um conhecimento é verdadeiro na medida em que representa a essência de algo, seja um objeto físico (descreve a natureza), metafísico (seres sobrenaturais), ideal (imaginário), da sensação (apreendidos pelos sentidos) ou do pensamento (razão). É o que tomaremos por representacionismo objetivista e subjetivista. Esse debate se encontra no Crátilo, com Platão. Em todo caso, representacionismo objetivista enquadra a crença epistêmica como verdadeira na medida em que representa o objeto em si, descreve-o fidedignamente. Já os representacionistas subjetivistas enquadram a crença epistêmica como verdadeira quando o observador descreve uma crença observada. O que um observador afirma é o que ele observa e, para validar sua verdade, ele revela aos demais como ele observou determinado objeto, seja físico ou ideal.

Aplicando essas ideias ao conhecimento científico, o que se cobra é que um observador desenvolva suas afirmações demonstrando justificativas. Estamos nos referindo à distinção verdade e justificação. Essa distinção afasta a dicotomia objeto/sujeito e nos leva à tríade objeto/observador/observação. Para melhor representar nossas reflexões, optamos pela tríade observado/ /comunicação/observação. A validade do que se afirma depende da exposição dos recursos utilizados, não sendo, portanto, uma questão do objeto nem do observador, mas da própria observação. Neste caso, a validação é metodológica. A teoria científica, aqui, contém um nível de observações (indução) e um nível de abstrações (dedução), afinal, não há teoria sem prática.

Consideramos a insistência em separar indução de dedução um engano, pois indução/dedução não é aporia, tampouco um paradoxo lógico, mas

2. TEORIAS DA CRENÇA

um paradoxo como Forma de dois lados, dado que a prática científica envolve e requer observação (empiria) ao mesmo tempo em que perspectiva teórica (marco teórico, teoria). A dicotomia indução/dedução teve sua importância histórica – e ainda hoje tem –, porém não a vemos como embate que sirva para demarcar o conhecimento científico, afinal há heterarquia entre eles; entende-se, então, que a pesquisa empírica (aplicada) necessariamente coexiste com a pesquisa teórica e com o mesmo grau de importância e necessidade.

Platão e Aristóteles são as referências pilares dessas reflexões por centralizarem os debates gnosiológicos e epistemológicos na Idade Média e se configurarem como os autores que deram as bases do representacionismo na Modernidade. Ainda que, como já dissemos, Platão, no Crátilo, lide com linguagem, mantêmo-lo, tal qual fazemos com Aristóteles, como metafísico pelo fato de ambos terem por conhecimento verdadeiro aquele que reflete a representação de algo, seja ideal (teórico, abstrato), como em Platão, seja real (empírico, experiencia), como em Aristóteles, ainda que eles tenham muitas diferenças e divergências filosóficas. Inclusive, porque em ambos a distinção *episteme/dóxai* é uma questão do ser, o ser inteligível (*ousía*).

No Teeteto, diálogo no qual Platão desenvolve a relação entre sensação, opinião, opinião falsa e conhecimento verdadeiro, lemos, na "voz" de Sócrates:

> acerca do que nunca se soube nem nunca se percebeu, não é possível, me parece, nem se enganar nem formar opinião falsa, se for realmente saudável nossa proposição. Mas justamente nas coisas que sabemos e que percebemos é que a opinião vira e se muda, ficando, a revezes, falsa e verdadeira: quando ela ajusta direta e exatamente a cada objeto o cunho e sua imagem, é verdadeira; será falsa, quando os liga de través e obliquamente (PLATÃO, Teeteto, 194b).

Na voz de Teeteto:

> conhecimento é opinião verdadeira e acompanhada da explicação racional, e que sem esta deixa de ser conhecimento. As coisas que não encontram explicações não podem ser conhecidas – era como ele se expressava – sendo, ao revés disso, objeto do conhecimento todas as que podem ser explicadas (PLATÃO, Teeteto, 201d).

retoma Sócrates:

> Ora, seria o cúmulo da simplicidade, estando nós à procura do conhecimento, vir alguém dizer-nos que é a opinião certa aliada ao conhecimento, seja da diferença ou do que for. Desse modo, Teeteto, conhecimento não pode ser nem sensação, nem opinião verdadeira, nem a explicação racional acrescentada a essa opinião verdadeira (PLATÃO, Teeteto, 210b).

Estas passagens foram transcritas, como as demais para expor nossos dados de pesquisa, portanto, visando dar ao leitor elementos para desenvolverem sua própria compreensão a respeito do que transcrevemos e, inclusive, divergirem de nossas conclusões. Nossa leitura dessas passagens é que o conhecimento é tomado como algo necessariamente verdadeiro, "se e somente se" representar o ser inteligível. A consequência disso é que não há que se falar em conhecimento falso, pois ser falso requer se saber o verdadeiro; ora, se se tem o verdadeiro, não se optaria pelo conhecimento falso, salvo quem objetiva enganar o outro. Ocorre que depositar crença na ideia de verdade última, de filosofia primeira, não é suficiente para lidar com a identificação de que uma afirmação é falsa.

Cientificamente, o conhecimento resultante de dados falsos não é conhecimento científico, são imposturas científicas (SOKAL; BRICMONT, 2010), como são os casos de pesquisadores que inventam dados para vender conclusões falsas a laboratórios farmacêuticos (ANGELL, 2007). A ocorrência de afirmações científicas que se tornam obsoletas, ou mesmo enganos comprovados com o passar do tempo, não são imposturas científicas. Erros de observação fazem parte do fazer ciência. Está no cálculo da crença científica, a temporalidade, a necessária divulgação, discussão, exposição dos dados, do método aplicado, para que se adquira o crivo de verdade científica, por mais que sabidamente temporária e limitada. Ciência, na Modernidade, é conhecimento entendido como limitado ao tempo, ao observador; é transitório, e não certeza definitiva. Enquanto é aceito, porém, o saber científico guia decisões econômicas, ecológicas, de políticas públicas etc.

A verdade gnosiológica não se confunde com a verdade científica. Por que não? Como evitar a crença numa falsidade científica? Como evitar que o conhecimento científico se desenvolva sob o lastro de uma falsidade? Para lidar com estas questões, abordamos os métodos da dúvida, os ceticismos da modernidade, questionando se e quanto a cientificidade logrou de êxito ou se não se fez mais que trocar uma metafísica por outra.

2. TEORIAS DA CRENÇA

Sigamos com a via platônica, agora, com o livro *Sofistas*, porque o diálogo de Teeteto termina sem conclusão e com o agendamento de sua continuidade para o dia seguinte. Ainda que haja questionamentos sobre a sequência dos diálogos de Platão, o Sofistas tem sido tomado como a continuidade do Teeteto, por nele ocorrer o diálogo deste último sobre o tema do conhecimento, porém agora quem dialoga sobre o ser e o não-ser é o Estrangeiro (MARQUES, 2006, p. 20-21). No Sofistas – para contrapor Parmênides em sua concepção que "o não-ser existe, e que, o ser, por sua vez, de algum modo, não existe" (PLATÃO, Sofistas, 241D 241E) – o debate segue pela possibilidade de o ser se constituir de maneira ideal ou física e, em ambos os casos, conhecer é saber a essência do ser, não sua aparência.

> Se o *um* não é, coisa nenhuma é. Sendo assim, fique dito tanto isso quanto que, segundo parece, quer *um* seja, quer não seja, tanto ele mesmo quanto as outras coisas, tanto em relação a si mesmos quanto em relação uns aos outros, todos totalmente tanto são quanto não são, e tanto parecem quanto não parecem ser (PLATÃO, Parmênides, p. 129).

Voltamos a afirmar que Platão, em nossa leitura, deposita o conhecimento na busca pela essência do ser: conhecer é acessar a essência do que se conhece, o que implica a admissão de haver uma verdade independente, externa ao ser humano. Certo que, no Crátilo, Platão aborda a questão da nominação, porém não vemos nisso sua retirada como autor metafísico para tomá-lo como integrante do giro linguístico, inclusive porque, cabe à comunicação desenvolver conhecimento com a eterna busca por conhecer a essência da coisa em si. Essa busca é eterna porque não acessamos diretamente o mundo (físico, social ou metafísico), mas apenas suas imagens. Ocorre que, no mundo das ideias, o ser humano cria imagens da realidade que não interagem com a realidade própria. Platão, à semelhança de Aristóteles, tem uma concepção metafísica do conhecimento, como lemos:

> Estrangeiro – Agora, entretanto, o não-ser se revelou participar do ser, e aquele argumento já não lhe servirá mais de arma. Objetaria ele, talvez, que algumas formas participam do não-ser, e outras não, e que, precisamente, o discurso e a opinião estão no número daquelas que não possuem essa participação. Assim, à arte que produz imagens e simulacros, e na qual pretendíamos alojá-lo, ele negaria absolutamente e com toda sua força o ser, uma vez que a opinião e o discurso não possuem comunidade

com o não-ser; pois não poderá haver ali falsidade se essa comunidade não existe. Eis, pois, por que razões nos é necessário examinar cuidadosamente o que podem ser o discurso, a opinião e a imaginação; e, uma vez assim esclarecidos, descobrir a comunidade que eles possuem com o não-ser; e a partir desta descoberta, demonstrar a existência da falsidade; demonstrada a existência da falsidade, nela aprisionar o sofista se contra ele couber esta acusação ou, dela o absolvendo, procurá-lo em qualquer outro gênero. (PLATÃO, Sofista 241 e).

Estrangeiro – Porém ninguém venha objetar-nos que é por havermos apresentado o não-ser como o contrário do ser que nos atrevemos a dizer que ele existe. Há muito dissemos adeus às pesquisas sobre qualquer contrário do ser, no sentido de sabermos se existe ou não existe, se é definível ou avesso a toda explicação. Quanto ao que acabamos de afirmar a respeito do não-ser, ou nos prove alguém que tudo aquilo está errado, ou, enquanto não puder fazê-lo, diga conosco que os gêneros se misturam uns com os outros e que o ser e o outro penetram em todos e se interpenetram reciprocamente, e que o outro, por participar do ser, existe pelo próprio fato dessa participação, sem ser aquilo de que ele participa, porém outro, e por ser outro que não o ser, é mais do que evidente que terá de ser não-ser. Por sua vez, o ser, por participar do outro, torna-se um gênero diferente dos outros gêneros, e por ser diferente de todos, não será nem cada um em particular nem todos eles em conjunto, mas apenas ele mesmo. A esse modo, não é possível absolutamente contestar que há milhares e milhares de coisas que o ser não é, e que os outros, por sua vez, ou são isoladamente considerados ou em conjunto, de muitas maneiras são, como de muitas maneiras também não são (PLATÃO, Sofista 258e-259b).

Estrangeiro – Se não se misturar, a conclusão forçosa é que tudo é verdadeiro; misturando-se, torna-se possível haver opinião falsa e também discurso falso, pois pensar e dizer que não é: eis o que a meu ver, constitui falsidade no pensamento ou no discurso (PLATÃO, Sofista 259d).

Estrangeiro – Sendo assim, onde encontraremos para cada um deles um nome que lhes caiba? Evidentemente é difícil encontrá-lo, pois para esta divisão por gêneros e formas, parece ter sido inveterada a indolência de nossos predecessores que dela tiveram tão pouca noção que nem mesmo o tentaram. Assim, nossos recursos a propósito de nomes são, necessariamente, pouco abundantes. Entretanto, embora pareça muito ousada nossa expressão, nós a usaremos para distinguir bem uma da outra: à imitação

2. TEORIAS DA CRENÇA

que se apoia na opinião daremos o nome de doxo-mimética (imitação da aparência); e à imitação que se apoia na ciência, mimética sábia (imitação cientificatórica ou erudita) (PLATÃO, Sofista 267d-e).

Destas passagens, entendemos que o conhecimento verdadeiro é aquele que descreve a essência do objeto físico ou ideal, por isso consideramos uma visão fundamentalista de base externalista. Entendemos que não se trata de explicar, pois não é possível uma explicação ser conhecimento se ela não distingue o objeto, por isso, não são os sentidos, uma opinião, nem a explicação que fazem algo ser conhecimento, mas a definição. Esta definição, entretanto, só é possível, em Platão, acessando-se o real objeto e não sua imagem, pois "conhecer é adquirir conhecimento" (PLATÃO, Teeteto, 210a). Só é, portanto, conhecimento aquele que reflete a verdade, a essência de algo. Chama a nossa atenção o fato de que é a partir da distinção entre visível e inteligível (PLATÃO, A República VI 509d) que Platão distingue ciência de experiência e conhecimento de ignorância (PLATÃO, A República V 478b), tomando por opinião (*dóxai*) o conhecimento intermediário entre verdade e ignorância. O inteligível, para Platão, tem duas espécies: o hipotético e o entendimento. Hipotético é o conhecimento da geometria, aquele que "só pode ser apreendido por meio da razão e de sua capacidade dialética, com o emprego de hipóteses, não como princípio, porém hipótese de verdade, isto é, ponto de apoio e trampolim para alcançar o fundamento primitivo das coisas, que transcende a todas as hipóteses" (PLATÃO, A República VI 511b). Entendimento é o conhecimento que intermediário entre opinião e razão" (PLATÃO, A República VI 511d).

Ainda em Platão, há "quatro operações do espírito: razão, para a mais elevada; entendimento, para a que se lhe segue; à terceira atribuirás a fé, e à última, a conjectura" (PLATÃO, A República VI 511e). Em A alegoria da caverna, só o filósofo acessa a verdade verdadeira; o ente, não só o ser. Só os filósofos, portanto, têm conhecimento verdadeiro, não porque os filósofos tenham uma capacidade diferenciada de apreensão, mas porque só eles acessam o objeto, o ser, enquanto os demais só acessam imagens. Assim, o conhecimento não é uma questão de explicação, mas de acesso ao objeto, ao ser.

Em Aristóteles, empirista se comparado a Platão, lemos: "Os empíricos conhecem o puro dado de fato, mas não seu porquê. Ao contrário, os outros conhecem o porquê e a causa" (ARISTÓTELES, Metafísica, A1, 981a 29-30). A ciência, contudo, se distingue da prática porque "o fim da ciência teorética é a verdade, enquanto o fim da prática é a ação" (ARISTÓTELES, Metafísica,

A2, 993b 20-22). Como há, do mesmo modo que em Platão, distintas espécies de objetos (os físicos, os da sensação e os metafísicos), há distintas espécies de ciência. A sapiência, "pesquisa das causas primeiras e dos princípios" (ARISTÓTELES, Metafísica, A1, 981b 25-27) não se confunde com a geometria, a matemática e a física, ainda que todas sejam ciências teoréticas. A física, porém, é uma ciência teorética das causas particulares, enquanto a sapiência é a ciência das causas universais (ARISTÓTELES, Metafísica A2, 983a 5).

Quanto ao conhecimento e sobre a distinção particular/universal, Aristóteles, afirma que "a necessidade de conhecer as premissas primárias levou alguns a pensar que não há conhecimento, e outros, admitindo a sua possibilidade, a pensar que todas as coisas são demonstráveis. Nenhum desses dois pontos de vista é exato ou logicamente inevitável" (ARISTÓTELES, Organón-AP[29] 72b 5). A impossibilidade do conhecimento, segundo a primeira perspectiva, se deve ao regresso ao infinito, pois uma afirmação sempre dependerá daquela que lhe é anterior e, esta, a uma outra que lhe deve ser anterior, e, sob essas condições, resulta que a verdade primeira não será um conhecimento, pois o conhecimento se dá por demonstração. Sendo, então, a verdade primária inacessível, ela não é possível de ser demonstrada, portanto ninguém a conhece.

Já a segunda perspectiva aposta na petição de princípio, num fundamento do qual se parte, e, dessa perspectiva, as demais afirmações (premissas) são demonstradas. Ocorre que uma demonstração pode ser circular ou recíproca (ARISTÓTELES, Organón-AP III 72b 5-20) e não pura. A demonstração baseada em "uma coisa é porque é" (ARISTÓTELES, Organón-AP 72b 35) resulta em ser possível se demonstrar tudo, seja lá o que for, e não só a verdade. Se é assim, há conhecimento não científico, pois para ser conhecimento científico, o saber deve ser obtido por demonstração a partir de premissas necessariamente verdadeiras, por isso é necessário "compreender a natureza e o caráter das premissas das quais procede a demonstração" (ARISTÓTELES, Organón-AP 72b 23-25), afinal

> sustentamos que nem todo conhecimento é de natureza demonstrativa. O conhecimento das premissas imediatas não é demonstrativo. E é evidente que assim deva ser, já que é necessário conhecer as premissas anteriores com base nas quais a demonstração progride e, se o retrocesso finda com as premissas imediatas, têm estas que ser indemonstráveis. Esta é a nossa doutrina a esse respeito. Na verdade, não só sustentamos

[29] Lembro que a sigla AP foi usada para a obra: Analíticos Posteriores.

ser possível o conhecimento científico, como também que há um específico primeiro princípio do conhecimento graças ao qual reconhecemos as
definições (ARISTÓTELES, Organón-AP 72b 30).

Aristóteles separa, ainda, o conhecimento a respeito do mundo do que
é o próprio mundo (GHIRALDELLI JR., 2017, p. 6); trata-se da sapiência
como "capacidade de conhecer" (ARISTÓTELES, Metafísica, A1, 981a 25-30),
o que leva a se afirmar que uns conhecem "o puro dado de fato, mas não seu
porquê; ao contrário, os outros (arte e ciência) conhecem o porquê e a causa"
(ARISTÓTELES, Metafísica, A1, 981a 25-30). Aristóteles promove, então,
a distinção entre saber prático, aquele dos particulares, e saber teórico,
o dos universais. Essa distinção pauta o tema do conhecimento, da verdade,
questionando a relação universais/particulares, parte/todo, tão presente na
dicotomia individualismo/coletivismo da Sociologia, principalmente para
quem ainda insiste em separar Teoria da Ação de Teoria dos Sistemas.

Entre os saberes teóricos, há a física, a matemática, a arte e a sapiência,
que é a "pesquisa das causas primeiras e dos princípios" (ARISTÓTELES,
Metafísica, A1, 981b 25-30). Mesmo que, na atividade prática, a experiência não pareça se distinguir da arte, "antes, os empíricos têm mais sucesso
que os que possuem teoria sem a prática" (ARISTÓTELES, Metafísica, A1,
981a 10-15), "os empíricos conhecem o puro dado de fato, não o seu porquê, ao contrário os outros conhecem o porquê e a causa" (ARISTÓTELES,
Metafísica, A1, 981b 1-5).

Além da distinção entre o conhecimento das sensações e a sapiência, sendo
esta última o conhecimento das causas primeiras, dos princípios, o autor distingue quatro diferentes sentidos de causas: causa como substância e essência;
causa como matéria e substrato; causa como movimento; causa como o fim e
o bem. Para abordar essas causas, Aristóteles explora os "filósofos antecesso-
res" e conclui que uns – porque dedicados à identificação de uma matéria
causal ou de múltiplas matérias causais – atribuíram à água, ao fogo, ao ar,
à terra, ao uno, ao múltiplo características de limitado ou ilimitado, das quais
resultam distintas maneiras de conhecimento. Em seguida, ele apresenta
como erro dos itálicos, especificamente os pitagóricos, terem atribuído ao
número e à música a causa primeira, a origem de todas as coisas, e, como erro
de Platão, ter colocado os números fora dos sensíveis, o que se deve ao fato
de a sua filosofia ter se pautado pelo princípio do fluxo contínuo de Heráclito
(ARISTÓTELES, Metafísica, A6, 987a 30-b5) e pelo princípio pitagórico de
o número ser a causa da substância das coisas (ARISTÓTELES, Metafísica,

A6, 987b 20a 988a 5), o que levou Platão a separar o mundo das ideias do mundo das matérias físicas, do que resulta o nome (a linguagem) ser considerada intermediária desses mundos.

De acordo com Aristóteles, porém, "a existência das Ideias não se prova por nenhuma das argumentações que aduzimos com prova" (ARISTÓTELES, Metafísica, A9, 990b 10); e "dizer que as Formas são modelos e que as coisas sensíveis 'participam' delas significa falar sem dizer nada e recorrer a meras imagens poéticas" (ARISTÓTELES, Metafísica, A9, 991a 20). Assim, Aristóteles distingue o saber científico das outras formas de conhecimento, considerando que toda ciência lida com "causas e princípios mais ou menos exatos. Todavia, essas ciências são limitadas a determinado setor e gênero do ser e desenvolvem sua pesquisa em torno dele, mas não em torno do ser considerado em sentido absoluto enquanto ser" (ARISTÓTELES, Metafísica, E1, 1025b 5-10). Há a ciência prática, a ciência poética e a ciência teorética (ARISTÓTELES, Metafísica, E2, 1026b 5), sendo espécies desta última a física, a matemática e a teologia (ARISTÓTELES, Metafísica, E1, 1026b 18-20). A física é a ciência teorética que trata "do gênero de substância que contém em si mesma o princípio do movimento e do repouso" (ARISTÓTELES, Metafísica, E1, 1025b 15-20). A matemática, também teorética, lida com "seres imóveis e não separados" (ARISTÓTELES, Metafísica, E1, 1025b 15-20). Por fim, a filosofia primeira (a teologia, metafísica) "refere-se às realidades separadas e imóveis. Ora, é necessário que todas as causas sejam eternas, mas estas particularmente: de fato, estão são as causas dos seres divinos que nos são manifestos" (ARISTÓTELES, Metafísica, E1, 1026a 15).

Assim, temos Platão e Aristóteles – por maiores que tenham sido as divergências filosóficas entre eles – como metafísicos, porque ambos apostam ter conhecimento verdadeiro aquele que conhece a realidade (imaginária ideal ou objetiva, real), o que norteou o conhecimento científico da Idade Média, quando ciência é metafísica por excelência. Exploramos esses elementos de Platão e Aristóteles, por questionarmos se o ceticismo de Descartes não é uma metafísica aos moldes desses gregos. Não saímos, portanto, da "indemonstrabilidade dos princípios" (DILTHEY, [1924]2015, p. 18)? É possível não ser representacionista (RORTY, 1997, p. 17; 2005, p. 7-35)?

Esse debate gnosiológico, de conhecimento do ser, chega à Modernidade como desafio à possibilidade de o conhecimento científico não ser metafísico, afinal a distinção entre opinião e conhecimento científico está em que opinião não é ciência, mas ilusão, imagem espelhada, não conhecimento cientificamente verdadeiro, racional, provado empiricamente. Quanto à demarcação da ciência, quando se toma a relação objeto/sujeito como uma questão entre ser e ver (visão), chega-se ao embate entre quem considera um conhecimento justificado – porque referente à coisa em si (objetivistas) – e quem o considera se tratar de uma questão do observador (subjetivistas), quando, então, são os cinco sentidos que pautam o conhecimento.

Dos gregos passamos diretamente à Modernidade, não por ignorar que houve desenvolvimento científico na Idade Média, mas apenas porque essas reflexões não tratam de desenvolver uma história da ciência ou da filosofia, mas estão voltadas a apresentar como a demarcação da ciência influenciou nossa maneira de fazer pesquisa sobre Decisão Jurídica. As explorações superficiais de Platão e Aristóteles foram lançadas simplesmente porque nos servem para lidar com quanto ainda somos platônicos ou aristotélicos.

A disputa entre extremistas opositores reduz o conhecimento à filiação por um dos lados da dicotomia. Este é o resultado de a causalidade produzir dicotomias. Nossa provocação é quanto essa situação de disputa termina por eliminar a cientificidade ao tornar o embate uma questão de filiação, de fé e não de crença cientificamente justificada. É possível distinguir ciência (crença) de fé? Uma afirmação científica difere de doutrinação? A teoria científica, ao desafiar a metafísica pela via da explicação científica, deposita no observador a superação da metafísica, contudo houve êxito nesse processo ou não se fez mais que se desenvolverem novas metafísicas?

Na Modernidade, temos a secularização do saber; o conhecimento é afastado da religião por se tratar de experiência humana, portanto sem qualquer relação com revelações divinas. A verdade científica é obtida por observação, por racionalidade humana. A oposição à metafísica é marcada pelo ceticismo da dúvida universal desde René Descartes, repito e insisto. Se, na Idade Média, a "última instância" do conhecimento era expressada com a afirmação "porque deus quer assim", "são os desígnios de deus", na Modernidade essa última instância passa a ser expressa em afirmações tais como: "isso é trivial; está provado matematicamente", "isso está *tout court* matematicamente demonstrado", "a física já provou", "isso está provado fisicamente". É que o humanismo projeta na experiência, na observação, o conhecimento verdadeiro, científico. A questão *por que crer que 'p'?*, contudo, vive a disputa entre indução (empiria, observação) e dedução (abstração, teoria) ao ponto de se questionar se a crença epistêmica se distingue da metafísica e com que intensidade.

Retomando nosso elenco de teorias da crença, reconhecemos, com Rorty, que a história da filosofia e ou da ciência foi pautada pela busca por superar ou apresentar alternativa(s) ao fundamentalismo da essência e da causalidade,

DECISÃO JURÍDICA NA COMUNICATIVAÇÃO

tal como se encontra em Platão e Aristóteles, e que norteou a Idade Média europeia, da qual herdamos essa lógica.

> Sócrates – Logo, desde o nascimento, tanto os homens como os animais têm o poder de captar as impressões que atingem a alma por intermédio do corpo, porém, relacioná-las com a essência e considerar a sua utilidade é o que só com tempo, trabalho e estudo conseguem os raros a quem é dada semelhante faculdade (PLATÃO, Teeteto, 187a).
>
> A finalidade do raciocínio que ora fazemos é demonstrar que pelo nome de sapiência todos entendem a pesquisa das causas primeiras e dos princípios (Aristóteles, Metafísica, 981b 25).
>
> A sapiência é uma ciência acerca de certos princípios e certas causas (Aristóteles, Metafísica, 982a 2-3).
>
> Dado que buscamos as causas e os princípios supremos, é evidente que estes devem ser causas e princípios de uma realidade que é por si. Se também os que buscavam os elementos dos seres, buscavam esses princípios <supremos>, necessariamente aqueles elementos não eram elementos do ser acidental, mas do ser enquanto ser (Aristóteles, Metafísica, 1003a 25-30).

A busca pela essência, pela causa primeira, norteou, e ainda norteia, as respostas à cientificidade pautadas pela dicotomia objeto/sujeito, como já tratamos acima. Chama-se fundacionismo a perspectiva de que a crença epistêmica se funda no conhecimento empírico, na observação, na experiência. Há também os que lidam com a evidência pela via da probabilidade, como Karl Popper, Clarence Irving Lewis. O ponto aqui é que, ao falar em probabilidade, se discute se algo, não sendo observado, é provável e, com isso, não se questiona a veracidade ou falibilidade desse conhecimento provável, mas não observado. Assim, há crenças justificadas não inferencialmente (DANCY, 2002, p. 77). Assim, são fundacionistas as ideias da revolução copernicana seguida da invenção da mente, com Descartes, portanto, a busca pela superação da metafísica via ceticismo por correspondência, aquele das crenças básicas. Nega, porém, haver objetos metafísicos, pois os objetos são criações da observação humana (RORTY, 1990; RUSSELL, 2005[1912]; SPRINGER DE FREITAS, 2002; DANCY, 2002; PORCHAT PEREIRA, 2007).

Este ceticismo segue pela via da fisiologia da compreensão humana, pautada pela transmissão do conhecimento, aos moldes do empirismo naturalista de John Locke, atravessado pelo idealismo historicista de Hegel,

2. TEORIAS DA CRENÇA

pela verdade apodítica (evidência da coisa em si, dos conceitos *a priori*) de Immanuel kant, quando a filosofia da mente dos neokantianos – nas versões da teoria dos valores com os gnosiológicos (via intuicionistas, ontologistas ou subjetivistas), culturalistas (valor com objeto cultural), empiristas (valor como objeto natural, como queriam os positivistas e objetivistas) e subjetivistas (valor como objeto psíquico) – entende que a cientificidade é uma questão de consciência, portanto, do observador. Aposta-se nos sentidos humanos. A crença epistêmica se dá conforme o que se afirma esteja comprovado, não pelos sentidos no modo físico, mas sim por analogia, quando se deposita no modo psíquico a justificação a partir da analogia. O critério central é que, para algo ser considerado análogo a outro, exige-se que haja as mesmas ou semelhantes características entre o que se está tratando analogicamente. Neste ponto, questionamos se cabe exclusivamente ao observador estabelecer a analogia; se sim, trata-se de solipsismo, como no caso da "linguagem privada", como advertiu Wittgenstein e como está presente em Kripke. Ora, se é o observador quem determina quando algo é análogo: quando podemos seguir um argumento tendo em vista o argumento inicial ser verdadeiro? O que garante que outro observador seguirá na mesma sequência lógica? A resposta é que não há linguagem privada, mas apenas social, por isso optamos por substituir observador por comunicação. O que se deve observar não é a regra inicial, mas como a comunidade interpreta e aplica a regra do jogo – "a expressão jogo de linguagem deve aqui realçar o fato de que falar uma língua é um parte de uma atividade ou de uma forma de vida" (WITTGENSTEIN, 1974[1953], p. 189).

Após a teoria da crença por correspondência, o fundacionismo, temos o ceticismo por convenção com David Hume. Cético moderado, Hume é registrado como protagonista do ceticismo epistemológico. Não o temos por niilista porque Hume lida com a dúvida cética sem rejeitar a possibilidade do conhecimento científico, porém este conhecimento é crença por hábito, por convenção, a qual se dá por inferência indutiva causal. É que "a inferência causal é um efeito do hábito ou costume, e não da razão" (MONTEIRO, 2009, p. 37). Trata-se do convencionalismo, da justificação por hábito. Ocorre que, se for uma questão de hábito (a indução, o problema de Hume), o conhecimento científico é metafísico. A questão de Hume é como afirmações calçadas em observações de casos particulares podem servir para explicar casos não observados, ou seja, como se formam as teorias científicas, portanto, a crença epistêmica justificada. Por hábito, jamais por causalidade, é o que conclui David Hume. Não há como atribuir a uma afirmação científica qualquer efeito

DECISÃO JURÍDICA NA COMUNICATIVAÇÃO

como causa de observações do que não foi observado (HUME, 2004[1748], p. 75). Observar casos permite afirmar algo sobre o que deles se observou. Alastrar as conclusões de uma pesquisa a casos não observados, mesmo que pela via da analogia, considerando similitude entre eles, é convencionalismo e, assim sendo, é uma questão de hábito numa área do conhecimento (HUME, 2004[1748], p. 75). Trata-se do ceticismo por convenção, não mais por representação. Hume é, contudo, acusado de colocar uma "pá de cal" no conhecimento científico e de nos devolver à metafísica, posto que questiona o valor de uma teoria científica por causalidade, por indução.

A hipótese do hábito, trazido por David Hume, entre outras oportunidades, estimulou a fenomenologia de Husserl, ganhamos então a perspectiva da crença por enunciação observável. Aqui, a ideia de sentido está ligada à comunicação. Uma afirmação é justificada quando o que se enuncia reflete o que se percebe. "Uma afirmação tem significado empírico se e só se, a sua verdade puder afectar a evidência dos nossos sentidos" (DANCY, 2002, p. 113). Semelhante raciocínio temos com os empiristas lógicos, que se contrapõem à concepção de significado da fenomenologia ao negarem qualquer possibilidade de fundacionismo na linguagem. A linguagem se desenvolve a partir dela mesma e, não, por alguma representação que lhe seja exterior. Com o positivismo lógico, temos o verificacionismo desenvolvido pela filosofia analítica do círculo de Viena (com Moritz Schlick, Bertrand Russell, Rudolf Carnap e a linguagem artificial) e pelo círculo de Oxford, com Gilbert Ryle e John L. Austin, com a defesa da linguagem ordinária.

Também centrado na pauta linguística, temos o justificacionismo da crença no naturalismo linguístico, como lemos em Willard van Orman Quine e Wilfrid Sellars, para os quais a vida em sociedade põe objetividade na linguagem, uma vez que viabiliza o reconhecimento da sua relação com seu referente. Quine nos devolve à verdade lógica como verdade "dependente da noção de 'figurar essencialmente', cuja definição depende explicitamente, da distinção geral entre verdade e falsidade" (QUINE, 1996[1944], p. 23). A tabela da verdade presente no livro de Quine representa sua aposta na objetividade da linguagem, na linguagem formal. Com Sellars, a atribuição à crença epistêmica justificada interna, mentalista, nos leva à concepção de que as crenças científicas são elaborações aos moldes do "mito de Jones" (SELLARS, 2008[2003], p. 106). Este mito é o caminho que Sellars desenvolve para se opor à redução, como em Gilbert Ryle, do estado mental aos comportamentos linguísticos, ou seja, que podemos conhecer intenções a partir da linguagem externalizada. Para Sellars, isso seria ignorar a capacidade de estados mentais internos

2. TEORIAS DA CRENÇA

que vão muito além das exposições por meio de "um sistema de disposições e propensões em virtude do qual o organismo constrói mapas de si mesmo em seu ambiente e, com isso, localiza seu comportamento no mapa" (SELLARS, 1981, parte IV, 56). É que há estados mentais que desenvolvemos independentemente de experiências, como ocorre com o medo (SELLARS, 1981, p. 325-345). Assim, temos um estado mental cujo acesso privilegiado está presente na comunicação; trata-se da lógica dos episódios privados, como são as percepções – os episódios perceptuais resultantes de relatos verbais públicos – e as impressões, sensações, sentimentos (SELLARS, 2008[2003[, p. 111). Temos assim, a crença epistêmica pautada pela filosofia da mente.

Chegamos na crença epistêmica do falibilismo de Karl Popper. Autor que aposta na dedução, na consistência, portanto, no coerentismo; ainda que ele mesmo tenha reconhecido que "o problema da demarcação e minha solução, tal como acima exposta, eram um tanto formais e irrealistas: as refutações empíricas podiam sempre ser evitadas. Era sempre possível imunizar qualquer teoria contra a crítica" (POPPER, 1971, p. 40). A crença na cientificidade está na consistência, na conjectura, na probabilidade (POPPER, 1972, p. 281), como hoje lida Keith Lehrer (BURDZINSKI, 2007, p. 210; LEHRER; TOLLIVER, 2014, p. 109-116). Paralelo a Popper temos, Thomas Kuhn com a ideia de paradigma e ciência normal, além do anarquismo metodológico de Paul Feyerabend. A crença epistêmica está justificada conforme haja consistência no que se afirma.

Com os jogos de linguagem com Wittgenstein e os atos de fala com John Austin, incluindo-se aí a virada hermenêutica com Hans-George Gadamer, a crença epistêmica passa a ser uma questão de atendimento às regras. Não porque as palavras têm sentidos unânimes e uniformes, como queria Ayer ao afirmar que, no caso das experiências, há a possibilidade de percepções enganosas, embora acabe concluindo que elas, quanto ao significado, são equivalentes às verdadeiras. Trata-se, afinal, apenas de diferentes maneiras de ver, de perceber. Em oposição a esta concepção, J. L. Austin afirma que concorda com boa parte do que Ayer diz e discorda de Carnap, pois considera que "a ideia de que tudo o que está em jogo é a consistência das frases entre si é perfeitamente absurda" (AUSTIN,1962, p. 146).

Não há o que fazer se considerar justificado o conhecimento por verificação de coisas materiais porque ele nos é apresentado, como se as palavras fossem o objeto em si e a justificação apontar para o objeto. E de fato é, em se tratando de verificação de dados dos sentidos, pois um enunciado teria referência a um sentimento verdadeiro e não a uma falsa impressão.

Assim, Austin propõe que não haja resposta definitiva para os significados das palavras, seja em relação a coisas materiais, seja quanto a dados dos sentidos (AUSTIN, 1993[1962], p. 170). Austin traz ao debate a concepção de que linguagem é agir: "ao dizer ou fazer o que estou fazendo: é fazê-lo" (AUSTIN, 1962, p. 6). Falar é agir, afinal "a linguagem é uma prática social concreta e como tal deve ser analisada. Não há mais uma separação radical entre «linguagem» e «mundo», porque o que consideramos a «realidade» é constituído exatamente pela linguagem que adquirimos e empregamos (MARCONDES, 1990, p. 10). Com Austin, temos os atos performáticos (ou performativos), aqueles em que se agrupam as palavras que não estão relacionadas apenas ao seu conteúdo, mas a uma ação, a exemplo, como usa o próprio Austin: "aceito" dito por nubentes. Da palavra *aceito* não interessa seu conteúdo, mas o que ela revela, ou seja, que os noivos passam a ser casados. O mesmo se dá com um depoimento judicial, para além do que se diz, o depoente está prestando informações num processo judicial. Austin propõe as seguintes regras para a validação de ato de fala como verdadeiro:

> A.1) deve existir um procedimento convencionalmente aceito, que apresente um determinado efeito convencional e que inclua o proferimento de certas palavras, por certas pessoas, e em certas circunstâncias; e além disso, que
> (A.2) as pessoas e circunstâncias particulares, em cada caso, devem ser adequadas ao procedimento específico invocado,
> (B.1) O procedimento tem de ser executado, por todos os participantes, de modo correto e
> (B.2) completo.
> (T.1) Nos casos em que, como ocorre com frequência, o procedimento visa às pessoas com seus pensamentos e sentimentos, ou visa instauração de uma conduta correspondente por parte de alguns dos participantes, então aquele que participa do procedimento, e o invoca deve de fato ter tais pensamentos ou sentimentos, e os participantes devem ter a intenção de se conduzirem de maneira adequada, e, além disso,
> (T.2) devem realmente conduzir-se dessa maneira subsequentemente (AUSTIN, 1962, p. 33).

Assim, a crença epistêmica, a justificação do conhecimento, passa a ser uma questão de demonstração de uso adequado das regras de linguagem, das regras do ato de fala.

2. TEORIAS DA CRENÇA

Saul Kripke traz a crença por referência, também chamada coerentismo holístico. Nas três palestras proferidas, em janeiro de 1970, que compõem o livro *O Nomear e a Necessidade*, Kripke desenvolve seu coerentismo holístico. Para o autor, a exigência de rigidez aos nomes é falaciosa, porém há verdades contingentes necessárias que nos permitem atribuir, aos nomes, identidades comunicativas. O autor explora exemplos claros e cotidianos para demonstrar sua metodologia da "identidade ao longo dos mundos possíveis" (KRIPKE, [1972]2012, p. 98). Propõe a distinção entre designador rígido e designador não-rígido ou acidental: é rígido quando "pensamos que uma propriedade é essencial a um objeto [...] um designador rígido de um existente necessário é fortemente rígido" (KRIPKE, [1972]2012, p. 98); então desenvolve sua visão de que os nomes são designadores rígidos. Sustenta a teoria, usando nomes em exemplos como Nixon, o "homem que venceu as eleições para presidente dos EUA em 1970"; Aristóteles como "o filósofo que foi professor de Alexandre, o Grande"; e Hitler como "homem que mais conseguiu que judeus fossem mortos em toda a história". Nixon, Aristóteles e Hitler são designadores rígidos porque, em qualquer dos mundos, esses nomes têm por referência essas designações (verdades contingentes), não porque a essência de Nixon, Aristóteles e Hitler são essas referências (verdades necessárias), afinal as propriedades aplicadas a um nome não têm que ser necessárias ou essenciais, mas referentes. Quando referentes em qualquer mundo, são tidas por rígidas. Assim, dois mais dois são quatro, para um falante em português, porque ele é um falante em português, mas nada impede que noutro idioma a palavra sete designe este quatro, ou seja, Kripke defende que criar situações contrafáticas para demonstrar a impossibilidade de haver designadores rígidos é negar que nos comunicamos como nos comunicamos, como, por exemplo, supor que Hitler não nasceu para, com isso, defender que não é essencial a Hitler o adjetivo sanguinário. Esse recurso não elimina que o nome Hitler tem esse referencial e que usamos o nome Hitler para nos referir a outros casos de genocídio ocorridos.

Recorrendo ao exemplo da dor, Kripke desenvolve reflexões sobre a relação nome e seu referente para dizer que não há porque exigir que só há dor se se observa uma identidade entre a dor e os neurônios, uma correlação com elementos do corpo ou do cérebro, pois, ao expressar que estamos com dor, o que fazemos é nomear um sentimento incômodo, em quaisquer dos mundos. Por isso, há verdades que não são contingentes, mas verdades necessárias, não porque referentes à essência de algo, a algo físico, mas necessárias por serem o nome que usamos em todos os mundos possíveis para relatar, comunicar

DECISÃO JURÍDICA NA COMUNICATIVAÇÃO

um sentimento, uma sensação, uma dor. Não se trata, portanto, da teoria descritiva dos nomes, mas sim de reconhecer que nos comunicamos porque fazemos referências que viabilizam nomes serem compreendidos e, quando não o são, podemos corrigir as falhas e os enganos, porém, fazendo necessariamente novas referências ao nome. É a conclusão a que chega o autor, após explorar exemplos como *o ouro é amarelo* e se descobre um metal azul com as mesmas características e propriedades químicas do ouro amarelo. Pode-se passar a dizer que há ouro azul bem como classificar esta descoberta com outro nome que não ouro. Seja como for, novas observações, pesquisas empíricas, podem promover alteração no que hoje se tem por verdade necessária, por designador rígido. Até lá, porém, o que se designa é o que e como se designa algo: assim não fosse, não nos comunicaríamos.

Na pauta da ética do discurso, a crença se dá por conversação. Trata-se da comunicação voltada ao consenso. Não se fala em transmissão de conhecimento, pois a comunicação é possível porque o discurso ético leva ao entendimento, ao acordo comunicativo, como na ética do discurso de Jürgen Habermas, e, incluímos aqui, o construtivismo radical de Ernst von Glasersfeld, ainda que essas perspectivas de sociedade não tenham relações.

O ceticismo por compreensão tem lugar com o antirrealismo de Michael Dummett, para quem as questões semânticas são questões de significado, e não de representação de uma realidade externa ao ser humano. Nestes temos, a relação entre as palavras e o que elas significam não passa de uma produção momentânea que justifica a verdade do que se observa (DUMMETT, 1978, p. 16).

Assim é porque a compreensão não tem qualquer relação com acesso à essência do que se observa, à sua realidade, mas sim porque atribuímos significados ao que observamos e ao que os outros nos dizem ter observado. Assim, sentido não é uma resultante do observador (daí a oposição ao internalismo de Hilary Putnam), nem de uma realidade externa a ele, por isso optamos por usar comunicação e não observador. A compreensão, justamente porque envolve a possibilidade de outrem acessar o conhecimento, é uma questão de atribuição de significado segundo as evidências que se tem em determinado momento. Para Dummett, a disputa entre realistas e antirrealistas está em fundamentar uma verdade em algo interno ou externo ao ser humano. O fato é que a compreensão não tem qualquer relação com uma realidade externa ou uma realidade interna, mas sim com a atribuição de significado, a qual nada tem a ver com qualquer realidade, mas sim com um reconhecimento presente de que algo é da maneira como esse algo está sendo compreendido, embora

2. TEORIAS DA CRENÇA

possa sê-lo de outra maneira num instante posterior (DUMMETT, 1978, p. 21). Daí o antirrealismo de Dummett, para quem a noção de significado é considerada crucial para desempenhar explicações. Essa noção, porém, se torna inútil para isso, afinal muitas vezes somos incapazes de justificar porque compreendemos algo que compreendemos. Não se trata de justificar no sentido de estabelecer uma representação, mas simplesmente de reconhecer casos de impossibilidade de análise, ao ponto em que tudo o que podemos dizer é que somos incapazes de explicar porque compreendemos algo como compreendemos, bem como porque outrem compreende esse algo, mas não exatamente como nós, porém compreende o significado do que ouve, lê, vê, percebe, observa (DUMMETT, 1978, p. 190). Para criticar esse antirrealismo, Michael Devitt afirma que o antirrealismo de Dummett tem três premissas: 1) a disputa sobre o realismo é a disputa sobre se as declarações têm condições de verdade realistas (transcendentes às evidências) ou apenas verificacionistas; 2) a disputa sobre condições de verdade é a disputa sobre se o entendimento do orador competente é realista (transcendente à evidência); 3) o entendimento do orador competente é apenas verificacionista. (Uma consequência de 2 e 3 é que a verificação é uma noção semântica mais básica que a verdade) (DEVITT, 1983, p. 74-75)[30]. Ocorre que essas premissas indicam desconhecimento da visão realista e não a confundem com o realismo inocente metafísico, afinal "não há inconsistência em ser realista e, ainda assim, ter uma visão completamente cética da necessidade de uma noção explicativa da verdade" (DEVITT, 1983, p. 74-75)[31]. Dummett responde a essas críticas dizendo que há, sim, um significado do dicionário, o qual é constante, mas há um conhecimento obscuro, aquele de como compreendemos o significado de palavras devido à ocasião de seu uso; trata-se de reconhecer que existem partes do significado que são impossíveis de serem comunicadas, contudo são elas que viabilizam a compreensão (DUMMETT, 1978, p. 428). O ponto aqui não é desenvolver a teoria e as de seus opositores, mas apenas registrar que o antirrealismo tem por perspectiva de crença justificada aquela que é desenvolvida com o uso das palavras. Daí, temos que a compreensão não é uma questão

---

[30] No original: 1) The Realism dispute is the dispute about whether statements have realist (evidence-transcendent) oronly verificationist truth conditions; 2) The dispute about truth conditions is the dispute about whether the competent speaker's understanding is realist (evidence-transcendent) or only verificationis; 3) The competent speaker's understanding is only verificationist. (A consequence of B and C is that verification is a more basic semantic notion than truth).

[31] No original: There is no inconsistency in being a Realist and yet taking a thoroughly skeptical view of the need for an explanatory notion of truth.

DECISÃO JURÍDICA NA COMUNICATIVAÇÃO

de representacionismo, mas da capacidade que o ser humano desenvolveu para reconhecer significados e compreender comunicações, e fazemos isso não necessariamente porque temos um objeto que pode ser apontado como referente nem porque temos um ideal comum a todos.

Finalmente, com a virada pragmática, Charles Sanders Pierce, Willian James, John Dewey, Donald Davidson e Hilary Putnam desenvolvem a crença epistêmica pragmática, a qual tem várias vertentes de crença por uso, como a verdade pragmática da crença por convenção e a crença por conversação. Esta última, em suas versões da verdade por uso, por contexto, por aplicação linguística pragmática, por uso da linguagem, do modo de viabilizar a compreensão. Aqui, o entendimento não necessariamente resulta em acordo (afinal, dissenso também é comunicação). Guardadas as diferenças, temos a negação da metafísica via antirrepresentacionismo de Richard Rorty, para quem verdade é distinta de justificação.

Feitas estas exposições, passemos à busca por nos afastar do fundamentalismo via a distinção verdade/justificação. Contra os fundamentalistas do conhecimento se insurgem os céticos, aqueles que põem em dúvida a possibilidade do conhecer. Há céticos radicais, como os niilistas, há uns menos radicais como os céticos pirrônicos e os céticos doxásticos (WILLIAMS, 2001, p. 68-69; 71-72). Tomamos por niilistas os que levam o exercício da dúvida ao extremo de inviabilizar qualquer conhecimento, exceto a afirmação: não é possível conhecer. Como temos no *Tratado do não-ser* de Górgias de Leontinos (483-378 AEC): "nada é; se é, é incognoscível; se é e é cognoscível, não pode ser mostrado a outros" (DINUCCI, 2008, p. 6). Ocorre que esse tratado não nos chegou na íntegra, mas apenas fragmentos e por meio de Sexto Empírico (DINUCCI, 2017, p. 85). O que nos interessa com essa passagem é o uso do método da redução ao absurdo, para lidar com a dicotomia permanente/ /mutante – portanto Parmênides/Heráclito –, principalmente em relação às consequências da maneira distinta como Zenão e Górgias aplicavam esse método, pois "Zenão busca, com seus argumentos, defender o Ser parmenídico contra o ataque dos pluralistas, enquanto que Górgias, utilizando argumentos do próprio Zenão (MXG, 979a 20 ss.) e de Melisso, faz com que as teses de Parmênides e dos Físicos se anulem mutuamente" (DINUCCI, 2008, p. 8). Ocorre que este ceticismo se demonstra um argumento autorrefutável, dado que, se a verdade é que verdade não existe, é preciso crer que isso é verdadeiro, então, como argumento autorrefutável, não há porque se ocupar com ele, inclusive quando se trata de epistemologia, ou seja, da justificação da crença epistêmica, do que valida um conhecimento científico.

Já os pirrônicos exercitavam a dúvida para demonstrar a inviabilidade de afirmações metafísicas, assim não negam a possibilidade do conhecer, porém esse conhecimento se dá por meio da suspensão do juízo e da indecidibilidade. Assim, é impossível o conhecimento pelo viés da metafísica, ou seja, por meio da verdade por correspondência vinculada ao realismo metafísico (PORCHAT-PEREIRA, 2007, p. 182), afinal "nossas ideias simplesmente acabam: ou não temos nada a dizer, ou voltamos ao mesmo ponto" (WILLIAMS, 2001, p. 72). Aqui há uma suspensão ao regresso ao infinito, ou seja, da sequência infinita de pergunta pela primeira afirmação que dá base ao que se afirma. Sobre o tema, é conhecido o trilema de Agripa, que reduz a três as problemáticas a serem aventadas:

> continuar pensando em algo novo para dizer – isto é, iniciar o regresso ao infinito;
> Em algum momento, recusar-me a responder – isto é, fazer uma suposição dogmática;
> Em algum momento, repetir algo já dito – isto é, raciocinar num círculo (WILLIAMS, 2001, p. 72-73).

Por fim, os doxásticos, os céticos pautados pela "teoria coerentista da justificação epistêmica" (BURDZINSKI, 2005, p. 69). Conforme se entenda a distinção entre verdade e justificação, há o doxástico estático e o dinâmico: são estáticos os fenomênicos, e dinâmicos os linguísticos. A diferença está na concepção de verdade de cada uma dessas espécies. A visão de justificação de um cético doxástico é que a justificação "nos permite transitar entre o mero palpite feliz, fruto espontâneo e irresponsável da mente, e a reconhecidamente sólida veracidade, como quer que esta seja adicionalmente caracterizada" (BURDZINSKI, 2005, p. 69). Uns entendem haver relação indispensável entre justificação e verdade, como os pragmáticos idealistas, os minimalistas, como são os doxásticos estáticos, a exemplo de Alexander Bain, Charles Sanders Pierce, William James, John Dewey, Donald Davidson. Esses autores lidam com uma concepção reducionista da verdade, como a concepção de verdade por correspondência pautada pela concepção que não há, na prática, diferença entre "as crenças verdadeiras, consideradas estados mentais não representacionais úteis, e as consideradas representações corretas (e, portanto, *úteis*) da realidade" [salvo os que] "gostam de nutrir dúvidas fantasiosas" (RORTY, 2005, p. 4). Também doxásticos são os que têm por verdade o padrão de adaptação evolutiva histórica: estes recorrem a Darwin e o associam a Descartes

DECISÃO JURÍDICA NA COMUNICATIVAÇÃO

e a Locke para advogarem a ideia de hábitos como crenças, tratando-os por "padrões de comportamentos complexos" (RORTY, 2005, p. 5). Para estes, das experiências – aquelas sensações brutas que geram as percepções promotoras de crenças e desejos – resulta a verdade sobre algo, como nos deflacionistas, a exemplo de Frank Ramsey, para quem não há qualquer natureza da verdade, afinal verdade não é uma representação, uma relação com uma realidade, mas sim uma proposição formal. O que há, pois, é verdade por redundância. Outra forma de cético doxástico estático são os descitacionistas, para os quais a crença numa informação se dá por um ajuste à realidade, devido a duas normas: a assertabilidade garantida e a verdade (RORTY, 2005, p. 14), tal como desenvolvida por Crispin Wright e, antes, por Alfred Tarski.

Outra via para lidar com a questão é explorar a definição tripartida do conhecimento:

1ª p,

2ª a crê que p,

3ª a crença de a que p é justificada (2002, p. 39).

Um conhecimento (C) é verdadeiro (V) se, e somente se, ocorrerem três condições: a condição especulativa (a conhece que p), a mínima (a crê que p) e a justificada (a está justificado a *crer que p*). Especulativa é representada por: se a conhece p, então p é verdadeiro (Cap → p). Mínima: se a conhece p, então a crê que p (Cap → Vap). Justificado (J): se a conhece p, então sua crença que p é justificada (Cap → JVap) (DANCY, 2002, p. 39).

O ponto é: esta definição de conhecimento nos livra da metafísica, uma vez que essas três condições pautam a justificação e não a verdade metafísica? Jonathan Dancy propõe três ceticismos e explora a capacidade desta definição tripartite resistir a eles. Os três ceticismos são: ceticismo de argumentação; ceticismo de pergunta; ceticismo de atitude. O primeiro é o niilista, ele parte da conclusão que conhecer é impossível, e se dedica a demonstrar isso. O de pergunta é aquele que, sempre que houver uma asserção, pergunta-se: como você sabe disso? No terceiro está o cético que considera que todos somos facilmente iludidos, persuadidos, então exige um nível muito elevado para acatar algo, para se convencer de algo. Para este cético o saber normal é insuficiente, portanto cobra um saber acima dos padrões normais (DANCY, 2002, p. 19-20). Entre esses ceticismos, há os niilistas e os moderados. Para Dancy, só vale apena se ocupar com os moderados, pois eles são interessados em como o conhecimento é possível, portanto são filosoficamente interessantes.

Partindo de três argumentos céticos (o argumento da oclusão; o argumento a partir do erro e o argumento a partir da experiência), Dancy distingue

2. TEORIAS DA CRENÇA

verdade, justificação e compreensão, afirmando que é preciso uma teoria da compreensão, mas não da verdade nem da justificação. Afinal, se resolvermos o problema da compreensão, teremos respostas para a demarcação do conhecimento.

O caso da oclusão lida com a petição de princípio, ou seja, questiona os fundamentos de um conhecimento (como sabemos que estamos acordados e não sonhando, como questiona Descartes?). Sabemos que estamos acordados porque lemos, porque vemos. Podemos, porém, sonhar que estamos lendo e vendo algo e registrar isso na memória ao ponto de não sabermos, ao final, se estamos acordados ou sonhando. Há oclusão entre o saber que está sonhando ou acordado e o saber que está lendo porque tendemos a aceitar que, partindo de um conhecimento, podemos afirmar outros. Como estamos lendo, não podemos estar dormindo, do que resulta estarmos justificados a saber que estamos acordados porque estamos lendo.

No argumento a partir do erro, a questão está na crítica cética à futurologia que se exige do saber científico. Típico da previsão do tempo. Por mais que os dados indiquem o que ocorrerá amanhã, a previsão do tempo nada garante que a previsão irá ocorrer, afinal, de probabilidade teórica não se podem garantir experiências futuras. Isso pode ser aplicado para questões éticas bem como para previsão de decisões judiciais. O fato de um juiz julgar um caso de determinada maneira gera a expectativa que voltará a julgar da mesma forma no futuro. Não posso, portanto, prever se ele mudará de opinião, quaisquer que sejam as razões. Assim, eu estaria justificado a esperar determinada decisão, porém, esta é uma crença falsa. Assim, o cético diria que há a possibilidade de crença epistêmica justificada falsa.

No argumento a partir da experiência, temos o caso de David Hume, quando o cético questiona como se pode crer justificadamente em argumentos baseados em observações, em experiências. Aqui a pauta se desenvolve com a dicotomia realista/antirrealista, ou seja, entre os que creem haver um mundo externo, o qual acessamos para conhecer, portanto, conhecemos por experiência, e os antirrealistas, que não admitem haver um mundo diverso do que nós, seres humanos, acessamos e reconhecemos. Não há, portanto, hiato entre o conhecimento e o mundo, como afirma Michael Dummett, ao tratar da perspectiva de que

> o sentido de enunciado é determinado pelos tipos de situação que consideramos a favor do enunciado ser verdadeiro, de tal forma que o enunciado que tem esse sentido (i. e., tal como o compreendemos) não

pode ser falso se o tipo de situação que consideramos torná-lo verdadeiro (DANCY, 2002, p. 34).

A concepção tripartite é criticada por não conter saídas contra os ceticismos. Não tem resposta ao cético de pergunta – aquele cético que fica repetindo a mesma pergunta para provar que não é possível o conhecimento verdadeiro –, nem ao cético de argumento – aquele que exige um argumento plausível para se ter um conhecimento verdadeiro – nem ao cético de atitude – aquele que exige um padrão de evidência extremamente elevado para, assim, dizer que a maioria das pessoas se deixa persuadir, enganar, por isso não tem conhecimento, pois o padrão normal não é conhecimento, mas sim o elevado padrão que ele detém (DANCY, 2002, p. 19-22).

No primeiro caso, o conhecimento tripartite não tem resposta para o cético que questiona a origem da crença, ao exigir prova da base última do conhecimento, o primeiro princípio, o que resulta no regresso ao infinito. Quem acredita conhecer algo não tem respostas para as acusações de que só conhecemos algo devido à sequência argumentativa e, não, a um fundamento último, pois não é possível conhecer o fundamento primeiro, como nos traz René Descartes com sua busca pelo grau zero do conhecimento (DOMINGUES, 1991). Se há uma essência das coisas, o conhecimento verdadeiro é aquele que representa essa essência. Ocorre que essa essência não passa da opinião de quem afirma conhecer. Não há, logo, conhecimento porque não há como compartilhar a compreensão do que se conhece pelos sentidos ou através da opinião do que é a essência de algo. Se a questão é que a essência existe, mas não é acessível ao ser humano, igualmente conhecer não é possível. Assim, a concepção triparte é insuficiente porque não tem resposta para o que justifica uma crença se não a representação da essência de algo. Até se pode dizer que uma crença estaria justificada pela crença anterior, porém o cético de pergunta exige que se justifique a origem da primeira crença, inclusive porque, se essa crença originária é falsa, o conhecimento é falso e não é conhecimento. A definição tripartite não tem resposta para a possibilidade de um conhecimento falso ser justificado (argumento a partir do erro), nem para a acusação que há confiança na experiência (na observação científica) sofre uma interferência indutiva, como conclui David Hume, assim como não tem resposta para a acusação que, por analogia, não é possível conhecer, afinal nada há que justifique a possibilidade de, porque se conhece p, também conhecer q, no caso de q ser igual a p, salvo admitindo que se pode conhecer o que não foi observado, o que contraria a certeza exigida na concepção tripartite.

2. TEORIAS DA CRENÇA

Para desmontar a concepção tripartite do conhecimento, Gettier apresentou exemplos contrários, dos quais resulta demonstrada a possibilidade de alguém seguir crendo justificadamente em algo porque as informações e ou as vivências são críveis, porém são informações falsas (GETTIER, 1963, p. 121-124). As exigências para os exemplos contrários darem certo é que alguém deve, justificadamente, poder seguir crendo em algo e que essa justificação paute todas as justificações posteriores. A alternativa para sair dessa situação é incluir uma quarta exigência na concepção tripartite, que é a evidência, a confiabilidade, o "direito" de estar justificado em *crer que p*. Isso implica a possibilidade de haver falsidade pertinente (DANCY, 2002, p. 41-52). Essa alternativa, contudo, é falha porque, para se saber que se está baseado num conhecimento falso, é preciso saber qual o conhecimento verdadeiro; enquanto isso não ocorre, não se pode afirmar que o conhecimento é falso. Assim, a crença epistemológica segue sendo possível (DANCY, 2002, p. 23), afinal, conhecimento científico não é necessariamente certeza, ainda que conhecimento.

Ora, crer não é ter certeza, porém, em se tratando de conhecimento, exige-se e se quer certeza para, assim, justificar-se a crença em *p*. Isso é fundamental para a ciência, pois ela requer crença justificada, e não certeza. Uma afirmação científica é aquela que tem provas robustas, pois estas viabilizam o desenvolvimento de soluções a problemas sociais e experiências eficientes. Quando me refiro à solução de problemas sociais, estou considerando que situações como produção de energia e disponibilização de água potável são problemas sociais tanto quanto políticas públicas para redução da violência, superação do discurso de ódio, educação, habitação, alimentação, saúde etc.

A análise de Jonathan Dancy parte da insuficiência da concepção tripartite por considerar que nela não há como evitar um conhecimento justificado falso, como temos com os exemplos contrários de Gettier. Como solução, Dancy propõe incluir uma quarta condição à definição tripartite, para que esta seja capaz de responder aos exemplos contrários de Gettier. Assim é porque os argumentos céticos são: a) de um conhecimento particular, não é possível obter um conhecimento geral, trata-se do princípio da oclusão, ou seja, se *a* conhece *p*, se *p* é igual a *q*, então *a* conhece *q*, o cético dirá que a oclusão não é uma crença justificada porque nada justifica essa passagem do conhecimento de *p* para *q*, não há nada que justifique do conhecer *p*, se conhecer *q* (PO[k]: [Kap & Ka (p → p)] → Kaq); b) não há como evitar que um conhecimento parta de erro, pois o ser humano é errante, portanto há crença

DECISÃO JURÍDICA NA COMUNICATIVAÇÃO

falsa justificada; c) a experiência é o guia de confiança, assim, um conhecimento não é uma questão de ponto de partida, mas de hábito (DANCY, 2002, p. 19-37; 41-54).

Aplicando-se tais estratégias discursivas à Decisão Jurídica, vejamos a crença de que o juiz primeiro decide e depois busca argumentos para justificar sua decisão.

1. *O juiz* é arbitrário (verdade).
2. *A* crê que juiz é arbitrário.
3. *A* está justificado a crer que o juiz é arbitrário.

Por que, entretanto, *o juiz é arbitrário* é verdade? Para se falar em crença epistêmica, se questiona que dados foram acessados para se afirmar que *p*, portanto se exige uma validação para que a firmação anunciada mereça ser acreditada. Uma alternativa é que se está justificado a crer que *juiz é arbitrário*, mesmo sem ter uma justificativa coerente para isso, desde que a justificação nessa crença não encontre refutação científica. Nesse aspecto, o cético por atitude estaria correto ao afirmar que não é possível conhecer porque não há como justificar a crença primeira, afinal ela sempre será uma questão de fé, ou seja, a eterna busca pelo conhecer a essência, os primeiros princípios ou a questão de gosto, seja uma opinião pessoal (solipsismo epistêmico) ou uma ideologia, que é a adesão imperativa aos ditames de uma comunidade científica, como critica. O anarquista epistemológico, então, "nunca permanece eternamente nem a favor nem contra nenhuma instituição nem de nenhuma ideologia" (FEYERABEND, 2003[1985], p. 11). Já os que não concordam com os argumentos céticos afirmam que a oclusão é, sim, uma crença justificada, basta que seja verdadeiro que *p* seja igual a *q*, caso contrário, é um conhecimento falso, portanto não é conhecimento. Ocorre que se *p* não é igual a *q*, o conhecimento verdadeiro é que *p* não é igual a *q*.

Assim, quanto à crença falsa e justificada, a rejeição ao cético é que, se se verifica que a crença é falsa, mesmo que *a posteriori*, então é possível saber que a crença é injustificada, portanto que se trata de conhecimento falso. Contra o cético temos, entretanto, que, enquanto não for falseada a crença, não há por que anular, refutar, revogar o conhecimento que se tem por verdadeiro porquanto crença epistêmica justificada. Por fim, se a experiência tem elementos para se ter uma crença justificada, por exemplo, o contexto da cena de enunciação justifica que o que se diz é compreensível, então a crença é justificada. O ponto, todavia, é se essa crença falsa justificada pode ser corrigida uma vez identificado o erro inicial, já que há crenças falsas que viabilizam convicções, principalmente quando se trata de dogmas de fé. Não me

2. TEORIAS DA CRENÇA

refiro, aqui, à religião em si, mas a crenças científicas ortodoxas, deterministas. Neste caso, se gnosiologicamente não há como refutar esse ceticismo, epistemologicamente sim, a crença falsa justificada pode ser corrigida, pois uma teoria científica não é uma crença por convicção, mas por fiabilidade, por evidência demonstrada, com defendem os coerentistas, os teóricos da coerência justificada (DANCY, 2002, p. 141-149).

Os argumentos céticos levam a três situações: regresso ao infinito, suspensão cética e crença temporária. No regresso ao infinito, a sequência de questões é interminável, e, assim, o cético comprova que o fundamento não se sustenta, salvo em crenças injustificadas, como "minha crença está baseada em mim", "acredito porque é óbvio", "acredito porque é evidente", "acredito porque todo mundo sabe que é assim". Na suspensão cética (PORCHAT PEREIRA, 2006, p. 15), em algum momento dos questionamentos, se para de questionar. Esta situação evidencia o argumento cético porque, se para a dúvida, entende-se que se chegou a uma "explicação" convincente ou devido a uma "razão suficiente". Convincente e suficiente, no entanto, não justificam uma crença, podendo revelar que se trata de um argumento de autoridade, da autoridade que determina quando parar o argumento porque se chegou a uma crença justificada. Por fim, a crença assumida como temporária tem lugar quando se admite que toda crença será futuramente alterada: "creio nisso porque minha experiência é sólida e até que mude, fico por aqui", conforme o ceticismo humano, ainda que Hume seja um cético quanto ao conhecimento racional e crente no conhecimento irracional (POPPER, 1971, p. 16).

Com sua proposta do método crítico da ciência, o falibilismo, a defesa da lei de falsificação (POPPER, 1971, p. 25), Popper afirma ter resolvido o problema da indução tal como desenvolvido por Hume. Não porque se nega a inviabilidade de teorias científicas (afirmações universais) baseadas em observações de casos particulares, mas sim porque, no âmbito teórico da ciência, é a lógica dedutiva que move o conhecimento científico (POPPER, 1971, p. 25) e não o indutivismo, a observação, o experimento. É que, para Popper, a exigência de a ciência prever o futuro – haver previsibilidade do como será o futuro baseado em observações do passado – e estabelecer normas de expectativas de crenças justificadas a partir de inferências indutivas são casos de má formulação dos problemas da cientificidade. Assim, a demarcação da ciência – tanto quanto ao problema lógico (justificação de crenças baseadas em observações) quanto ao psicológico (justificação das expectativas sobre as quais depositamos confiança) – está na capacidade que uma teoria tem de sobreviver aos testes de

DECISÃO JURÍDICA NA COMUNICATIVAÇÃO

corroboração, ou seja, às críticas, aos testes de refutação. Esses testes levam uma teoria ser preferível à outra, não devido à opinião de um teórico, mas por a teoria resistir, sobreviver, aos testes de aptidão (POPPER, 1971, p. 28-30). O ponto está em que uma teoria tem mais probabilidade de ser crível que outra, por seu grau de corroboração no tempo, o que não tem qualquer relação com previsão de futuro. Assim, a demarcação não está na observação, na indução, mas sim na dedução, no âmbito teórico, afinal um conhecimento é científico se, e somente se, adquire o nível da abstração, da explicação científica, do embate teórico.

Outro elemento trabalhado por Popper é a preferência pragmática, ou seja, a racionalidade, a normatividade das explicações científicas, a ideia de que uma ciência explica as regularidades do objeto observado. O problema da demarcação, neste ponto, não está na capacidade de uma teoria seguir sendo referência às explicações, pois toda teoria é temporária, conjuntural, limitada. Por que, então, tendemos a crer com mais segurança em afirmações científicas do que em afirmações do senso comum, ou em opiniões pessoais? A resposta de Popper é que estamos mais justificados a creditar maior confiança nas afirmações científicas do que nas pseudo-científicas, por aquelas serem conjecturas criticáveis por argumentação, ou seja, são objetiva e racionalmente justificadas, e não preferência subjetiva, por mais que toda teoria seja passível de ser imunizada contra críticas (POPPER, 1971, p. 39-40).

O que temos é que a travessia da história da ciência, da teoria do conhecimento, da teoria da verdade, da teoria da crença nos traz registros das diversas disputas por creditar, ao lado objeto ou ao lado sujeito, a crença epistêmica, resultando, entre outras dicotomias, no embate internalismo/externalismo, do qual lidamos com a distinção entre saber, justificar e compreender. Isso nos remonta a termos essa crença como certa, verdade verdadeira, agradável, aceitável, verificada, justificada, consistente, inteligível, compreensível, coerente, de maneira que, ao final, a crença epistêmica se dá devido ao objeto ("porque é assim que é", "porque assim está determinado", "porque é natural que seja assim", "porque está dado que seja assim", "porque está provado que é assim") ou devido ao observador ("porque assim eu entendo que é", "porque assim eu entendo que deve ser", "porque desejo que seja assim", "porque estou convicto disso, então estou convencido") ou devido à comunidade científica ("porque nós assim entendemos", "porque nós assim pactuamos").

O passeio filosófico de Rorty para chegar à conclusão da resistência metafísica, a de que a filosofia moderna não logrou êxito na busca por superar

2. TEORIAS DA CRENÇA

a metafísica, levou-o a afirmar que "somos afortunados de que nenhuma pequena perplexidade dentro da epistemologia ou dentro da historiografia da ciência é suficiente para derrotá-la. Mas proclamar nossa lealdade a essas distinções não é dizer que há padrões objetivos e racionais para adotá-las" (RORTY, 1979, p. 331). Rorty propõe, como saída a essa lealdade, que distingamos verdade de justificação, afinal há o plenamente justificado que talvez não seja verdadeiro (RORTY, 2005, p. 7). Vejamos.

Acatar a afirmação de Rorty nos leva a conceber que não se fez mais que atribuir novos e distintos fundamentos metafísicos, pois seguimos pautados pela imutabilidade de Parmênides, pelas imagens ideais de Platão, pela filosofia primeira de Aristóteles, portanto pela cultura europeia, tal como dirigiu a filosofia na Idade Média e nos chegou com o ceticismo por correspondência via Augusto Comte, René Descartes e Immanuel Kant, com a "coisa em si". Sendo assim, o ceticismo por correspondência, o cético de base empírica com Francis Bacon, John Locke, George Berkeley, ou mesmo o ceticismo por convenção, com David Hume, Condorcet e Saint-Simon não superaram nem nos afastaram da "guerra entre ciência e teologia"[32] (RORTY, 1979, p. 131).

Ocorre que essas buscas terminaram por inventar, estabelecer, novas fundações, novas metafísicas, mas não evitam a metafísica. A via gnosiológica, portanto da verdade como conhecimento, não apresenta saída ao embate. Afinal, a herança de trezentos anos de filosofia europeia[33] nos arrasta à metafísica, ao representacionismo, pois, a busca por distinguir nitidamente saber científico de outros saberes, tais como o religioso, o político, o da arte etc. produziu

> poucas perplexidades dentro da epistemologia ou dentro da historiografia da ciência para derrotá-la (a metafísica). Contudo, proclamar nossa lealdade a essas distinções não é dizer que há padrões "objetivos" e "racionais" para adotá-las. Galileu, por assim dizer, venceu a discussão, e todos nós nos encontramos no terreno comum da "grade" de relevância e irrelevância que a filosofia moderna desenvolveu com consequência daquela vitória. Mas o que poderia mostrar que o assunto Belarmino-Galileu "difere em espécie" da questão entre, digamos, Kerensky e Lênin,

[32] "the warfare between science and theology"
[33] A passage da qual retirei essa ideia foi: We are the heirs of three hundred years of rhetoric about the importance of distinguishing sharply between science and religion, science and politics, science and art, science and philosophy, and so on.

DECISÃO JURÍDICA NA COMUNICATIVAÇÃO

ou aquela entre a acadêmica Real (por volta de 1910) e Bloomsbury?[34] (RORTY, 1979, p. 331).

Se Rorty contabiliza trezentos anos de filosofia, Niklas Luhmann contabiliza 100 de paralisia na teoria social: "depois dos clássicos, portanto há cem anos, a sociologia não fez progressos dignos de menção na teoria da sociedade"[35] (LUHMANN, 2007[1997], p. 8). Sejam 300 anos de filosofia ou 100 de sociologia, a questão é se é possível estabelecer elementos à demarcação da ciência sem criar novos fundamentalismos, afinal as tentativas até aqui indicam que não fizemos mais que cair em argumentos céticos autorrefutáveis como: a verdade é que verdade não existe.

A questão é: a observação, a pesquisa empírica, a indução foram capazes de nos livrar da metafísica? Os desempenhos realizados no âmbito da física fizeram-na modelo de ciência na Modernidade e, com isso, a epistemologia não encontrou resposta para o que diferencia uma teoria física da metafísica, ainda mais quando a pesquisa teórica deu lugar a assertivas "indiscutíveis" por sua capacidade de explicar fenômenos físicos. Ocorre que foi na própria física e matemática que vivenciamos "o fim do determinismo" com a radioatividade, publicada em 1896, por Henri Becquerel; assim como a aleatoriedade dos átomos na física nuclear, publicada em 1900 por Ernest Rutherford, quando então se passa a lidar com a hipótese do "estar em dois lugares ao mesmo tempo"; bem como com o princípio da incerteza, publicado em 1927, na mecânica quântica, com Werner Karl Heisenberg; além do princípio da correspondência (publicado em 1913) e o da complementariedade (em 1928) de Niels David Bohr; a relatividade (publicada em 1905 e em 1916), com Albert Einstein; a função do elétron (como partícula ou como onda), publicada em 1926, por Erwin Rudolf Josef Alexander Schrödinger, conhecido pelo experimento do gato de Schrödinger; as variáveis ocultas não-locais, por

[34] No original: We are fortunate that no little perplexity within epistemology, or within the historiography of science, is enough to defeat it. But to proclaim our loyalty to these distinctions is not to say that there are "objective" and "rational" standards for adopting them. Galileo, so to speak, won the argument, and we all stand on the common ground of the "grid" of relevance and irrelevance which "modern philosophy" developed as a consequence of that victory. But what could show that the Bellarmine-Galileo issue "differs in kind" from the issue between, say, Kerensky and Lenin, or that between the Royal Academy (circa 1910) and Bloomsbury?

[35] No original alemão: Seit den Klassikern, seit etwa 100 Jahren also, hat die Soziologie in der Gesellschaftstheorie keine nennenswerten Fortschritte gemacht. Ainda que eu não leia em alemão, ao comprar a tradução ao espanhol e ao inglês, optei por transcrever o alemão para que leitores versados neste idioma possam confirmar a similitude das traduções.

David Joseph Bohm, com publicação em 1952, (FREIRE; PESSOA JÚNIOR; BROMBERG, 2010; MARTINS, 2014; FORSHAW; COX, 2016). Registro o lugar que essas ideias tiveram no direito por meio do direito quântico com Goffredo Telles Júnior (2014 [1970]).

Voltemos ao par mutabilidade/imutabilidade e à distinção entre mundo das coisas físicas (naturais), mundo das coisas imaginárias (ideais, simbólicas) e mundo da divindade (a metafísica, a sapiência, a filosofia primeira) (MARQUES, 2006, p. 29), agora para lidar com a modernidade, o humanismo, a racionalidade, a objetividade científica, quando este par é abordado sob a dicotomia externalismo/internalismo, tomando como referente o sujeito cognitivo e não mais o objeto. Externalista concebe relação objeto/sujeito, atribuindo ao sujeito a cognição segundo este descreva, represente o objeto que lhe é externo – a crença epistemológica está justificada na medida em que a descrição que o observador faz é fidedigna ao que observa. No internalismo, é o sujeito mesmo que conhece – a crença epistêmica é justificada na medida em que o observador é fidedigno ao seu observar, à sua percepção (SIECZKOWSKI, 2008, p. 235; VALCARENGHI, 2008, p.41; 2009, p.239-265). Como veremos, no giro mentalista, há ênfase no sujeito por considerar que é a mente que cria o objeto, mas também há o internalismo que admite haver fatores externos. A acessibilidade a estes, entretanto, não se dá ontologicamente, mas sim, devido à capacidade cognitiva do sujeito.

O que a dicotomia externalismo/internalismo nos propiciou foi refletir sobre a justificação epistêmica não mais como uma questão do objeto, mas como uma questão relativa ao sujeito, porquanto referente à observação ser uma questão de apreensão pelos sentidos (empirismo) ou uma questão de reflexão do agente (razão teórica). É o que encontramos nas teorias dos mundos e nas teorias da crença, com o desenvolvimento das perspectivas de verdade e de lógicas da pesquisa científica (DILTHEY, [1924]2015, p. 21-30; DILTHEY, [1882]2010; DILTHEY, 2018; WITTGENSTEIN, 1974 [1953], p. 35; RORTY, 1994, p. 180-185; 366-371; DANCY, 2002, p. 73-75; HUME, 2004[1748], p. 75-ss.); SIECZKOWSKI, 2008, p. 229-232; PATY, 2011, p. 163; HUSSERL, 2014 [1901], p. 92-100; MATURANA, 2014, p. 288-388; GONDIN, 2017, p. 235).

Se não podemos afirmar que nos livramos da metafísica na crença epistêmica, é porque seguimos pautando a dicotomia objeto/sujeito ocupados em enfatizar um ou o outro lado. De toda maneira, podemos afirmar que a secularização teve seus efeitos: se não se admite haver uma demarcação, não se nega que uma pesquisa para fazer uma peça judiciária não é a mesma para se fazer uma pesquisa científica. Para lidar com isso, proponho um exercício com o jargão jurídico: "entendimento pacificado". Acreditar que "essa questão está juridicamente pacificada" é uma questão de metafísica, de gosto, de hábito, de justificação, de coerência ou de quê? Por que você crê que há "entendimento pacificado" no direito? Tomamos por metafísico o conhecimento indiscutível, conhecimento de universais, formado por dedução causal que pressupõe aplicação de conhecimentos empíricos (indutivos) por extensão a casos não investigados.

Para desenvolver nosso exercício, procedemos a buscas na *internet* pelos verbetes "juridicamente pacificado", "pacificado pelo direito", "pacificado pelo Superior Tribunal de Justiça", e "pacificado pelo Supremo Tribunal Federal", "pacificado pelo Superior Tribunal do Trabalho", "pacificado pelo Tribunal Regional Federal", "pacificado pelo Tribunal Regional do Trabalho", "pacificado pelo Tribunal de Justiça de São Paulo", "pacificado pelo Tribunal de Justiça de Pernambuco". Como resultamos tivemos:

TABELA 1 – entendimento pacificado

	sem aspas	com aspas
juridicamente pacificado	253.000	52
pacificado pelo direito	2.570.000	5
pacificado pelo STJ	906.000	16.800
pacificado pelo TRE	258.000	2
pacificado pelo TRT	423.00	8
pacificado pelo STF	1.370.000	13.100
pacificado pelo TRF	326.000	7
pacificado pelo TRT	423.000	8
pacificado pelo TJSP	119.000	6
pacificado pelo TJPE	21.600	5

Fonte: o autor

Estes resultados refletem os quantitativos obtidos aos 30 de julho de 2019. Na primeira coluna, estão os verbetes usados nas buscas na internet; cada verbete foi usado em dois meios de busca: um sem aspas e o outro entre aspas.

2. TEORIAS DA CRENÇA

Nas colunas *sem aspas* e com aspas, estão a quantidade de entradas disponíveis como resultado da busca. Os dados da tabela podem ser confirmados por qualquer interessado, basta refazer meu procedimento. Com isso, reitero a afirmação de que dados de pesquisa científica não são criações pessoais, idiossincráticas; eles estão disponíveis, podem ser catalogados por qualquer outro interessado em desenvolver pesquisa. É com esses pressupostos que tratamos do embate da neutralidade científica.

Por mais que a escolha do tema ocorra com grande liberdade do observador, a coleta dos dados não comporta esse mesmo grau de liberdade, ainda que a análise desses dados devolva certas liberdades interpretativas. A liberdade presente na escolha não pode, contudo, implicar criação de dados. Reafirmo: qualquer pessoa pode coletar a quantidade de entradas previstas no Google para os verbetes que usei, e o mesmo ocorre quando se trata de catalogar decisões em sites de tribunais. Não cabe ao pesquisador criar decisões, mas sim catalogar as que lhe são disponibilizadas pela busca, organizá-las e analisá-las. Para lidar com essa temática, optamos por usar comunicação em lugar de observador.

Ainda há uma probabilidade extremamente alta de eu mesmo ou outra pessoa obter quantitativos distintos dos constantes na tabela 1. Sabe-se que a inclusão de novas informações na internet é de uma ordem de grandeza tão elevada que sua constância, para ser medida, exigiria que se procedesse à mesma busca por segundos ou até frações de segundos. De toda maneira, a identificação de aumento dos quantitativos é possível, mesmo que os resultados das quantidades de entradas sejam expostos, sob a ressalva: "APROXIMADAMENTE XXXXXX RESULTADOS", no caso do buscador Google. No caso do buscador BING, aparece o quantitativo, mas não a ressalva; em outros, como o DuckDuckGo e o QWANT, não localizamos o quantitativo de resultados. Aqui tratamos exclusivamente dos resultados nas buscas realizadas com o Google.

Voltando à nossa discussão, perguntamos: a frase "esse entendimento já está pacificado" é crível por refletir uma realidade, um fato, e, sendo, então, exterior a nós, a reconhecemos por acreditarmos que descreve essa realidade (aos moldes do fundamentalismo naturalista) ou cremos nela por ela ser relato subjetivo heurístico que reconhecemos como verdadeiro (aos moldes do idealismo)? Ou, ainda, por ser uma convenção da comunidade jurídica (aos moldes do realismo)? Mais, aceitamos e cremos que há entendimento pacificado no direito porque esse jargão silencia o oponente num embate jurídico sobre determinada temática? Estou me referindo especificamente a situações de

DECISÃO JURÍDICA NA COMUNICATIVAÇÃO

divergência de opiniões entre, ao menos, duas pessoas, sejam ambas estudantes, profissionais, docentes, pesquisadores ou entre duas pessoas não ambas de uma mesma categoria, inclusive entre pessoas da área de conhecimento do direito ou não. Esse jargão referenda a força do "cientificamente provado" no mundo jurídico[36], na comunicação jurídica (LUHMANN, 1990, p. 340; STAMFORD DA SILVA, 2009, p. 116) e, inclusive, no como se vive o direito no Brasil (VILLAS BÔAS FILHO, 2009). Com isso, questionamos: o que transforma uma informação em saber científico?

Você leitor, que valor deu à tabela acima? Ela, a tabela, lhe deu mais confiança para acatar o que afirmamos sobre haver entendimento pacífico em direito? Você já sabia que há o entendimento pacífico e tudo que estamos tratando aqui não lhe interessa? Você concorda ou discorda que existe entendimento pacífico? Você entende que essa expressão é descrição da realidade jurídica, é uma invenção nossa (destas reflexões), é uma construção social? É..???

O ponto é: por mais que você não reconheça a existência de entendimento pacífico no direito, não lhe é dada a opção de negar a existência do jargão. Pode-se questionar sua força e até o seu sentido, mas não sua existência, porque juristas falam: "isso já foi pacificado pelo STF". A reflexão que estamos provocando aqui é quanto à relação objeto/sujeito quanto ao uso deste jargão.

Uma opção é crer que o jargão existe porque é natural, reflete a natureza do direito; afinal, juristas usam essa expressão, ainda que pouco importe em que sentido ou para quê. A aposta científica é que podemos provar que você pode comprovar, por experiência própria, que, mesmo você não concordando que existe entendimento pacífico no direito, ele existe. Isso não é uma questão de gosto ou de opinião pessoal. Você, assim como eu, não tem qualquer ingerência sobre quem quer que seja para o impedir de afirmar: "isso é ponto

---

[36] Partimos do termo mundo como designação "da unidade, dotada de sentido, da diferença entre o sistema e o entorno" (LUHMANN, 1990, p. 340) bem como que "mundo não se fecha com limites, mas com o sentido que nele se ativa. Requer ser compreendido não como agregado, mas como correlato às operações que nele se efetuam ... mundo é o correlato da unidade de todas as formas ... Para o conceito de mundo da teoria de sistemas, isto significa que o mundo é a totalidade do que cada sistema significa sistema/entorno" (LUHMANN, 2007[1997], p. 115). Com isso, utilizo a expressão mundo jurídico para indicar a distinção sistema/entorno do direito, portanto a distinção que dá forma às comunicações sociais pautadas pelo código lícito/ilícito. Mundo jurídico é toda comunicação pautada por informar respostas à questão lícito/ilícito, ou seja, é o direito da sociedade (sistema de sentido jurídico como sistema social), portanto funcionalmente diferenciado dos demais sistemas da sociedade.

pacífico no direito". Vale considerar, porém, que "a última palavra não existe" (LUHMANN, 2007[1997], p. 105).

Em tempos de mundo virtual, comunicação em grande escala e velocidade, o mundo da internet, basta você fazer as buscas que eu fiz e descrevi acima. Se não encontrar resultados, há grande probabilidade de que seu computador esteja quebrado, a internet não está funcionando ou a conexão parou ou foi interrompida etc. Necessariamente você obterá resultados numa busca na internet. Mesmo que se trate de alguém sem qualquer relação ou vínculo com o mundo do direito, com a prática jurídica, se fizer as buscas que fizemos, encontrará resultados, se não iguais, muito semelhantes aos de qualquer outra busca em qualquer computador, por qualquer pessoa. Isso é o que nos move a insistir no debate da demarcação da ciência, ou seja, que o conhecimento científico não é metafísico e não está livre de erros.

É importante alertar para o fato de que nem tudo que alguém afirma pautado por dados é ciência. Daí diferenciarmos pesquisa forense, de pesquisa jurídica e de pesquisa científica, diferença que não está ocupada em apontar que uma afirmação científica é superior, melhor ou tem qualquer hierarquia sobre uma opinião, ainda mais quando essa opinião é uma opinião jurídica de um desembargador ou de um ministro de um tribunal superior que irá proferir seu voto em um processo. A demarcação serve-nos apenas para nos orientarmos no que fazemos profissionalmente como pesquisadores, portanto com a prática de pesquisa ou, ainda, com a delimitação do tema, a decisão do que é dado de pesquisa, como tratar esses dados para fins de análise. Refiro-me, especificamente, aos limites do pesquisador.

Não ignoro a prática de manipulação de dados, porém me oponho à frase "estatística serve para dizer qualquer coisa em números", porque falsear dados para fazer uma afirmação que se deseja não faz dessa afirmação ciência, justamente porque para vir a ser ciência, todo o processo deverá passar pelas circularidades reflexivas, pela recursividade. É evidente que quem desconhece o mínimo do básico acata essa afirmação sem refletir, pois basta ler manuais de estatística para saber que eles mesmos alertam para quanto "é possível mentir e distorcer com o uso da estatística, embora não tão fácil quanto mentir e distorcer um discurso [...] uma razão para se aprender mais sobre estatística é adquirir uma habilidade mais aguçada para pensar criticamente [...] é ser capaz de separar o que é razoável do que não o é" (DIETZ; KALOF, 2015, p. xxvii-xxviii). Tampouco ignoramos os problemas de ética na pesquisa. O que estamos afirmando é que, quando um pesquisador afirma algo, se esse algo chama a atenção e adquire alguma importância num debate acadêmico,

DECISÃO JURÍDICA NA COMUNICATIVAÇÃO

seu reconhecimento ou refutação pode se dar não pelo conteúdo em si, mas porque os dados não dão ao observador as afirmações que ele afirma.

A demarcação da ciência nos leva a lidar com o jargão "entendimento pacificado no direito" como fundamentalismo, a metafísica no direito, muitas vezes voltada a desqualificar hipóteses e ideias do opositor. Negar que não há entendimento pacífico não se confunde com negar que, no mundo jurídico, prático forense ou mesmo acadêmico, esse jargão é usado como argumento de autoridade. Muitos criticariam questionando: o que é "entendimento pacífico" no direito? Partimos da impossibilidade de uma resposta, dado que "o que é" levará a disputas de opinião e não a um debate acadêmico. Esse jargão soa mais como um recurso de silenciamento, uma informação do tipo "não quero mais falar sobre isso", uma informação de que "eu acredito nisso, portanto, não me venha querer mudar minha opinião sobre o que eu tenho por entendimento meu sobre isso". Ao cientificizar esse jargão, parece-nos, contudo, mais adequado não perguntar "o que é", mas sim: "como é possível, para alguém que vive a prática jurídica, afirmar que algo é pacífico em direito? Essa proposta de substituir "o que é" por "como é possível" encontramos em Niklas Luhmann (2007[1997], p. 14).

"Como é possível" nos permite observar elementos da comunicação desocupados com intencionalidade ou objetividade textual. Assim é por empregarmos a pragmática da verdade como uso da linguagem, como propõe Rorty, bem como os fatores de conexão sequencial (a recorrência, a padronização, os sequenciadores temporais, os moduladores entoação e modalidade) como propõe Marcuschi. Acrescentem-se além destes, outros elementos como cena da enunciação, o contexto, as regras do discurso, a interdiscursividade, como propõe Maingueneau, e, por fim, as operações informação/expressar/compreender, a limitacionalidade, a recursividade, a autorreferência e a heterorreferência da comunicação, como propõe Luhmann (2007[1997], p. 33).

Assim, entendimento pacífico não é uma entidade sobrenatural, uma divindade jurídica, um mito, tampouco é um texto físico objetivo, uma consciência, a mentalidade, nem um ente social. Entendimento pacífico é o que se comunica com a expressão entendimento pacífico. Mais, uma mesma pessoa usa essa expressão com conteúdo diverso. Por isso, não nos ocupamos com "o que é", mas com "como é possível". "Como é possível" permite pesquisar os efeitos comunicativos, ou seja, a aceitação ou rejeição, o silenciamento ou continuidade da conversa (STAMFORD DA SILVA, 2016, p. 43).

Esse mesmo exercício que acabamos de fazer pode ser aplicado a qualquer outro jargão, inclusive o que diz: o "juiz primeiro decide, depois coleta

2. TEORIAS DA CRENÇA

argumentos para justificar sua decisão". Qual a base empírica desta hipótese? Ao perguntar que dados lhe dão essa afirmação, as respostas dos autores são: "porque todo mundo sabe disso"; "porque é óbvio"; "porque é notório". Chama minha atenção a falta de coragem para afirmar: "porque eu quero que seja assim". Esse é um dos pontos centrais das primeiras reflexões: a postura lógica.

Que critério usar para qualificar uma pesquisa como científica? É possível não haver metafísica nas pesquisas científicas, em qualquer área do conhecimento? Esta questão nos remete de volta à pergunta *por quê crer que p?*, porém, agora abordando os que consideram não haver correlação necessária entre justificação e verdade, partindo da evolução de Darwin, porém não a conectando a Descartes e Locke, mas a partir de John Dewey e, com ele, nos afastarmos das "falácias naturalistas". Nessa perspectiva, a verdade está livre do consenso de inquiridores, do ativismo metafísico, da provocação da futilidade da atividade metafísica (RORTY, 2005, p. 35). Trata-se dos céticos dinâmicos, a exemplo da pragmática de Richard Rorty e Hilary Putnam, da etnometodologia de Harold Garfinkel (1917-2011), da sociedade como sistema de comunicação de Niklas Luhmann (1927-1998), do realismo crítico de Margareth Archer (1943) e tantos outros. Evidente, não aglutinamos, nem unimos essas leituras da sociedade, mas cada uma delas aportou ideias à sociologia da decisão jurídica. Assim é como lemos em Bruno Latour e Steve Wooigar, os quais, ao tratarem da dificuldade de nos livrarmos de metafísicas, denunciam que

> a observação direta no trabalho de campo permite resolver parcialmente essa dificuldade: desconfiar ao máximo do discurso filosófico que o saber necessariamente tem e respeitar a metalinguagem desordenada que se mistura infinitamente com a prática. A filosofia das ciências exibe para os pesquisadores um espelho sedutor, mas que seduz alguns grandes sábios que posam como Claude Bernard; ela torna infelizes todos os outros pesquisadores que não sabem como reconciliar a vida cotidiana do laboratório com aquilo que dizem que eles devem fazer (LATOUR; WOOIGAR, 1997, p. 29)

O que mais nos chama a atenção não é nem isso de denegrir o opositor, ainda que a eleição de inimigos autoelegidos nos leve à distinção entre postura lógica e perspectiva lógica, como veremos no próximo capítulo. Por ora, alertamos para a hipótese de que um determinado "entendimento pacificado" aparenta a possibilidade de este entendimento sequer poder vir a ser alterado,

DECISÃO JURÍDICA NA COMUNICATIVAÇÃO

em muito breve tempo ou após anos e anos. O que leva ao tema da evolução, da capacidade de o direito aprender e vivenciar adaptações. Tal debate nos lembra o tema do ativismo judicial, da relação procedimento e conteúdo no direito, temas os quais nos servem de exemplos de casos que requerem pesquisa científica e não parecerismos. Esclareço que parecerismo é quando a pesquisa tem aparente aspecto de científica, o que não se confunde com o que Popper chamou de pseudociência. O parecerismo tem aparência de ciência porque explora dados, porém quando lemos o texto, é explícito que a comunicação está dedicada a defender uma ideia, que ela partiu de uma hipótese e apresentou os dados favoráveis a ela, o que se detecta, também, com a presença de frases de efeito. Assim, temos um parecer apresentando análises de decisões que corroboram com a hipótese, porém com os dados contrários sendo afastados e não referenciados.

No caso de pesquisa sobre Decisão Jurídica, a comunicação descreve o que observa de constante. Ocorre que fazer ciência não se reduz a descrever padronizações e, mesmo que assim fosse, como as pesquisas poderiam descrever constâncias se a prática é mutante? Ciência, então, seria impossível ou seria satisfeita com descrição da prática. Fazer ciência, portanto, necessariamente envolve pergunta de pesquisa. Envolve criticidade, reflexões sobre problemas teóricos ou práticos. Assim sendo, nossas pesquisas voltadas a observar a construção de sentido lidaram com a frequência de argumentos fáticos, doutrinários, legislativos, jurisprudenciais etc., nas decisões que compuseram os *corpora* da pesquisa, mas elas não são científicas se, somente se (portanto necessariamente), conclui que "x" tem o sentido "z" porque esse é o sentido identificado como padrão nas decisões. Ainda mais quando temos observado que há mudanças nas decisões – o direito vive adaptações ao social bem como convívios entre comunicações do direito, da política, da economia, da religião etc.

Para pesquisar sobre Decisão Jurídica não é suficiente verificar frequência de argumentos, de informações para se afirmar qual o sentido do direito, inclusive porque sentido não é uma identidade observável por repetição, já que ele mesmo porta variação. Lembremos que as dicotomias indução/dedução, experiência/teoria e prática/teoria são tratadas como inseparáveis, posto que observação e teorização, experiência e abstração são cientificamente indispensáveis e heterarquicamente necessárias.

Pesquisar construção de sentido, nestes termos, não se reduz a descrever padrões, como se a pesquisa devesse estabelecer previsibilidade, probabilidade decisória, futurismo. Pesquisa porta criticidade, porta a perspectiva de apontar, indicar soluções a problemas sociais, soluções que podem ser

2. TEORIAS DA CRENÇA

simples ou complexas, soluções de curto ou longo prazo, soluções que podem ser aumentar as questões, as dúvidas, os problemas, as reflexões. Fazer ciência não tem que servir para a prática forense, inclusive. A ciência do direito também conta com a função de trazer reflexões agradáveis ou não aos práticos forenses; bem como conta com a função de produzir desentendimentos, afinal, sem criticidade pouco se colabora para a teoria e a prática. Não se trata de considerar que a ciência necessariamente ensina juristas a vivenciar suas experiências forenses, mas reconhecer que sem ciência do direito não haveria ensino do direito.

Afirmar que a prática não se confunde com a teoria é justamente reconhecer a necessidade de integração entre essas duas formas de conhecimento. É também reconhecer que elas se distinguem. Mas que critérios temos para fazer essa distinção, ou, ainda, como são possíveis as crenças epistêmicas?

Na perspectiva até aqui exposta, enquanto um conhecimento estiver dedicado a descrever algo e sem capacidade de explicação, não é científico, ainda que possa conter indícios de cientificidade. Há um fluxo entre a prática (meio empírico) e a observação (meio metafísico), o da formação de supostos metodológicos, como expõe Jeffrey Alexander (1990, p. 15):

QUADRO 7 – fluxo meio empírico/meio teórico

Meio Metafísico "Teoria"										Meio Empírico "Prática"
Pressuposições gerais	Orientações ideológicas	Modelos	Conceitos	Definições	Classificações	Pressuposições simples e complexas	correlações	Supostos Metodológicos	observações	

Fonte: ALEXANDER, 1990, p. 15.

As teorias da crença nos moveram pela verdade epistemológica porquanto distinguimos *verdade* de *justificação* e, com isso, distinguimos *crer que p* como dogma de fé de *crer que p* como crença justificada. Dogma de fé elimina o espaço para discussões, revisitas e debates. Crença justificada mantem espaços para discussões, revisitas, debates, mesmo quando acirrados. Afinal, apostamos na possibilidade, ao menos no mundo acadêmico-científico, de não cairmos na tentação do "dialogar com o outro sem escutar o que o outro tem a dizer" (RAJAGOPALAN, 2004, p. 171).

Assim sendo, consideramos afirmações como "justiça e verdade cada um tem a sua" como fundamentalismo, dogma de fé, posto que cientificamente são temas de pesquisa como tantos outros, afinal, a crença epistêmica, não como verdade onto-metafísica (DANCY, 2002, p. 89-87; WILLIAMS, 2001, p. 76-77), como se ciência fosse uma questão de "preferência de uma das filosofias em conflito" (PORCHAT-PEREIRA, 2007, p. 20). Tampouco se trata de "crença verdadeira justificada" (BURDZINSKI, 2005, p. 75-80); quando "ciência é mais como fórmula mágica do que uma explicação (porque não temos um teste para *explanans* distinto de nosso teste para *explanandum*), parece suficiente definir o progresso científico simplesmente como uma crescente habilidade em fazer predições" (RORTY, 2005, p. XII).

Vistos os giros da cientificidade e as teorias da crença, portanto o embate entre céticos e dogmáticos, passemos a tematizar a comunicação e, com ela, a neutralidade científica, pautados pela heterarquia entre objeto e comunicação, ou seja, vejamos se, na postura científica, encontramos elementos para a demarcação da ciência.

3. POSTURA EM CIÊNCIA E A NEUTRALIDADE CIENTÍFICA

Depois que o Instituto Liberal[37] defendeu que a teoria quântica é comunista e teve adeptos, ficou-me evidente a impossibilidade de se levar a sério o que se tem por ciência no Brasil. Se ao ler isso nos depreciamos e nos envergonhamos de o Brasil, em 2020, ainda está vivenciando sua idade média, ao mesmo tempo nos animamos porque, se estivermos certo, está se iniciando a possibilidade de o Brasil estar saindo de seu caudilhismo medieval. Também nos serviu de ânimo as postagens originais terem sido retiradas do site, ter havido uma retratação e pedido de desculpa à sociedade dos físicos, por parte do Instituto Liberal. Esse fato nos anima porque a retratação sinaliza que ao lado dos viventes na idade média brasileira há os que já saíram desta era, como os integrantes da sociedade brasileira de físicos. Isso indica que, observando a sociedade como comunicação, uma informação não é suficiente para determinar o social, pois para isso as informações precisam de tempo, de recursividade para produzir memória semântica social. É com esse ânimo que lidamos com a postura da cientificidade como critério à demarcação da ciência.

---

[37] Chegamos sem querer a estas postagens, pois estávamos fazendo uma busca pelos termos entropia e segunda lei da termodinâmica, quando então nos chegou a revelação que há uma divindade superior que descobriu que a teoria quântica é comunista. Nesse nível de inteligência só pudemos constatar que o Brasil ainda está pautado pela lógica causal do estímulo e incentivo ao ódio, da produção de inimigos autoelegidos para legitimar violência oficial do Estado. Ver as postagens: http://web.archive.org/web/20160601003615/http://www.institutoliberal.org.br/blog/complicacao-como-metodo-ideologico/; https://jornalggn.com.br/noticia/instituto-liberal-denuncia-a-fisica-quantica-como-instrumento-marxista/; https://www.esquerdadiario.com.br/Instituto-Liberal-diz-que-fisica-quantica-e-comunista-socialismo-como-desculpa-para-a-ignorancia; http://rodrigoconstantino.com/artigos/complicacao-como-metodo-ideologico/; https://www.institutoliberal.org.br/blog/nota-de-retratacao/; https://www.pragmatismo politico.com.br/2016/06/instituto-liberal-diz-que-a-fisica-quantica-e-instrumento-de-dominacao-marxista.html

DECISÃO JURÍDICA NA COMUNICATIVAÇÃO

Já vimos que a distinção representacionismo e não-representacionismo não nos auxilia na demarcação da ciência, pois tomar o objeto como algo físico, ideal, imaginário, metafísico pode afetar a validação de observações (*a posteriori*) e de teorias (*a priori*), mas não diferencia ciência de religião.

Via causalidade foram produzidas dicotomias e, estas, promoveram "aporias (ἀπορία), dilemas (δίλημμα), paradoxos (παράδοξος) e labirintos (λαβύρινθος)" (NOGUEIRA COELHO, 2017, p. 8). Ainda assim, os padrões de experimentos e afirmações da física e da matemática foram salutares para crivar esses saberes como científicos por portarem uma verdade livre de política e de religião, como temos com a ciência moderna de Issac Newton a Albert Einstein, de Einstein a Werner Karl Heisenberg e seguindo (ISAACSON, 2007; BRENNAN, 1997). Nas ciências humanas, como a sociologia, o direito e a linguística, as dicotomias levaram a entraves e impedimentos de avanços teóricos (LUHMANN, 2007[1997], p. 25), como se "o pecado mais recorrente dos filósofos parece ser jogar o bebê junto com a água do banho. Desde o início, cada 'nova onda' de filósofos simplesmente ignorou as contribuições da onda precedente no esforço por fazer avançar a sua" (PUTMAN, 2008[1999], p. 15).

Pela via da teoria da crença e dos giros da cientificidade o que localizamos foram casos explícitos desse pecado, com disputas por hierarquizar visões de mundo e produzir inimigos auto elegidos. O que estamos propondo à reflexão é que, na vida em sociedade, não há diferença entre um crente ou um ateu que defende o ódio. Todavia, se não há como evitar preconceito no ser humano, há como não admitir que, em nome de um preconceito, se defenda o direito de eliminar o oposto. Radicalizei as reflexões deste modo propositadamente para lidar com a neutralidade científica e, dela, com a demarcação a partir da diferenciação entre postura de doutrinação e postura reflexiva. Nossa hipótese é que, se a análise de dados está eivada de fundamentalismo, não se pode atribuir o adjetivo de ciência às afirmações dessa análise. Com isso, temos que o saber científico pode contribuir para decisões de política pública, por exemplo, mas não por isso ciência se confunde com a política. Decisões políticas não deixam de ser políticas porque baseadas em afirmações científicas.

Quando se emprega determinismo numa pesquisa, ela não é pesquisa científica. Só isso. Desse pressuposto, nosso critério à demarcação é a postura, não a perspectiva lógica empregada. Trata-se da distinção entre quem toma

> o objeto como algo para si consumado, acabado, que poderia dispensar perfeitamente o pensar para sua efetividade; ao contrário, o pensar seria algo deficiente, que apenas deveria se completar em uma matéria e,

3. POSTURA EM CIÊNCIA E A NEUTRALIDADE CIENTÍFICA

na verdade, como uma forma maleável e indeterminada, deveria se adequar à sua matéria. Verdade é a concordância do pensar com o objeto e, a fim de gerar essa concordância – pois ela não está presente em e para si –, o pensar deve ajustar-se e acomodar-se ao objeto (HEGEL, 2016a[1812], p. 58-59).

Desenvolveremos nossos argumentos explorando os elementos objeto, comunicação, observação.

QUADRO 8 – objeto/observador/observação

	gnosiológicos	epistemológicas
OBJETO	real/ideal físico/metafísico ser/devir coisa em si/natural/imaginário universal/particular	natural / ideal empírico / abstrato descoberta / inovação externalismo/internalismo
COMUNICAÇÃO	razão/ilusão racional/irracional verdade/opinião dogmático/cético	objetividade/subjetividade neutralidade/parcialidade fé/demonstração-testabilidade
OBSERVAÇÃO	tautologia/causalidade/reflexividade procedimental/substantiva representa/antirepresentacionismo	dedução/indução ciência/opinião mito do dado/mito do teórico fundacionismo/justificacionismo

Fonte: o autor

Da afirmação *pesquisar é falar por dados*, e da pergunta *por que crer que p?* distinguimos postura científica de lógica científica. A lógica científica envolve a escolha do tema, do marco teórico, da análise dos dados de pesquisa. Ela pode ser: circularidade tautológica, linearidade causal ou doxástica e circularidade reflexiva. Postura se refere à atuação do pesquisador, que pode ser de doutrinamento ou de reflexividade.

A dicotomia objeto/sujeito foi ponto de partida dos debates que vão do "grau zero do conhecimento" à "petição de princípio", passando pelo regresso ao infinito e pelo justificacionismo, coerentismo, pragmatismo. Quando o tema da verdade motiva e desmotiva reflexões. Entendemos, com Richard Rorty, que não devemos abandonar o tema da verdade, mas sim, a ideia de

DECISÃO JURÍDICA NA COMUNICATIVAÇÃO

representacionismo, afinal, o problema não está em haver ou não verdade, mas em como lidamos com ela.

Em nossas pesquisas, dicotomias não se configuram como lados em disputa que servem para conversão de filiados. Elas são tomadas como formas de dois lados, paradoxos porquanto os dois lados são igualmente indispensáveis um ao outro. Tendo observar como distinguir e, ao mesmo tempo, assinalar, indicar, pontuar, pesquisamos a decisão jurídica pautados pela lógica do *ao mesmo tempo*, lidando com as dicotomias linguísticas (autoria/texto; leitura certa/errada; dito/não dito), as jurídicas (direito natural/direito positivo; arbitrário/discricionário; legal/ilegal; exaustivo/exemplificativo; justo/ /injusto) e as sociológicas (individual/coletivo; ação/sistema; pessoa/estrutura; macro/micro; global/local) como formas de dois lados, jamais como alternativas, como se um lado necessariamente só tivesse sentido uma vez eliminado o outro, pois a identidade, o sentido, a sua diferenciação dependeria disso.

Quanto à demarcação, Popper traz a distinção ciência e pseudo ciência. Susan Haack distingue investigação de pseudo-investigação, sendo "a característica distintiva da pseudoinvestigação o fato de que o 'investigador' não quer descobrir a verdade de alguma questão, mas argumentar a favor de alguma proposição previamente determinada" (HAACK, 2011, p. 59). Estranhei inicialmente a taxonomia que a autora faz dentre integridade intelectual, honestidade científica, investigador genuíno, investigador desinteressado e raciocínio fingido (*sham reasoning*) ou raciocínio fajuto (*fake reasoning*) para, daí, tomar por critério de demarcação da ciência a dedicação à busca pela verdade, porém, verdade obtida com a análise dos dados, não uma análise prévia, pré-estabelecida, pré-determinada por interesses como fama e fortuna. É o que depreendemos ao ler: "investigador genuíno não é um colecionador de proposições verdadeiras, tampouco um adorador de um ideal intelectual" (HAACK, 2011, p. 60), afinal, "se ele investiga se o fumo de cigarro causa câncer, ele quer acreditar no final que o fumo de cigarro causa câncer se o fumo de cigarro causa câncer, e que não causa câncer se não causa (e que as coisas são muito mais complicadas do que isso)" (HAACK, 2011, p. 60).

Não acato a leitura de Haack sobre Richard Rorty, pois Rorty considerar que verdade não se confunde com justificação, não implica que ele nega a possibilidade de haver verdade, nem que relativismo é necessariamente não haver conhecimento. Entendo que Rorty afirma que não se deve ocupar com a verdade representacionsista, porém não li, em Rorty, que isso implica em niilismo, afinal, não se trata de "o que acreditar agora, mas sobre explicar o que aconteceu, a distinção entre justificação e verdade é útil:

3. POSTURA EM CIÊNCIA E A NEUTRALIDADE CIENTÍFICA

não raro explicamos nossos fracassos da seguinte forma: 'eu tinha minhas justificativas para creditar nisso, mas infelizmente não eram verdadeiras'. No entanto, embora seja útil, essa distinção não é essencial" (RORTY, 2005, p. 3). Observei que tanto Haack quanto Rorty citam Charles Sander Pierce ao tratar de sua concepção de verdade. Talvez o problema esteja em como cada um interpretou as ideias de Pierce.

Nossa ideia é que, quando se trata de dogma de fé, não há espaço para debate. No caso da crença, sim, há esse espaço. Não negamos que há casos de pesquisa pautada pela fé, por isso concordamos que a "pseudoinvestigação é um fenômeno não menos comum que a pseudocrença" (HAACK, 2011, p. 58), principalmente se se toma por "característica distintiva da investigação fingida, o *comprometimento prévio e imutável* do investigador com a proposição para qual busca evidências" (HAACK, 2011, p. 59), como são as pesquisas em que o pesquisador está devotado a defender uma opinião, uma ideia, uma visão de mundo independente dos dados que serão ou foram coletados.

Uma questão que se coloca é quanto à possibilidade de se distinguir a comunicação sobre observações de dados, daquelas referentes à vida em sociedade, assim, lidamos com o problema da neutralidade científica não como um problema do observador, mas da comunicação científica mesma, a comunicação voltada ao verdade/falsidade científica (LUHAMNN, 1996[1990], p. 128), inclusive porque "a verdade não é nenhuma característica de determinados objetos ou enunciados ou cognições" (LUHAMNN, 1996[1990], p. 129), ela é um médio de comunicação simbolicamente generalizado, é "um médio da emergência de uma comunicação improvável [...] é uma área de possibilidades improváveis na qual a comunicação pode se organizar autopoieticamente sob condições especiais" (LUHAMNN, 1996[1990], p. 129). Não houvesse a distinção saber científico/saber não científico, haveria uma fusão entre visão de mundo, opinião pessoal, questão de gosto e a cientificidade. Isso implicaria inexistir conhecimento científico. A neutralidade não é sequer uma questão de ética da pesquisa científica. Roberto Merton, para alertar a importância da sociologia do conhecimento, portanto da necessidade de reflexões sobre o tema, escreve: "o vagabundo e a vendedora têm sido escolhidos para serem objeto de pesquisas, mas não o experto em ciências sociais"[38] (MERTON, 1973, p. 70).

A distinção ética na pesquisa e a ética do pesquisador auxilia o que estamos afirmando quanto ao uso que se faz dos resultados de uma pesquisa não

---

[38] No original: *the hobo and the saleslady have been singled out for close study, but not the social science expert.*

DECISÃO JURÍDICA NA COMUNICATIVAÇÃO

ser livre ao ponto de não haver neutralidade científica. Por mais improvável que seja a comunicação humana, ela conta com limites, limites dela mesma, não de uma regulamentação, uma normatividade externa a ela. Por isso, não vemos o problema da neutralidade atrelado às pretensões de controles éticos ao pesquisador, mas da comunicação científica mesma. Os debates que uma pesquisa suscita não são sequer limitados pelas obras de um pesquisador. Não faltam exemplos de autores que ganharam uma imagem plenamente diversa de seus escritos: Hans Kelsen, Talcott Parsons, Niklas Luhmann. Não me refiro à diversidade de leitura, mas às atribuições, às afirmações sobre suas obras pautadas em frases e ideias que eles jamais escreveram. Com isso, negamos que a via da normatividade ética serve para lidar com a neutralidade científica.

Martin Heidegger, autor que não li, mas faço esta referência por ele configurar como um caso típico desta questão, posto que há quem afirme e quem negue que ele foi conivente com o regime nazista. Apontar ou negar esse vínculo altera completamente as leituras e considerações de sua obra, sua contribuição filosófica é posta em xeque. Essa situação nos serve para por em relevo a questão da neutralidade científica ser uma questão de neutralidade do autor, do leitor ou da comunicação mesma. Para quem Heidegger foi defensor do nazismo, a obra é plenamente diversa daquela leitura feita por aqueles que não o consideram um integrante do regime nazista. O pressuposto à leitura influencia necessariamente na leitura. O mesmo ocorre em Decisão Jurídica, tanto enquanto julgamento judicial quanto no fazer ciência sobre ela. Entendo que essas situações não se assemelham. Não se trata de negar admissibilidade que se cobre ética do decididor e do cientista, apenas questiono a relação neutralidade e ética, pois deposito o problema na comunicação mesma e não na pessoa física do pesquisador, do leitor, do decididor. É possível separar a opção política da opção científica? Essa questão não é a mesma da: é possível separar a análise dos dados da visão política? Bem como da questão: é possível separar o resultado de uma pesquisa de seu uso político? Para quem se interessa pela questão de Heidegger, propriamente, os Cadernos Negros (*Schwarze Hefte*), publicados em 2014, somados às Cartas de Heidegger ao irmão Fritz, publicadas em 2018, são obras de referência, além do livro de Peter Trawny "Heidegger e o mito da conspiração judaica mundial", publicado em 2015, em português sob a tradução de Soraya Guimarães Hoepfner, pela editora Mauad, e outras obras que lidam com o tema.

Sobre as perguntas elaboradas no parágrafo anterior, mi reduzo ao lema: "sociedade é o que fazemos dela ser", ou seja, sociedade é comunicação. Nós

3. POSTURA EM CIÊNCIA E A NEUTRALIDADE CIENTÍFICA

seres humanos somos capazes de defender ortodoxamente uma opinião e viver em plena oposição ao que se prega. A comunicação partilha essa situação, quero dizer, a comunicação não se autoengana. A comunicação comunica com a dureza que ela é. "A comunicação, ao estar incapacitada para perceber, não depende de uma imaginação de uma realidade externa e, portanto, não se encontra ligada a esta forma do déficit de autocontrole interno realizado" (LUHAMNN, 1996[1990], p. 31).

Por ora, afastemo-nos da ética, e voltemos à questão da comunicação científica, de o quanto ela é ciência quando pautada pela perspectiva fundamentalista. Não se trata de defender que se deve fazer pesquisa sem fundamentos, mas simplesmente colocar que, numa mesma pesquisa, há convicção e dúvida e, inclusive, incerteza. Isso nos leva a afirmar que seguir em disputa se o conhecimento é uma questão de verdade última, verdade temporária ou de justificação resulta seguir num debate que se limitará a exigir afiliação a uma das respostas. Nossa proposta é que toda pesquisa científica contém certezas ao mesmo tempo que incertezas.

Não se trata, tampouco, de defender a possibilidade de em pesquisa não haver pontos de partida, porém, sim, de o quanto uma pesquisa é científica se dedicada à defesa do(s) ponto(s) de partida. Uma pesquisa dedicada à defesa de algo e não a apresentar reflexões ao debate, não é científica, mas pesquisa forense, no caso do direito. Propomos que toda pesquisa tem uma pauta inicial, uma postura. Quando afirmo que *pesquisar é falar por dados* estou lidando com a distinção postura fundamentalista/postura reflexiva. Não são, por se tratar de postura de pesquisa e não de método de pesquisa. Uma coisa é a postura outra é a lógica de ciência. A postura é o critério que proponho para distinguir, demarcar, pesquisa forense de pesquisa científica em direito. O uso da palavra pesquisa se dá em ambos os casos, porém não o adjetivo: científica. Por quê?

Numa pesquisa para executar sua atividade profissional jurídica – se preparar para uma audiência, um júri, confeccionar uma petição, um parecer, uma sentença, um voto – são coletados dados. Imaginemos que essa pesquisa tem por dados legislação, jurisprudência e doutrina. Essa pesquisa é científica? Não. Não é. Imaginando agora que a pesquisa tem por dados legislação, jurisprudência e doutrina com o objetivo de explicar um fenômeno jurídico. Essa pesquisa é científica? Sim, pode ser. Por quê? O que distingue essas pesquisas? Qual a distinção entre uma pesquisa para confeccionar sua peça judiciária e pesquisa para publicar artigo, livro, participar de um evento acadêmico?

DECISÃO JURÍDICA NA COMUNICATIVAÇÃO

As respostas a essas questões não se devem aos dados, nem ao método de pesquisa. Não se deve aos dados porque eles são os mesmos: legislações, jurisprudências e doutrinas. Não se devem ao método porque no exercício profissional prático-forense se pode partir de uma base teórica para analisar os dados do caso (método dedutivo), bem como se pode partir dos dados do caso para desenvolver afirmações e definir a tese que irá postular (método indutivo) em juízo. Semelhante é o que se passa com a comunicação científica, com a pesquisa científica.

Tampouco se pode atribuir às técnicas de pesquisa esse diferencial, pois pesquisa bibliográfica, pesquisa documental, a entrevista, a observação integram as técnicas utilizadas na prática forense e em pesquisa científica. Ou ouvida de testemunhas, depoimento das partes, júri, não são práticas de entrevista, para citar um exemplo? Em qualquer das formas de pesquisa, os dados, os métodos e as técnicas podem ser as mesmas. Ocorre que a maneira como documentos, entrevistas e observações são utilizadas por pesquisadores científicos não é a mesma quando empregadas por um jurista na prática forense.

Cláudio Souto usa a expressão "observação controlada dos fatos" justamente para nos ensinar que não toda e qualquer observação integra o fazer pesquisa científica porque

> o conhecimento científico-substantivo começa onde há o comprovável pela observação controlada por métodos e técnicas de pesquisa empírica (fática). E, por ser assim baseado na observação controlada dos fatos, é o conhecimento menos inseguro que se possa obter. Desse modo, as perspectivas científico-substantivas que relacionem o mental e o direito (Psicologia Jurídica) e o social e o direito (por exemplo, Sociologia do Direito, Antropologia Jurídica, Economia e Direito), poderão apresentar significativo rigor metodológico (SOUTO, 2014, p. 40).

afinal,

> não se trata de uma atitude preconcebida e sim aberta, sempre à procura do seu erro. As soluções da ciência rigorosa nunca são soluções definitivas – apesar de serem as menos inseguras que se possa ter, por serem comprovadas ou comprováveis pela observação controlada dos fatos (SOUTO, 2014, p. 42).

3. POSTURA EM CIÊNCIA E A NEUTRALIDADE CIENTÍFICA

Se não se deve aos dados, ao método, às técnicas, nem à análise a distinção pesquisa feita por um jurista para o exercício de sua prática forense de uma, feita para fins de publicação de um artigo, um livro, participar de um evento, a que se deve a distinção? O que faz a primeira ser pesquisa forense e a segunda, pesquisa científica? Poderíamos propor a distinção entre pesquisa acadêmica e pesquisa científica, mas optemos por não lançar mais distinções aqui e agora, mas essa distinção também se pautaria por nosso critério de delimitação do conhecimento científico.

Voltemos, mais uma vez, à história da ciência, agora aos registros das diversas propostas de distinção entre metafísica e ciência feitos por Karl Popper, Thomas Kuhn, Imre Lakatos e Paul Feyerabend.

Karl Popper propõe o falibilismo como critério de demarcação do conhecimento científico ao pseudo-científico e ao não científico, principalmente suas críticas ao Círculo de Viena, em especial às ideias de Rudolph Carnap (1891-1970) sobre a fronteira entre metafísica e ciência, sendo a primeira as antecipações mentais de hipóteses, a especulação, e a ciência a pesquisa empírica, feita pelo método da indução, pela observação, assim, um significado seria científico e não metafísico se seu sentido é verificável, capaz de produzir confirmabilidade indutiva, ocorre que, afirma Popper, as afirmações metafísicas também têm sentido e, não por isso, são afirmações científicas (POPPER, 1972, p. 281). A insatisfação de Popper com o critério de demarcação proposto por Carnap é que, com a física moderna, já em Isaac Newton, a ciência se desenvolvia mais por especulação e abstração que por observação e indução. Então, para a pergunta, o que distingue uma superstição de uma crença científica não era suficiente para Popper a resposta: porque um conhecimento é sujeito à prova, a testes de comprovação e outro não. Não era suficiente porque muitas superstições funcionam e ocorrem com certa probabilidade, assim, a probabilidade tampouco é critério de demarcação, mas sim a refutabilidade, o falibilismo (POPPER, 1972, p. 280-321).

As refutações a Carnap estão em que os critérios da carência de sentido se devem à falta de base num fenômeno ou numa experiência observável (POPPER, 1972, p. 288). Ocorre que essa verificabilidade, proposta por Wittgenstein, está presente na teoria naturalista da linguagem, inicialmente aceita por Carnap e, posteriormente, abandonada por ele ao conceber que se trata de um "sistema de constituição". Se é assim, então a verificabilidade é uma questão de convencionalismo, de "respeito às regras de formação aplicáveis às fórmulas ou proposições naquela língua" que passa a ser o critério demarcador do sentido (POPPER, 1972, p. 287). A demarcação entre metafísica e ciência, fosse assim, estaria em que os conceitos empregados na ciência são "definidos à base da experiência observável" (POPPER, 1972, p. 280-321). Com isso temos que a constitucionalidade de um conceito decorre de um sistema artificial de linguagem, portanto, a ciência produz uma linguagem-modelo artificial. A verificabilidade estaria na observação, na experiência, o que leva Popper a refutar o solipsismo metodológico de Carnap afirmando que as palavras não têm sentido exclusivamente porque integradas num sistema artificial de linguagem, como se não houvesse qualquer relação a algo exterior a este sistema. Não se pode, portanto, reduzir a cientificidade às "experiências subjetivas do próprio observador" (POPPER, 1973, p. 296).

> Esse ponto é importante porque minha teoria sobre o caráter "fisicalista" das afirmações derivadas de testes opõe-se radicalmente às teorias geralmente aceitas de que elaboramos um "mundo exterior da ciência" a partir de "nossas experiências". Sempre acreditei que isso é um preconceito (ainda largamente sustentado), e que nunca devemos confiar em "nossas experiências" a não ser que acreditemos que estejam em conformidade com concepções intersubjetivamente testáveis (POPPER, 1973, p. 295).

Thomas Kuhn, discorda de Popper e fala em ciência normal (KUHN, 2000[1962], p. 43-56), aquela que tem desenvolvidos seus modelos, seus paradigmas. Nenhuma área do conhecimento se desenvolve se suas bases ainda não se firmaram e, não, porque os cientistas desta comunidade vivem em busca de inventar novas teorias e/ou falsear as existentes (KUHN, 1994, p. 45), antes, há uma confiança num paradigma, por isso a ciência evolui. Todavia, isso não significa que uma área do conhecimento científico não viva casos de revoluções, pois toda ciência passa por períodos de crise, durante os quais ocorrem mudanças de paradigmas (KUHN, 2009[1977], p. 116).

Imre Lakatos une as duas propostas por entender que não só de crítica às descobertas e inovações vive um ramo de conhecimento, tampouco de normalidade, mas sim de programas de pesquisa (LAKATOS, 1999[1978], p. 54-102). Paul Feyerabend não reconhece qualquer critério prévio de demarcação, mas *posteriori* (2011[1975], p. 303-318). Maturana, afirmando que não se pode distinguir ilusão de percepção, oferece a ideia de a ciência ser demarcada pelas reformulações de experiências aceitas numa comunidade acadêmica, então, distingue a objetividade sem parêntesis da objetividade entre parêntesis – objetividade de (objetividade), como no quadro abaixo (MATURANA, 2001, p. 29).

3. POSTURA EM CIÊNCIA E A NEUTRALIDADE CIENTÍFICA

QUADRO 9 – diagrama ontológico

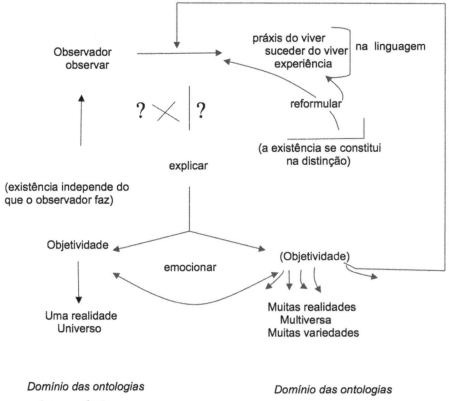

Fonte: Maturana, 2001, p. 29

Para Maturana, ciência não tem qualquer relação com predição, futurismo, mas sim com explicação. Explicar algo que ocorre na vida cotidiana, por isso não há como desvincular fazer ciência da vida cotidiana. A vida cotidiana dá validade à explicação científica. Ocorre que há dois modos de escutar, de aceitar uma reformulação da experiência científica ou mesmo da vida cotidiana, os quais se distinguem devido ao critério usado para se aceitar uma reformulação, trata-se do modo de aceitar pautado por referenciação ao objeto, a algo que existe independe do observador, como vimos antes com o representacionismo, o externalismo, ou ainda, a capacidade de ver. Porém, como esse ver se torna razão? Simples, não questionando o observador nem o observar, mas apenas o objeto. Assim temos a "objetividade

DECISÃO JURÍDICA NA COMUNICATIVAÇÃO

a seco" (MATURANA, 2001, p. 30). Quando se pergunta pelo observador e pelo observar.

Maturana afirma que considerar o observador é considerar a biologia, pois sem cérebro não há observador, do que conclui que "no momento em que considero o observador como ser vivo, quero dizer, quando levo em conta a biologia, não posso deixar de assumir o fato de que, experiencialmente, não podemos distinguir entre ilusão e percepção" (MATURANA, 2001, p. 30).

No diagrama temos, ao lado esquerdo, que é a referência a algo independente da comunicação que valida o conhecimento; já o constante no lado direito, a *objetividade entre parêntesis*, é aquela em que o observar necessariamente envolve a comunicação (o observador). Desenvolvendo essas alternativas, Maturana afirma que não se trata de oposições ao fazer ciência, pois a explicação científica não distingue os caminhos explicativos. Ocorre que a objetividade não é um pressuposto de validade uma explicação científica. Ciência não é uma questão de se ter acesso privilegiado ao objeto da observação, inclusive, porque, há várias realidades possíveis, "realidade é uma proposição explicativa" (MATURANA, 2001, p. 35). E, ainda, a maneira como usamos a linguagem para tratar dela mesma não é uma questão de objetividade, posto que "toda explicação é uma reformulação da experiência com elementos da experiência" (MATURANA, 2001, p. 33).

É com essas ideias que distingo pesquisa científica no direito da pesquisa prático-forense baseado em que o jurista, no exercício de sua profissão jurídica, se dedica à defesa de uma tese jurídica para o caso. Advogar é defender uma causa, uma tese para um caso. Poderíamos retirar o magistrado dessa hipótese, porém, também, quando a formulação de um despacho, uma sentença, um acórdão envolve pesquisa, esta, por mais que haja imparcialidade do julgador, como lemos nos artigos 7º (paridade de tratamento das partes), art. 8º (Art. 8º Ao aplicar o ordenamento jurídico, o juiz atenderá aos fins sociais e às exigências do bem comum, resguardando e promovendo a dignidade da pessoa humana e observando a proporcionalidade, a razoabilidade, a legalidade, a publicidade e a eficiência), art. 144 (do impedimento do juiz) e art. 145 (da suspeição do juiz), todos do Código de Processo Civil (Lei No. 13.105, de 16 de março de 2015).

Especificamente quanto ao advogado, temos o parágrafo segundo do artigo segundo do Estatuto da Advocacia e a Ordem dos Advogados do Brasil (OAB) – Lei nº 8.906, de 4 de julho de 1994 – proscreve "§ 2º No processo judicial, o advogado contribui, na postulação de decisão favorável ao seu constituinte,

3. POSTURA EM CIÊNCIA E A NEUTRALIDADE CIENTÍFICA

ao convencimento do julgador, e seus atos constituem múnus público". Já o artigo 4º do Código de Ética da Advocacia proscreve:

> Art. 4º O advogado, ainda que vinculado ao cliente ou constituinte, mediante relação empregatícia ou por contrato de prestação permanente de serviços, ou como integrante de departamento jurídico, ou de órgão de assessoria jurídica, público ou privado, deve zelar pela sua liberdade e independência.
>
> Parágrafo único. É legítima a recusa, pelo advogado, do patrocínio de causa e de manifestação, no âmbito consultivo, de pretensão concernente a direito que também lhe seja aplicável ou contrarie orientação que tenha manifestado anteriormente.
>
> Art. 11. O advogado, no exercício do mandato, atua como patrono da parte, cumprindo-lhe, por isso, imprimir à causa orientação que lhe pareça mais adequada, sem se subordinar a intenções contrárias do cliente, mas, antes, procurando esclarecê-lo quanto à estratégia traçada.

Um procurador, um promotor, um delegado, um magistrado, também têm que promover a defesa de uma dentre as possíveis leituras de um caso.

No caso da Advocacia Geral da União, temos como atribuições representar e defender a União:

> Art. 4º – São atribuições do Advogado-Geral da União:
>
> ...
>
> IV – defender, nas ações diretas de inconstitucionalidade, a norma legal ou ato normativo, objeto de impugnação;
>
> ...
>
> X – fixar a interpretação da Constituição, das leis, dos tratados e demais atos normativos, a ser uniformemente seguida pelos órgãos e entidades da Administração Federal;
>
> XI – unificar a jurisprudência administrativa, garantir a correta aplicação das leis, prevenir e dirimir as controvérsias entre os órgãos jurídicos da Administração Federal;.

Quanto ao Ministério Público Federal, lemos na Lei Complementar nº 75, de 20 de maio de 1993:

> Art. 1º O Ministério Público da União, organizado por esta lei Complementar, é instituição permanente, essencial à função jurisdicional

do Estado, incumbindo-lhe a defesa da ordem jurídica, do regime democrático, dos interesses sociais e dos interesses individuais indisponíveis.

Quanto à magistratura, no Código de Ética da Magistratura Nacional, de 18 de setembro de 2008, quanto aos princípios da independência e da imparcialidade

> Art. 5º Impõe-se ao magistrado pautar-se no desempenho de suas atividades sem receber indevidas influências externas e estranhas à justa convicção que deve formar para a solução dos casos que lhe sejam submetidos.
>
> Art. 8º O magistrado imparcial é aquele que busca nas provas a verdade dos fatos, com objetividade e fundamento, mantendo ao longo de todo o processo uma distância equivalente das partes, e evita todo o tipo de comportamento que possa refletir favoritismo, predisposição ou preconceito.

Sendo assim, um advogado, um procurador, um promotor, um delegado, um defensor público, um oficial de justiça têm, no exercício de suas profissões, que defender uma leitura do caso, defender uma visão, defender algo. Isso ocorre também com o magistrado, porém este não está, com os demais, vinculado a uma das partes ou, pelo menos, não deveria ter esse vínculo, em havendo, se trata de caso de impedimento ou suspeição, portanto, perda da imparcialidade. Não estamos nos referindo à neutralidade, mas a imparcialidade, afinal, a neutralidade lida com perspectiva de vida, como visão de mundo, imparcialidade é referente a vínculo com as partes processuais.

Outro ponto é quanto à decisão mesma. As peças judiciais são documentos nos quais constam decisões pautadas pela defesa de algo. Não imagino um juiz tomando uma decisão deixando em aberto o que decidiu. Não estou sequer me referindo a situação passível de Embargos de Declaração, estou me referindo à situação de a decisão judicial jamais poder ser tipo: "as partes que decidam como querem resolver o caso", ou coisa semelhante. Tampouco me refiro aos casos de pedidos alternativos numa petição. O que não concebo é uma petição em que o peticionário requer que se condene e absolva o réu, ao mesmo tempo. Certo, pode se pedir a absolvição e, caso assim não entenda o julgador, que tome decisão considerando atenuantes de modo, por exemplo, a viabilizar uma pena alternativa, uma prisão domiciliar etc. Mas nada disso retira a obrigatoriedade do que estamos chamando de "defender uma tese

3. POSTURA EM CIÊNCIA E A NEUTRALIDADE CIENTÍFICA

ao caso". Na prática judiciária, o jurista tem que escolher como vai argumentar, como vai desenvolver a defesa de sua visão, da "tese jurídica do caso", seleciona as informações (argumentos, provas, dados) que serão expostas, partilhadas. Deixo aos processualistas o debate da teoria da ação e da relação processual e a seus predecessores como Wach, Bulow, Hellwig e Chiovenda. Apenas tomo por pressuposto que não há litígio processual, salvo caso de revelia, se não há réu. Ações em que as partes recorrem ao judiciário para homologar um acordo extra judicial não elimina nossa questão. Inclusive, o princípio da ampla defesa é tema de controvérsias doutrinárias. Não por isso, ignoro a precariedade das defesas no âmbito judiciário das "camadas populares" (ERLING SEVERO; CRUZ, 2010, p. 45-59; TAVARES, 2006, p. 2-16; ROGRIGO RODRIGUEZ, 2013; LIA ALMEIDA, 2017, p. 111-156; FERREIRA; SANTOS; MARTINS DE SOUZA, 2017, p. 377-398; FLORENTINO E SILVA, 2017, p. 349-376; ROCHA; JORDÃO, 2017, p. 106-119).

O que estamos propondo é que a pesquisa voltada à confecção da tese do caso judicial é uma pesquisa distinta de uma científica. É distinta porque, na primeira espécie, há a obrigatoriedade de defender uma dentre as possíveis leituras do caso jurídico e, ao fazer isso, o jurista, inclusive por ética profissional, afasta dados contrários à sua tese. Dados que podem vir a ser aplicados noutro caso, mas não neste. A parte contrária que apresente seus dados. Ocorre que essa atitude de omitir, afastar dados é antiética no caso de pesquisa científica. Essa omissão de dados para validar um resultado de pesquisa é contrária à cientificidade. Não que isso não ocorra na prática cotidiana do mundo científico, porém isso não torna essa postura uma postura científica, mas, como já escrevemos acima, se trata de impostura científica. Aqueles que trabalham com hipótese, quando sua hipótese inicial é negada pelos dados, ele não pode excluir tais dados, ele tem obrigação de os expor e concluir sua pesquisa tratando da situação. Não estou, com isso, afirmando que dados revelam verdades, saliente-se. Apenas estou me referindo a que dados a favor e contrários devem ser igualmente considerados, analisados e expostos. Assim não fosse, seria ético um pesquisador omitir os casos em que, num teste de um medicamento, resultasse não ter efeito, não tratar da doença. O Covid-19 nos deixou explícita essa limitação humana. As diversas pesquisas realizadas evidenciaram o quanto ciência demanda tempo e dados para promover afirmações capazes de construir a memória semântica do tema de pesquisa. As pesquisas científicas e suas aplicações em políticas públicas, nas diversas partes do mundo, viabilizaram diversas opções e alternativas. Se a decisão política ignorou muitas delas por interesses políticos, seja sob argumentação econômica ou não, assistimos afirmações científicas norteando decisões políticas como quarentena, formas de isolamento social, *lock down*, imunidade de rebanho, vacina, meios de tratamento, uso ou não da cloroquina, condições de reabertura dos espaços públicos, fechamento de escolas, retomada das aulas, que serviços tomar por essenciais para fins do momento etc. Elementos ideológicos nortearam os debates inclusive questionando a viabilidade e capacidade das pesquisas científicas, se elas deveriam ou não ser ouvidas e consideradas pelos governantes nacionais.

Não estou, fique claro, afirmando que a pesquisa forense é melhor ou pior que a científica. Apenas concebo que são pesquisas distintas porque lidam com posturas de pesquisa distintas. Não cabe falar em demérito à pesquisa forense. Tampouco se trata de negar que cientista tem e deve mesmo ter sua opinião, sua visão de mundo, sua concepção de vida. Contudo, entendo que, cientificamente, omitir dados para defender uma hipótese afasta a pesquisa do adjetivo científica. Merton já alertava para essa situação quando escreveu sobre a influência e interferência do financiamento de pesquisa: "a economia da pesquisa empírica pode afetar os padrões de pesquisa aplicada e de pesquisa básica de maneira bastante diferente"[39] (MERTON, 1973, p. 88). Uma coisa é esse financiamento estimular desenvolvimento de pesquisas numa determinada área, o que é fundamental como política pública de ciência. Mais uma vez, vimos editais de financiamento público e privado voltados à Covid-19. Outra coisa é, porque financiado por uma indústria farmacêutica, o pesquisador optar por omitir ou manipular os dados para defender o uso de um medicamento e publicar que determinada substância serve para cura de algo. O filme Jardineiro Fiel retrata bem o que estou me referindo. Nada disso se confunde com o que tomo aqui por postura fundamentalista ou reflexiva exercida por cientistas. Estou me referindo aos casos de "interesse em reconhecimento" (MERTON, 1973, p. 386; 419-438), como ocorre quando se visa ter prestígio, reconhecimento instrumental ou honorífico, ser uma excelência da pesquisa científica. Situações de pseudo-ciência, quando

> fatos estratégicos mostram a inadequação de tratar um interesse no reconhecimento do trabalho científico como meramente uma expressão do egoísmo. Muitas vezes, os próprios descobridores não tomam parte em

---

[39] No original: *the economics of empirical research may affect the patterns of applied research and of basic research in quite different fashion.*

3. POSTURA EM CIÊNCIA E A NEUTRALIDADE CIENTÍFICA

argumentar suas reivindicações sobre a prioridade ou importância de suas contribuições[40] (MERTON, 1973, p. 340).

Um pesquisador científico, inclusive em direito, não tem obrigação de defender algo, pode fazer, pode defender uma ideia, uma perspectiva, uma opinião, porém se essa defesa é indiscutível, não se trata de ciência mas de religião, se é defesa como apresentação de uma "proposta", uma reflexão, lançamento de informações ao debate científico, é ciência. Popper traz um exemplo claro sobre essa questão quando descreve a postura de Carnap como cientista:

> Carnap foi uma das pessoas mais cativantes que já encontrei e um pensador profundamente absorvido nos seus problemas, devotado a eles, pronto a ouvir qualquer crítica. Na verdade, entre outras características que Carnap tinha em comum com Bertrand Russell (cuja influência sobre ele, e sobre todos nós, foi maior do que a de qualquer outro) está a coragem intelectual, que o levava a mudar de opinião, sob a influência da crítica, mesmo em pontos de importância fundamental da sua filosofia (POPPER, 1972, p.282).

Voltando ao quadro "diagrama ontológico", temos a objetividade sem parêntesis e a objetividade com parêntesis, proposta por Maturana. Essas objetividades não é uma questão de subjetividade e objetividade. Para Maturana essa distinção não tem importância, por mais que ela seja fundamental para a vida cotidiana, para o lidar com o outro. O ponto é que, se se parte da objetividade sem parêntesis, o outro é coisificado, uma vez que ao outro resta aceitar minha explicação, como se fosse possível "a justiça da realidade, do conhecimento, da razão ... Eu nem sequer preciso lavar as mãos" (MATURANA, 2001, p. 37). O outro necessariamente deve fazer o que eu digo porque o que digo é indiscutível por ser uma descrição da própria realidade, afinal, sendo ela externa a mim, só há uma realidade e esta é a que eu estou dizendo que é, porque é a que eu observo, é a que meus sentidos me levam a crer, afinal, meus sentidos não me enganam, portanto, não podem lhe enganar, basta você ver o que eu vejo, não há como confundir ilusão de

---

[40] No original: *Other strategic facts show the inadequacy of treating an interest in recognition of scientific work as merely an expression of egotism. Very often, the discoverers themselves take no part in arguing their claims to the priority or significance of their contributions.*

DECISÃO JURÍDICA NA COMUNICATIVAÇÃO

percepção. Agora, se você quer se manter iludido, a mim resta lhe converter ou lhe abandonar.

Maturana entende que não se trata de defender um dos lados do quadro, mas explicar a dinâmica das alternativas explicativas da vida cotidiana e da ciência. Ocorre que uma explicação científica, como toda forma de comunicação social, não se dá por transmissão de informação, como se fosse uma questão de conversão de alguém em seguidor, em adepto. No caso da objetividade com parêntesis se admite haver diversas realidades e, para explicá-las, não é suficiente eu ver, eu perceber como eu percebo, mas sim, para proceder uma explicação válida, se exige "coerências operacionais que a constituem" (MATURANA, 2001, p. 34). Assim, numa explicação é válido escutar o observador, as reformulações da experiência, observar os elementos de experiência ao se propor uma explicação sobre algo (MATURANA, 2001, p. 41). Contudo, nos domínios da ontologia, "todo argumento especifica seu domínio de validade e, portanto o universo no qual é válido sempre. Isso é, constitutivo de uma argumentação racional". (MATURANA, 2001, p. 49). Tematizamos a neutralidade científica, a racionalidade da explicação científica justamente partindo de que ontologia, afinal, não há pesquisa sem objeto, todavia, a postura no fazer ciência pode ser fundamentalista ou reflexiva.

A neutralidade científica lida justamente com a distinção entre separar e diferenciar. Distinção a qual recorremos para diferenciar política de ciência, portanto para lidar com a neutralidade científica, o que não se confunde com eliminar do pesquisador sua visão de mundo. Os dedicados à defesa da ciência pura apostam na separação por entenderem que ciência é objetiva e a subjetividade infeciona e destrói a cientificidade. Os que não advogam a pureza, não reconhecem a separação e apostam na indiferenciação, afirmam a impossibilidade de ciência sem ideologia; outros, não reconhecem a separação por entender que há relação, porém não há confusão entre ciência e religião, mas sim diferenciação. A história conta com diversos momentos de separação, confusão e diferenciação entre ciência, religião, política (MERTON, 1973, p. 246-250; KUHN, 2000[1962], p. 126-128; SOUTO, 1987, p. 13-16). Não navegamos por estas águas, mas pela diferenciação entre objeto e sujeito, portanto, pela diferenciação com forma de dois lados entre a observação e o observador. Isso não implica que desconhecemos as disputas de poder simbólico (BOURDIEU, 1989[1982], p. 14), as disputas culturais por ditar o que é ciência normal, a emergência de novidades e a quebra de paradigma (KUHN, 2000[1962]), tampouco ignoramos as guerras científicas. Contudo, entendemos que tornar o espaço público, como é a cientificidade, centro de

3. POSTURA EM CIÊNCIA E A NEUTRALIDADE CIENTÍFICA

proselitismo, é eliminar a cientificidade. Entendemos que fazer ciência requer neutralidade justamente por entender que é ela quem evita se cair na tentação do proselitismo, do tratar pesquisa científica como doutrinação. A neutralidade viabiliza a impossibilidade de se poder, cientificamente, afirmar qualquer coisa, afinal, não se pode inferir qualquer conclusão quando se trata de análise de dados. Assim é porque dados não falam por si. Analisar dados não é inferência automática, envolve hermenêutica, leitura, interpretação.

Tomando sociedade por comunicação, não há criador e criatura, não se lê o que se lê como se quer ler, há estrutura, há contingência, há agência. É o que depuramos da concepção de comunicação como discurso, na linguística, da concepção de comunicação como sociedade, na teoria social, e da concepção de comunicação como decisão jurídica, na teoria jurídica. Afinal, sociedade não se reduz a um punhado de dados a serem coletados, há uma função emancipadora da teoria social (VANDENBERGHE, 2016, p. 138). O que não implica necessariamente em fundamentalismo, na redução da ciência em religião.

Proponho que toda pesquisa necessariamente contém, no mínimo, três fases em seu procedimento: escolha do tema; coleta e sistematização de dados; análise dos dados. Em cada uma dessas fases a objetividade e a subjetividade tem maior ou menor influência. Repito, maior ou menor influência, não há apenas objetividade nem apenas objetividade em qualquer delas, portanto. Disso, construímos o quadro abaixo:

QUADRO 10 – neutralidade científica

fase da pesquisa	subjetividade	objetividade
escolha do tema	+	-
coleta e sistematização de dados	-	+
análise dos dados	±	±

Fonte: o autor.

Na fase da escolha do tema há um *quase que* cem por cento de subjetividade. Ninguém é obrigado a pesquisar sobre um tema que não quer, que não tem afinidade. Se perguntarmos a um pesquisador porque ele pesquisa nessa área e não em outra, uma resposta como "porque eu quis" é suficiente e devidamente justificada. Não cabe contestação. Não ignoramos que pesquisa também tem incentivos econômicos, os quais levam pesquisadores a escolherem seus temas (MERTON, 1973). Interesses econômicos levam pesquisadores a se dedicarem a temas devido a editais e financiamentos, isso é um problema porque tende a levar o pesquisador a fazer afirmações pautados pelos interesses dos financiadores e não pelo que analisam dos dados. Essa influência nos resultados de pesquisas resulta em pesquisas não científicas, mas sim pareceres em defesa de interesses específicos, afinal, quando a escolha do tema é motivada por financiamento, a subjetividade perde lugar, por isso escrevemos que a escolha do tema é *quase que* 100% subjetiva. Outro fator é a integração em redes de pesquisa, isso envolve elementos que retiram certa subjetividade do pesquisador, pois várias afirmações precisam ser referendadas pela "rede" de pesquisadores. Há um certo controle social na pesquisa, por isso, +. É, inclusive, preciso seguir aleta para que a teoria não retire do pesquisador liberdade de pensamento, de criação científica (SOUTO, 1987, p. 11). Enfim, mesmo admitindo que esse "quase que" 100% pode ocorrer, isso não implica que a escolha do tema é arbitrária por parte do pesquisador, afinal há fatores que influenciam essa escolha, como são as pressões, estímulos e influências externas. De toda maneira, os elementos de objetividade presentes na escolha de um tema não chegam a eliminar a subjetividade, como quando a escolha se dá devido a "porque quero advogar nessa área"; "porque estou trabalhando num caso nessa área"; "porque o Edital financiava esse tema de pesquisa" etc.

Fazer pesquisa não retira do ser humano sua vida em sociedade, por isso não há com o ele ser exclusivamente subjetivo ou objetivo.

Na fase seguinte, **coleta de dados**, predomina mais objetividade, afinal não é ético ao observador, por interesse e vontade própria, eliminar dados de pesquisa. Excluir dados contrários à hipótese para fazer valer a tese inicial é aético cientificamente. Certo que toda pesquisa envolve uma seleção de dados, porém esta precisa se dar com critério(s) objetivo(s) que justifique(em) a seleção feita. O pesquisador precisa descrever o procedimento empregado, como e quais dados foram coletados e quais foram excluídos do universo amostral. Esconder dados é manipular a amostra arbitrariamente e, fazer isso, resulta não tratar a pesquisa como científica e, sim, transformar a atividade em parecer, defesa de uma opinião, proselitismo. Em pesquisa científica, os dados contrários à perspectiva pessoal (à hipótese, por exemplo), à convicção do pesquisador, ao que se esperava e desejava encontrar com os dados coletados não podem ser descartados. Um cientista não pode deixar considerar como integrante de sua amostra

3. POSTURA EM CIÊNCIA E A NEUTRALIDADE CIENTÍFICA

dados em oposição à sua hipótese, à sua ideia inicial. Os dados coletados negarem a hipótese não deixa de haver pesquisa, não se perde a pesquisa, mas sim, se conclui que a hipótese inicial não é confirmada. Popper, inclusive, considera este o verdadeiro método científico, teste de hipóteses, para o autor, ciência se pauta justamente pela busca por falsificar uma afirmação (POPPER, 2013, p. 449).

Por isso afirmamos que há forte objetividade na coleta dos dados, afinal seria aético descartar, eliminar, inventar, criar dados. O pesquisador não pode estabelecer arbitrariamente os dados a serem coletados, antes, é indispensável descrever porque coletou tais dados e não outros, ou seja, descrever como chegou à amostra, à parcela da população tratada na pesquisa. Na elaboração de uma peça judicial não há essa exigência, afinal, um advogado não é obrigado a apresentar provas contrárias a sua "tese jurídica" do caso. Não se trata de criar provas ilegais, mas simplesmente de que um advogado não está obrigado a afirmar tudo o que sabe nem a produzir provas contrárias à tese de sua argumentação. Cada parte cuida de apresentar as provas e informações que lhe convém. Assim é o "jogo" do direito judiciário. Inclusive, quando um advogado expõe em sua petição argumentos contrários a sua tese, assim o faz para desmontar, desqualificar a hipótese, inclusive como artifício para retirar da parte contrária o argumento. O advogado não lança dados contrários a sua tese para destruir sua própria tese. As técnicas de pesquisa para coleta de dados, inclusive, servem de instrumentos de "controle" da subjetividade numa pesquisa, pois elas apontam as vias e os limites dos dados coletados.

Por fim, a fase da análise, interpretação dos dados. Na análise dos dados há objetividade e subjetividade, o que não implica ser plenamente subjetiva a análise dos dados coletados. É objetiva porque o observador não faz afirmações sem a pretensão de validar sua observação, sua explicação, sua descrição, suas afirmações, o resultado de sua pesquisa (aqui entra em debate a questão da explicação científica, os temas da teoria do conhecimento) e, ao mesmo tempo, há subjetividade porque há uma liberdade para a criação na pesquisa científica, ela não se reduz a descrever uma realidade dada, como veremos nos giros da cientificidade. As afirmações não serem arbitrárias não elimina a presença do olhar que observou, portanto, de certa subjetividade, porém não se é plenamente livre para afirmar o que quiser e bem entender, pois o olhar científico é mediado pelo cuidado ao que afirmar cientificamente. Assim não ocorrendo, cabe verificar se não é o caso de estarmos diante de uma doutrinação e não de ciência.

DECISÃO JURÍDICA NA COMUNICATIVAÇÃO

Há política científica, sabemos, porém, apenas estamos considerando que uma política pública da ciência não pode confundir o privado com o público, a religião de um com a política científica. Imagine um grupo de determinada religião assumir a Ordem dos Advogados do Brasil nacional e estabelecer que todo advogado e advogada deve andar com a imagem desta religião na lapela do paletó ou na gola da camisa. Pode parecer absurda a ideia, porém, como possibilidade futura, no social, nada é absurdo, a história nos ensina isso através dos tempos de extremismo já vivenciados. Quem acredita que é passado, a história presente parece devolver o passado em imagens distintas, principalmente quando já há os que afirmam nunca ter havido holocausto, o que nos leva a não encontrar outra reflexão salvo: o futuro é incerto e não sabido.

A postura científica se refere à perspectiva inicial, a qual traz consequências à demarcação e ao desenvolvimento de qualquer pesquisa. Proponho que uma pesquisa só é científica se a postura do observador não é fundamentalista. Usamos a palavra reflexiva, postura reflexiva, por não quereremos usar não-fundamentalista e por desconhecer palavra para nos referir ao que estamos propondo. Cheguei a pensar em multipolarista, mas multi soou pior que reflexivo, que poderia muito bem ser incompletude, mas ficamos com reflexivo.

Se questionar qualquer crença é indispensável ao fazer ciência, então a postura fundamentalista torna qualquer possibilidade de ciência em doutrinação. Afirmar algo mantendo em suspenso o que se afirma é meu critério de demarcação da ciência, inclusive por ele evitar a criação de inimigos autoelegidos. A dualidade fundamentalista e comunicativação não forma um paradoxo. Não é paradoxo porque na comunicativação pesquisar contém elementos fundantes, porém estes são pontos de partida que não constituem verdades indiscutíveis. A comunicativação não implica substituição de um fundamentalismo por outro, o fundamentalismo da verdade indiscutível pelo fundamentalismo da comunicação incompleta. Como postura, a comunicativação não elimina o fundamentalismo, antes o mantém como maneira de pesquisar, porém questiona o quanto esse pesquisar se configura como ciência ou como religião.

O critério de demarcação de Popper, o falsificacionismo, não é suficiente porque não necessariamente um pesquisador se volta, se ocupa, se dedica a testar teorias. Já com Maturana e sua distinção entre objetividade sem parêntesis e objetividade entre parêntesis temos a alternativa de se ter por fazer ciência o afastamento da hipótese que "aquele que não está comigo está contra mim" (MATURANA, 2001, p. 34). Na postura comunicativista, essa hipótese

3. POSTURA EM CIÊNCIA E A NEUTRALIDADE CIENTÍFICA

não tem lugar. O que nos afasta de Platão e Aristóteles e sua prática de inimigos autoelegidos, como se pode ler em:

Estrangeiro: há dois tipos de imitador dissimulado?

Teeteto: isso é contigo.

Estrangeiro: estou considerando e acho que posso ver claramente dois tipos. Vejo um que é capaz de dissimular em longos discursos em público diante da multidão; o outro é capaz de dissimular em discursos breves privadamente, forçando seu interlocutor a contradizer-se.

Teeteto: orador popular.

Estrangeiro: E como chamaremos o outro? Sábio ou sofista?

Teeteto: não podemos propriamente chama-lo de sábio, uma vez que segundo nossa hipótese ele é ignorante. Mas como ele é imitador do sábio, terá obviamente um nome derivado do nome sábio. E agora, finalmente estou certo de que devermos verdadeiramente chama-lo do plenamente real *sofista*.

Estrangeiro: O tipo imitativo da parte dissimuladora da arte da opinião, que constitui parte da arte da contradição e pertence ao gênero imaginativo da arte de produção de cópias, que não é divina, mas humana, e que foi definida por força de argumentos como a parte de prestidigitação da atividade produtiva. Aquele que disser que o sofista pertence a esta raça e família, estará, a meu ver, dizendo q a completa verdade. (PLATÃO, Sofista, 268a-d).

Bem como:

os dialéticos e os sofistas exteriormente têm o mesmo aspecto do filósofo (a sofística é uma sapiência apenas aparente, e os dialéticos discutem sobre tudo, e o ser é comum a tudo), e discutem essas noções, evidentemente, porque elas são o objeto próprio da filosofia. A dialética e a sofística se dirigem ao mesmo gênero de objetos aos quais se dirige à filosofia; mas a filosofia difere da primeira pelo modo de especular e da segunda pela finalidade da especulação. A dialética move-se às cegas nas coisas que a filosofia conhece verdadeiramente; a sofística é o conhecimento aparente, mas não real (ARISTÓTELES, Metafísica, A 1, 1004b 15-25).

Minha dificuldade para concordar que não há neutralidade científica, por exemplo, é que nunca consegui coletar dados que me permitisse defender que

DECISÃO JURÍDICA NA COMUNICATIVAÇÃO

um morador de rua é sujeito de direito, nem que todos são iguais perante a lei. Os dados que tenho são dados que levam a considerar que morador de rua é incluído no sistema jurídico como potencialmente réu, jamais autor de ação judicial. Tampouco encontro dados que me permitam afirmar que o direito estabelece exclusões permanentes, como ocorre nos casos de preconceitos presentes em racismo, machismo e homofobia. Não encontro dados para considerar que integrante do MST é uma questão de opção de vida, uma escolha pessoal e não condição humana. Se não há neutralidade científica, porque não tenho como afirmar, baseado em dados, que a indigência é uma opção de vida e não uma condição humana? Estou apenas tentando demonstrar que dados sim limitam nossas observações, portanto, há neutralidade científica porque, independente do que o pesquisador deseja afirmar, dados reduzem, limitam esse desejo. Os dados que consigo só me permitem concordar que excluídos são seres humanos que atingiram um nível de indigência tal, que, por viverem sob condições de vida abaixo do índice de pobreza, deles "já não se pode extrair nenhum centavo de mais-valia" (OLIVEIRA, 1997, p. 5). Ao afirmar que dados limitam o que um pesquisador pode afirmar cientificamente não se confunde com eliminar do pesquisador sua visão de mundo.

Mais, quem se dedica a pesquisar uma definição de exclusão, por exemplo, lida com pesquisa teórica, tem dados bibliográficos como centrais em sua pesquisa, os quais não eliminam considerações sobre práticas da vida em sociedade. Aquele que se dedica a pesquisar a vida cotidiana de moradores de rua, tampouco podem ignorar a literatura sobre o assunto. Com isso, entendemos que não é possível teoria sem prática nem prática sem teoria. Sim, há neutralidade científica porque não se pode afirmar tudo quando se faz pesquisa empírica, mesmo quando se trata de pesquisa teórica, mesmo quando se faz pesquisa-ação, quando se desenvolve sociologia prática (ARCHER, [1995] 2009).

Insistindo nesse argumento da neutralidade científica, façamos um exercício sobre a exclusão social. Na base da teoria da sociedade como sistema de comunicação, exclusão econômica não implica necessariamente em exclusão jurídica, ainda que exerça certa influência. Com isso, temos que catadores de lixo, moradores de rua não sofrem da mesma exclusão que pessoas com dificuldade de locomoção, por exemplo. Catadores de lixo podem até serem considerados incluídos no sistema econômico uma vez que, do "ganho" com seu "trabalho", compram comida, assim, não estão na mesma exclusão dos que vão ao lixo pegar o que comer (OLIVEIRA, 1997, p. 5). Na mesma perspectiva Marcelo Neves fala em subintegração como os "marginalizados

3. POSTURA EM CIÊNCIA E A NEUTRALIDADE CIENTÍFICA

apenas negativamente (por exemplo, com devedor, não credor, como réu, não com autor)" (NEVES, 2019, p. 109). Nestes casos, a leitura é que os sistemas da sociedade moderna falham na determinação da supercomplexidade de seu ambiente o que gera a falta de segurança social (NEVES, 2015, p. 123; NEVES, 2019, p. 109;), a qual promove a manutenção de desigualdades persistentes (FRASE, 2009, p. 11-39). Com isso apenas registramos que a busca por estabelecer uma definição a um fenômeno social não pode paralisar o desenvolvimento de pesquisas e reflexões sociológicas, afinal, a vida em sociedade tende a dispor de uma pluralidade de expressões de um mesmo fenômeno, como temos com a diversidade de tipos, casos e situações de exclusão, como lemos na taxonomia da "constelação de inclusão/exclusão" que diferencia: auto-inclusão/autoexclusão; inclusão por risco e exclusão por perigo; inclusão compensatória; inclusão na exclusão; e subinclusão (MASCAREÑO; CARVAJAL, 2015, p. 138-143).

Quando buscamos dados para lidar com essa pesquisa, os dados encontrados são:

> cerca de 50 milhões de brasileiros, o equivalente a 25,4% da população, vivem na linha de pobreza e têm renda familiar equivalente a R$ 387,07 – ou US$ 5,5 por dia, valor adotado pelo Banco Mundial[41].
>
> Relatório da Oxfam (Davos, 2017), conclui:
>
> • Desde 2015, o 1% mais rico detinha mais riqueza que o resto do planeta.
>
> • Atualmente, oito homens detêm a mesma riqueza que a metade mais pobre do mundo.
>
> • Ao longo dos próximos 20 anos, 500 pessoas passarão mais de US$ 2,1 trilhões para seus herdeiros – uma soma mais alta que o PIB da Índia, um país que tem 1,2 bilhão de habitantes.
>
> • A renda dos 10% mais pobres aumentou em menos de US$ 65 entre 1988 e 2011, enquanto a dos 10% mais ricos aumentou 11.800 dólares – 182 vezes mais[42].

Analisando esses dados, observamos que são raros os casos, para não descartar a possibilidade de haver algum caso de livre arbítrio, de autoexclusão

---

[41] http://agenciabrasil.ebc.com.br/economia/noticia/2017-12/ibge-brasil-tem-14-de-sua-populacao-vivendo-na-linha-de-pobreza.
[42] http://www.ihu.unisinos.br/186-noticias/noticias-2017/563945-estudo-alerta-que-apenas-8-homens-possuem-a-mesma-riqueza-que-a-metade-mais-pobre-do-mundo.

DECISÃO JURÍDICA NA COMUNICATIVAÇÃO

econômica e jurídica. Tampouco consigo me convencer que uma funcionária doméstica, por exemplo, tem seu cotidiano como uma construção social da qual ela mesma contribuiu para estar nele, afinal, ela poderia ter se dedicado aos estudos e, hoje, ser médica, engenheira, jurista. Esse fatalismo é plenamente incondizente com a realidade das opções e alternativas de quem nasce sob as condições sociais desfavoráveis econômica e socialmente. Não se trata de desenham, tampouco, um fatalismo de inviabilidade social, mas sim reconhecer que é um dado que a maior parte da população brasileira não tem oportunidade de acessar profissões como engenharia, medicina e direito. A política de cotas vem justamente para amenizar esse problema social, porém ela, por si só, é insuficiente para corrigir a desigualdade social (NEVES, 1995, p. 7-37; NEVES, 2001, p. 111-163; NEVES, 2012, 199-207), principalmente quando se percebe que "a autonomia do direito pode ser vista como pré-requisito de realização da cidadania" (NEVES, 1994, p. 259). Nossas pesquisas sobre a profissão de funcionária doméstica, por mais que a relação com a patroa seja cordial e boa, não há expectativa de mudança nas condições de vida, na condição econômica. O trabalho doméstico jamais significará ascensão econômica e social. Exercer essa profissão, pelos dados que temos, não é uma questão de querer, de livre arbítrio, de opção, mas sim de subcidadania, posto que

> há uma generalização de relações concretas em que não se tem acesso aos benefícios do ordenamento jurídico, embora eles permaneçam dependentes de suas prescrições impositivas. Portanto, os subcicadãos não estão excluídos. Os direitos fundamentais não desempenham papel relevante no horizonte de seu agir e vivenciar. Os dispositivos constitucionais têm relevância quase exclusivamente em seus efeitos restritivos de liberdade (NEVES, 1994, p. 261).

Por mais haja diversas leituras dessa situação e seus condicionamentos, não se pode desprezar os dados da Pesquisa Nacional por Amostra de Domicílios Contínua (PNAD Contínua), de 2018, no Brasil:

> a taxa de **analfabetismo** das pessoas de 15 anos ou mais de idade foi estimada em **6,8%** (11,3 milhões de analfabetos);
> a proporção de pessoas de 25 anos ou mais de idade que finalizaram a educação básica obrigatória, ou seja, concluíram, no mínimo, o ensino médio, passou de 46,7%, em 2017, para 47,4%, em 2018.

3. POSTURA EM CIÊNCIA E A NEUTRALIDADE CIENTÍFICA

48,1% da população de 25 anos ou mais de idade estava concentrada nos níveis de instrução até o ensino fundamental completo ou equivalente; 27% tinham o ensino médio completo ou equivalente; e 16,5%, o superior completo[43].

Ocorre que direito à educação é direito fundamental no Brasil, todavia não encontro dados para mudar a assertiva que a maior parte da população brasileira não tem acesso a ensino de qualidade, antes, os dados apontam para que o brasileiro lê, mas não entende, pois, dados de 2018, revelam que:

3 em cada 10 brasileiros têm muita dificuldade para fazer uso da leitura e da escrita e das operações matemáticas em situações da vida cotidiana, como reconhecer informações em um cartaz ou folheto ou ainda fazer operações aritméticas simples com valores de grandeza superior às centenas (INSTITUTO PAULO MONTENEGRO; AÇÃO EDUCATIVA, 2018, p. 8).

Não encontramos dados para conceber que as opções de uma criança ou adolescente para não se envolver com o narcotráfico, devido à condição humana de seu espaço social, é uma questão de livre arbítrio, só se tomarmos livre arbítrio como na hipótese que ela (a criança ou adolescente) poderia optar pelo suicídio a se envolver com narcotráfico. Isso seria cair num determinismo e não em análise de dados, pois os dados são que anualmente aumenta a quantidade de criança e adolescente desenvolvendo trabalho infantil no narcotráfico.

O percentual de crianças com idade entre 10 e 12 anos que entraram para o tráfico de drogas dobrou no Rio de Janeiro em pouco mais de uma década – passando de 6,5%, em 2006, para 13%, em 2017 (SOUZA E SILVA; WILLADINO; NASCIMENTO; 2018, p 47).

Explicar as decisões de uma mulher que sofreu violência doméstica e segue convivendo com o homem agressor não é possível via livre arbítrio nem via determinismo social, nem via gosto do pesquisador. Falar em construção social requer acuidades, jamais solipsismo (mentalismo, consciência individual) ou holismo determinista (consciência coletiva). A constituição do ser humano conter elementos físicos, biológicos, psíquicos e sociais não são

---

[43] https://educa.ibge.gov.br/jovens/conheca-o-brasil/populacao/18317-educacao.html

passíveis a simplismo, tais com: "porque ela gosta!", "Porque não trabalha e precisa do sustento dele!", "Doutor fui estuprada dentro de minha casa pelo meu vizinho. Minha filha, você estava vestida como?" A estupidez absurda dessas frases descreve fundamentalismos que não têm lugar quando se faz pesquisa científica.

Esses e tantos outros casos me levam a afirmar que falar por dados não se confunde com manipular dados para fazer afirmações em pesquisa, do que concluímos ser a postura o critério de demarcação da ciência a postura, portanto a distinção entre fundamentalismo e reflexividade (não-fundamentalismo). O até aqui exposto ajuda a um entendimento de como cheguei na comunicativação.

4. A COMUNICATIVAÇÃO

Pesquisar a construção de sentido jurídico levou à transversalidade dentre comunicação social, discursividade e direito, como informado desde os primeiros parágrafos da introdução. Com a circularidade reflexiva, nos moldes da gödelização da racionalidade, a essa transversalidade somamos a lógica do *ao mesmo tempo* (STAMFORD DA SILVA, 2009, p. 124; STAMFORD DA SILVA, 2015, p. 65-66), o que nos proporcionou lidar com as dicotomias não como aporias, mas como Forma de dois lados, como paradoxos, tratando, então, os dois lados da dicotomia como necessários um ao outro, afinal, os dois lados do paradoxo não são separáveis, eles se diferenciam. Na dicotomia objeto//sujeito, por exemplo, só há objeto se há sujeito, os dois se dão simultaneamente, ao mesmo tempo. Com isso, nos afastamos de qualquer regresso ao infinito (busca pela origem, essência, primeiro princípio, coisa em si) e de futurismos (término, fim, ponto final). Em nossas pesquisas, não nos dedicamos a desvendar a origem, segredos do texto, nem estabelecer como as decisões devem ser tomadas, nem prever que decisões serão tomadas. Assim é porque, na comunicativação, uma perspectiva, visão de mundo não elimina a outra.

Na prática de nossas pesquisamos, recorremos a diversos aportes teóricos e metodologias, inclusive, houve caso de, numa pesquisa, utilizamos a ética do discurso de Habermas para analisar uns dados, e a teoria da sociedade de Luhmann, para outros dados, sem, por isso, promover qualquer espécie de sincretismo teórico. O problema, com isso, está mais para uma questão de dedicação para conhecer e usar marcos teóricos, que uma questão de filiação a eles.

Verdades absolutas (*a priori*, questão de fé), na perspectiva da comunicativação, coexistem e convivem com verdades relativas (*a posteriori*, questão de crença) (RORTY, 2005, p, 127). Há verdade por correspondência (essencialista), há verdade por convicção (mentalista, fenomenológica), há verdade por justificação (linguística, giro linguístico). Numa mesma pesquisa há pressupostos centrais – aqueles que, se deslocados, se refutados, retiram a capacidade explicativa da teoria – e há pressupostos não centrais. Bem como, há, numa mesma pesquisa, afirmações contundentes e afirmações contingentes. Não estou, com isso, sendo relativista ao ponto de eliminar qualquer possibilidade de diferenciação, de comunicação, mas reconhecendo que fundamentalismo não cabe em ciência, por mais que caiba em outros ambientes e situações da vida social, bem como em sistemas sociais, como no sistema da religião. Reconhecer a coexistência, a inevitável convivência entre os dois lados das dicotomias é consequência da gödelização da racionalidade, da aplicação da lógica do *ao mesmo tempo*, da Forma de dois lados.

Recorremos aos paradoxos da distinção (meio/Forma), do sentido (atualidade/potencialidade; *sense/non sense*) e da evolução (seleção/variação = estável/dinâmico) (LUHMANN, 2007[1997], p. 38-40) ao usar a gödelização da racionalidade para lidar com decisão jurídica. Devido a eles, nos afastamos da dicotomia gnosiológica objeto/sujeito concebendo que "não há sujeito sem objeto ao mesmo tempo em que não há objeto sem sujeito" (STAMFORD DA SILVA, 2016, p. 33) e da dicotomia epistemológica indução/dedução concebendo que "não há teoria sem prática nem prática sem teoria" (STAMFORD DA SILVA, 2002, p. 71; 2009, p. 133).

A lógica do *ao mesmo tempo*, presente na gödelização da racionalidade, está presente na comunicativação porque nos conduziu a liberdades reflexivas, nos permitiu lidar com os dados desprovidos de normativismos, da tentação de valorar e julgar moralmente decisões e decididores. Não pesquisamos decisões jurídicas para criticar a ética dos julgadores ou a justeza da decisão jurídica, por mais que necessariamente haja uma ética e uma justiça, seja uma ética do discurso, como na "teoria da pretensão de validez" (HABERMAS, 1984a, p. 143-145; 1994, p. 298-302; [1999]2002, p. 138-140), ou uma ética realista jurídica capaz de pautar a tomada de decisão em casos difíceis (STRUCHINER; BRANDO, 2014, p. 171-221) ou uma ética como sistema da moral não normativa, quando moral é um Forma de comunicação funcionalmente diferenciada, mas não um sistema social, mas comunicação que lida com a diferenciação dinâmica estima/menosprezo

> moral é um processo de codificação com a função específica de dirigir a comunicação sobre estima pelas vias das condições de estima e, com isso, controlar a nivelação das sínteses *ego/alter*. Não se trata de um imperativo categórico nem de uma lei que prescreva como a moral ocorre, mas sim, trata-se do problema que isso implica. Por isso, falamos preferencialmente

4. A COMUNICATIVAÇÃO

da 'moralização' de temas, símbolos, estruturas, opiniões e expectativas, para indicar com que extensão são empregados estes conteúdos de sentido para a comunicação ou a metacomunicação das condições da estima ou falta de estima (LUHMANN, [2008]2013, p. 103).

Em nossas pesquisas, a ordem social é possível não porque os seres humanos são moralistas, mas porque o ser humano se comunica com sentido (LUHMANN, 2013[2008], p. 125); porque a sociedade é sistema de comunicação no qual se dá a interpenetração de um sistema social de referência noutro sistema social de referência, como ocorre com a interpenetração da personalidade (sistema psíquico) no sistema da sociedade (social), no sistema político e o jurídico etc. (LUHMANN, 2013[2008], p. 116-117).

O sentido, categoria mais geral acessível aos sistemas psíquicos e sociais, é formado por redundância em recursividade, é, portanto, composto por determinação e indeterminação de si mesmo (LUHMANN, 2013[2008], p. 119-121). Os sistemas psíquico e o social se diferenciam dos sistemas mecânico e do biológico justamente por serem sistemas de sentido, serem sistemas cuja comunicação se dá em Forma de sentido, o que não ocorre com as comunicações entre células biológicas, entre fenômenos físicos, químicos, em circuitos eletrônicos, em máquinas.

Aproveito para admitir, mesmo ainda desconfiado, a possibilidade de a inteligência artificial vir a proporcionar uma Forma de sentido com as máquinas que aprendem (*learning machine*) e os computadores quânticos, porém ainda não temos dados para afirmar essa possibilidade, ainda que experimentos comecem a ocorrer com tais máquinas e indicam que elas são passíveis de reações que aparentam ser comunicações próprias. Seja como for, duvidamos da possibilidade de decisões jurídicas serem tomadas por essas máquinas porque duvidamos que elas venham a adquirir competência para compreender nuances, peculiaridades dos elementos contextuais de um caso jurídico. Duvido que o ser humano possa vir a ser substituído jurídica, política, econômica, artisticamente. Não é porque tais máquinas processam milhares de dados em segundos (*big datas*) que elas substituirão o ser humano. Porém, não duvido que essas máquinas venham a lidar bem com o '"paraíso dos conceitos' dos juristas" (HART, 1994[1961], p. 143), mas, questiono a substituição de seres humanos na decisão jurídica simplesmente porque estas decisões não subsunção de legislações e jurisprudências, duvido porque decisões judiciais lidam com uma lógica do razoável (RECASÉNS SICHES, 1973). Desenvolver máquinas que aprendem e inteligência artificial será fundamental para auxiliar tomadas de decisões, para informar o que uma pluralidade quase infinita de informações podem sugerir como decisão, mas não é o arsenal de informações suficiente para uma decisão jurídica. Entendo que "todos" queremos decisões justas, porém elas não ocorrem só porque há decisões jurídicas tomadas devido a *lobby*, corrupção, procedimentos extra-estatais (STAMFORD DA SILVA, 2012c, p. 1-17) e redes informais (MASCAREÑO; STAMFORD DA SILVA; LOEWE; RODRIGUEZ, 2016, p. 683-718). Os desafios de decisão justa vão muito além de domínio terminológico e mal-caratismo decisório. Mesmo apostando na honestidade plena, numa moralidade divina a ser seguida pelo julgador para tomar a única decisão correta e justa (DWORKIN, 1977, p. 106-110), decisão jurídica não se esgota num domínio de informações. Evidente, a capacidade dessas máquinas providenciarem a análise de milhões, zilhões de dados em curto tempo é muito bom e importante para nós humanoides podermos acessar tal análise, mas ela não é suficiente para garantir justeza na decisão jurídica. Inclusive, não negamos nossa utopia e inocência em ainda apostar que existem ser humanos não desonestos e capazes de lutar com todas as forças contra a lógica do *lobby* e da corrupção, por isso duvidamos que a inteligência artificial seja suficiente, mas não duvidamos que elas vão sim, mais cedo ou mais tarde, serem usadas para tomar decisão jurídica. Não estou me referindo a elas auxiliarem juristas a confeccionar suas peças judiciais, estou me referindo que essas máquinas, sozinhas, tomarão decisões sobre casos jurídicos porque as partes vão preferir elas a juízes humanos. Assim será, principal e justamente, porque os juízes humanos irão dar lugar a essa preferência devido a maneira como estão corrompendo o sentido de decisão justa. Como temos observado em pesquisa. Evolução é mudança, não necessariamente para melhor. Se a contemporaneidade promoveu um período de menos guerra com o *rule of law*, hoje o estado social democrático de direito claramente não foi suficiente para evitar a manutenção da exclusão social permanente (FRASER, 2019, p. 13-17).

Este debate me remeteu à teoria de autoimunidade, na qual, o sistema social desenvolve imunidade, operações sociais que manifestam antagonismos ou indiferenças que levam à autoimunidade, como "a conduta sistêmica mediante a qual um sistema põe em marcha um processo de dissolução de si mesmo", como casos de situações de suicídio organizacional (MASCAREÑO, 2020, p. 33), como vivenciamos com o fim da idade média, com a formação do estado moderno, com o estabelecimento de idiomas oficiais pelos Estados (o que gerou o fim de diversos dialetos), como nos casos das revoluções industriais, como é o que parece estarmos vivenciando com o terrorismo atual,

4. A COMUNICATIVAÇÃO

a aceleração comunicativa devido à *internet* e outras situações que estão pondo em dificuldade contenções de ordem. Nessa teoria, os sistemas funcionais modernos poderão vir a entrar em colapsam consigo mesmo levando a um processo de autodestruição, debilitando sua própria base de sustentação. Com essa teoria, por exemplo, eu imagino que chegaremos a um sistema econômico sem organizações bancárias, como imagino quando as moedas digitais, como *bitcoin* forem mais presentes no cotidiano que o crédito bancário, bem como o dinheiro em papel. Nessa hipótese, o direito, a política, a arte, a religião, a educação poderão vir a serem sistemas sociais sem as organizações que conhecemos na atualidade. O direito não deixará de existir, mas sim os tribunais, as faculdades, a OAB.

Com isso, me refiro ao não-normativismo presente em nossas pesquisas, o qual nos permitiu não deixar de observar arbitrariedade e discricionariedade, justiça e injustiça nas decisões. É que o não-normativismo epistêmico viabiliza pesquisas não ocupados em doutrinar ou a promover justificacionismo (DANCY, 2002, p. 73-88; SIECZKOWSKI, 2008, p. 228-242). Não nos dedicamos a valorar as decisões ao observar a construção de sentido do direito. Ao admitir a coexistência de decisões jurídicas justas com injustas, por exemplo, não deixei de me indignar com as injustas, tampouco nego que minhas opiniões sobre a justeza de algumas decisões, pode ser considerada injusta por outros observadores. Não advogo a exigência de uma certeza, tampouco me ocupo em persuadir. Com as pesquisas, simplesmente lançamos ao debate um olhar, uma reflexão sobre como foi possível a construção de sentido do direito ter sido tal como foi construída.

Na comunicativação, inclusive, como já escrevemos na introdução e na teoria da crença, autoria da decisão não é uma questão de criador(a). A construção de sentido se dá exclusivamente no e pelo sistema jurídico mesmo. Só o direito comunica o que é direito, não um sujeito empírico, uma mente, uma consciência. Isso não se deve às dificuldades empíricas, principalmente quando se sabe que são os assessores dos ministros quem confeccionam seus votos (HORBACH; FUCK, 2014), informação que levaria o problema do autor empírico a tornar impossível qualquer pesquisa com decisão judiciária de tribunais, por mais que os desembargadores e ministros serem os autores oficiais. Essa situação é enfrentada na comunicativação como observação no nível da organização e sistêmico, ou seja, como elemento da Forma de sentido, não no nível da interação. O máximo que se pode fazer é, em casos de observação de vídeos de audiências judiciais, ou mesmo júri, tecer observações no nível da interação, caso se observe debates dirigidos diretamente entre os presentes.

DECISÃO JURÍDICA NA COMUNICATIVAÇÃO

Não são raros os momentos em que um ministro do Supremo Tribunal Federal de dirige ao outro numa audiência do Pleno do STF. Mas, observações de textos de decisões, não permitem esse nível de observação. Não, por isso, é impossível se pesquisar empiricamente com decisão jurídica, porém, seria se se parte de a autoria identificando o sujeito empírico.

Não nos ocupamos em identificar (estabelecer, melhor dizendo) a essência, a coisa em si, a natureza jurídica, a objetividade, a subjetividade, a consciência, a mente, a petição de princípio, o regresso ao infinito, o círculo lógico dedutivo de decisão jurídica. É ao que chegamos ao aplicar elementos da fenomenologia, das teorias da linguagem, das teorias sociais que nos levam a lidar com texto, textualidade, enunciado, argumentação, discurso como Formas de comunicação social. Caso contrário, estaríamos impedidos de desenvolver pesquisa empírica com decisão jurídica porque o autor real, empírico, não seria o autor da decisão, ainda que assumisse sua firma. Superamos esta dificuldade, justamente, recorrendo à gödelização da racionalidade, ao não-normativismo e ao comunicacionismo social.

Na comunicativação, autoria integra uma pesquisa como comunicação, uma enunciação não está personificada num sujeito enunciador porque o uso do idioma já não é um elemento idiossincrático, mas necessariamente social, coletivo. Qualquer fala, escrita gesto, comunica justamente porque integram o aparato linguístico e, não, porque é criação de um indivíduo. Autoria é tratada como referente comunicativo, como temos quando se observa ethos do discurso, que não se confunde com a ética de um sujeito empírico (POSSENTI, 1998, p. 97; 2001; 2002; MAINGUENEAU, 2016, p. 13-32). Quando em nossas observações vinculamos o voto a uma autoria, fique claro, não estamos atribuindo autoria como intencionalidade, mas como comunicação, afinal,

> dificilmente se dirá que uma conversação tem 'autores': prefere-se falar de 'participantes", de 'interactantes' ou de 'interlocutores'. Uma produção verbal, parece, não é 'autorizável', isto é, atribuível a um autor, a não ser que ela seja objeto de uma representação que permita enclausurá-la, apreendê-la do exterior, como um todo, de maneira a atribuí-la a uma entidade escolhida entre um conjunto de candidatos possíveis, colocada como seu responsável. Neste último termo, se misturam intimamente atribuição de origem (X é a causa do enunciado) e dimensão ética (X deve poder 'responder por ele', reconhecê-lo como sendo seu). A ideia de uma responsabilidade partilhada e dinâmica, com é o caso

4. A COMUNICATIVAÇÃO

de uma conversação, repugna ao uso que comumente se faz do nome 'autor' (MAINGUENEAU, 2010, p. 28).

As escolhas metodológicas até aqui expostas nos permitiram partir de que, necessariamente, há decisões judiciais justas e injustas, que há compra e venda de decisões judiciárias, há corrupção[44], há lobby, ao mesmo tempo em que há decisões judiciárias construídas pelas partes (como, no mundo da vida – nas relações familiares, organizacionais, no ambiente do trabalho, nos clubes sociais etc.), em audiências de conciliações judiciais (em casos de justiça restaurativa). Há, inclusive, decisões jurídicas fora do judiciário (as vivenciadas no cotidiano de grupos socais humanos, as que mobilizam ações de movimentos sociais humanos, as que são tomadas nos cotidianos das organizações etc.). Assim foi que cunhamos a ideia de decisão jurídica como forma de comunicação dedicada à construção de sentido de legalidade, porquanto tem lícito/ilícito como código binário de referência. Com isso, apenas esclarecemos o quanto estamos distantes do "mito do dado" e do "mito do teórico".

Quanto ao método, desenvolvemos pesquisas indutivistas, pesquisas dedutivistas, bem como pesquisas indutivistas e dedutivistas, e, ainda, pesquisas indu-dedu-indu-dedutivas. Assim é porque o fluxo vivenciado em práticas de pesquisas nos leva a lidar com elementos teóricos e empíricos. Os caminhos trilhados propiciaram a vivência efetiva do contínuo entre o meio teórico, metafísico, abstrato e o meio empírico, fático, prático (ALEXANDER, 1990, p. 14-15 – ver nosso Quadro 7). Vivemos efetivamente a crença que "uma teoria científica perfeita não existe nem jamais existirá" (BUNGE, 1980, p. 422).

A perspectiva da comunicativação, como exposto na introdução, foi sendo construída com elementos da transversalidade dentre os saberes sociológico, linguístico e jurídico que foram tendo lugar devido às variações vivenciadas na concepção de decisão jurídica, na lógica e na metodologia (métodos, técnicas e análise dos dados) de pesquisa que foram sendo aplicadas.

---

[44] Ver reportagem de José Lima: "Veja quem são os juízes corruptos condenados com aposentadorias de R$ 25 mil", publicada 02/07/2016. Disponível em: https://jornalggn.com.br/noticia/veja-quem-sao-os-juizes-corruptos-condenados-com-aposentadorias-de-r-25-mil/; "Depois de vender sentença por whatsapp, juiz é "condenado" a receber salário aposentado pelo resto da vida", publicada aos 20/09/2018 – 12h25. Disponível em: https://www.viomundo.com.br/denuncias/depois-de-vender-sentenca-por-whatsapp-juiz-e-condenado-a-receber-salario-aposentado-pelo-resto-da-vida.html. Quem desejar mais notícias, sugiro buscar na internet: juiz corrupto + condenação + aposentadoria. Há várias notícias.

4.1 Transversalidade linguagem/sociedade/direito

A comunicativação se pauta pela transversalidade dentre saberes linguísticos, sociológicos e jurídicos. Dentre as consequências desta transversalidade está a presença de elementos como enquadre, frame, etnométodo, agência, comunicação, morfogênese nas observações e concepções de decisão jurídica.

A comunicativação não se pauta, todavia, pelo construtivismo radical de Ernst von Glasersfeld e Paul Watzlawick. Se tivermos que enquadrá-la num construtivismo, seria aquele de autores como Harold Garfinkel, Erving Goffman, Pierre Bourdieu, Jürgen Habermas, Niklas Luhmann, Margareth Archer. Não estou dizendo que esses autores integram uma mesma "escola", "corrente", perspectiva sociológica. Tampouco promovemos sincretismo teórico. Apenas considero que todos pautam suas teorias pela perspectiva de sociedade como comunicação. Todos lidam com uma perspectiva construtivista, o que pode ter dívidas com influências do giro linguístico na teoria social, como se pode verificar na etnometodologia com Harold Garfinkel, no interacionismo simbólico com Erving Goffman, no poder simbólico com Pierre Bourdieu, na sociedade de controle com a sociologia do corpo de Michel Foucault, na teoria da ação comunicativa com Jürgen Habermas, na teoria dos sistemas de sentido com Niklas Luhmann, na teoria da estruturação de Anthony Giddens, no realismo crítico com Margaret Archer. Só para citar exemplos de teorias sociais que norteiam a explicação sociológica atual pela comunicação. Há diversidades na visão de sociedade dentre esses autores, porém todos têm a comunicação como elemento constitutivo do social humano e, por isso, os "rotulo" como construtivistas sociológicos comunicacionistas, inclusive, por empregarem termos como agência e reflexividade (ARCHER, 2000, p. 51-75; ANDRADE, 2006, p. 97-118; PENNA, 2012, p. 192-204; SCHLUCHTER, 2016, p. 18-42; VANDENBERG, 2016, p. 130-163; MASCAREÑO, 2017, p. 54-74). Ainda que, não ignoro, há individualistas, como Habermas, e há coletivistas, como Charles Tilly, Sidney Tarrow e Doug McAdam, Maria da Glória Gohn, Breno Bringel. Há os que se lidam com essa dicotomia desparadoxizando os lados do paradoxo, a exemplo de Niklas Luhmann e Margaret Archer.

Na comunicativação, o construtivismo possível é o da circularidade comunicativa, da reflexividade, da agência – composto de estrutura e individualidade. Comunicação porta elementos idiossincráticos, personalíssimos ao mesmo tempo em que, elementos coletivos, estruturais. Assim entendemos ao ler, em Habermas, um modelo de ação comunicativa que concebe

4. A COMUNICATIVAÇÃO

a linguagem como meio ao entendimento, posto que é nela falantes e ouvintes se referem simultaneamente a algo (HABERMAS, 1987a[1981], p. 137). O mundo da vida, aqui, é o espaço delimitado pela situação de fala, pelo mundo compartilhado intersubjetivamente, portanto a linguagem, compartilhada cotidianamente, como nos jogos de linguagem com George Herbert Mead e Wittgenstein (HABERMAS, 1987a[1981], p. 32). Sociedade, portanto, é "algo estruturado em termos de sentido" (HABERMAS, 1987a[1981], p. 32). Com essa terminologia, a vida em sociedade é possível porque o ser humano realiza a dupla hermenêutica (da objetividade e da subjetividade), afinal, a experiência comunitarizada intersubjetivamente não é uma estrutura intencional de um sujeito solidário, mas sim uma identidade das convenções semânticas, como no modelo das regras de Wittgenstein e no modelo de papel social de Mead, o qual toma a comunicação como expectativas de comportamento recíprocos intercambiáveis entre pelo menos dois sujeitos (HABERMAS, 1987a[1981], p. 57).

Com Luhmann, "comunicação é sempre um fato social" (LUHMANN, 1996[1990], p. 205), comunicação é a célula da sociedade, ela é a menor unidade possível do social[45] (LUHMANN, 2007[1997], p. 58). Sociedade é sistema de todas as comunicações possíveis. Assim, o social não é composto por ser humano concreto, inclusive porque em sua integralidade, o ser humano não pode ser reduzido ao seu elemento social, afinal, somos constituídos de corpo (sistema mecânico), células biológicas (sistema biológico), psiquê (sistema psíquico) e comunicação (sistema social). O elemento social do humano se diferencia do psíquico, mas não se separa dele. Como, apenas por comunicação se produz comunicação, o social é composto exclusivamente por comunicações, em sua recursividade, *re-entry*, autorreferência e heterorreferência, autopoieses. Não há separação, mas sim diferenciação entre o sistema psíquico, o físico, o biológico e o social. Esses quatro sistemas vivenciam comunicações. Contudo, a comunicação entre máquinas, a comunicação entre células biológicas é diversa da comunicação que tem lugar no sistema psíquico e no sistema social. É diversa porque esses dois últimos são sistemas de sentido. Assim, não se trata de informação (transmissão de informações), mas sim de comunicação humana, ou seja, o paradoxo do sentido, quer dizer, o sentido tem o lado atual (*memory function*, construção histórica do sentido, estrutura) e o lado futuro, a indeterminação de sua aplicação seguinte (LUHMANN, 2007[1997], p. 30). Esse paradoxo é gödelizado, desparadoxizado com o entre-

---

[45] No original: *Kommunikation ist die kleinstmögliche Einheit eines sozialen Systems.*

DECISÃO JURÍDICA NA COMUNICATIVAÇÃO

laçamento da memória semântica (passado) com a indeterminação (futuro). Só no presente, no comunicar mesmo, é que ocorre a comunicação, não antes, nem depois. Ainda que, o depois, deixe marcas na memória semântica que promovem justamente a formação dos meios de comunicação simbolicamente generalizados que viabilizam o comunicar.

Como a linguagem viabiliza a integração, o entrelaçamento, o acoplamento estrutural entre o psíquico e o social, a comunicação é possível no *medium* de sentido em que se dão as Formas de sentido. Sentido não se confunde com significado, com nem com definição, saliente-se, ele é "uma forma de operação histórica que, só com a sua utilização é que se enlaça o surgimento contingente e a indeterminação de aplicações futuras" (LUHMANN, 2007[1997], p. 30).

Com Margaret Archer aprendemos que estrutura e agência são mutuamente estratos constituintes do social, posto que a teoria social realista parte do dualismo analítico "para examinar a interação entre esses estratos; é analítico precisamente porque os dois são interdependentes, mas é dualista porque cada estrato é considerado como tendo suas próprias propriedades emergentes"[46] (ARCHER, 2009[1995], p. 133-134). Com isso, Archer pauta sua proposta de prática de pesquisa sociológica pela metodologia M/M (*Morphogenetic/Morphostatic*), a qual viabiliza explicar, analisar, pesquisar o social humano observando tanto a forma de elaboração social (a estrutura), quanto a cultura, tendo a agência como intermediária, como instância responsável por viabilizar a dualidade individualidade/coletividade do social (ARCHER, 2009[1995], p. 425). Nessa perspectiva, a dualidade individualismo/coletivismo é superada pela visão de sociedade como modelada e remodelada sem se tratar de uma espécie de ajuste a um determinado molde, se por um lado há um padrão que se repete, por outro, este, não está determinado por nenhum padrão fixo. A sociedade se organizada e reorganiza não por uma exigência necessária de adequação a uma organização que lhe precede, afinal

[...] sociedade não é um mecanismo com partes fixas e indispensáveis, não há relações determinadas entre as partes, estados preferidos

[46] No original: *Analytical dualism is a method for examining the interplay between these strata; it is analytical precisely because the two are interdependent but it is dualistic because each stratum is held to have its own emergent properties. Their denial by elisionists produces central conflation in social theory. The next chapter seeks to show the difference between social theorizing which is non-conflationary rather than conflationist, because based upon emergence rather than elision and therefore one which works in terms of analytical dualism rather than 'duality'. It does this by contrasting structuration theory with social realism and its methodological accompaniment the morphogenetic/static approach* (ARCHER, 1995, p. 133-134).

4. A COMUNICATIVAÇÃO

preestabelecidos, nem mecanismos homeostáticos pré-programados. A sociedade não é como uma linguagem com uma sintaxe ordenada e duradora, cujos componentes se referem a uns aos outros. Sociedade não é uma cibernética simples que pressupõe uma estrutura particular que é capaz de levar a cabo um logro de metas, regulação de retroalimentação e correção de erros"[47] (ARCHER, 2009[1995], p. 165-166),

inclusive porque

> as propriedades emergentes de primeira ordem são os resultados da interação social, as propriedades de segunda ordem constituem os resultados dos resultados das relações internas e necessárias entre os primeiros; e propriedades de terceira ordem, como os resultados dos resultados, representam resultados cujas consequências são morfogênese ou morfostase social[48] (ARCHER, 2009[1995], p. 325).

Na comunicativação estão presentes os elementos das dualidades mundo da vida e sistema (Habermas), sistema psíquico e sistema social (Luhmann), indivíduo e estrutura (Archer) quando analisamos a construção de sentido do direito por meio de decisão jurídica. Essas dualidades são, todavia, observadas como Formas de dois lados, jamais como aporia ou dilema. De Habermas aportamos a dupla hermenêutica, de Luhmann a comunicação com célula da sociedade, de Archer a morfogênese.

Temos nossas inquietudes quanto às ideias de cada um desses autores[49], mas foram eles quem nos propiciaram construir a perspectiva de decisão jurí-

---

[47] No original: *Society is not a mechanism with fixed, indispensable parts and determinate relations between parts, pre-set preferred states and pre-programmed homoeostatic mechanisms. Society is not like a language with an orderly, enduring syntax whose components are mutually invoking. Society is not a simple cybernetic system, which pre-supposes a particular structure capable of carrying out goal directed, feedback regulated, error-correction.*

[48] No original: *Thus, to summarize, first-order emergent properties are the results of social interaction, second-order properties constitute the results of the results of necessary and internal relations amongst the former; and third-order properties, as the results of the results of the results, represent outcomes whose consequences are either societal morphogenesis or morphostasis.*

[49] De Habermas, não acatamos seu normativismo individualista. De Luhmann, não acatamos seu estruturalismo, ainda que ele seja o autor principal de nossas pesquisas, discordamos das "forçações" de barra para enquadrar a *autopoesis* à comunicação humana, bastava a forma de dois lados de Spencer Brown e os sistemas que observam de Heinz von Foerster, porém devemos a ele acessar esses autores e observar a exclusão social sem partir de falsos moralismos. De Archer, não acatamos sua leitura da cibernética.

dica não limitada às proferidas por magistrados (decisões judiciais). Quando aportamos às decisões de advogados, procuradores, promotores, delegados (decisões judiciárias) como decisões jurídicas, o fizemos por admitir que conselhos advocatícios, petições, pareceres constituem o direito (enquanto, campo, enquanto estrutura, enquanto sistema), portanto, são decisões jurídicas. O mesmo vivenciamos quanto às decisões tomadas no cotidiano, no mundo da vida, as decisões sociojurídicas. Afinal, no mundo da vida regras e normatividades regulam nossas comunicações. Assim, decisão jurídica é gênero das espécies decisão judicial, decisão judiciária e decisão sociojurídica (STAMFORD DA SILVA, 2012b, p. 31-32).

Sobre esse aspecto, lembramos Pierre Bourdieu e sua ideia de força do direito, quando o campo jurídico, espeço do poder simbólico do direito, desenvolve hábitos que são disputados pelas pretensões de estabelecer o que é o direito, afinal

> as práticas e os discursos jurídicos são, com efeito, produto do funcionamento de um campo cuja lógica específica está duplamente determinada: por um lado, pelas relações de força específicas que lhe conferem a sua estrutura e que orientam as lutas de concorrência ou , mais precisamente, os conflitos de competência que nele têm lugar e, por outro lado, pela lógica interna das obras jurídicas que determinam em cada momento o espaço dos possíveis e, deste modo, o universo das soluções propriamente jurídicas (BOURDIEU, [1982]1989, p. 211).

A comunicativação, nessa linha de raciocínio, reconhece os limites da observação, afinal, "pode-se duvidar da honestidade do outro, ou de sua sinceridade no relato de uma experiência, mas isso nunca é o problema. O problema é sempre a explicação da experiência" (MATURANA, 2014, p. 42-43), inclusive, porque a explicação científica "não é pensada como atribuição causal, mas sim com descrição da dinâmica transformadora. Por consequência, observar não tem uma posição, como a de um sujeito, suspendida livremente fora de toda a realidade", mas a textualidade (MARCUSCHI, 2009, p. 83-85; 2008b, p. 229-259), a enunciação (MAINGENEAU, 2005a, p. 93-95), a informação dada a conhecer (LUHMANN, 1983, p. 61-62; 109-112; 1996[1990], p. 20-22; 2007[2007], p. 47-54; 161-163).

O que temos observado é que desejos de classificar decisões como boas ou más, justas ou injustas, corretas ou incorretas eliminam possibilidades de análise porquanto confundem ciência com doutrinamento. Confusão que não

4. A COMUNICATIVAÇÃO

elimina a importância de opiniões pessoais, do lugar do senso comum e de outros saberes, nem dos esforços em defesa de uma verdade, seja qual for ela. Quando se parte de comunicação, ciência não ser doutrinação implica justamente admitir que todo enunciado é possível ser enunciado, bem como que não há como antecipar quais serão reconhecidos como plausíveis e quais serão rejeitados. Debater que critérios fazem essa diferença é questão de extrema relevância por dar lugar à diversidade de visões sobre o saber científico, bem como por viabilizar se conhecer limites comunicativos. Com isso, apenas estamos pondo em relevo a importância do pesquisador se manter alerta para o cuidado com o que afirma, com a validação da análise dos dados. Apenas achamos por bem, alertar para não se deixar cair na tentação de transformar sua pesquisa em doutrinamento.

O ativismo judicial, só para citar um exemplo, não o tomamos como um mal que atingiu a prática jurídica, nem como o bem que garante justiça social por meio da aplicação do direito. Antes, entendo que devemos a ele benefícios e avanços no direito, tanto nas decisões jurídicas, como em reflexões doutrinárias, dogmáticas ou não, até mesmo nas decisões tomadas pelo Supremo Tribunal Federal[50], ao mesmo tempo em que se deve ao ativismo os riscos da politização do direito. Os movimentos do uso alternativo do direito, na Itália, e do direito alternativo, no Brasil (ARRUDA JÚNIOR, 1991; BUENO DE CARVALHO, 1992; GUANABARA, 1996; BÔAVIAGEM, 1999; MAIA, 1999; TELLES JÚNIOR, 1999; SOUTO, 2007; VIANNA; BURGOS; SALLES, 2007, p. 39-85; CAMPILONGO, 2011, p. 93; CARVALHO, 2016; COSTA, 2016, P. 49-64; MORETTI, COSTA, 2016; SOUSA JÚNIOR; FONSECA, 2017), colaboraram com reflexões fundamentais, não só no momento pós ditadura brasileira – período em que o formalismo jurídico dominava a academia e a prática forense e havia um legislativo silente, omisso a questões sociais brasileiras, bem como latino-americana –, mas também na construção de um olhar crítico, construtivo do direito.

A má distribuição de renda, a reforma agrária, a violência contra a mulher, o racismo, a homofobia, preconceitos de várias categorias culturais, religiosos, de gênero, linguísticos, passaram a ser objeto de debates, reflexões e puderam

---

[50] Exemplos: a Ação Direta de Inconstitucionalidade (ADIn) n. 3510, tratada de pesquisa com célula tronco, jugada em maio de 2008. A ADIn N. 4277 e a Arguição de Descumprimento de Preceito Fundamental (ADPF) N. 132 que reconhece igualdade jurídica na relação homoafetiva, julgada em maio de 2011. A ADPF No. 54, referente à interrupção da gravidez de feto anencefálico, julgada em abril de 2012. A ADIn N. 3239 que tratou da titulação das terras das comunidades quilombolas, julgada fevereiro de 2018.

ingressar no mundo jurídico pela via hermenêutica, interpretação e aplicação do direito. Com isso, temos que o ativismo judicial não é causa exclusiva da omissão do legislador. A falta de atuação do legislativo no enfrentamento de temas centrais da violência social, do preconceito social humano, caro ao legislador pelo temor de perda de votos e de sua popularidade nas eleições, pode ter dado margem ao ativismo judicial, mas foi preciso muito mais fatores, inclusive, o ambiente jurídico e social capaz de viabilizar tudo isso. Com isso, apenas estou afirmando, numa perspectiva claramente funcionalista, que não há comunicação possível sem ambiência. Não existem entidades sobrenaturais que propiciam a violência humana, ela existe porque nós humanos produzimos bondade e maldade com as justificativas mais competentes e plausíveis que usamos para patrocinar a sociedade em que vivemos.

Se houve e há exagero, se em 2020 o debate ainda se pauta pela falta de limite da certeza e da segurança jurídica (STAMFORD DA SILVA, 1999), entendo que para afirmar exageros do ativismo judicial não é suficiente recorrer às decepções e desagrados com decisões tomadas. Tampouco, apelar para o eterno retorno do Hans Kelsen, como um purista salvador, é suficiente. Direito, decisão jurídica não são resultantes do emprego dedutivista de legislações (formalismo jurídico) nem de precedentes (realismo jurídico), todo jurista prático sabe disso, mesmo quando não pode nos contar o que sabem e fazem. Assim entendo, porque o próprio Hans Kelsen fala em indeterminação no direito e que ela não é controlável. Em Kelsen lemos que há a indeterminação intencional (*Beabsichtigte Unbestimmtheit*) e há a indeterminação não-intencional (*Unbeabsichtigte Unbestimmtheit*) no ato legal (*Rechtsanwendenden Aktes*), no direito (KELSEN, 1992, p. 245-247). A indeterminação intencional viabiliza certo "controle" sobre as decisões, porém a indeterminação devido à linguagem dá lugar a elementos que eliminam se controlar as decisões possíveis, pois esta indeterminação se deve à "pluralidade de significações de uma palavra ou de uma sequência de palavras em que a norma se exprime: o sentido verbal da norma não é unívoco, o órgão que tem de aplicar a norma encontra-se perante várias significações possíveis" (KELSEN, 1992, p. 247).

Ao pesquisar decisões do Supremo Tribunal Federal se pode reconhecer avanços sociais via decisões arbitrárias, como aqueles avanços frutos de decisões do uso de célula tronco em pesquisas, do aborto anencefálico, da união homoafetiva, da prostituição como trabalho etc.. Bem como se pode reconhecer que foram tomadas decisões tão arbitrárias que levaram constitucionalistas a afirmar que não há mais constituição no Brasil; que o ativismo levou à ditadura do judiciário, à defesa da autocontenção judicial. Ocorre que,

4. A COMUNICATIVAÇÃO

ao mesmo tempo, também constitucionalistas afirmam que faz parte da construção democrática passagens por instabilidades, crises, disputas de poder (TELLES JÚNIOR, 1999; MONT'ALVERNE, 2006; ELY, 2010; CAMPILONGO, 2011, p. 53; SILVA RAMOS, 2015; BARROSO, 2018).

Na perspectiva de nossas reflexões, assim como o arbítrio, o ativismo judicial não é um mal "em si": há práticas judiciárias ativistas justas e há as injustas. Mais, as justas e as injustas não são justas ou injustas por causalidade, devido a critério(s) pré-determinado(s) de justo e injusto. Se fosse predeterminado, seria por quem? Pelo julgador, pelo observador, pelo pesquisador? Será que há alguém que duvide que o hoje justo, amanhã pode ser injusto? Ou decisões como o fim do filho ilegítimo pela via jurisprudencial e não legislativa foi um injusto? Se sim, para quem foi injusto? Para quem foi justo? A construção jurisprudencial da "legítima defesa da honra", que servia para homens e não para mulheres, ter sido afastada foi um justo ou injusto e, para quem? A bagatela (princípio da insignificância), a legalidade de provas ilícitas em casos específicos, a responsabilidade penal de pessoa jurídica, inclusive em crimes ambientais, autorresponsabilidade penal empresarial, a desconsideração da personalidade jurídica, quem diria que um dia no Brasil se chegaria a falar e desenvolver questões jurídicas sobre o *compliance* nas empresas? A guarda compartilhada, os danos morais, o abandono afetivo, a questão da legalização de pesquisas com célula-tronco no Brasil, a comercialização de transgênicos, o reconhecimento da relação de duas pessoas do mesmo sexo como família, a família monoparental, súmula vinculante antes mesmo da Emenda Constitucional nº 45/2004, direito de greve de servidores públicos, perda de mandato por infidelidade partidária, a legalização da taxa de iluminação pública cobrada por municípios mesmo contra a Súmula Vinculante 41, convertida na Súmula 670[51] do STF, porém cobrada legalmente por vários municípios e tantas outras criações judiciais foram necessariamente injustas? As leis que mudaram de conteúdo por meio de interpretação, de decisões jurídicas, são casos de indubitável e patente injustiça? Só para citar alguns exemplos que levaram ao embate do ativismo judicial, da politização da justiça e da judicialização da política (SADEK, 1995; CITTADINO, 2002, 17-42; RODRIGUES DE CARVALHO, 2004 p. 115-126; VIANNA; BURGOS; SALLES, 2007, p. 39-85; TEIXEIRA, 2012, 37-58; VICHINKESKI TEIXEIRA, 2012, p. 37-58; BARROSO, 2015, p. 23-50; BARBOZA; KOZICKI, 2016, p. 733-752; STRECK, 2016, p. 721-732; BUSTAMANTE, Thomas; GODOI BUSTAMANTE, 2016,

---

[51] Súmula 670 do STF: "O serviço de iluminação pública não pode ser remunerado mediante taxa".

DECISÃO JURÍDICA NA COMUNICATIVAÇÃO

p. 346-388; SALOMÃO LEITE; SILVA NETO; FORNE, 2016, p. 375-382; CAMPILONGO, 2017, p. 33; SCHALANSKI; BERGER SITO, 2017, p. 20-39; LIMA; GOMES NETO, 2018, p. 221-247).

A justeza ou não de uma decisão judicial não está pré-determinada. Até se pode concluir que ela não existe, é uma utopia. Então, porque tanta gente, não todos, nem uma totalidade, reconhece a justeza de umas decisões e a injusteza de outras? Nossa resposta é porque sabemos comunicar sobre justiça do caso, por menos que tenhamos uma definição precisa, última, uma razão suficiente do justo. Agora, se o ponto é: porque não nos insurgimos contra as injustiças, minha resposta é: por selecionamos as informações numa comunicação. Não é porque não temos opções, mas porque optamos por ser assim e, as razões disso, vão da agradabilidade para integrar um grupo social (SOUTO; SOUTO, 2003, p. 168), passando pelo desejo de poder social (econômico, político, jurídico, artístico, educacional, saúde, esportes) até a canalhice (DERRIDA, 2005).

Com as considerações acima esperamos ter esclarecido que não desenvolvemos pesquisas dedicadas a defender algo: uma concepção de justiça, uma concepção de sociedade, uma teoria, um autor, uma ética, um método. Tenho a minha visão de justiça e de sociedade, mas elas não me servem para analisar os dados, ainda que elas me permitam viver assombros, tristezas, depressões diante de situações que não tenho por opção não enxergar. Todavia, como observador de dados de pesquisa, não crio dados, não crio decisões judiciais: catalogo as que estão disponíveis em sites, assim como catalogo dados em sites, audiências, processos judiciais, documentos dos quais, ao analisar, retiro excertos.

Quando digo que observamos dados, não elimino os observadores da observação, apenas entendo que visão de mundo não se impõe sobre a análise de dados. Isso não implica a impossibilidade de se ter opinião, visão de mundo, concepção de justiça, mas apenas que, no fazer ciência, analisar dados não é condizente se baseada exclusivamente na opinião pessoal do observador. Tampouco se trata de negar a um pesquisador que publique artigos de opinião, porém, esses não são análise de dados de pesquisa. Apenas entendo que fazer pesquisa preconceituosa, pré-concebida é confundir pesquisa com doutrinação.

Nossas primeiras pesquisas foram pautadas pela teoria da ação comunicativa de Habermas, quando lidamos com conciliação judicial (STAMFORD DA SILVA, 2003, p. 75-109), este marco teórico até hoje nos influencia, inclusive quando tratamos de refletir sobre justiça restaurativa (STAMFORD DA SILVA; LEAL, 2014a). Posteriormente passamos a ter por marco teórico

4. A COMUNICATIVAÇÃO

a etnometodologia (STAMFORD DA SILVA, 2006, p. 423-438; STAMFORD DA SILVA; RAMOS; BRUM; BRITO, 2007, p. 317-333). Nesse período observávamos o comportamento de advogados, clientes e conciliadores em audiências, bem como visitamos escritórios de advocacia para observar seu cotidiano: advogados atendendo clientes, confeccionando petições, tomando decisões sobre recorrer de uma decisão, bem como a relação entre estagiários e advogados; entre advogados, quando há os donos do escritório e os mais e os menos "respeitados" quando emitem uma opinião (claro tudo isso a depender do escritório, pois há escritórios populares, outros medianos e outros da "alta sociedade recifense", a organização de cada um deles tem cotidiano deferente). Há escritórios de advogado individual, outros em que há vários advogados, mas não é uma sociedade formalmente cadastrada na OAB. Observamos também o cotidiano da preparação para audiência e o comportamento no fórum. Essas pesquisas nos levaram a considerar que decisão jurídica não se reduz à decisão judicial, à decisão tomada pelo poder judiciário, seja por um conciliador, um magistrado, um desembargador ou um ministro. Afinal, advogados, promotores, procuradores, delegados também tomam decisões jurídicas, como já escrevemos antes.

Seguindo em pesquisa, numa fase seguinte passamos a nos dedicar à análise de decisões judiciais sob a pauta hermenêutica com trânsitos pela teoria da linguagem. Estava ministrando a disciplina hermenêutica jurídica na Faculdade de Direito, o que me aproximava de reflexões sobre métodos de interpretação, da linguística e da teoria da argumentação. Assim, com forte influência da hermenêutica, as pesquisas tinham por *corpora*, predominantemente, decisões do Supremo Tribunal Federal. Abarcavam, porém, também legislação, doutrina e pesquisa documental, quando, por exemplo, observávamos a relação entre a petições inicial, a contestação e a sentença (STAMFORD DA SILVA, 2010a; 2013; 2014b; STAMFORD DA SILVA, CARNEIRO, ARAÚJO PENHA, 2017). Mais uma vez, observamos que a decisão jurídica não pode ser confundida com decisão judicial. Elementos fáticos, argumentos presentes nas referidas petições, não são plenamente ignorados nas sentenças, ainda que predomina a ausência de referência nas sentenças de argumentos presentes nas petições. Há diversidade de decisões, como houve caso de magistrados tomando decisões contrárias num período inferior a um mês de uma sentença para a outra, bem como observamos o mesmo ocorrer em voto de Ministros do STJ e do STF. Assim, seguimos considerando a impossibilidade de equacionar previsibilidade no comportamento decisório. Os argumentos utilizados podem advir de situações fáticas, de precedentes,

DECISÃO JURÍDICA NA COMUNICATIVAÇÃO

de legislação, mas também de reflexões usadas pelos decididores totalmente diversas das consideradas na teoria do direito, na teoria das fontes do direito. Considerar uma informação relevante não tem, necessariamente, relação com aplicação de técnicas hermenêuticas, métodos de interpretação nem com elementos da teoria da argumentação. Essas pesquisas nos levaram a concluir que a hipótese de controlar a decisão judicial, de desejar estabelecer parâmetros para ensinar um magistrado a decidir, como nos parece ser a pretensão da teoria da argumentação, não se sustenta. As observações, antes, indicam que uma decisão, ainda que não arbitrária, não comporta modelagem. Os debates sobre *"ratio decidendi"* requerem ser revistados, pois nos parecem pautados pela causalidade. Predomina o desejo de saber como o julgador pensa, como no mentalismo, na filosofia da mente, o que indica um anseio normativista ao lidar com decisão jurídica. Evidente, isso não implica a impossibilidade de teorizar sobre decisão jurídica. Todavia, essa teoria ser constituída pela lógica causal não nos parece indicado. Em lugar da causalidade, para pesquisa científica referente à decisão jurídica, propomos a circularidade reflexiva, a lógica do *ao mesmo tempo*, como entendemos a gödelização da racionalidade jurídica (STAMFORD DA SILVA, 2009).

Passamos então à fase atual, a da comunicativação. Ao agregar elementos da fenomenologia, da hermenêutica jurídica, da teoria da argumentação, da linguística a elementos da epistemologia e da sociologia, passamos a ter por decisão jurídica o espaço de construção social do direito, portanto a observação do direito. Nesta fase, elementos da história da ciência, da teoria do conhecimento, sociologia do conhecimento, da sociologia da ciência e da análise de discurso de Dominique Maingueneau ganharam maior atenção, principalmente por viabilizar reflexões e análises dos dados antes não cabíveis (STAMFORD DA SILVA, 2010b, p.121-150; 2012a, p. 267-316; 2015a; RODRÍGUEZ, STAMFORD DA SILVA, 2015b; 2018). Nessa fase, a perspectiva de construção social que norteia nossas pesquisas é a constante na concepção de comunicação presente nas *Macy Conference*, portanto na cibernética como teoria da comunicação, o que nos leva a um afastamento da causalidade e ênfase na lógica circular reflexiva (STAMFORD DA SILVA, 2012b; 2016).

Foi com essa transversalidade que desenvolvemos pesquisas voltadas a observar a construção de sentido do direito pautados pela comunicativação, todavia, decisão jurídica não era o mesmo objeto para todas as pesquisas.

4. A COMUNICATIVAÇÃO

4.2 Decisão jurídica como objeto da comunicativação

Ao tematizar o objeto de pesquisa, lidamos não só com a questão de sua delimitação, mas também com as questões lógicas de pesquisa, metodológicas (o método, as técnicas e a análise de dados), portanto, com a tríade objeto/ /comunicação/observação. A questão *que dados catalogar?* norteou mudanças na perspectiva de decisão jurídica em nossas pesquisas ao longo de todas as fases e segue em mutação. Assim é porque analisar o que catalogávamos em audiências judiciais, nos escritórios de advocacia e nas repartições públicas, bem como analisar documentos (textos de processos judiciais, petições, sentenças, acórdãos, votos de desembargadores e ministros, informações de blogs, sites etc.) e, também, analisar decisões sociojurídicas levou a respostas distintas quanto ao que tomamos por decisão jurídica e ao que catalogar.

A primeira pesquisa, de 2004 a 2008, nas reuniões semanais, uma semana era dedicada à leitura de textos da obra Teoria da Ação Comunicativa de Habermas e, na outra, tratávamos dos dados catalogados. A questão do que anotar nas audiências – já que não nos era permitido gravar nem filmar – nortearam a compreensão de objeto, objetivo e observador. Como os acordos judiciais eram construídos nas audiências de conciliação, em varas cíveis do Fórum do Recife? O objetivo era compreender como, no cotidiano das audiências, esses acordos eram construídos, para isso, observávamos a atuação do mediador, dos advogados e das partes.

No início, nas comparações das anotações, tudo era estranhamento. Aos poucos, passaram a fazer algum sentido. Os debates, na equipe de pesquisa, sobre os dados, explorava reflexões habermasianas quanto ao "problema da compreensão do sentido em ciências empírico-analíticas da ação" (HABERMAS, 1996, p. 173), problema este que nos levara a observar a trajetória do debate sobre sujeito cognoscente e objeto cognoscível, já não sob o prisma dos gregos, mas nas passagem da perspectiva behaviorista, enfaticamente científico-positivista, para a construtivista, presente na fenomenologia (filosofia da consciência), no pragmatismo (com Dewey e Pierce), até chegar à teoria da ação comunicativa, na qual

> o âmbito objectual das ciências da ação consta de símbolos e de formas de comportamento que não podem ser apreendidas como ações independentes dos símbolos. O acesso aos dados não vem aqui constituído só pela observação de fatos, mas ao mesmo tempo pela compreensão de plexos

DECISÃO JURÍDICA NA COMUNICATIVAÇÃO

de sentido. Podemos distinguir, então, experiência sensorial de experiência comunicativa (HABERMAS, 1996[1982], p. 176).

Essa passagem nos retirava do dilema da relação observador/observação ser tratada sob a pauta descrição ou prescrição. Desligados da questão de se descrevemos ou prescrevemos o que é decisão jurídica num acordo judicial, percebemos que realizávamos esses dois caminhos. Como observadores, não reduzíamos as reflexões a expor o observado, como se esse objeto existisse independente de nós; nem promovíamos uma prescrição de com os acordos judiciais deveriam ser. Assim, a decisão (acordo judicial) não era concebida como entidade física, nem como um fenômeno mental (intencionalidade, consciência das partes ou o mediador). Tampouco nossas pesquisas consideravam que o observador (portanto nós) domina, cria, estabelece, determina, por sua vontade pessoal, o que é um acordo judicial.

Seguíamos, contudo, atados à dicotomia objeto/sujeito. As decisões, os acordos realizados nas audiências, a causalidade, os atos de fala das pessoas presentes (advogados, conciliador, partes, testemunhas), os argumentos, as posturas, o calor na sala, o atraso na audiência eram fatores que não cabiam como entidades físicas ou mentais objetivas, ocorre que tudo isso comunica algo. Evidentemente, não tudo era anotado, registrado, mas esse é um dos limites do fazer pesquisa empírica sociológica. Essas situações nos reportavam aos truques que Howard Becker se refere, como no caso em que Hughes, seu orientador, explicava o fazer pesquisa. Truques são estratagemas que nos ajudam a resolver ou se afastar de problemas numa pesquisa (BECKER, 2007, p. 19). Esses truques não são soluções, não são saídas, não são escusas para fazer pesquisa de qualquer maneira e dizer que fez pesquisa, eles são "modos de pensar que ajudam pesquisadores confrontados com problemas concretos de pesquisa a fazer algum progresso" (BECKER, 2007, p. 20). Becker explora três áreas de truques: representações, amostras e lógica. Nessa perspectiva, fomos mais vivenciando pesquisas com decisão jurídica que forçando os dados a nos servir para explicar algo. Nunca me ocupei em fazer teoria sobre decisão jurídica, mas observar como o direito se constrói por decisões jurídicas.

Chegamos a construir tipos ideais, ainda que conscientes de que "a construção de tipos ideais abstratos não interessa como fim, mas única e exclusivamente como meio de conhecimento" (WEBER, 2001, p. 139). Criamos um catálogo de ideias de conciliador: o conciliador interveniente; o conciliador nervoso; o conciliador pacifista; o conciliador neutro; o conciliador questionador; o conciliador carimbador. Contudo, uma nova audiência, um novo

4. A COMUNICATIVAÇÃO

tipo ideal, um novo desafio de como classificar o que observamos. A aplicar esses tipos ideias ao analisar os dados surtiram mais dificuldades que auxiliavam as pesquisas, pois a atividade de catalogar e classificar era exaustiva tanto quanto inútil.

Quando incluímos a distinção ação estratégica e ação comunicativa, os tipos ideais habermasianos, inicialmente nos vimos mais aliviados e até competentes. Mas, não durou muitos para dificuldades voltarem, pois não nos sentíamos autorizados a decretar qual a ética do conciliador, do advogado, das partes presentes nas audiências. Ainda mais quando observávamos que um mesmo conciliador atuava numa audiência com postura bem ativa, interveniente, na audiência seguinte, ela atuava neutro, e numa outra, ele agia como um burocrata carimbador. A sensação de inutilidade levou a desagradabilidades do como estávamos fazendo pesquisa. Mas, seguimos.

Com Habermas entendemos que a relação objeto/sujeito é recíproca e que é mútua a interferência entre observador e observação, quando se observa comportamento humano. Assim é porque há uma "estrutura lógica do mundo social da vida", que são as "condições transcendentais da intersubjetividade dos sistemas de ação mediados pela linguagem em geral" (HABERMAS, 1996[1982], p. 179). Essa estrutura lógica contém um duplo significado:

> por um lado, o mundo da vida é o âmbito objetivo da investigação. Neste aspecto, uma investigação transcendental fornece informações sobre as estruturas da realidade previamente à toda a análise empírica. Porém, por outro, o mundo social da vida é também base da investigação mesma. Nesse aspecto, uma investigação transcendental permite autorreflexão dos métodos empregados" (HABERMAS, 1996[1982], p. 179).

Dos três enfoques analíticos – o fenomenológico, o linguístico e o hermenêutico – resulta que as comunicações são mediadas simbolicamente. Ocorre que saber que decisões catalogar, que excertos explorar se fazia um problema nas pesquisas, ainda mais porque os elementos da literatura não nos auxiliavam nas análises do que assistíamos nas audiências. Interferências e atuações observadas nas audiências de conciliação que extrapolam qualquer previsão legislativa nos levavam a questionar nosso objeto, nossa metodologia, nossa postura.

Habermas, contudo, foi fundamental para sabermos que ação humana não é um dado físico nem psíquico, afinal, não há como se acessar pressupostos físicos ou mentais de um agir, de um texto, de uma fala. O potencial crítico

DECISÃO JURÍDICA NA COMUNICATIVAÇÃO

da teoria segue presente, mas o exercício de classificar uma ação social com estratégica ou comunicativa havia perdido seu sentido, por mais que estávamos cientes que acessávamos comunicações e, com isso, afetávamos diretamente os dados, afinal

> a experiência comunicativa se origina, como seu nome indica, num plexo de interação que através de significados constantes vincula ao menos a dois sujeitos no marco da subjetividade do mútuo entendimento, estabelecida linguisticamente. Nesse marco [fenomenologia], o observador não participa menos que o observado. A situação da observação participante demonstra isso com, não menos clareza, que a técnica de questionário" (HABERMAS, 1996[1982], p. 177).

As referências de Habermas a autores como Edmund Husserl, George Mead, Aaron Cicourrel, Alfred Schütz, John Dewey, Charles Sander Pierce, Harold Garfinkel, Erving Goffman, Ludwig Wittgenstein, Peter Winch, John Austin, Jon Searle nos convenceram que nossa relação com os dados não era distinta dos dados mesmo. Assim, o debate de se os dados falam por si (onto-ontologia metafísica) ou se nós estávamos criando os dados de pesquisa (mentalismo, filosofia da consciência) nos afastaram do "o mito do dado" (POSSENTI, 2001, p. 27-36; HABERMAS, 2002[1999], p. 21). Desmistificado o mito, dados não falam por si, pesquisador não fala por si. Na medida que as pesquisas foram sendo realizadas, foi ficando cada vez mais claro que vivenciávamos o círculo interpretativo de objetividade e subjetividade. Acatamos a dupla hermenêutica habermasiana.

Resolvidas, via Habermas, as aporias e os dilemas da relação objeto/sujeito, os debates passaram para a distinção de ação comunicativa e ação estratégica. Observar se a ação social dos envolvidos numa conciliação eram pautados pela ética do discurso se fez a questão central das pesquisas, bem como a questão: a perspectiva de acordo de Habermas pode ser aplicada ao acordo judicial? Para isso, nos dedicamos ao "dicionário" habermasiano.

Curioso como pesquisadores são acusados de dogmatizar um autor porque passa a lidar e conhecer seu dicionário. Mas, como afirmar que se está pautado por uma teoria social se não se conhece suas categorias? Se o processo é justamente analisar dados de pesquisa sob a perspectiva de determinado marco teórico, me parece que não existe outra via se não estudar, ler, se dedicar a conhecer os elementos deste marco teórico para poder os empregar na análise dos dados. Não? Que outra maneira há para se aplicar uma teoria se não a conhecendo? É possível se declarar aplicador de um marco teórico sem usar suas categorias? Com isso apenas provoco reflexões quanto ao se afirmar "não devemos dogmatizar Habermas, Luhmann, Bourdieu, Foucault etc." quando se afirma usar uma dessas teorias em pesquisa e não se sabe explorar as categorias básicas da teoria mesma.

Uma coisa é divergência de leitura e diversidade de aplicação de elementos de um marco teórico, outra é dizer que está pautado por um marco teórico que não conhece. Dogmatizar é impor a sua leitura, jamais se aprofundar numa teoria e aplicar suas categorias. Evidente, pesquisadores distintos podem aplicar categorias distintas de um mesmo autor, bem como podem aplicar as mesmas com leituras distintas, porém nesse caso, entendo que questionar a divergência de leitura não tem qualquer relação com dogmatizar uma teoria, um autor. Agora, se o ponto é que virou status se descrever conhecedor de determinado marco teórico, porém se descorda das categorias que a teoria fornece à pesquisa, para mim nada justifica seguir com tal marco teórico. Mais, usar esta ou aquela teoria não tem qualquer relação com ser seguidor ou defensor das ideias do autor. Inclusive, proponho que sim, um mesmo pesquisador por usar marcos teóricos distintos uma vez que para o objeto da pesquisa esta ou aquela teoria se apresente mais adequada. A escolha do marco teórico pode se dar devido à teoria se apresentar como a "teoria confortável" à pesquisa em andamento, confortável por portar categorias de análise que viabilizam reflexões, por portar elementos à pesquisa, à análise de dados mais adequados. Pode ser diferente? Desconheço. Salvo se se impõe que o pesquisador tenha que necessariamente ser filiado a um único aporte teórico. Pena como predomina essa perspectiva ... voltemos.

Na teoria da ação de Habermas, a racionalidade comunicativa, mesmo que de modo fragmentado e distorcido, viabiliza o entendimento humano devido à "forma existente de uma razão remetida a ficar encarnada simbolicamente e situada historicamente" (HABERMAS, [1981]1987a, p. 11). Nesta teoria, há as comunicações mediadas no cotidiano, no mundo da vida, que são as ações comunicativas, e as comunicações mediadas pelos sistemas, que são as ações estratégicas.

Essa distinção entre ação comunicativa e estratégica parte da psicologia social de Georg H. Mead, com seu behaviorismo social, ainda que vários outros aportes estão presentes na teoria da sociedade de Habermas. Todavia, Habermas, entende que Mead

> analisa os fenômenos de consciência a partir do ponto de vista de
> como eles se constituem no seno das estruturas da interação mediada

DECISÃO JURÍDICA NA COMUNICATIVAÇÃO

pela linguagem ou medida por símbolos. A linguagem tem uma significação determinante para a forma sociocultural da vida: 'no ser humano a diferenciação funcional através da linguagem dá lugar a um princípio de organização completamente diferente que produz não apenas um tipo distinto de indivíduos, mas também uma sociedade distinta (HABERMAS, 1987b[1981], p. 11).

Ser mediado por linguagem, no behaviorismo da psicologia social, não implica que Mead ignora a experiência interna do indivíduo, pois

> o sentido materializado em uma ação social é algo não externo e, inclusive, enquanto é algo objetivado em expressões simbólicas, esse sentido resulta publicamente acessível, não é algo meramente interno com acontece nos fenômenos da consciência, dentro do ato mesmo existe um campo que não é externo, mas sim que pertence ao ato, e tem as características dessa conduta orgânica interna que se revelam em nossas atitudes, especialmente nas conectadas com o ato de fala (HABERMAS, 1987b[1981], p. 12)

Porém, na leitura de Habermas: "Mead se impõe a tarefa de analisar as caraterísticas estruturais da interação mediada simbolicamente" (1987b[1981], p. 13). Com essa conclusão, Habermas o acusa de ter um conceito reduzido de linguagem, pois, em sua teoria da comunicação (behaviorismo social) "Mead só se interessa pelos símbolos linguísticos e pelos símbolos logomórficos enquanto elementos mediadores das interações, das formas de comportamento e das ação de uma pluralidade de indivíduos" (HABERMAS, 1987b[1981], p. 12). A atenção passa à questão da aprendizagem, das regras que viabilizam a comunicação e a compreensão, o entendimento, o acordo.

Habermas entende que o modelo de internalização presente na ideia de "adoção (tomada) da atitude do outro" (taking the attitude of the other) trazida por Mead é presente também em Piaget e Freud, quando estes últimos abordam como mecanismo de aprendizagem estruturas externa e interna. A externa é a interiorização (Interiorisierung) de esquemas de ações. A interna é a internalização (Internalisierung) de relações referentes ao objeto social com uma pessoa em referência (HABERMAS, 1987b[1981], p. 19). Com isso, Habermas se afasta da concepção de reflexividade subjetiva, para a qual o indivíduo se volta a si mesmo se convertendo em objeto de si. Esse afastamento da internalização, da subjetivação de estruturas objetivas de sentido

4. A COMUNICATIVAÇÃO

de Mead, se dá por Habermas considerar que a influência da atitude do outro na internalização de estruturas objetivas de sentido não são esclarecidas por Mead. A alternativa de Habermas é dizer que a comunicação é baseada na linguagem simbolicamente mediada. Assim, segundo Habermas, com Mead não se pode verificar os papéis de falantes e destinatários. A visão de processo comunicativo como produto de internalização do ouvinte e do falante não convence Habermas, posto que a concepção de que o falante é consciente do significado de seu ato de fala e que tem expectativa do que o outro vai entender é tomar o falante como dotado de capacidade para compreender esse significado, o que resulta considerar que o ouvinte lida com a comunicação nas mesmas condições que o falante e, não, que há uma hierarquia entre eles. Se é assim, a comunicação, então, se dá porque falante e ouvinte processam significados idênticos, sem o que não há ação comunicativa. A crítica de Habermas é que Mead não convence como é possível a gênesis de significados idênticos para os participantes numa interação, uma vez que ele não detalha como um internaliza a relação entre seu ato e a reação do outro (HABERMAS, 1987b[1981], p. 21-22).

Ao recorrer a Tugendhat, com quem segue sua construção teórica, agora sob o modelo, não mais de internalização, mas de interpretação, Habermas desenvolve uma teoria da comunicação baseada na interpretação de texto, fala e gestos processada entre falante e ouvinte. Com isso, falante e ouvinte não vivem processos de adaptação, mas sim de aprendizagem mútua.

> Os participantes em interação aprendem a internalizar um fragmento da estrutura objetiva de sentido, de maneira que ambos podem vincular ao mesmo gesto interpretações coincidentes reagindo cada um deles implícita ou explicitamente da mesma maneira dele" (HABERMAS, 1987b[1981], p. 25).

Habermas se declara adepto do individualismo metodológico, ainda que promova a passagem da perspectiva de interação mediada por gestos para a interação mediada simbolicamente. O ato de fala, agora, tem sucesso comunicativo se ocorrerem a validez e o respeito às regras do entendimento. Assim, os comportamentos regidos por regras podem ser explicados em términos de orientação por convenções semânticas (HABERMAS, 1987b[1981], p. 28), uma vez que "no conceito de regra estão unificados os dois momentos que caracterizam o uso de símbolos simples: a identidade de significado e a validez intersubjetiva" (HABERMAS, 1987b[1981], p. 29). O sucesso numa

DECISÃO JURÍDICA NA COMUNICATIVAÇÃO

comunicação é uma questão de a competência viabilizar ou não a *"identidade de um significado"* (HABERMAS, 1987b[1981], p. 30). Para isso, Habermas recorre a Wittgenstein em sua teoria dos jogos de linguagem.

Afastado da perspectiva onto-ontológica metafísica da comunicação, bem como da filosofia da mente, da filosofia da consciência, Habermas calca sua teoria da ação comunicativa, da comunicação como linguagem simbolicamente mediada, concebendo que o entendimento, o acordo é o objetivo perseguido pelos atores, por meio de seus atos de fala. Deixo ao leitor interpretação diversa dessa nossa:

> com "identidade" de um significado não se pode querer dizer o mesmo que com identidade de um objeto que sob descrições diversas pode ser identificado por distintos observadores como o mesmo objeto. Este ato de identificação de um objeto sobre o que os falantes fazem determinados enunciados pressupõe já a compreensão de termos singulares. Os significados simbólicos constituem ou fundam identidade de maneira similar a como ocorre no caso de regras, as quais estabelecem a unidade na diversidade de suas distintas realizações ou cumprimentos. Os significados devem sua identidade a uma regulação convencional. Sobre essa questão, é importante a indicação de Wittgenstein de que o conceito de regra está entrelaçado com o uso do termo igual. Um sujeito A, se segue uma regra, só pode fazer isso de um modo que, sob condições de aplicação cambiantes, siga a mesma regra, pois, de outro modo, não está seguindo regra alguma. O sentido de 'regra' implica analiticamente que aquele em que A baseia sua orientação comportamental permanece igual a si mesmo. E esta conformidade não é resultado de uniformidades no comportamento observável de A. Não toda falta de uniformidade é indicação de violação de uma regra. Todavia, há que reconhecer uma regra para determinar se alguém se desvia dela. Um comportamento irregular só pode ser caracterizado como falta, ou seja, como violação de uma regra, se se conhece a regra que o fundamenta. Ou seja, a identidade de uma regra não pode ser reduzida a regularidades empíricas; antes, depende da validez intersubjetiva, isto é, da circunstância de que a) sujeitos que orientam seu comportamento por regras se desviam delas, e de que b) esse comportamento desviante pode ser criticado como violação de regras [...] seguir uma regra significa seguir, em cada caso particular, a mesma regra. A identidade da regra na pluralidade de suas realizações não descansa em invariações observáveis, mas sim, na intersubjetividade de sua validez.

4. A COMUNICATIVAÇÃO

E como as regras regem contrafaticamente, existe a possibilidade de submeter o comportamento a críticas, qualificando-o como ajustado à regra ou errôneo. Se estão pressupondo, portanto, dois papéis distintos para os participantes A e B. A está na posição de ter competência para seguir uma regra se evita sistematicamente cometer faltas. B tem a competência de julgar o comportamento regulado de A. Essa competência justificada de B pressupõe, por sua vez, uma competência regida por regras, pois B só pode fazer um exame sobre A, se ele (B) pode demonstrar a A que ele (A) cometeu uma falta e se, neste caso, é capaz de chegar a um acordo com A sobre a correta aplicação da regra. B assume então o papel de A e lhe faz ver que o que ele fez, fez mal feito. Neste caso, A adota o papel de juiz, que agora tem de sua parte a possibilidade de justificar seu comportamento inicial demonstrando a B que ele (B) realizou uma aplicação errônea da regra. Sem esta possibilidade de *crítica recíproca* e de mútua instrução que conduz a um acordo, não ficará assegurada a identidade das regras. Para que um sujeito possa seguir a mesma regra, esta tem que reger intersubjetivamente ao menos duas pessoas (HABERMAS, 1987a[1981], p. 30-31).

Pesquisar como as partes, numa audiência judicial, se portavam e conduziam a um acordo, nos levava a ter por decisão o acordo realizado. Via Habermas, considerávamos que acordo não se reduz ao termo final da audiência, mas envolvia uma perspectiva de sociedade, um processo comunicativo composto por regras, orientado ao entendimento. Estávamos guiados pela ética do discurso, na qual, apoiado em Apel, Habermas afirma que não se trata de observar fatos comportamentais, mas sim, as condições normativas da possibilidade de entendimento, pois há uma "coerção transcendental" a que nos submetemos quando executamos, entendemos e reagimos a um ato de fala (HABERMAS, 1994, p. 300). A comunicação é possível, então, porque condições normativas viabilizam, possibilitam o entendimento. É o que buscávamos observar nas audiências.

Quais regras são essas? Quando alguém fala, ele atua com a pretensão de comunicar seu ponto de vista (a verdade, ato de fala constatativo, Habermas propõe a expressão "uso cognitivo") ou sua visão de correção (a normatividade, ato de fala performativo, Habermas propõe a expressão "uso interativo") (HABERMAS, 1994, p. 355). O ponto é que, para Habermas, a comunicação humana só é possível sob as seguintes condições pragmáticas universais (PU):

o falante tem que eleger uma expressão inteligível, para que o falante e ouvinte possam se entender entre si; o falante tem que ter a intenção

DECISÃO JURÍDICA NA COMUNICATIVAÇÃO

de comunicar um conteúdo proposicional verdadeiro, para que o ouvinte possa compartilhar o saber do falante; o falante tem que querer expressar suas intenções de forma verdadeira para que o ouvinte possa crer na manifestação do falante (possa confiar nele); o falante tem, finalmente, que eleger uma manifestação correta através da qual faz as normas e os valores vigentes, para que o ouvinte possa aceitar essa manifestação, de maneira que ambos, ouvinte e falante, possam concordar entre si nessa manifestação no que faz um transfundo normativo intersubjetivamente reconhecido. Além disso, a ação comunicativa só pode prosseguir sem perturbações enquanto todos os participantes suponham que as pretensões de validez que uns propõem a outros, são pretensões propostas com razão (HABERMAS, 1994, p. 300-301).

Na ética do discurso, a vida em sociedade (o plano do mundo da vida, do senso comum) é norteada pela ação comunicativa, na qual

os participantes perseguem de comum acordo seus respectivos planos de ação sobre a base de uma definição comum quanto à situação. Quando essa definição comum da situação começa a ser negociada ou quando as tentativas de entendimento fracassam no marco das definições comuns da situação, a obtenção de um consenso, que normalmente representa uma condição para a persecução de um fim, se converte, por sua vez, num fim. O êxito conseguido através da ação estratégica (finalista, teleológica) e o consenso alcançado através de atos de entendimento constituem, portanto, em todo caso, critérios do bem ou mal sucesso nos esforços por dominar a situação. Uma situação representa fragmento do mundo da vida delimitado segundo um determinado tema. Um tema surge em relação com os interesses e fins de ação de, pelo menos, um implicado; circunscreve o âmbito de relevância dos componentes da situação suscetíveis de tematização e é acentuado pelos planos de ação que, sobre a base de interpretações que da situação os envolvidos fazem, traçam as implicações para realizar, cada um, seus próprios fins. A ação orientada ao entendimento lhes é constitutiva da condição de que os participantes realizem seus perspectivos planos de comum acordo numa situação definida em comum. Tratam de evitar os riscos: o risco de que o entendimento fracasse, ou seja, o risco de dissenso ou mal-entendido, e o risco de que o plano de ação dê errado, ou seja, o risco de fracasso da ação. Para evitar o primeiro risco é condição necessária

4. A COMUNICATIVAÇÃO

fazer frente ao segundo. Os participantes não podem alcançar seus fins se não são capazes de cobrir a necessidade de ação que a situação oferece, ou, em todo caso, já não podem alcançar por via da ação comunicativa (HABEMRAS, 2000[1991], p. 180-181).

Aí estão as regas da ética do discurso. As entendemos como baseadas na filosofia moral kantiana, porquanto estabelece os princípios categóricos necessários para que a linguagem ordinária seja possível, ou seja, que o mundo da vida seja tal qual Habermas afirma ser. Esse é um de nossos estranhamentos. Será a ética do discurso um modelo fundamentalista de como o ser humano deve ser? Se sim, não mais podemos dizer que Habermas está afastado da perspectiva onto-ontológica metafísica da comunicação. Contudo, Habermas, seguindo Georg H. Mead, escreve que o sujeito que julga moralmente deve se pôr no lugar dos afetados pela ação problematizada (a inclusão do outro) ou pela norma controvertida, afinal

> o procedimento do discurso prático tem vantagens frente a esses dois constructos. Nas argumentações, os participantes têm que partir de que em princípio todos os afetados participam como livres e iguais numa busca cooperativa da verdade na qual a única coação permitida é a do melhor argumento. O discurso prático pode ser considerado um modo muito exigente da formação argumentativa da vontade, da qual (assim como na posição original de Rawls) se espera estar garantida, com base unicamente nos pressupostos universais da comunicação, a correção (ou equidade) de todo compromisso [contrato, juste, combinação, acordo] normativo possível nestas condições. O discurso pode desempenhar este cometido (acordo ético) em virtude das suposições idealizantes que os participantes têm que efetuar realmente em sua praxis argumentativa, pelo que desaparece o caráter fictício da posição original junto com o recurso da ignorância artificial. Por outra parte, o discurso prático pode ser entendido como um processo de entendimento mútuo que por sua própria forma insta a todos os implicados simultaneamente à assunção ideal de papéis. Transforma, assim, então, a assunção ideal de papéis praticada (como em Mead) por cada um individual e privadamente numa atividade pública, praticada intersubjetivamente por todos juntos" (HABERMAS, 2002[1999], p. 17-18).

DECISÃO JURÍDICA NA COMUNICATIVAÇÃO

As seguintes distinções, pelo até aqui exposto, baseavam nossas pesquisas:

a) Compreensão/sentido. Usada para explicar que a sociologia não tem a mesma fiabilidade que a física, afinal, as observações sociológicas são hermenêuticas, como proposto por Max Weber. Com Habermas, o sociólogo faz mais que hermenêutica, afinal a teoria da comunicação lida com a competência comunicativa e, por isso, pode explicar as operações básicas da medição do sentido (HABERMAS, 1994, p. 23);

b) Convencionalismo/essencialismo. Distinção utilizada para explicar que a sociologia deve se apoiar na observação dos sentidos essenciais, objetivos e não convencionais, subjetivos. Habermas localiza a teoria da ação comunicativa como uma sociologia objetiva por ela observar as regras operativamente eficazes (HABERMAS, 1994, p. 25);

c) abordagem elementar/holista. A teoria da ação comunicativa é uma sociologia pautada pelos dois postulados da concepção de individualismo metodológico, aos moldes propostos por J. V. N. Watkins: primeiro, "os constituintes últimos do mundo social são pessoas individuais que atuam más ou menos adequadamente à luz de suas disposições e de sua compreensão da situação". Segundo, "não existe tendência social que não pode ser alterada se os indivíduos envolvidos quiserem alterá-la e possuírem para isso adequada informação, ao que se opõem a teoria dos sistemas, pautada por Deutsch, Parsons e Luhmann" (HABERMAS, 1994, p. 29-30).

Dessas distinções Habermas afirma que a teoria da ação comunicativa se afasta da antropóloga social e a teoria dos sistemas, portanto, das teorias que concebem a sociedade como gerada por sistemas de regras externos ao indivíduo, porém está calcada nos modelos teóricos baseados na pragmática universal.

> Sujeito cognoscente e julgador, como em Imannuel kant e na fenomenologia de Edmund Husserl, bem como com Alfred Schütz, Berger e Luckman, no modelo da comunicação linguística cotidiana, com na pragmática da comunicação do sentido intersubjetivamente compartilhado, presente na psicologia social dos jogos de papéis de George Herbert Mead e na linguística, nos jogos de linguagem com Wittgenstein, autor que viabiliza Habermas a produzir seu princípio U, o princípio Universal, ou seja, a pragmática universal da teoria da competência comunicativa (HABERMAS, 1994, p. 77 e ss.).

4. A COMUNICATIVAÇÃO

Há a ação instrumental a orientada por fins (são ações técnicas) e a comunicativa, orientadas ao entendimento. A distinção se apoia em que a eficácia de regras técnicas e estratégicas dependem da validez de enunciados empiricamente verdadeiros ou analiticamente corretos, afinal, "a validez das normas sociais vem assegurada por um reconhecimento intersubjetivo fundado no entendimento e num consenso valorativo" (HABERMAS, 1994, p. 27).

Um dos elementos distintores é quanto ao objetivo. Enquanto a da ação teleológica é obter sucesso, na ação comunicativa se objetiva o acordo, o entendimento sobre algo no mundo. Uma situação, uma interação – que é um fragmento do mundo da vida delimitado por um tema – resulta em êxito (sucesso) ou acordo devido aos esforços envidados para dominar a situação. Para Habermas o processo comunicativo começa com alguém manifestando seus interesses e intenções (fins), do que decorrem suscetíveis tematizações circunscrevendo o que é relevante para cada envolvido na comunicação, portanto o plano de ação de cada um é estabelecido conforme a interpretação da situação, a qual leva cada um a traçar seus fins. A diferença entre ação orientada a um fim e a ação orientada ao entendimento é que é condição para última que os participantes realizem planos de comum acordo numa situação de ação definida em comum (HABERMAS, 1987[1981], p. 181). Tudo isso nos movia em observações. Felicíssimos em verificar a prática e classificar os acordos realizados. Porém, a complexidade dos dados nos levava a duvidar que estávamos fazendo pesquisa científica, mas sim, expressando nossas opiniões sobre a catalogação dos acordos como estratégicos ou comunicativos. Analisar a atuação dos conciliadores, sua ética, era animador, mas não nos parecia suficiente para nossa pretensão de cientificidade.

Habermas distingue interpretação de uma situação e execução de um plano de ação, a partir das ideias de Schütz e Luckmann, para quem a decisão sobre como agir (atuar) advém da interpretação que cada um faz do mundo da vida. Nesses autores, mundo da vida se caracteriza por uma realidade aproblemática, pela certeza intersubjetivamente inscrita em nós, seres humanos, e por sermos imunes às mudanças descontextualizadas nos auxiliava a observar como as pessoas chegavam nas audiências apostando no terceiro imparcial como responsável por decretar quem estava com a razão e, assim, viabilizar o acordo. Afinal, nós nos comunicamos porque somos capazes de nos entender sobre o mundo. Então, por que recorrer ao judiciário?

Ocorre que essa condição aproblemática do mundo da vida, que Habermas constrói baseado pela fenomenologia, com Schütz e Luckmann, pressupõe competência comunicativa, a exemplo, de um ser humano adulto, cujas

DECISÃO JURÍDICA NA COMUNICATIVAÇÃO

experiências lhe levam a não tematizar cada instante de seu cotidiano, cada palavra que diz e ouve e assim se explica a viabilidade o entendimento linguístico. Aí nos surge o maior problema da teoria. Se as partes são leigas, por isso constituem advogados, como o acordo judicial pode ser um entendimento entre os envolvidos? Se as partes são um homem e uma mulher, um branco e um negro, um hetero e um homossexual quem domina a competência comunicativa? No caso de nossa pesquisa, advogados e conciliador tinham uma linguagem que as partes não entendiam. Então, não se pode falar em acordo comunicativo. Qual a pretensão de verdade de cada uma das partes? Chegar a um acordo melhor para cada uma por si. A saída seria lembrar que judiciário é organização, então necessariamente só comporta ação estratégica. Se é assim, isso é óbvio, então a pesquisa é inútil. Pesquisar obviedade? Ou podemos considerar que, mesmo no âmbito do judiciário, há um mundo da vida partilhado das audiências judiciais, no qual as intersubjetividades são construídas coletivamente?

Habermas ampliou a concepção de mundo da vida da fenomenologia para desenvolver sua teoria da ação comunicativa recorrendo às distinções hermenêutica/participação e interpretar/agir, as quais lhe conduz à validez e às regras do discurso. Com isso, Habermas distingue a perspectiva de cada pessoa envolvida numa comunicação (plano do sistema da personalidade), da cultura que permeia a comunicação (plano da cultura) e da universalidade que viabiliza a comunicação (plano da sociedade).

Na teoria da ação comunicativa, inclusive, cultura, sociedade e personalidade compõem o mundo sociocultural da vida como totalidade dos fatos socioculturais como planos da comunicação, a qual contém um núcleo básico de identidade (cultura), princípios universais (sociedade) e estruturas cognitivas adquiridas na socialização social humana (personalidade) (HABERMAS, 1987[1981], p. 207). Para Habermas "a partir da perspectiva interna do mundo da vida a sociedade se apresenta com uma rede de cooperações mediadas comunicativamente" (HABERMAS, 1987[1981], p. 211). Nessa ótica, seres humanos participam de uma comunicação sob o pressuposto de que são capazes de dar razão aos seus atos, de que se expressam pautados e limitados ao horizonte semântico (a cultura tem uma força imperativa sobre a ação humana = a capacidade de se expressar mediado por linguagem, ou seja, de interpretar, provar suas razões, de valorizar, avaliar e se expressar) e de uma consciência falibilística, se equivocam, se enganam, erram, mas, como somos criticados e criticamos, desenvolvemos um acordo que nos orienta nesse processo.

4. A COMUNICATIVAÇÃO

Uma ação, nessa teoria, é estratégica quando as orientações estão pautadas pelo sucesso, para se obter um fim, quando, então, as intenções, razões não são explícitas, o horizonte semântico é manipulado para um sentido particular e as críticas não são desenvolvidas rumo a um entendimento. Na ação comunicativa, há transparências nas intenções, razões do plano de ação adotado. O horizonte semântico é partilhado ao entendimento e as críticas são desenvolvidas rumo a um acordo comunicativo. Essa diferença leva Habermas a defender que há um "desacoplamento" entre o sistema e o mundo da vida e tomo a modernidade como a sociedade marcada pela colonização do mundo da vida (HABERMAS, 1987[1981], p. 12; 452).

Nortear nossas observações por essa concepção nos levavam a observar, nas práticas das audiências de conciliação, se as ações tinham validez deôntica (ética deôntica), se ocorriam aos moldes da pretensão de verdade (ética cognitiva), o que nos exigia observar se os enunciados de correção normativas eram válidos, ou ainda, se estavam fundamentados de modo que "aquilo que se quer justificar em sentido moral tem que poder ser desejado para todos os seres racionais" (HABERMAS, [1982]1996, p 16). Isso implicava nos dedicarmos a observar se a ética era formalista, ou seja, se "o lugar do imperativo categórico passa a estar ocupado pelo procedimento da argumentação moral" (HABERMAS, 1996[1982], p 16).

Outro ponto era observar se o Princípio "D" e o Princípio "U" da ética do discurso eram respeitados nos acordos judiciais. Isso nos levava a questionar se estávamos fazendo pesquisa científica ou fundamentalismo, pois nos víamos obrigados a ter que enquadrar as ações efetivas e reais a modelos teóricos e, esse exercício de enquadramento, raramente era plausível. Esclarecendo, o Princípio D significa que "só podem reivindicar licitamente validez aquelas normas que podem receber a aquiescência de todos os afetados de um discurso prático". O Princípio U, que "nas normas válidas, os resultados e os efeitos secundários que derivem de seu seguimento universal para a satisfação dos interesses de todos e cada um têm que poder ser aceitos por todos sem coação alguma" (HABERMAS, 1996[1982], p 16).

Essa perspectiva nos conduzia a atuar, enquanto pesquisadores, como julgadores das ações das partes, dos advogados, dos conciliadores, afinal, eram dessas ações que compreenderíamos o acordo judicial. Ocorre que o normativismo da ética do discurso dificultava a análise de vários dados. Não nos agradava analisar comportamentos para classificar a ética dos atores presentes numa audiência judicial. Queríamos pesquisar como eram construídos os acordos e, não, classificar as ações como ação estratégica ou ação comunicativa.

DECISÃO JURÍDICA NA COMUNICATIVAÇÃO

Por outro lado, a teoria nos auxiliava a observar que uma das partes iniciavam a audiência aos moldes de uma ação estratégica e passavam a agir orientados ao entendimento, bem como observávamos casos em que se iniciava agindo nos moldes da ação comunicativa, porém passavam a atuar estrategicamente. Até aí, sem problema. Habermas admite explicitamente a possibilidade de uma ação estratégica se tornar comunicativa e vice-versa. A isso, acrescemos que Habermas distingue a ação comunicativa em sentido fraco e em sentido forte. Em sentido fraco "o entendimento mútuo se estende a fatos e razões dos agentes para suas expressões de vontade unilaterais" e, no sentido forte "o entendimento mútuo se estende às próprias razões normativas que baseiam a escolhas dos fins. Pois, então, os envolvidos fazem referência a orientações axiológicas intersubjetivamente partilhadas que determinam sua vontade para além de suas preferências" (HABERMAS, 2002[1999], p. 118).

O que entendemos com Habermas é que, para resultar num acordo, num entendimento, as partes devem atuar sob o manto das regras da ética do discurso. Ocorre que não era simples concluir se determinado acordo judicial foi tomado por razões estratégicas ou pela ética comunicativa, por mais que entendêssemos que a linguagem é "um meio em que se reproduz o domínio e o poder social. Serve para a legitimação de relações de poder organizado" (HABERMAS, 1996[1982], p. 256).

Estabelecer se o acordo foi resultado da competência do falante e do ouvinte não nos era factível, traçar tal classificação nos soava ser mais uma questão de opinião pessoal de cada pesquisador que uma questão de análise dos dados. Ainda mais quando a consideramos que a teoria da ação comunicativa se pauta pela verdade por correspondência. Isso nos incomodava, confesso, porque, ao debatermos sobre os dados, o que afirmar ou não, não tinha qualquer relação com essa hipótese de verdade. Negar a perspectiva da verdade por correspondência implicava reconhecer que observávamos comunicações, não enunciados como linguagem verdadeira porque correspondente a linguagem simbolicamente mediada. Por exemplo, não nos ocupávamos em observar se um ato de fala estava vinculado a uma pré-compreensão sobre valores de legislação ou de precedentes judiciais. Não era factível considerar se os agentes estavam se orientando por verdade e veracidade ou por pretensão de correção intersubjetivamente reconhecida (HABERMAS, 2002[1999], p. 118). Identificar, inclusive, se os efeitos eram locucionários, ilocucionários ou perlocucionário nos soava mais alucinógeno que científico. O sentido de algo nos parecia independente do dito, do escrito, do gesto. Com isso, passamos a questionar a significância, o lugar e papel da ação comunicativa em

4. A COMUNICATIVAÇÃO

nossas pesquisas e, inclusive, se leitura errada existe. Se sim, nossas observações eram leituras corretas ou erradas? Como podíamos saber ou estabelecer que eram sempre corretas? Seguimos em pesquisas, ainda que sem as respostas, ainda que cientes de que as questões da comunicação norteavam nossa concepção de decisão jurídica.

Mesmo não convencidos do quanto a concepção de acordo de Habermas ajudava a uma compreensão dos acordos judiciais, seguíamos tomando a teoria da ação comunicativa como marco teórico por, com ela, termos truques como o de que "o sentido tem ou encontra sempre uma expressão simbólica, as intenções, para cobrar claridade, têm que poder estar adaptada sempre a uma forma simbólica e poder ser expressada ou manifestada" (HABERMAS, 1994, p. 19). Nosso truque era aceitar que as simbologias ocorriam, por isso os acordos eram realizados seja sob o prisma da ação estratégica ou comunicativa.

Até aí, seguíamos. Todavia, dificuldades na aplicação da teoria aumentavam quando sentido era tomado como significado intersubjetivamente reconhecido segundo as regras e as normas da ética do discurso. O próprio conceito ação social não nos soava pertinente, o que nos levava a questionar se o truque acima era suficiente para as análises dos dados, pois tínhamos a menor ideia de que regras eram as que estavam guiando os atos de fala.

Não foram poucas as vezes que observamos as partes saírem com um acordo assinado, porém não sabiam o que havia sido feito. Não raras vezes uma das partes nos revelaram que fizeram o acordo porque mandaram fazer.

> "Eu estava ali para fazer um acordo judicial, o juiz disse que o acordo era aquele. Aceitei. Não é assim não?"

Observamos que, sequer a compreensão que o conciliador não é um juiz, as partes tinham e não eram informadas disso. Incluir a falta de conhecimento, de informação nas pesquisas demandou novas dificuldades, novos questionamentos de como tratar os dados catalogados, inclusive sobre que dados catalogar.

Nossa saída foi reconhecer que não pesquisamos para descrever a decisão jurídica, descrever a tomada de decisão, nem para adivinhar que fatores, regras, intenções regiam as causas que levam aos acordos judiciais. Enxergamos, inclusive, que sequer identificamos uma padronização, tampouco cada caso era um caso. Ainda assim, seguimos com a concepção de decisão judicial como acordo construído pelas partes, seus advogados (quando havia) e pelo conciliador.

DECISÃO JURÍDICA NA COMUNICATIVAÇÃO

Passamos a duvidar, todavia, se as audiências podem ser tratadas como mundo da vida partilhado, como interação simbolicamente mediada por normas. Entendemos, eu acho, que a "ação comunicativa se baseia num processo cooperativo de interpretação, no qual os participantes se referem simultaneamente a algo do mundo objeto, no mundo social e do mundo subjetivo" (HABERMAS, 1987a[1981], p. 171), porém duvidamos se é assim nas práticas jurídicas. Se "as estruturas do mundo da vida fixam as formas da intersubjetividade do entendimento possível" (HABERMAS, 1987a[1981], p. 179) como explicar acordos feitos sem que as partes soubessem bem o que foi acordado? Se ação comunicativa é aquela que promove os três aspectos – o funcional do entendimento, o de coordenação de ações sociais e o de socialização –, os acordos judiciais não eram comunicativos, mas puramente estratégicos. Sem problema. Conclusão havia. Porém, ao afirmar isso, estávamos promovendo uma opinião ou uma pesquisa científica?

Assistimos casos em que diálogos entre as partes viabilizaram um acordo comunicativo. Sim, aspectos da ação comunicativa viabilizam a manutenção e renovação do saber cultural (aspecto funcional do entendimento), a promoção de integração social e criação de solidariedade (aspecto coordenador de ação social) e a formação de identidades personalíssimas (aspecto socialização) (HABERMAS, 1987a[1981], p. 196). Será? No judiciário? Então, o problema estava em nós. Pesquisadores moldulados por fundamentalismo? Queríamos poder afirmar que os acordos judiciais em audiências de conciliação são comunicativos ou estratégicos? É isso?

A cada reunião, dados nos levavam a questionar a viabilidade de esse aporte teórico ser suficiente para nossas pesquisas, pois ele nos levava a tensionar o quanto a concepção de acordo presente na ética do discurso de Habermas nos estava levando a atuar como julgadores dos envolvidos nas práticas cotidianas dos acordos realizados nas audiências judiciais em varas cíveis do fórum do Recife-Pernambuco. Afinal,

> nas argumentações, os participantes têm que partir de que, em princípio, todos os afetados participam como livres e iguais na busca cooperativa da verdade, na qual a única coação permitida é a do melhor argumento. O discurso prático pode ser considerado como um modo muito exigente de formação argumentativa da vontade, da qual (do mesmo modo que da posição original de Rawls) se espera garantida, com base unicamente nos pressupostos universais da comunicação, a correção (o equidade)

4. A COMUNICATIVAÇÃO

de toda a anuência normativa possível nestas condições (HABERMAS, [1982]1996[1982], p. 17).

Estávamos exatamente em salas do poder judiciário de Recife, ainda que os presentes eram juristas e seus clientes, portanto, relações de poder organizado estavam sob nossas observações. Por mais que elementos não jurídicos (no sentido estatal, formal, como legislação, precedentes, doutrina, documentos probatórios, laudos periciais etc.) estivessem registrados em nossas anotações, como uma variedade de argumentos sem qualquer relação com as fontes do direito, observamos que fontes de informações e comportamentos diziam e serviam mais para os acordos que textos legislativos e precedentes judiciais.

Questionamos a viabilidade de seguimos com Habermas como marco teórico, principalmente por sua ideia de o mundo ser um "conjunto dos fatos possíveis, se constitui apenas para uma comunidade de interpretações cujos membros se entendem entre si sobre algo no mundo dentro de um mundo da vida intersubjetivamente partilhado" (HABERMAS, 1998[1992], p. 75).

Para a questão do que catalogar, sempre respondi: tudo. Nas audiências estamos em momento de anotar, escrever o máximo de detalhes possíveis. Anotar falas, comportamentos, textos (pedir aos presentes uma cópia impressa da decisão, do acordo realizado ou não), horário, tudo. Evidente, tudo era diferente para cada observador, mas isso também integrava a pesquisa. Aqui minha postura era justificada pela perspectiva metodológica de Paul Feyerabend, para quem "a pesquisa bem-sucedida não obedece a padrões gerais" (FEYERABEND, 2011, p. 20), pois "não existe uma única teoria interessante que concorde com todos os fatos conhecidos que estão em seu domínio" (FEYERABEND, 2011, p. 45; 67), principalmente em pesquisa empírica, em que "todas as metodologias, mesmo as mais óbvias, têm seus limites" (FEYERABEND, 2011, p. 47; 294). Recentemente, Bruno Latour tem nos ajudado a não estranhar os movimentos reflexivos durante pesquisa científica, porquanto nossa perspectiva é de

> entraremos em fatos e máquinas enquanto estão em construção; não levaremos conosco preconceitos relativos ao que constitui o saber; observaremos o fechamento das caixas-pretas tomando o cuidado de fazer a distinção entre duas explicações contraditórias desse fechamento, uma proferida depois dele, outra enquanto ele está sendo tentado. Essa será nossa primeira *regra metodológica*, a que possibilitará nossa viagem (LATOUR, 2000, p. 31).

DECISÃO JURÍDICA NA COMUNICATIVAÇÃO

Seja como for, aprendemos a lidar com os dados sem antever as análises de modo que nossa subjetividade era questionada cada vez mais nas reuniões de equipe. A relevância deste ou daquele dado só seria possível considerar depois da sistematização dos dados, no momento das análises. Ao final, aprendemos que é um falso dilema as questões trazidas pela dicotomia objeto/sujeito, objetividade/subjetividade, indução/dedução, pesquisa teórica/pesquisa prática, pois, em nossa prática da pesquisa, não vivenciamos tais extremos, mas sim um ciclo subjetivo/objetivo/subjetivo/objetivo. Durante as pesquisas, vivemos momentos em que as análises dos dados ocorriam sem a menor influência da subjetividade e outros em que a subjetividade se fazia mais presente. O mesmo ocorre com a objetividade.

Dois casos marcaram muito nossas questões epistemológica. Um foi quando, acompanhando um advogado em audiências, assistimos, na primeira audiência, realizada às 14h, ele desenvolver toda uma fundamentação em favor do princípio de que a mulher, mãe, detém maior capacidade para cuidar de um herdeiro menor. O advogado desenvolveu seus argumentos afirmando que o senso comum tinha como padrão imaginário social de a mulher ser sensibilidade, paciência, cuidado, amor, valores que faltam ao homem. "Não que seja este o caso aqui, porém o homem separado, solteiro, quer ter mais vida noturna, a sair com amigos, além dos problemas de trabalho que o desvia de oferecer um bom acompanhamento ao desenvolvimento do filho ou da filha". Debates e debates, argumentos e argumentos ... para resumir ... a audiência terminou com a mãe, a cliente do advogado que estávamos acompanhando, ganhando a guarda do herdeiro menor. Ponho herdeiro menor porque não cabe no caso se era menino ou menina. Após esta audiência, este mesmo advogado, entra na sala de outra vara judicial para a segunda audiência. Agora, o cliente é o pai, um homem. Este mesmo advogado desenvolveu toda argumentação em favor do pai dedicado, sensível, "paizão". Frases como "na sociedade atual já não cabe seguir com a visão ultrapassada de que é a mulher, mãe, sensível, hoje a mulher trabalha e tem as mesmas dificuldades do homem na criação dos herdeiros". Seguindo essa tônica, o advogado afirmava que o direito não pode manter os preconceitos sociais do senso comum, cabe ao direito mudar com as mudanças sociais e, também, ensinar que a história muda. O direito precisa acompanhar as mudanças sociais e, hoje, o homem é igual à mulher, inclusive em se tratando de decisão, amor e sensibilidade para educar, cuidar e criar seus herdeiros. Ao final da audiência, o pai consegue a guarda compartilhada. Esclareço que, ainda era tabu, nessa época, a guarda compartilhada, o direito ainda se regia pela concepção de pátrio poder,

4. A COMUNICATIVAÇÃO

de o homem ser o chefe da família, afinal, a leitura que a constituição de 1988 havia alterado o teor do código civil de 1916 era um debate travado pela doutrina da constitucionalização do direito civil (LÔBO, 1999, p. 104).

Outro caso que vale a pena relatar foi o de uma senhora, aparentava sessenta anos. Ela impetrou ação no juizado especial criminal, em Recife, acusando um jovem, que aparentava ter dezenove anos, de difamá-la. Toda vez que ela passava, ele, aos gritos, desferia palavrar de baixo calão. A audiência durou menos que cinco minutos. O conciliador declarou como acordo que fossem doadas cinco cestas básicas a um orfanato pelo período de seis meses. Indagou o bairro onde o jovem morava e quanto ele ganhava por mês, então abriu um livro com o cadastro de vários orfanatos e apontou um. Perguntou se o jovem conhecia aquela rua e aquele orfanato. O jovem disse que sim. Ditou o termo de acordo, imprimiu-o e passou às partes para que assinassem. Já saindo da sala, a senhora se volta ao conciliador e pergunta: "se entendi bem, para a justiça a minha honra vale cinco cestas básicas durante seis meses?". Silêncio. Todos são retirados da sala. Tem início a próxima audiência. Ao final do expediente, conversamos com o conciliador e o juiz, o magistrado, em voz baixa, afirmou: "é, é assim, pelo menos resolveu. Isso iria demorar anos aqui e, numa vara comum, duraria muito mais anos ainda e, ao final, não iria dar em nada mesmo. Pelo menos, aqui, deu em cestas básicas a um orfanato e, estou certo, que esse jovem não mais vai falar com a senhora".

Esses dois casos chamaram nossa atenção por observarmos que não há como falar em "regulamentação", em "controle prévio". A perspectiva de que há um mundo da vida compartilhado nos levava a observar que essa partilha ou é inexistente ou tão flexível que não há como falar em regras normativas do mundo da vida. Se algo se partilha, é um uso pragmático, não uma semântica, não uma definição, uma visão de mundo ou uma compreensão. Passamos a preferir Richard Rorty a Habermas. Claro, seguimos concordando que há algo partilhado no mundo da vida, mas não acatamos que são regras ou intencionalidades.

Poderíamos atribuir a uma habilidade de um dos advogados e falta de habilidade do outro, mas isso seria reduzir a uma questão tecnocrata de domínio do exercício da profissão, ou mesmo considerar que argumentos de apelo sentimental têm mais aceitabilidade em audiências, ou considerar que o conciliador, no segundo caso, era inexperiente. Porém, nossa conversa final com o conciliador demonstrou que a concepção de funcionamento cotidiano das audiências, portanto, a função que ele atribuía ao acordo judicial

DECISÃO JURÍDICA NA COMUNICATIVAÇÃO

era pela produtividade, pela visão que não importa o conteúdo do acordo, o que importa é a prestação do serviço judiciário não ser moroso, mesmo que para isso se atenham apenas a elementos da burocracia jurídica. Essa foi uma das razões de irmos nos afastando de Habermas e nos aproximando da etnometodologia de Harold Garfinkel, ainda que devamos isso às leituras de George Mead.

As leituras de Mead, inclusive, nos levaram a considerar que Habermas distorcia ideias de Mead, com nos pareceu fazer também com as ideias de Garfinkel e outros autores, o que nos leva a afirmar que a prática de criar inimigos autoelegidos não parou na filosofia antiga e medieval. Não se trata de identificar uma insuficiência e acrescer ideias à teoria do autor, mas sim, distorcer a teoria para ver se a sua teoria ganha adeptos, típico de Platão ao denegrir sofistas, como faz em seus diálogos.

Os casos em que as partes conversam fora da sala de audiência e entravam já com um acordo a ser homologado, os casos de acordos elaborados em escritórios de advocacia, em reuniões realizadas entre advogados e as partes em bares, restaurantes, praças nos levou a considerar que a concepção de acordo construído comunicativamente, aos moldes habermasianos, não eram partilhados no mundo da vida do cotidiano das audiências judiciais de conciliação. O melhor que podíamos fazer era concluir que os acordos realizados no judiciário eram estratégicos e não comunicativos. Mas, assistimos casos que podíamos considerar comunicativo.

Outro ponto crítico foi aportar às pesquisas a ideia de colonização do mundo da vida pelos sistemas. Esta colonização, na modernidade, se dá por meio de os papéis sociais, mediados por processos de formalização (regulação jurídica e moral). A monetarização e a burocratização se constituem vias de domesticação do mundo da vida. Nesse ponto, líamos os acordos judiciais como fatos sociais que ocorriam no judiciário e não fora dele, o que implicava considerar a legitimação, a racionalização do mundo da vida, a qual gera a coisificação sistematicamente induzida e a projeção de uma perspectiva utópica própria do capitalismo, da época da ilustração (HABERMAS, 1987[1981], p. 467). Acatamos a crítica ao tecnicismo, à cultura dos expertos, afinal

> o que conduz a uma racionalização unilateral ou a uma coisificação da prática comunicativa cotidiana não é a diferenciação de subsistemas regidos por meios e de suas formas de organização em relação ao mundo da vida, mas sim a penetração das formas de racionalidade econômica e administrativa nos âmbitos da ação que, por serem âmbitos especializados

4. A COMUNICATIVAÇÃO

na tradição cultural, na integração social e na educação e necessitar incondicionalmente do entendimento como mecanismo de coordenação das ações, resistem a ficar assentados sobre os meios dinheiro e poder (HABERMAS, 1987[1981], p. 469).

Ocorre que a colonização do mundo da vida supõe que a economia e o poder estatal (monetarização e burocratização) penetram na reprodução simbólica do mundo da vida e, com isso, produzem desarticulação em suas formas tradicionais (cultura, sociedade e personalidade), o que se dá pela regulação através de papéis sociais diferenciados (cidadania, consumidor, trabalhador, desempregado, profissional). Essa leitura do social não nos convencia, por mais que acatamos a ideia de que a juridicização (*Verrechtlichung*) das ações estruturadas comunicativamente (HABERMAS, [1981]1987b, p. 503-504) se dá com o direito moderno, o qual promove uma formalização organizada das relações sociais, tornando o mundo da vida moderno, aquele do estado democrático de direito, o mundo no qual vivemos a ambivalência da liberdade vigiada, a garantia da liberdade e a privação da liberdade (HABERMAS, [1981]1987b, p. 509-510; 515-516). E, justamente por acatarmos isso, observamos que os acordos judiciais não eram construções comunicativas, mas instrumentalização do direito nos moldes da modernidade, quando a positivação e o princípio da fundamentação convivem com a monetarização e a burocratização, o que reduz o direito à função reguladora e não constitutiva do mundo da vida (HABERMAS, [1981]1987b, p. 517-518). Assim líamos os acordos judiciais, mas. Essa leitura era suficiente? Onde elas nos conduziam? Que contribuições estávamos fazendo com essas pesquisas?

Casos indicavam a insuficiência dessa perspectiva porque a causalidade da teoria da ação comunicativa de Habermas dificultava mais que auxiliava a análise dos dados. Não haviam dados capazes de nos permitir afirmar que o acordo judicial se dava por uma questão de comercialização do direito, de colonização do mundo da vida, por mais que, no âmbito do judiciário trabalhista, assistimos casos que a parte autora, empregado, aceitava um acordo para receber o valor e não seguir com a ação por anos. Podemos tratar isso como colonização, como comercialização do mundo da vida dos valores referente ao trabalho?

Quando, em audiências de conciliação, cíveis e penais, os acordos resultavam em cestas básicas para asilos, creches, hospitais, isso era alguma comercialização dos valores jurídicos para solução de conflitos? Não nos víamos habilitados a afirmar que há uma colonização do mundo da vida nestes casos

DECISÃO JURÍDICA NA COMUNICATIVAÇÃO

posto que não havia dados a serem atribuídos ao sistema econômico. E, quanto ao poder? Haveria que considerar um advogado com mais poder que outro ou apenas a obviedade que o judiciário é um poder na sociedade moderna?

Em relação à burocratização, se houve audiência que durou cinco minutos, houve audiência que durou horas. As pesquisas lidavam com dados obtidos em audiências judiciais, envolvia o espaço social próprio da burocratização judiciária. Há uma dramaturgia, uma rotina a ser seguida, porém relacionar ela à razão dos acordos realizados nas audiências não nos parecia possível.

Imagino que Habermas não é tão inocente para ter por acordo algo construído por um ideal de justiça partilhado comunicativamente, sabemos que o autor, inclusive, distingue convencer de persuadir, afinal entende que

> na curiosa ambivalência entre convicção (Überzeugung) e persuasão (Überredung) que o consenso gerado pela via retórica traz sempre anexada, não só se faz patente o momento de violência que até nos dias de hoje não puderam ser eliminados dos processos de formação da vontade coletiva, por más que estes [processos] se desenvolvam em meio de uma discussão livre, antes essa ambiguidade é também indício de que as questões práticas só podem ser decididas dialogicamente e de que, por tanto, permanecem ligadas ao contexto da linguagem ordinária. As decisões motivadas racionalmente só se formam à base de um consenso gerado pelo discurso convincente, o que quer dizer que sempre dependem da adequação cognitiva ao mesmo tempo que expressiva da exposição feita em linguagem ordinária" (HABERMAS, 1996[1982], p. 279-280).

Evidente, isso não implicou considerar que se trata de uma teoria inútil, insuficiente, apenas nos afastamos dela porque dados de pesquisa nos imprimiam dificuldades analíticas, queríamos analisar os dados sem fundamentalismos éticos comportamentais. Elementos da teoria seguem presentes em nossas pesquisas, inclusive sobre justiça restaurativa (STAMFORD DA SILVA; LEAL, 2014a, p. 111-130), porém, com decisão jurídica, nossas reflexões e debates seguiram outros aportes, recorremos a Garfinkel.

Mesmo que, tanto quanto Habermas, Garfinkel lida com cotidiano, a concepção de sociologia compreensiva, de mundo da vida de Garfinkel não se coadunam com as de Habermas. Por exemplo, o compartilhamento está vinculado a Durkheim e não a Comte. Partimos, então, para usar elementos da

4. A COMUNICATIVAÇÃO

etnometodologia. É que Augusto Comte, em sua filosofia, ciência, religião positivista, ao defender a inclusão da física social como integrante das espécies de ciência, ele aposta na aplicação do social partindo do ser humano individuado, afinal

> o estudo da filosofia positiva, considerando os resultados da atividade de nossas faculdades intelectuais, fornece-nos o único verdadeiro meio racional de pôr em evidência as leis lógicas do espírito humano, que foram procuradas até aqui por caminhos tampouco próprios a desvendá--las (COMTE, 1978, p. 12).

O contraponto a Comte é a aposta do social como coletivo que traz Émile Durkheim, autor que tem por objeto da sociologia o fato social, pois, "para haver fato social é preciso que vários indivíduos, pelo menos, tenham juntado sua ação e que essa combinação tenha gerado algo novo" (DURKHEIM, 2007[1895], p. XXIX). Não tudo que ocorre na vida em sociedade é, portanto, elemento da sociologia, a exemplo, fatos do âmbito orgânico (biológico) e os sentimentos individuais (psicológicos). Esses últimos compõe o ser humano, porém não são objeto da sociologia. Fatos sociais são só aqueles que "consistem em maneiras de agir, de pensar e de sentir, externos ao indivíduo, e que são dotados de um poder de coerção em virtude do qual esses fatos se impõem a ele (DURKHEIM, 2007[1895], p. 3).

Esse debate criva, na sociologia, a dicotomia individualismo/coletivismo, do que resultam pesquisas que enfatizam a ação individual e as que enfatizam a ação coletiva, instituições, organizações. Esse debate move a sociologia a separar os sociólogos liberais, dos pesquisadores de movimentos sociais, das ações coletivas. Ora, em nosso caso, pesquisamos o cotidiano de profissionais do direito. Pesquisamos, pois, pessoas, suas individualidades, seus comportamentos, seus interesses ou a organização judiciária (aqui tomada como composta por todas as profissões jurídicas e não exclusivamente pelos magistrados), textos e falas? A resposta, nesta etapa, pautada por Garfinkel é que pesquisamos a construção cotidiana de regras e normas sociais, os etnométodos. Não observamos pessoas, suas intenções, desejos, necessidades, vontades, nem elas expressas em textos e falas. As observações cuidavam de verificar que, no cotidiano profissional, advogados, procuradores, promotores, delegados e juízes desenvolvem métodos, técnicas e regras de atuação. Passamos assim a ter por decisão judicial, não mais acordos, mas sim etnométodos construídos no exercício das profissões jurídicas, portanto, as regras cotidianas eram peças centrais nessa construção, pois tais regras – que não têm relação direta nem qualquer semelhança com textos de norma estatais – são "atividades pelas quais os membros produzem e gerenciam situações de afazeres cotidianos organizados" (GARFINKEL, 2018[1967], p. 93).

Com Harold Garfinkel nossas observações passaram a fluir. Passamos a observar episódios de advogados, procuradores, promotores e conciliadores em acordos judiciais como "circunstâncias práticas comuns, familiares e rotineiras"[52] (GARFINKEL, 1967, p. 11). Garfinkel se opõe ao individualismo nos moldes de George Caspar Homans e se põe em defesa do coletivismo nos moldes de Émile Durkheim (RAWLS, 2015, p. 183; RAWLS, 2018, p. 217; 31; 35; 79).

A dicotomia individualismo e coletivismo nos impulsionou a refletir sobre a diferença entre considerar a decisão judicial uma ação individuada de juristas, das partes e de testemunhas ou um etnométodo: "propriedades racionais de expressões indexicais e outras ações práticas como realizações contínuas contingentes de práticas da vida cotidiana"[53] (GARFINKEL, 1967, p. 11). Convencemo-nos que decisão judicial não pode ser reduzida a uma escolha individual, não é suficiente abordar a decisão jurídica sob o manto da teoria dos jogos, por mais que ela forneça reflexões interessantíssimas e, até, produza alertas necessários. Mas não nos dedicamos a calcular estímulos, intenções, interesses. Estamos mais para observar os efeitos "institucionalizados nas expectativas práticas e relatos que compõem o método praticado nos tribunais" (RAWLS, 2018, p. 41).

Com Garfinkel aprendemos que para observar situações de fala não é suficiente tratar uma informação como modelo no qual ideias estão completas, como se a comunicação fosse a realização da completude entre reação e informação (RAWLS, 2008, p. 9). Antes, Garfinkel desenvolve uma perspectiva de informação que rejeita as teorias clássicas da informação, como aquelas que lidam com a informação como uma questão lógica, racional semântica. Na etnometodologia, as perspectivas cognitivistas e individualistas são rejeitadas em razão de a comunicação ser tratada como *mutual intelligibility* e, não, como símbolos que mediam a relação objeto/informação/compreensão. Assim

---

[52] No original: ordinary, familiar, routinized practical circumstances.

[53] No original: rational properties of indexical expressions and other practical actions as contingent ongoing accomplishments of organized artful practices of everyday life.

4. A COMUNICATIVAÇÃO

é porque "as pessoas se fazem compreensíveis o tempo todo"[54] (RAWLS, 2008, p. 14). Para Garfinkel[55]

> comunicação entre pessoas – inteligibilidade mútua – não é uma questão de combinar ideias cognitivas com símbolos – como parece ser o que Wittgenstein chamou de jogo de linguagem – com complexas propriedades ordenadas – sequências dos próximos movimentos – que precisam aparecer, no contexto ordenado, os movimentos em que são produzidos – e se uma necessidade primária de comunicantes é ser capaz de ver como os próximos movimentos serão vistos, mas o outro – isto é, se a inteligibilidade mútua requer uma explicação mais interativa, reflexiva e social nesse sentido, isto é, a tentativa de projetar sistemas de informação com problemas que eles não precisam ter (RAWLS, 2008, p. 14).

Atribuímos a Garfinkel nossa retirada da perspectiva de observar a construção dos acordos judiciais como produto de intenções, interesses, visões dos presentes, regras éticas. Afastamo-nos do individualismo habermasiano. Abandonamos definitivamente a hipótese de observar pessoas, indivíduos, para entender os acordos. Passamos a entender que as atitudes de cada um não podiam ser tratadas como nossas observações sobre enquadramento de moralidade ou da ética dos envolvidos. Não por isso esquecemos que o social é comunicação, que o mundo da vida se deve a partilha de sentidos.

Não foram poucas as audiências nas quais agressões verbais tiveram lugar e nas que nem todos se comportavam respeitando a fala do outro, quando ocorriam falas mútuas. Não foram raras as audiências em que os acordos ocorriam e as partes não tinham ideia do que assinaram, tampouco o havia motivado o acordo. Sim, assistimos acordos chegarem prontos, bem como acordos serem construídos ali, na audiência mesmo. Acordos que assistimos sua composição, as idas e vindas de opiniões, observamos mudanças de opiniões de uma ou das duas partes. Havia sim construções na audiência.

---

[54] No original: *"People make mutually intelligible all the time"*.
[55] No original: *"communication between people – mutual intelligibility – is not a matter of matching cognitive ideas with symbols – if it is more like what Wittgenstein called a language game – with complex ordered properties – sequences of next moves – that need to be seem in the ordered context of moves in witch they are produced – and if a primary need of communicants is to be able to see how next moves will be seen but the other – that is, if mutual intelligibility requires a more interactive, reflexive, and social explanation in this sense, them the attempt to design information systems with problems they don't need to have"*.

DECISÃO JURÍDICA NA COMUNICATIVAÇÃO

Seguindo em pesquisa, partimos para visitar escritórios de advocacia para observamos como se preparam para as audiências de conciliação. Vimos de um tudo. A preparação envolve treino sobre quando falar, quando calar, como se comportar se tiver dúvida. O que responder. Quando responder: não sei dizer. Treino com o cliente e treinos com testemunhas. Treinamentos, dependendo do caso, exaustivos. São vários os etnométodos da vida cotidiana das profissões jurídicas.

Garfinkel nos levou a considerar que nosso objeto de pesquisa não estava em legislação, em falas, em gestos, em motivações, em argumentos, nem em categorias como "sentido objetivo", "expressões objetivas", "expressões ocasionais", "pré-compreensão", "sentido comum" (GARFINKEL, 2008, p. 151). O acordo era construído de uma "inteligibilidade mútua" (RAWLS, 2006, p. 80-81), na produção e gerenciamento das "situações de afazeres cotidianos organizados" (GARFINKEL, 2018[1967], p. 93), nas "*local order-production phenomena*" (GARFINKEL, 2002, p. 221). Com a etnometodologia, o propósito de descortinar a modelaridade cotidiana, nos levou a lidar com a espacialidade e temporalidade do cotidiano jurídico (GARFINKEL, 2008, p. 113; 150; 176-188), o qual não pode ser decretado por teorias, ontologias teóricas, nem previamente. A vida cotidiana não é um objeto fixo que pode ser observado e enquadrado num modelo teórico. Garfinkel acusa as teorias sociológicas clássicas de não serem suficientes para explicar a vida em sociedade porque se ocupam em estabelecer modelos, com termos e conceitos sociológicos, para o social humano (GARFINKEL, 2018[1967], p. 93).

A essa altura, decisão judicial era comunicações construídas cotidianamente. Assim foi que nos afastamos de qualquer proposta normativista de decisão e iniciamos reflexões pautados pela perspectiva etnometodológica, partindo de ordem social como constitutiva e não como pré-determinada, pré-estabelecida por regras ou instituições (RAWLS, 2006, p. 6; 90; RAWLS, 2009, p. 513; KORBUT, 2014, p. 481).

Com a etnometodologia conhecemos a análise da conversação tão explorada para pesquisar julgamentos de Júri, quando são observadas falas, gestos, a tomada de turno. Passamos entender que analisar texto é diverso de analisar fala porque texto admite a inclusão de uma memória de um "poder" ir e vir na elaboração do texto. A fala é instantânea, o dito é dito, portanto contextualizar o local, o nervosismo, as tensões, as tomadas de turno, as regras conversacionais são elementos que influenciam as reflexões do pesquisador, o que ele pode afirmar dos dados catalogados. Nos auxiliamos da linguística de D. Hymes e J. Gumperz. Com o primeiro aprendemos que analisar

4. A COMUNICATIVAÇÃO

fala não se reduz a observar as regras conversacionais, pois somos capazes de exercer domínios das "condições de uso da linguagem" independente de dominar da capacidade de produzir e interpretar frases porquanto competência comunicativa é um "conjunto de capacidades que permitem ao sujeito falante comunicar de modo eficaz, em situações culturalmente específicas" (KERBRAT-ORECCHIONI, 2006, p. 19). Com Gumperz entendemos que para analisar "eventos de comunicação" é preciso mais que observar regras das conversas, das comunicações de fala. Acessamos a etnografia da comunicação, estudos e pesquisas dedicadas a observar interações linguísticas na vida cotidiana, portanto a sociolinguística (GUMPERZ, 1982; GUMPERZ; HYMES, 1986; LABOV, 2008[1971]; 2001).

Vivemos, contudo, o conflito entre a concepção de comunicação da etnometodologia e a da sociolinguística, por esta última nos soar normativista, uma vez que concebe um modo de organização da linguagem falada, uma organização da conduta comunicativa numa comunidade (HYMES, 1972, p. vii), ainda que a etnografia da comunicação seja interdisciplinar. A sociolinguística pesquisa a linguagem em sua estrutura gramatical, como personalidade do autor e/ou falante (psicologia linguística) e como estrutura social (sociolinguística). Nela, a linguagem não é tratada como forma, como código ou como evento de fala, como se houvesse uma hierarquia entre gramática, estruturas e padrões de linguagem e o usuário da linguagem. A etnografia da comunicação divorcia a comunicação da visão estruturalista, da divisão forma/ /mensagem e a põe como "múltipla das relações entre mensagens e contexto" (HYMES, 1972, p. 5), como presente em Gregory Bateson. Assim, a etnografia da comunicação seria uma espécie de pragmática, nos moldes da tripartição da linguística proposto por Morris: pragmática, semântica e sintática.

Com a pragmática aprendemos sobre o uso dos signos por um intérprete, o que resulta observar a relação entre estruturas de ação e estruturas de formas de comunicação, a relação entre significados e seus diversos fins. A etnografia da comunicação põe em relevo elementos presentes na "prática da comunicação concreta" (HYMES, 1972, p. 7). Nesta etnografia os sete componentes da comunicação (participantes, canais, códigos, tópicos, modos e maneiras de comunicar e atitudes) formam "uma comunidade organizada como sistema de eventos comunicativos" (HYMES, 1972, p. 17), os quais têm uma variedade observável pelo pesquisador, tais como:

> (1) os vários tipos de participantes em eventos comunicativos –
> remetentes e destinatários, destinatários e destinatários, interpretes

DECISÃO JURÍDICA NA COMUNICATIVAÇÃO

e porta-vozes e afins; (2), os vários canais disponíveis, e seus modos de uso, tipos de fala, escrita, impressão, percussão, mugido, assobio, canto, movimento do rosto e do corpo, como percepção visual, olfato, degustação e sensação de tato; (3) os vários códigos compartilhados por vários participantes, linguístico, paralinguístico, cinésico, musical, interpretativo, interacional e outros; (4) as configurações (incluindo outra comunicação) em que a comunicação é permitida, enunciada, incentivada, resumida; (5) as formas de mensagens e seus gêneros, variando verbalmente de sentenças de morfema único para as padrões e diacríticos de sonetos, sermões, argumentos de vendedores e quaisquer outras rotinas e estilos organizados; (6) as atitudes e os conteúdos que uma mensagem pode transmitir e ser sobre; (7) os eventos em si, seus tipos e características como um todo – tudo isso deve ser identificado de maneira adequada (HYMES, 1972, p. 12)[56].

Esses sete elementos estão relacionados ao ponto que um não pode ser analisado independente do outro, por exemplo: o idioma usado numa conversa influencia o comportamento dos envolvidos numa negociação comercial, num debate acadêmico, numa conversa cotidiana etc. Assim, o termo falante, por exemplo, requer maior atenção, pois a capacidade e o estado dos componentes numa conversação são questões centrais, para a etnografia da comunicação. Afinal a comunidade de falantes, o ato de fala, o falante ser fluente ou não no idioma repercutem no desenvolvimento de uma conversa. Do mesmo modo, o lugar de fala (*place of speech*) e os movimentos corporais dos presentes (*kinesics*) e, inclusive, o não dito (a paraliguagem) são fatores que não podem ser ignorados numa análise etnográfica da comunicação. Todos esses fatores integram uma comunicação humana e a não humana. Porém, Hymes desenvolve os elementos a serem levados em conta na etnografia da comunicação

---

[56] No original: *(1) the various kinds of participants in communicative events – senders and receives, addressors and addressees, interprets and spokesmen, and the like; (2), the various available channels, and their modes of use, kinds of speaking, writting, printing, drumming, lowing, whistling, singing, face and body motion as visually perceived, smelling, tasting, and tactle sensation; (3) the various codes share by various participants, linguistic, paralinguistic, kinesic, musical, interpretative, interactional, and other; (4) the settings (including other communication) in which communication is permitted, enjoined, encouraged, abridged; (5) the forms of messages, and their genres, ranging verbally from single-morpheme sentences to the partterns and diacritics of sonnets, sermons, salesmen's pitches, and any other organized routines and styles; (6) the attitudes and contents that a message may convey and be about; (7) the events themselves, their kinds and characters as wholes – all these must be identified in an adequate way.*

4. A COMUNICATIVAÇÃO

humana, dentre as quais, o estudo da interação linguística na vida cotidiana (HYMES, 1972, p. 29-66; 1986, p. 35-71).

Também nessa perspectiva, John Gumperz pesquisa a inferência em testemunhos no judiciário (*Courtroom*), como testemunhos alteram a perspectiva do fato num caso judicial, e inclusive observa que há uma diferença entre o que uma testemunha fala e o que consta como dito como depoimento judicial oficializado no processo (GUMPERZ, p. 163-195). A essa altura, decisão judicial era concebida como interação comunicativa. Passamos a observar que o que as partes afirmaram não necessariamente é o que consta no acordo judicial, pois passamos a solicitar cópia dos acordos. Neste aspecto, foi fundamental os ensinamentos da pesquisa desenvolvida por Virgínia Collares (COLARES, 2003). Essa mudança nos levou a considerar que nossas pesquisas se ocupam com a construção de sentido do direito observando como um mesmo termo sofre variações de sentido nas decisões judiciárias (STAMFORD DA SILVA; CARNEIRO; ARAÚJO PENHA, 2017, p. 199-227).

Técnicas realizadas por Gumperz passaram a ser empregadas por nós, principalmente a anotação das falas e a numeração das frases das falas digitalizadas. Com isso, verificamos que aquilo que para nós pesquisadores era anotado como relevante nas falas durante uma audiência, nem sempre era o que estava constando no acordo impresso e firmado. Assim, passamos a incluir na pesquisa a necessidade de solicitar cópia do acordo. Essa prática nos levou a comparar nossas anotações com o texto impresso, o que nos levou a ampliar as leituras de linguística e, portanto, a lidar com a diferença entre texto, contexto, discurso, argumento, enunciado, bem como, com o problema de se a leitura errada existe.

Nesse período, Luiz Antônio Marcuschi foi o autor que mais nos influenciou nas pesquisas. A ideia de idioma, língua como "[...] um sistema de indeterminações sintático-semânticas que se resolvem nas atividades dos interlocutores em situações sóciocomunicativas [...]" (2007, p. 70) nos permitia observar elementos da decisão jurídica antes não considerados. Se o idioma não pode ser tratado como algo apriorístico ao texto, afinal a linguagem "[...] não é apenas um sistema de representação, mas de produção e reprodução, criação e recriação de realidades" (2009, p. 82), tampouco podemos tomar por decisão jurídica o resultado de uma aplicação de algo apriorístico – seja legislação, precedente ou qualquer outra fonte, gênese que daria causa à decisão. Ainda mais quando texto perde totalmente qualquer relação com suporte de informações, quando texto não carrega um sentido apriorístico à espera do leitor para ser compreendido. Antes, texto (escrito, oral ou gestual) é cognitivamente

DECISÃO JURÍDICA NA COMUNICATIVAÇÃO

situado, afinal os textos são "os únicos materiais linguísticos observáveis" (MARCUSCHI, 2008a, p. 71).

Um dos aportes mais salutares foi literalidade como construção de sentido e não como sentido único e possível. Literalidade é construção de sentido. O debate entre objetividade e subjetividade, tão presente na hermenêutica jurídica, perdeu seu lugar e passou a ser tratado como circularidade, não como dilema. Decisão jurídica não é discricionária ou arbitrária, ela pode ser mais discricionária ou mais arbitrária. Numa mesma decisão localizamos arbítrios e discricionariedade. Textualidade é um trabalho social (MARCSUCHI, 2007a, p. 77), a decisão judicial é uma construção social de sentido do direito da sociedade.

Com Marcuschi, a compreensão é um trabalho social (2007a, p. 77; MARCUSCHI, 2008a, p. 229), ao que chega partindo da "literalidade como saliência" proposta por Rafael Giora e por Robert De Beaugrande. Do pragmatista Giora, Marcuschi explora a concepção da influência do contexto para a compreensão, do que resulta a produção de sentido ser mais rapidamente compreendida na medida em que haja mais familiaridade, frequência, seja mais prototípica, estereotipada, o que implica haver graus de saliência e, não, possibilidade ou impossibilidade de compreensão (MARCUSCHI, 2007a, p. 89). De Beaugrande, ele explora a concepção de texto como sistema de conexões entre sons, gestos, enunciados, participantes, ações. Do mesmo modo, o texto é multisistêmico por conter elementos linguísticos e não linguísticos, é um evento interativo, não solidário e monológico, e multifuncional, o processamento do texto comporta uma multiplicidade de funções que, ao final, viabiliza a compreensão. Isso é possível porque "as pessoas usam e partilham a língua tão bem precisamente porque ela é um sistema em constante interação com seus conhecimentos partilhados sobre o mundo e sua sociedade" (MARCUSCHI, 2008a, p. 81).

Marcuschi, pautado pela pragmática de Giora[57], afirma que a concepção interacionista da linguagem é a mais adequada para se compreender

---

[57] A distinção mais utilizada entre pragmática e pragmatismo é que a primeira se refere aos debates linguísticos, ao uso prático da linguagem (Charles Morris), e, o pragmatismo, à filosofia, à prática, à ética (Willian James). Assim, o pragmatismo de William James, embora também adotando o critério de verdade como sucesso e eficácia, teve um caráter mais psicológico e moral, fazendo com que Peirce, querendo se dissociar dele, viesse a adotar o termo 'pragmaticismo' para caracterizar a sua própria concepção em oposição a de James. Dewey seguiu, em grande parte, mais a linha de James do que a de Peirce, desenvolvendo uma filosofia voltada para a prática, no sentido ético e aplicado, analisando a sociedade e a cultura, e preocupando-se com a educação, a política e a moral. Foi um

246

4. A COMUNICATIVAÇÃO

o processo de produção de sentido (MARCUSCHI, 2007b). Para ele, há quatro maneiras de se conceber a linguagem: como forma ou estrutura, sistema de regras; como instrumento, sistema codificado que viabiliza a transmissão de informações; como atividade cognitiva, porquanto relacionada ao pensar humano; como atividade sociointerativa cognitiva, como história e discurso. Dentre as quais, o autor opta pela visão de língua como "conjunto de práticas sociais e cognitivas historicamente situadas" (MARCUSCHI, 2008b, p. 61) e aponta a heterogeneidade como elemento central para se entender a linguagem, portanto a comunicação humana.

Compressão, em Marcuschi, envolve a maneira como nos manifestamos no dia a dia, portanto como realizamos eventos discursivos situados cognitivamente, o que envolve elementos interfrásticos (conectivos, elipses, repetições, uso dos artigos etc.). Por tudo isso, língua é heterogênea, indeterminada, social, variável, histórica, interativa, cognitiva e situada (MARCUSCHI, 2008a, p. 65). Com essas características, linguagem, após ter passado pela concepção estruturalista, funcionalista, behaviorista e cognitivista, se afasta da visão de sujeito como autor; de falante, ouvinte, leitor, como pessoa

dos pensadores americanos de maior influência, principalmente nos anos 30 e 40. Na linguística, a pragmática se caracteriza pelo estudo da linguagem em uso, ou, segundo a definição de Charles Morris (1938), o primeiro a usar esse termo contemporaneamente, o estudo da "relação dos signos com seus intérpretes". Rudolf Carnap define a pragmática como o estudo da linguagem em relação aos seus falantes, ou usuários. A definição de Morris e a de Carnap fazem parte do campo de estudos da linguagem entre pragmática, que considera a linguagem em seu uso concreto, semântica, que examina os signos linguísticos em sua relação com os objetos que designam ou a que se referem, e sintaxe, que analisa a relação dos signos entre si. Mais recentemente, o termo "pragmática" passou a englobar todos os estudos da linguagem relacionados a seu uso na comunicação. Uma outra concepção de pragmática se desenvolveu com base em correntes na filosofia da linguagem e na linguística que valorizam a linguagem comum e o uso concreto da linguagem como principal instância de investigação da linguagem, tratando a semântica e a sintaxe apenas como construções teóricas. A filosofia da linguagem ordinária de Gilbert Ryle, a teoria dos atos de fala de Austin, a concepção de jogos de linguagem de Wittgenstein, e mesmo a semiótica de Umberto Eco, dentre outras, podem ser incluídas nessa vertente. Trata-se basicamente de uma visão filosófica segundo a qual o estudo da linguagem deve ser realizado em uma perspectiva pragmática, ou seja, enquanto prática social concreta, examinando portanto a constituição do significado linguístico a partir da interação entre falante e ouvinte, do contexto de uso, dos elementos sócio-culturais pressupostos pelo uso, e dos objetivos, efeitos e consequências desses usos. A pragmática não seria assim apenas um segmento dos estudos da linguagem, mas o seu campo privilegiado" (MARCONDES, 2000, p. 39-40). Em linguística se trata de a compreensão ser pautada pelo sentido de algo não se limitar à semântica e à sintática, pois não se pode deixar de considerar fatores do contexto. O pragmatismo com ocorrente filosófica está associado ao utilitarismo, portanto à concepção que buscamos alcançar objetivos e, para isso, empregamos a via mais viável, possível e simples.

DECISÃO JURÍDICA NA COMUNICATIVAÇÃO

individuada. A linguagem passa a lidar com autor, falante, ouvinte, leitor como linguagem mesma, cuja intersubjetividade toma o sujeito em linguagem que "ocupa um lugar no discurso e que se determina na relação com o outro" (MARCUSCHI, 2008a, p. 70). A metáfora do jogo é usada por Marcuschi para esclarecer essa visão.

> Usando de uma imagem diria que, do ponto de vista sociointerativo, produzir um texto assemelha-se a jogar um jogo. Andes de um jogo, temos um conjunto de regras (que podem se elásticas com no futebol ou rígidas como no xadrez), um espaço de manobra (a quadra, o campo, o tabuleiro, a mesa) e uma série de atores (os jogadores), cada qual com seus papéis e funções (que podem ser bastantes variáveis, se for um futebol, um basquete, um xadrez etc.). Mas o jogo só se dá no decorrer do jogo. Para que o jogo ocorra, todos devem colaborar. Se são dois times (com no futebol) ou dois indivíduos (com no xadrez e na conversação dialogal), da um terá sua posição particular. Embora cada qual queira vencer, todos devem jogar o mesmo jogo, pois do contrário, não haverá jogo algum. Para que um vença, devem ser respeitadas as mesmas regras. Não adianta reunir dois times num campo e um querer jogar vôlei e o outro basquete. Ambos devem jogar ou basquete ou vôlei. Assim se dá com os textos. Produtores e receptores de texto (ouvinte/leitor – falante/escritor) todos devem colaborar para um mesmo fim e dentro de um conjunto de normas iguais. Os falantes/escritores da língua, ao produzirem textos, estão enunciando conteúdos e sugerindo sentidos que devem ser construídos, inferidos, determinados mutuamente. A produção textual, assim, como um jogo coletivo, não é uma atividade unilateral. Envolve decisões conjuntas. Isso caracteriza a maneira bastante essencial a produção textual como uma atividade sociointerativa (MARCUSCHI, 2008a, p. 77).

Essa passagem chama atenção para a aposta na perspectiva sociointerativa. Porém, quando um processo judicial ocorre, a tendência é que as partes estejam processando concepções diversas, portanto, em disputa por um sentido. O que nos levaria à força do direito nos moldes de Pierre Bourdieu (1989[1982], p. 209-254), pois o jogo não necessariamente é de colaboração, mas sim, disputa pela "apropriação da força simbólica" (BOURDIEU, 1989[1982], p. 213). Exatamente por ser "luta", é que o sentido é sociointerativo e não uma questão de gosto, de poder de um indivíduo. Descarto aqui a função administrativa do judiciário, ou seja, quando se recorre ao judiciário para homologar acordos, para realizar registro de acordos previamente articulados, seja via advogados ou pelos próprios envolvidos. Bem como afastamos, neste momento, os casos de ação judicial voltadas a simular acordos, ou seja, quando as partes recorrem ao judiciário para evitar ações litigiosas.

A essa altura, discurso assumiu uma dimensão inesperada em nossas reflexões. Primeiro porque a distinção texto e discurso nos moveu aos termos enunciado, enunciação, gênero, contexto. Depois, porque discurso e comunicação nos moveram de volta à teoria dos sistemas de Niklas Luhmann. Não cabe desenvolver um dicionário linguístico, mas esclarecer que discurso não se confunde com enunciado nem com argumentação. Ocorre que a noção do que estamos pesquisando quando observamos decisões jurídicas nos levou de volta à comparação entre o que anotamos e o que lemos registrado no texto, ocasião em que, quando apresentava a terminologia, principalmente a distinção texto, discurso e enunciado, via que os demais componentes da equipe de pesquisa entendiam melhor o que observamos e pesquisamos. Por isso, fez-se indispensável ter essas distinções. Marcuschi nos traz a seguinte figura desenvolvida por Antónia Coutinho:

QUADRO 11 – discurso em Marcuschi

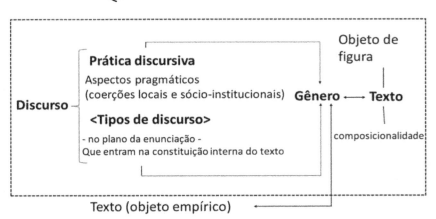

Fonte: Antônia Coutinho.

Este quadro nos descreve o quanto construímos objetos enquanto pesquisadores de textos como objetos empíricos. Aqui discurso se distingue de texto por aquele ser texto contextualizado em suas condições de produção e recepção-interpretação. Assim, discurso é "objeto do dizer" e texto é "objeto de figura". Noutras palavras, discurso é "prática linguística codificada,

DECISÃO JURÍDICA NA COMUNICATIVAÇÃO

associada a uma prática social (sócio-instituicional) historicamente situada" (MARCUSCHI, 2008, p. 84) e texto é uma *"configuração*, ou seja, de uma esquematização que conduz a uma figura ou uma figuração" (MARCUSCHI, 2008, p. 84). Gêneros são "modelos correspondentes a figuras sociais reconhecíveis nas situações de comunicação em que ocorrem. Sua estabilidade é relativa ao momento histórico em que surge e circula" (MARCUSCHI, 2008, p. 84).

Quando se está pesquisando tomando textos como objeto empírico, quatro dimensões integram a análise: os fatores de contextualização, os fatores de conexão sequencial (coesão), os fatores de conexão conceitual-cognitiva (coerência) e os fatores de conexão de ação (pragmática) (MARCUSCHI, 2009, p. 39-41).

Os fatores de contextualização são a) contextualizadores e b) perspectivos. Os primeiros consideram fatores como a assinatura, a localização, a data e elementos gráficos. No caso da decisão jurídica, seria o analista observar quem assina a decisão, quando um documento tem a identificação de um responsável, que pode nem ter sido o autor, mas assume a reponsabilidade pelo teor do documento (da sentença, do voto, da petição etc.), bem como analisa a cidade, a data e a composição gráfica. Isso auxilia a verificar diversidade de decisões, por exemplo, em decisões de juízes da capital e de juízes de cidades do interior, bem como de grandes ou pequenas cidades, portanto, considerar decisões de juízes de primeira, segunda e terceira entrância para verificar, por exemplo, a fundamentação, a argumentação etc. Os fatores perspectivos são o título, o início e o autor. Esses elementos são analisados observando a perspectiva de atratividade do texto. Uma decisão de um juiz de primeiro grau tende a ser menos pesquisada que as decisões de órgãos colegiados e tribunais, portanto, a autoria do magistrado na hierarquia do judiciário não pode ser ignorada na análise de decisões judiciais, todavia isso integra a observação não como pessoa física, mas como elemento da linguagem. Na mesma perspectiva, a temática, o título do texto e suas primeiras palavras levam à continuidade ou não da leitura, impulsionam ou removem o interesse pelo leitor.

Os fatores de conexão sequencial (coesão) são: a) repetidores, b) substituidores, c) sequenciadores, d) moduladores. Quanto aos repetidores, o analista observa a recorrência, o paralelismo e a definição. Os substituidores são a paráfrase, as pró-formas (nominais, verbais, adverbiais e pró-sintagmas), a padronização (anáfora, catáfora e exófora), e a elipse. Os sequenciadores são o tempo, o aspecto, a disjunção, a conjunção, a contrajunção, a subordinação e o tema-rema. Por fim, os moduladores são a entoação e a modalidade (MARCUSCHI, 2009, p. 40; 521-75).

250

4. A COMUNICATIVAÇÃO

Os fatores de conexão conceitual-cognitiva (coerência) são as relações lógicas e os modelos cognitivos globais (MARCUSCHI, 2009, p. 40). As relações lógicas levam em conta a causalidade, as pressuposições, as implicações, a argumentação e os sentidos. Os modelos cognitivos globais analisam os conceitos, os frames, os esquemas, os scripts, os planos e as macroestruturas (MARCUSCHI, 2009, p. 76-82). Já os fatores de conexão de ação (pragmática) são a intencionalidade (ação, atos de fala, postulados conversacionais), a informalidade, a situacionalidade, a aceitabilidade e a intertextualidade (MARCUSCHI, 2009, p. 40; 83). Para Marcuschi, essa dimensão, pragmática, não é mais uma fase da análise, mas sim observações que estão presentes em todas as três fases anteriores. A dimensão pragmática ocorre concomitantemente à análise dos fatores de contextualização, dos fatores de conexão sequencial (coesão) e dos fatores de conexão conceitual-cognitiva (coerência) (MARCUSCHI, 2009, p. 83).

O que chama atenção na distinção texto, gênero, discurso é o deslocamento da perspectiva de texto como suporte de algo dado, posto texto ser tratado como algo que se constitui enquanto tal na medida em que alguém assim o toma, afinal "um texto não existe, como texto, a menos que alguém o processe como tal" (BEAUGRANDE apud MARCUSCHI, 2008, p. 89). O mesmo se dá com um enunciado, com algo que se afirma. Um enunciado é enunciado na medida em que alguém o processa como tal e não algo pré--concebido. Igualmente, discurso é um todo constitutivo de textualidade, prática discursiva, historicidade, contextualidade, intersubjetividade: não um objeto estável, pré-existente ao seu observador, mas sim uma ampla dimensão linguística que contém práticas discursivas, portanto aspectos pragmáticos, bem como tipologias discursivas que integram a constituição interna do texto. Essas são consequências de tomar língua como atividade social, histórica e cognitiva (MARCUSCHI, 2008, p. 64) e a compreensão como um trabalho social (MARCUSCHI, 2007a, p. 77; 2008a, p. 229).

Seguindo a diferenciação, para entender a decisão jurídica como construção de sentido, recorremos a Dominique Maingueneau, para quem "sentido é fronteira e subversão da fronteira, negociação entre pontos de estabilização da fala e forças que excedem toda localidade" (2008, p. 26), sendo que "enunciar não é somente expressar ideias, é também tentar construir e legitimar o quadro de sua enunciação" (2005a, p. 93), assim

no espaço discursivo, o Outro não é nem um fragmento localizável, uma citação, nem uma entidade exterior; não é necessário que seja

DECISÃO JURÍDICA NA COMUNICATIVAÇÃO

> localizável por alguma ruptura visível da compacidade do discurso. Encontra-se na raiz de um Mesmo sempre já descentrado em relação a si próprio, que não é em momento algum passível de ser considerado sob afigura de uma plenitude autônoma. É o que faz sistematicamente falta a um discurso e lhe permite fechar-se em um todo. É aquela parte de sentido que foi necessário que o discurso sacrificasse para constituir sua identidade. Disso decorre o *caráter essencialmente dialógico de todo enunciado do discurso*, a impossibilidade de dissociar a interação dos discursos do funcionamento intradiscursivo. Essa imbricação do Mesmo e do Outro retira à coerência semântica das formações discursivas qualquer caráter de 'essência', caso em que sua inscrição na história seria assessória; não é dela que a forração discursiva tira o princípio de sua unidade, mas de um conflito regrado" (MAINGENEAU, 2005b, p. 39).

A distinção enunciado e discurso se mostra fundamental principalmente porque, quando se trata de decisão jurídica, afasta a confusão entre argumento e discurso, pois a expressão "discurso jurídico" tende a ser confundida com argumentação, como se fosse um conjunto de argumentos. Não seguir confundindo argumento, enunciado e discurso é possível quando se tem por discurso a "organização de restrições que regulam uma atividade" (MAINGUENEAU, 1997, p. 44). Portanto, discursos são tomados como limites à linguagem por "deverem gerar textualmente os paradoxos que seu estatuto implica" (MAINGUENEAU, 2008, p. 39). Nessa perspectiva, discurso não é argumentação, nem argumento. Para esclarecer o termo discurso, temos por enunciado o "dispositivo constitutivo da construção do sentido e dos sujeitos que aí se reconhecem" (MAINGUENEAU, 1997, p. 39-50) e por discurso "o espaço que engloba a infinidade de 'lugares-comuns' que circulam na coletividade" (MAINGUENEAU, 2008, p. 39). Ainda sobre esta distinção, Maingueneau propõe como discurso o "artefato constituído para e por um procedimento de análise que terá a função de situar e configurar, em dado espaço-tempo, enunciados em arquivo" (Maingueneau, 2005a, p. 61).

A complexidade do termo discurso nos leva a acatar discurso como simultaneamente constituído por: a) supõe uma organização transfrástica (o discurso é uma organização situada para além da frase, porquanto vivenciam regras de uma organização, de uma comunidade discursiva); b) é orientado; c) é uma forma de ação; d) é interativo; e) é contextualizado; f) é assumido; g) é regido por regras, normas; h) é considerado no bojo de um interdiscurso (MAINGUENEAU, 2005a, p. 52-56; MAINGUENEAU, 2005b, p. 21-25).

4. A COMUNICATIVAÇÃO

Assim, decisão jurídica é constituída de discurso, mas não discurso como argumentação. Análise de argumentação não se confunde com análise de discurso.

Na análise de discurso de Maingueneau temos a ideia de campo discursivo com o "conjunto de formações discursivas que se encontram em concorrência, delimitam-se reciprocamente em uma região determinada do universo discursivo"(MAINGUENEAU, 2007a, p. 35) e, espaço discursivo como aquele espaço presente no interior dos campos discursivos, que são os "subconjuntos de formações discursivas que o analista julga relevante para, a seu propósito, colocar em relação" (MAINGUENEAU, 2007a, p. 37). Há, portanto, interdiscurso, que "consiste num processo de reconfiguração incessante no qual a formação discursiva é levada [...] a incorporar elementos pré-construídos, produzidos fora dela" (MAINGUENEAU, 1997, p. 113).

Relacionando as ideias de Marcuschi com as Maingueneau e as de Luhmann, desenvolvermos a comunicativação. Discurso constituinte, de Maingueneau, nos soa similar a concepção de sistema, de Luhmann. Se não, que acham depois de ler: os discursos constituintes são fechados em sua organização interna ao mesmo tempo em que são reinscritíveis em outros discursos. Eles são capazes de se impor e se remodelar para incluir novos enunciados (MAINGUENEAU, 2008, p 37). Isso nos reporta à concepção de que "o mundo é um potencial de surpresas ilimitado; é informação virtual que, não obstante, necessita de sistemas para gerar informação; melhor dizendo, para dar sentido de informação a certas irritações selecionadas. Por conseguinte, toda identidade deve ser entendida como resultado do processamento de informações" (LUHMANN, 2007[1997], p. 29).

Nessa perspectiva, decisão jurídica é o espaço de aprendizagem do direito através da irritabilidade, pois é o direito mesmo quem decide se irá se irritar ou não frente as perturbações da sociedade. Isso não tem qualquer relação com a hipótese de que fatos modificam normas, nem que é o direito quem cria o social. Inclusive, aproveito para esclarecer que, ordenamento jurídico não é sinônimo nem se confunde com sistema jurídico. Ordenamento é direito estatal, aqui se fala em completude (BOBBIO, [1961] 1986, p. 115-160), na máxima "o que não é juridicamente proibido, é juridicamente permitido", como em Kelsen ([1960]1992, p. 169), é um meio de completude do ordenamento jurídico. Mas quanto ao sistema, não há que se falar em completude, em lacuna do direito, afinal, no âmbito sistêmico o direito de resistência, por exemplo, não sempre é ilícito, ou seja, integra a negação do direito, mas sim é uma comunicação jurídica. Assim, direito de resistência, desobediência civil

DECISÃO JURÍDICA NA COMUNICATIVAÇÃO

(THOREAU, 2002; CALIXTO; CARVALHO, 2017, p. 62-82; BARROS, 2017, p. 152-172; COTRIM JÚNIOR, 2018, p. 287-315) é comunicação referente à irritabilidade, à adaptação do direito ao social. Assim é porque o

> direito não tem nenhum poder obrigatório; se compõe unicamente de comunicações e sedimentações estruturais de comunicação, as quais desembocam numa interpretação normativa", o que vincula ao elemento temporal, posto que "a linguagem obriga a que um se sujeite ao tempo – incluindo o uso do futuro – por meio da determinação de sentido das palavras" (LUHMANN, 2005[1993], p. 87).

O direito, porém, não são valorações moralistas pessoais, afinal, enquanto sistema de comunicação, ele se diferencia da moral por sua comunicação está "limitada", reduzida às comunicações que se pautam pelo código binário lícito/ilícito, conforme/não conforme ao direito, a depender da situação que se quer referir.

> Só se o direito está claramente diferenciado frente aos inconstantes vais-e-vens das comunicações morais – só se o direito se distancia dessas comunicações com o apoio dos critérios jurídicos próprio – , os fatos se podem especificar e delimitar conforme o contexto jurídico e contra a valoração global sobre a pessoa que efetua a moral. A abertura a questões cognitivas depende do fechamento normativo do sistema (LUHMANN, 2005[1993], p. 137).

A ambivalência ordem/mudança no direito é observável a partir da decisão judicial quando se tem por sentido a "fronteira e subversão da fronteira, negociação entre pontos de estabilização da fala e forças que excedem toda localidade" (MAINGUENEAU, 2008, p. 26), bem como de que "enunciar não é somente expressar ideias, é também tentar construir e legitimar o quadro de sua enunciação"[58]. Não caímos, nessa perspectiva, num fundamentalismo contextual, pois não se trata de desenvolver um inventário, um somatório de informações que estão ali a serem descobertas, observadas, mas algo constantemente construído, como são as pistas de contextos (GUMPERZ, 2003, p. 140-141; GUMPERZ, 1982, p. 163-194) e o contexto sociocognitivo (KOCH, 2006, p. 24-32). Contexto exprime a "criação conjunta de todos

[58] Maingueneau, 2005a: 93.

254

4. A COMUNICATIVAÇÃO

os participantes presentes ao encontro e emerge a cada novo instante interacional. Os interagentes levam em consideração não somente os dados contextuais relativamente mais estáveis sobre participantes (quem fala para quem), referência (sobre o quê), espaço (em que lugar) e tempo (em que momento), mas consideram sobretudo a maneira como cada um dos presentes sinaliza e sustenta o contexto interacional em curso" (RIBEIRO; GARCEZ, 2002, p. 8).

Da teoria da sociedade de Niklas Luhmann agregamos a ideia de o social ser constituído por comunicações. O social humano, por comunicações humanas. Trata-se da autorreferência. Luhmann desenvolve a sua teoria dos sistemas aportando ideias da teoria da diferenciação, da teoria dos sistemas que observam, da teoria da evolução, da teoria do conhecimento construtivista (LUHMANN, 2007[1997], p. 1). Como já havíamos lido em Garfinkel, Luhmann também acusa a sociologia de estar há cem (100) anos paralisada, sem mostrar progressos porque insiste em se pautar pelas dicotomias da causalidade, o que "talvez se deva à existência de uma autocoação a fim de manter a distinção objeto/sujeito" (LUHMANN, 2007[1997], p. 9). A solução proposta por Luhmann é superar os obstáculos que bloqueiam esse desenvolvimento e, para isso, Luhmann propõe que a sociologia tome a sociologia como objeto, pois, objeto de si mesma, "a sociologia teria que compreender sua relação com a sociedade como uma relação de aprendizagem e não de ensinamento" (LUHMANN, 2007[1997], p. 10)[59].

Tomamos por pressuposto que o social humano se constitui através da comunicação, o que nos leva a considerar que comunicar porta, contém, todos os elementos constitutivos do ser humano: corpo (elementos físicos, movimentos corporais, órgãos, articulações, ossos, músculos, peles, glândulas, nervos que viabilizam os gestos), células (elementos biológicos como hemácias, leucócitos, plaquetas, osteócitos, osteoclastos, osteoblastos, óvulo, espermatozoides, epitélios), idiossincrasia (percepção, psiquê, subjetividade, individualidade) e gregário (elementos da sociabilidade, normatividade, coercibilidade, visão de mundo, coação). Assim, pesquisamos a decisão jurídica não partindo de uma ontologia metafísica ou qualquer outro pressuposto definidor dela como coisa em si. Essa pluralidade constitutiva do humano nos levava a lidar com a decisão jurídica como comunicação, pautados por elementos teóricos e práticos.

---

[59] Para ler nossa perspectiva sobre esta teoria, ler nosso livro "10 Lições sobre Luhmann", publicada pela Vozes. Aqui não nos cabe repetir tudo já trabalhado e exposto neste livro.

DECISÃO JURÍDICA NA COMUNICATIVAÇÃO

No âmbito teórico, como no quadro 12, abaixo, temos o social como amorfo (sem Forma) até o momento em que uma comunicação é iniciada. Acreditamos sim que é possível conhecer a decisão jurídica, mas jamais por ela ser um ser ôntico independente, por ela ser uma coisa em si mas sim porque ela é uma operação de sentido, portanto, uma Forma de dois lados. Uma vez que toda forma tem dois lados, a decisão marca um lado do sentido, aquele selecionado, ao mesmo tempo em que o lado não marcado também constitui a decisão tomada. Assim, a decisão não ocorre antes nem depois, mas nela mesma, o presente (atual) e o futuro (disponível, possível) da comunicação implica necessariamente a continuidade de seleções, marcações, indicações. Com isso, decisão jurídica não se esgota numa petição, numa sentença, pois a próxima seleção (distinção) não só é necessária como já possível desde a indicação anterior: "comunicação é acontecimento atado a um instante de tempo" (LUHMANN, 2007[1997], p. 49)] e num espaço marcado [contexto social humano, "comunicação é uma operação genuinamente social, a única genuinamente social" (LUHMANN, 2007[1997], p. 57)]. Sua unidade não passa de uma marcação, não configura conteúdo, mas estabelecimento das redundâncias (re-entradas) que viabilizam operações possíveis pautadas pelo lado marcado, pelo tema selecionado para a comunicação (LUHMANN, 2007[1997], p. 43). Sociedade é comunicação que pressupõe comunicação, o que não implica estabelecer que tipo de sociedade se constrói. Antes, tratada como comunicação, informações sobre algo são atualizadas e alteradas, pois numa comunicação ocorrem referências externas, as quais são levadas em conta a cada conexão que se informa.

Toda comunicação, nesta teoria, contém autorreferência e heterroreferência, é ela Forma de dois lados e, no caso da decisão jurídica, ela move a comunicação do direito, ou seja, a alta flexibilidade interna do sistema jurídico mesmo (LUHMANN, 2007[1997], p. 54-55). Assim, Luhmann "abandona o modo ontológico de explicação, que está no estado de ser invariante e, com ele, a diferença sujeito-objeto"[60] (LUHMANN, 2007[1997], p. 45).

À prática.

Imagine um caso jurídico qualquer. Para tratar do caso, na prática jurídica, se estabelece uma área do direito. Quem procura um advogado, procura aquele que atua na área do direito de referência. O advogado trata o caso pautado por essa seleção. Porém isso não retira a possibilidade de outros tratamentos

---

[60] No original: *Damit wird die ontologische, in Seinsinvarianten liegende Erklärungsweise aufgegeben und mit ihr die Subjekt/Objekt-Differenz* (LUHMANN, 1996, p. 66).

4. A COMUNICATIVAÇÃO

para o caso. Em termos de responsabilidade, por exemplo, há a redução à responsabilidade civil, penal e administrativa. Não há outra espécie de responsabilidade no direito estatal. Ocorre que essa redução não elimina haver responsabilidade penal tributária, por exemplo. Com isso, apenas queremos mostrar que a redução das alternativas de seleção não impede de se falar em outras espécies (Formas) de responsabilidade, inclusive tomando exclusivamente como referência o direito estatal, se se parte da circularidade reflexiva presente na teoria dos sistemas. O que não é uma exclusividade de Luhmann, porém este foi o autor que nos conduziu a estas informações.

Ampliando o problema a outros espaços, elementos políticos, econômicos, por exemplo, não são desprezados no trato do caso. As decisões tomadas ao longo do processamento de um caso são jurídicas na medida que estão pautadas pela construção do sentido de direito, ou seja, pela construção da Forma licitude.

Um mesmo advogado pode atuar no âmbito civil, penal e administrativo, porém para cada âmbito, área do direito, ele desenvolverá argumentos próprios de cada área. Tampouco escrever uma petição para um juiz de primeiro grau se faz com as mesmas configurações que se dedica quando se trata de uma petição para um tribunal ou para o Supremo Tribunal Federal. A construção de uma argumentação num caso jurídico não implica eliminação das infinitas outras argumentações possíveis, as quais seguem presentes a cada argumentação realizada: essa presença potencial implica justamente a possibilidade de outros argumentos terem lugar a qualquer momento. Porém, ao mesmo tempo, essa infinitude de alternativas está limitada a cada seleção (marcação) que se realiza. Na prática jurídica, principalmente no direito penal, quando um advogado defende o caso com determinada tese, se o réu confessa algo ou uma prova inviabiliza a sua tese, ao advogado resta se afastar do caso, salvo raras exceções. Mudar de tese, não é o mais indicado. Com isso, pretendemos demonstrar o que é redução de complexidade, que ela não significa eliminação da infinitude de surpresas do mundo social.

Na atualidade se tem por injusto haver um julgamento sem autor e réu, sem ampla defesa, independente do que ampla defesa signifique. Se, no cotidiano, ocorrem julgamentos sem ampla defesa, se há casos no judiciário em que a ampla defesa é tolhida, essa decisão é injusta, ainda que produza efeitos jurídicos e sociais. Estou apenas me referindo à situação de que em todo e qualquer caso jurídico há, ao menos, duas partes, duas leituras possíveis, duas vias argumentativas em tela. Qual delas logrará êxito, só é possível saber após cada uma ser marcada, selecionada, pois processo comunicativo não há como afirmar antecipadamente como o outro irá selecionar. Uma informação não garante como será selecionada a continuidade comunicativa, se via nova informação ou compreensão. Isso só se sabe no instante em que a comunicação ocorre.

Na perspectiva aqui adotada, reconhecemos a possibilidade de, num processo comunicativo, as partes não se entenderem, afinal, compreender é apenas perceber que uma informação foi realizada e não conhecer o conteúdo dessa informação, não chegar num acordo. Trata-se da dupla contingência (LUHMANN, 1998[1984], p. 112-139), da qual temos que há expectativas e calculabilidade de chances de argumentos legalistas terem mais aceitabilidade que argumentos novos (ativistas, criadores de direito) num determinado caso, o que não implica se poder falar em causa ganha, por mais que se fale em "bom direito".

Não há "causa ganha" porque não há como controlar completamente todos os elementos que serão selecionados a constituir a comunicação jurídica do caso, nem mesmo aquelas próprias de um processo judicial. Não há como antever que uma parte vai necessariamente perder o prazo, por exemplo. Porém, há como promover um cálculo referente às probabilidades, às possibilidades, aos riscos jurídicos referentes a uma causa, antes mesmo de a sentença transitar em julgado. A dupla contingência não está relacionada à hipótese de consenso, nem de cultura, nem mesmo à de a sociabilidade ser fruto de acordos sociais que viabilizam as normas sociais, como em Parsons, mas sim devido ao "princípio de comando por ruído", como em Heinz von Foerster, afinal, "contingência é aquilo que não é nem necessário nem impossível, ou seja, aquele que pode ser como é (foi, será), porém que também pode ser de outro modo" (LUHMANN, 1998[1984], p. 115). A dupla contingência, também, é que torna possível o processo de diferenciação de uma dimensão universal especial para as perspectivas de sentido diferentes socialmente (dimensão social) e o processo de diferenciação de sistemas de ação especiais, ou seja, os sistemas sociais.

O social é, assim, acessível a todos os sentidos como problema do parasentido (*Gleichsinnigkeit*) ou da discrepância das perspectivas de compreensão. É, ao mesmo tempo, uma ocasião especial para sintonizar, em forma seletiva, as ações como os sistemas que podem se distinguir de seu ambiente" (LUHMANN, 1998[1984], p. 116).

Em sociologia do direito se afirma que uma das maiores dificuldades do direito (estatal) é acompanhar as mudanças sociais, por isso toda legislação é ultrapassada no dia mesmo de sua promulgação, pois o tempo do processo

4. A COMUNICATIVAÇÃO

legislativo é suficiente para a sociedade ter mudado e criado novas situações não possíveis de terem sido previstas na legislação, bem como que há uma falácia lógica de se tomar a decisão jurídica como regra do agir. A falácia está em os juristas pensarem "que as regras pelas quais os tribunais decidem são as regras de acordo com as quais os seres humanos *deveriam* agir; e a isto se alia a concepção obscurantista de que, com o tempo, os seres humanos se acomodarão de acordo com as regras reconhecidas pelos tribunais" (EHRLICH, 1986[1913], p. 15). Ocorre que a adaptação do direito ao social e do social ao direito é duplamente contingente, não se reduz à produção legislativa, nem a judiciária, pois os conflitos sociais, as desavenças da vida em sociedade, não se resolvem moldadas ao direito estatal. Por isso, as relações jurídicas não devem ser pensadas como passíveis de soluções exclusivamente pela via estatal, afinal "outra questão bastante diferente, dia respeito ao modo com as pessoas se comportam e deveriam se comportar numa relação desta" (EHRLICH, 1986[1913], p. 15). Quando se pesquisa com decisão jurídica, temas ampliam o debate justamente por este processo de adaptação, de aprendizagem entre direito e sociedade, entre as normas jurídicas (sociologicamente pensadas) e a vida em sociedade, portanto os comportamentos, as motivações, as intenções, mas também as instituições, as organizações e até os sistemas (comunicações, Formas de sentido). Amplia os temas, inclusive, a criação de direitos a cada decisão judicial tomada, principalmente quando se considera que a cada petição inicial o direito vivencia uma oportunidade de mudança.

QUADRO 12 – transversalidade

Autor	Teoria	organização	Ambiência
GARFINKEL	ETNOMÉTODO	relatos	ocasiões socialmente organizadas de seus usos
BOURDIEU	PODER SIMBÓLICO	campo	Hábitos
MARCUSCHI	LINGUAGEM	literalidade	saliência (práticas sociais e congnitivas historicamente situadas)
MAINGUENEAU	DISCURSO	gênero	sentido
LUHMANN	SISTEMA	sistema	Ambiente
ARCHER	MORFOGENÉTICO	estrutura	Agência

Fonte: o autor

DECISÃO JURÍDICA NA COMUNICATIVAÇÃO

Essas ideias integraram a comunicativação por nos levar a tomar por decisão jurídica o tempo/espaço social (comunicação humana) de construção do direito da sociedade. Como encontramos com a ideia de etnométodo de Garfinkel, poder simbólico em Bourdieu, de linguagem em Marcuschi, de discurso em Maingueneau, de sistema em Luhmann e de morfogênese em Archer. Tomamos todos esses como aportes construtivistas por reconhecerem, admitirem e considerem o duplo vínculo (BATESON, 1986[1979], p. 124) realizado em qualquer distinção. Não me refiro a distinguir como alteridade, relação de oposição a exemplo de mundo das coisas sensíveis de mundo das coisas inteligíveis, verdade/falsidade, ser/não ser, permanente/mutante (MARQUES, 2006, p. 29-37). Refiro-me à distinção como marcação, na perspectiva de comunicação como sistema, ou seja, distinguir é pautar o tema de uma comunicação, de uma conversa (STAMFORD DA SILVA, 2015, p. 7).

Antes de se iniciar uma comunicação, é infinita a disponibilidade de temas, porém um é marcado, é lançado, é ofertado para ser o tema da conversa. Ocorre que a comunicação não se reduz a essa marcação, e mais ainda, o tema proposto marca o tema da conversa, porém essa marca não elimina todos os demais temas não selecionados, não marcados. Assim é porque "quando uma distinção é traçada, organiza-se um limite com lados separados de modo que um ponto de um lado não pode alcançar o outro lado sem cruzar o limite"[61] (SPENCER-BROWN, 1969, p. 1). Afinal, "uma vez que uma distinção é desenhada, os espaços, estados ou conteúdo de cada lado do limite, sendo distintos, podem ser indicados"[62] (SPENCER-BROWN, 1969, p. 1). Não se pode fazer uma indicação sem desenhar uma distinção (SPENCER-BROWN, 1969, p. 1). Distinção é operação dupla e recursiva de indicar e distinguir (LUHMANN, 2007[1997], p. 36) e, sendo assim, Forma é a distinção mesma, é o lado marcado e não uma coisa em si. O lado marcado, porém, não faz com que algo seja "algo em si mesmo", pois a Forma tem os dois lados, o marcado e o não marcado. A marca (o desenhado, a denominação, a indicação, o argumento), porém, ocorre num determinado tempo.

> a forma é uma autorreferência desdobrada, autorreferência temporalmente desdobrada. Sempre é necessário começar do lado respectivo e precisa de tempo para outra operação, a fim de permanecer no lado

---

[61] No original: *a distinction is drawn by arranging a boundary with separate sides so that a point on one side cannot reach the other side without crossing the boundary.*

[62] No original: *Once a distinction is drawn, the spaces, states, or contents on each side of the boundary, being distinct, can be indicated.*

designado ou cruzar a fronteira constitutiva da Forma[63] (LUHMANN, 2007[1997], p. 41).

Com a circularidade reflexiva, sociedade e discurso são vistos como rastros do contínuo e, ao mesmo tempo, do descontínuo do texto, do enunciado, do social, do discurso, pois o dito e o não dito integram a comunicação. Aplicando essa concepção à decisão jurídica, temos a construção do sentido no direito como objeto de pesquisa e, com isso, distinguimos duas vias, métodos, de pesquisa: uma denominamos de pesquisas prático-forense e a outra, pesquisa sociojurídica.

QUADRO 13 – comunicativação

FONTE: o autor

*[1] dualidade constitutiva = forma de dois lados implica que os dois lados integram a Forma = meio/forma; sistema/ambiente = para haver um lado tem que haver necessariamente o outro.

*[2] MeioCSG = meio de comunicação simbolicamente generalizado

---

[63] Li as obras de Luhmann em espanhol, porém faço as citações em alemão pelo simples fato de eu ter ido buscar sua redação alemã como maneira de verificar a tradução. No original: *ist Form entfaltete Selbstreferenz, und zwar zeitlich entfaltete Selbstreferenz. Denn man hat immer von der jeweils bezeichneten Seite auszugehen und braucht die Zeit für eine weitere Operation, um auf der bezeichneten Seite zu bleiben oder die formkonstituierende Grenze zu kreuzen* (LUHMANN, 1997, p. 61).

DECISÃO JURÍDICA NA COMUNICATIVAÇÃO

*3 Forma = CódigoBR = código binário de referência = é unidade ambivalente de sentido cujos lados são conforme/não conforme ao sentido da comunicação atual.

*4 Códigos subordinam todas as operações (fechamento estrutural) ao mesmo tempo em que deixam em aberto a fonte de validez (abertura cognitiva).

*5 não é o código que determina o valor a ser designado, se conforme ou não-conforme, o código é pré-requisito, condição para a possibilidade das condições que regulam qual de seus valores se aplicará adequadamente na comunicação atual. A designação do valor da operação, a direcionalidade semântica a operar numa comunicação depende das instruções que indiquem se e como os valores do código são atribuídos correta ou incorretamente, ou seja, dos programas. Programas são diretrizes, instruções, princípios, nortes, "direcionalidade semântica" (*Ausrichtung der konditionierenden Semantik*) (LUHMANN, 2007[1997], p. 251). A página 251 corresponde à p. 192, no livro *Das Recht der Gesellschaft*).

*6 Designa = *Bezeichnung* = designa, aponta, seleciona, nomeia o programa = semântica adicional que instrui a seleção do valor na comunicação atual.

*7 o programa estabiliza a produção de sentido instruindo recursivamente o valor do código a ser empregado

*8 recursividade produz e reproduz a forma de operação que conserva(estrutura) e produz(variação) de sentido

*9 é como é, mas poderia ter sido de outra maneira (duplacontingência – ambiente/sistema).

Considerando nosso quadro 13, observe que as setas estão em formato de circularidade. Assim as desenhamos para referenciar a circularidade reflexiva, a recursividade. Pesquisar a construção de sentido do direito por meio de decisão jurídica implica pesquisar comunicação, não objeto. Ocorre que pesquisar é observar, portanto, operar uma distinção (*perfect continence*), afinal, sem promover distinção não há expressão, não há compreensão, não há comunicação.

Com esses pressupostos, voltamos ao início para então seguir rumo ao sentido. Com isso, aplicamos mais uma recursividade. Sentido é produto das operações que o usam, assim, é forma de dois lados. No caso da comunicação como forma de dois lados, ela mesma contém o meio de sentido e a forma de sentido, afinal, para uma forma de sentido existir ela requer um meio de sentido no qual possa se constituir. Porém, algumas formas de comunicação

4. A COMUNICATIVAÇÃO

humana desenvolveram hipercomplexidade, e nesses casos temos os sistemas sociais de comunicação. Cada sistema se diferencia por conter uma unidade de referência. No caso do direito, ele é o sistema que tem por unidade a forma de sentido dedicada às comunicações sobre licitude. A unidade é o código binário de referência lícito/ilícito, que, como tal, subordina todas as operações do direito ao mesmo tempo em que deixam em aberto a fonte de validez, ou seja, o valor a ser atribuído numa comunicação.

Um caso jurídico é tomado como uma comunicação no direito e, como tal, o direito irá operar para decidir o que será lícito e o que será ilícito do caso. Essa operação implica em o direito observar a si mesmo e o seu ambiente: trata-se da autorreferência e da heterorreferência. Para decidir que valor será apontado, designado, o direito recorre aos seus programas, estabelecendo, por recursividade (memória e variação), como irá produzir e reproduzir sua forma de operação, ou seja, a atribuição de valor lícito ou ilícito quanto à comunicação que o está pondo em operação. Chegamos, assim, à circularidade.

Ainda em nosso gráfico, comunicação é constituída de três elementos: informar, partilhar (Mitteilung), e compreender (LUHMANN, 2007[1997], p. 70). A comunicação mesma é quem decide por qual destes elementos ela seguirá operando (autorreferência comunicativa). No caso do direito, só o direito pode operar comunicações sobre licitude, portanto, é o direito mesmo que irá atribuir o valor lício ou ilícito à comunicação atual, aquele que o está irritando a se comunicar. É o que temos com a auto-observação e autodescrição seletiva do direito no direito, o qual processa comunicativamente por meio de reflexividade contingente, ou seja, sempre pode operar de maneira diversa da que está operando, comunicando, decidindo.

Temos então a argumentação jurídica como via de operação do direito, afinal, por comunicação o direito desenvolve seu processo de adaptação ao ambiente, o que não significa que o direito não muda. Adaptação não tem denotação de manutenção, mas a conotação de, a partir da estrutura, das comunicações internas atuais, o direito processar as mudanças que estão em comunicação. Assim é que o direito reproduz e se refere ao seu ambiente para, como sistema da sociedade, produzir as expectativas cognitivas e normativas, ou seja, aprendizado e responsividade. Expectativa normativa não é previsão do futuro, mas operação contingente do sentido atual e possível.

Friso que, neste mapa conceitual, estão embutidos elementos linguísticos e sociológicos. Ao afirmar que direito é uma forma de sentido, estamos nos referindo a que se trata de linguagem como trabalho social, linguagem em constante mutação, construção e reconstrução e como sociedade. A capacidade

DECISÃO JURÍDICA NA COMUNICATIVAÇÃO

de compreensão está na capacidade que temos para usar palavras e nos entender. Porém, esse entender não tem o sentido de informação, de conteúdo, mas sim de delimitação, de limitação do que se está comunicando. As comunicações não têm nenhuma garantia de sucesso, porém nos comunicamos e, isso é possível, justamente porque não vivemos exigindo um sentido único e preciso do que ouvimos e falamos. Como lemos com a etnometodologia, por exemplo.

Com isso, temos um resumo de onde partimos para tratar da construção de sentido do direito via decisão jurídica. Vejamos agora as metodologias que usamos.

4.3 Metodologia de pesquisa com decisão jurídica

Assim como em cada fase de pesquisa a decisão jurídica passou por alterações de sentido, também a metodologia, ou seja, o método, as técnicas e a análise de dados sofreram mudanças. Todavia, enquanto a decisão como objeto de pesquisa passou por mudanças de sentido processando manutenção e afastamento de elementos para seu sentido, as mudanças relativas à metodologia implicaram aglutinação de elementos, pois a cada fase acrescemos e utilizamos métodos e técnicas de pesquisas sem abandonar aqueles aos que recorremos na fase anterior.

Na primeira fase, o método consistia em visitar escritórios de advocacia e assistir audiências de conciliação. Em contato com o advogado, agendávamos a visita. Observávamos ele atendendo clientes, o ambiente do escritório e o acompanhávamos em suas idas ao foro e em audiências. O mesmo fizemos com promotores do ministério público do estado de Pernambuco. Os dados eram lançados no caderno de campo. Pudemos gravar alguns atendimentos, mas não filmar.

No caso das audiências de conciliação, a frequência foi inicialmente semanal, depois passou a ser mensal. Íamos à vara judicial, víamos as agendas, horários das audiências e assistimos, no dia e horário que podíamos. Não havia uma temática de pesquisa, mas sim a pretensão de identificar etnométodos (GARFINKEL, 2018[1967]), ou seja, regras desenvolvidas no cotidiano que norteavam falas, atitudes, gestos, tom de voz, tomada de turno. A técnica de pesquisa era a observação não participativa. Os registros eram feitos em cadernos de campo, pois não éramos autorizados a gravar nem filmar as audiências. Os dados eram retirados dos cadernos de campo e lançamos em planilha de excel.

4. A COMUNICATIVAÇÃO

Das anotações e lembranças das audiências, percebemos que, com o passar do tempo, a repetitividade quanto a alguns comportamentos, o que tomamos por normas cotidianamente construídas pelos juristas, a exemplo do modo de silenciar o cliente, técnicas de suspensão da audiência alegando necessidade de conversa em separado com o cliente. Chamou atenção não termos percebido nem anotado a frequência de um mesmo advogado(a) nas audiências, o que indicou haver normas cotidianas, comportamentos de defensores das partes não personalíssimas, mas da organização do direito mesmo. Outro ponto foi que, quando ocorria mudança no conciliador(a), não identificávamos muitas mudanças nas regras cotidianas das audiências, ainda que tenhamos anotado haver conciliadores mais hábeis para conciliar e outros mais voltados a terminar as audiências que em promover conciliações. A prática mais comum observada foi a realização de acordos sob ameaça ao réu. Este ponto alertou ao papel do conciliador em relação a ter atuação mais ou menos ativa na construção de um acordo. Na maioria as ações, os acordos eram doação de cestas básicas. Detalhes destas pesquisas podem ser lidos nos artigos que publicamos no período de 2003 a 2008.

Na segunda fase, os dados de pesquisas eram textos de decisões do Supremo Tribunal Federal (STF). Acessando o site, lançamos o(s) termo(s) de busca, baixamos as decisões e, em seguida, as acessamos, uma a uma, para catalogar excertos como dados de pesquisa. Nesta fase iniciamos desenvolvendo pesquisas pautados pela análise de discurso com Dominique Maingueneau. Como as decisões eram todas exclusivamente do STF a cena da enunciação se reduzia a este espaço social. Além dos textos, passamos a incluir como *corpora* das pesquisas vídeos disponíveis na internet de julgamentos, assim incluindo falas e gestos, tanto de *amici curie* como dos ministros do STF como elementos de análise. A técnica utilizada era a pesquisa documental de textos e imagens. Não havia que se questionar a autenticidade dos documentos porque todos eram obtidos diretamente do site do STF e de audiências disponíveis na internet.

Assim como o termo utilizado para obter as decisões, os utilizamos para obter os vídeos. Por exemplo, o caso da ação de Arguição de Descumprimento de Preceito Fundamental, a ADPF No. 442, impetrada pelo PSoL (Partido Socialismo e Liberdade) arguindo a inconstitucionalidade dos artigos 124 e 125 do Código Penal, portanto, debate sobre a descriminalização do aborto para gestação de até doze semanas. Dos 180 pedidos para participar da audiência pública, 40 foram admitidos pela Presidenta Rosa Weber. Os vídeos das audiências públicas realizadas dias 06 e 07 de agosto de 2018

DECISÃO JURÍDICA NA COMUNICATIVAÇÃO

estão disponíveis, sendo os dois primeiros referentes ao dia 06 de agosto, tento o primeiro o link https://www.youtube.com/watch?v=dugDjoH-PYI, com cinco horas vinte e três minutos e trinta e oito segundos (5:23:38), o segundo, https://www.youtube.com/watch?v=73iYl4OxCYE, com cinco horas dois minutos e cinco segundos (5:02:05). Outros dois vídeos referentes ao dia 07 de agosto de 2018, tem o terceiro vídeo https://www.youtube.com/watch?v=a2_4-xvdWYc, contém quatro horas trinta e três minutos e quarenta e cinco segundos (4:33:45), e por fim, o quarto vídeo disponível no link https://www.youtube.com/watch?v=La8DG6eLyyY, com quatro horas quarenta e quatro minutos e cinquenta segundos (4:45:50). Na internet se pode obter a petição inicial do PSoL e no site do STF, decisões monocráticas, inclusive as notas taquigráficas que somam 626 páginas, todas acessíveis ao público.

No caso dos textos, há várias metodologias que podem ser aplicadas. Uma vez estabelecido o objetivo da pesquisa e estabelecida a pergunta de partida, o método empregado era coletar as decisões e/ou assistir vídeos das audiências e organizar os dados. Eram marcados argumentos legislativos, jurisprudenciais, doutrinários e fáticos, bem como excertos que chamavam atenção. Os dois métodos que mais usamos nestas pesquisas eram: a) marcar no texto os excertos diversificando a cor conforme o tipo de argumento; b) criar uma planilha de excel, pondo nas colunas as categorias e nas linhas os dados (STAMFORD DA SILVA, 2007b, p. 338-341). Uma vez marcados os dados – marcações que inicialmente eram feitas em decisões impressas passaram a ser feitas nos PDF's no computador – os dados eram lançados numa planilha e passávamos a analisá-los. A pergunta inicial era fundamental para início da pesquisa, pois servia para nortear que dados catalogar, porém, na medida em que íamos procedendo a leitura das decisões, o teor excertos chamavam atenção para questões sequer pensadas antes da pesquisa. Nesta fase, desenvolvemos pesquisas voltadas a observar argumentação, nos moldes da comunicativação.

Pesquisamos, também, como é possível "novos direitos" comporem a decisão jurídica. A pergunta de partida era como o direito vivencia a produção de sentido de direitos sem legislação, como a demissão sem justa causa para portadores de HIV, a bagatela (princípio da insignificância), o abandono afetivo, a pesquisa com célula tronco, união de pessoas do mesmo sexo como entidade familiar, licitude da prova ilícita, aborto anencefálico, da concessão de medicamentos não previstos na lista do Ministério da Saúde, mudança de nome de transexual e outros casos. Observamos, das pesquisas realizadas, que o direito aprende com o social ao vivenciar as mudanças sociais via a decisão

4. A COMUNICATIVAÇÃO

jurídica, isso se dá no âmbito oficial (por legislação e jurisprudência) e no âmbito informal (por decisões sociojurídicas, inclusive no Fórum), como os casos de contatos que influenciavam nas decisões (STAMFORD DA SILVA, 2012c, p. 1-17; MASCAREÑO; STAMFORD DA SILVA; LOEWE; RODRI-GUEZ, 2016, p. 683-718).

No caso da decisão do Supremo Tribunal Federal que reconheceu como entidade familiar a união de pessoas do mesmo sexo, no julgamento da Ação de Descumprimento de Preceito Fundamental (ADPF 132), impetrada pelo Governo do Estado do Rio de Janeiro, e da Ação Direta de Inconstitucionalidade (ADI 4277), impetrada pelo Procurador Geral da República – julgada dias 04 e 05 de maio de 2011, sobre a qual já publicamos artigos (STAMFORD DA SILVA, 2014b, p. 66-85), os *corpora* da pesquisa foram textos de legislações, enunciados publicados em sites web de diversas entidades da sociedade civil, além dos vídeos vídeos disponíveis no YouTube das audiências realizadas nos dias 04 e 05 de maio de 2011, sendo os do dia quatro as manifestações dos *amici curiae* e os do dia 05, os votos dos ministros do STF, totalizando 522 minutos de falas. Uma primeira observação que fizemos foi que Maria Bernice Dias publicava sobre o assunto desde 2008, denunciando que há mais de oitocentos processos tramitando na justiça com decisões as mais diversas. O tema chegou ao direito via economia, ou seja, via casos de herança e pensão do INSS, o que data dos anos oitenta. Em 2011, ainda que não faltaram *amici curiae* contra a equiparação como a Conferência Nacional dos Bispos do Brasil. Aplicando a análise do discurso, por exemplo, notamos que os *amici curiae*, por exemplo, a CNBB, enviou um advogado e não um bispo. Por quê? Nossa observação é que porque a cena de enunciação é o direito, o discurso jurídico, portanto, se cobra um *ethos* jurídico, o domínio de uma terminologia, de um comportamento próprio do mundo jurídico no STF. Assim, ao advogado da CNBB cabe equacionar o discurso religioso ao jurídico e enunciar sob as regras do discurso jurídico a visão do caso da CNBB.

Consideramos que aqui, a técnica foi de estudo de caso dada a peculiaridade desta decisão. Contudo, a pesquisa está limitada aos dados, portanto, ao caso, por mais que possamos tecer considerações sobre casos semelhantes, por exemplo, da observação que o STF comunicou a licitude da união de pessoas do mesmo sexo para fins jurídicos. Ainda que a literalidade do texto constitucional e do código civil brasileiro não contemplem essa licitude, o termo licitude assume justamente a perspectiva de meio de comunicação simbolicamente generalizado, ou seja, como meio no qual se desenvolve a forma do direito. Assim, licitude é o meio no qual a forma lícito/ilícito se desenvolve operando (*Eigen behavior*) via seus programas, ou seja, indicando se uma informação partilhada será valorada (*Eigen value*) positiva ou negativamente, lícito ou ilícito. Como decidiu o STF, podemos compreender que essa instituição informou se tratar de uma comunicação que é lícita a união entre pessoas do mesmo sexo serem consideradas entidade familiar para fins do direito.

Os textos legislativos são: da Constituição Federal, Art. 226. A família, base da sociedade, tem especial proteção do Estado. § 3º – Para efeito da proteção do Estado, é reconhecida a união estável entre o homem e a mulher como entidade familiar. No Código Civil Brasileiro, Lei n. 10.406, de 10 de janeiro de 2002: Art. 1.723. É reconhecida como entidade familiar a união estável entre o homem e a mulher, configurada na convivência pública, contínua e duradoura e estabelecida com o objetivo de constituição de família.

Assistimos os vídeos anotando as falas que iríamos descrever no artigo, então registramos em que vídeo se encontrava a fala e o minuto e segundo no qual ela foi pronunciada. Assim, observamos que o texto "entidade familiar a união estável entre o homem e a mulher" levou os argumentos a citações de filósofos, de textos bíblicos, de técnicas hermenêuticas de interpretação do direito, bem como a princípios jurídicos e frases de efeito. Para demonstrar a técnica de pesquisa, de apontamento dos dados, temos que o representante da Associação Eduardo Bank ao questionar, citando a o art. 1º da Constituição Federal "todo poder emana do povo", não só o legislativo, questiona: "por que Cabral e Dilma não fazem um plebiscito? Porque sabem que vão perder. O provo brasileiro não aceita, ele tem sua cultura enraizada" (00:23:57 até 00:07:00). Essa anotação é central para o leitor, querendo poder atestar os dados, validar ou não o que estamos afirmando.

A transcrição de falas ou textos requer que o pesquisador desenvolva as observações, explique porque fez as observações que fez. Com isso, reiteramos que este caso nos indica o quanto, sob a ótica da comunicativação, a comunicação nunca tem início nem fim, pois o debate segue, ainda que estejamos em 2019. Arisco dizer que nas condições atuais, a decisão de 2011 não se repetiria em 2019, ainda que não haja caso para lidar com essa questão.

Na terceira fase das pesquisas, com já afirmamos na seção anterior, ampliamos a noção de decisão jurídica para comunicação pautada pelo código lícito/ ilícito. Assim, já não nos restringimos a coletar dados de decisões no STF, mas ampliamos para o STJ, tribunais regionais e tribunais estaduais. Também se fizeram fonte de dados enunciados disponíveis em blogs de entidades ou pessoas físicas.

4. A COMUNICATIVAÇÃO

Numa pesquisa sobre parto humanizado, por exemplo, realizada em Iniciação científica com Rafaella Santos Costa, os dados foram obtidos na internet ao se inserir o termo "parto humanizado" na ferramenta de buscas do Google, obtendo 393.000 correspondências, as quais envolvem vídeos, sítios de notícias, páginas de *Facebook*, artigos científicos e blogs de organizações que lidam com o tema. Para observar os discursos que constroem o movimento pelo parto humanizado, esse universo foi reduzido a blogs e *sites web*. Dentre estes, aplicando como critério para definir aqueles nos quais coletaríamos enunciados, os que contivessem variedade de óticas no trato do tema, independente de seu mediador ser da sociedade civil, ser ativista, acadêmico, com grupo de pesquisa; ser técnico-científico, administrado por médica obstetra. Assim, a amostra foi constituída de dados coletados no blog "Cientista que virou mãe", no site "Parto do Princípio", no site do grupo de pesquisa "Narrativas do Nascer" e no site da médica obstetra Melania Amorim "Estuda Melania, estuda". Além desses quatro espaços de discussão, os *corpora* da pesquisa envolveram a legislação e a doutrina jurídica. A coleta e consequente sistematização dos dados se deram a partir da identificação, na leitura das amostras, de termos e elementos comuns. Ao acessar cada um dos espaços de coleta, identificamos os termos mais frequentes na "nuvem de tags"[64] de cada um desse quatro espaços da *internet*. Assim, localizamos a presença do termo "humanização" como palavra chave em seis (06) postagens no blog "Cientista que virou mãe", três (03) postagens no site "Narrativas do Nascer", vinte e uma (21) postagens no blog "Estuda Melania, estuda" e duas (02) postagens no site "Parto do Princípio". Com isso, pudemos verificar a formação discursiva nesses espaços, ou seja, como neles estão se constituindo os discursos dos movimentos pelo parto humanizado. Chamou atenção que a construção de sentido de parto humanizado passou de parto natural para qualquer parto que não ponha em risco a vida da mãe nem a do bebê. Assim, parto cesariano pode ser humanizado e não apenas o parto natural.

Uma pesquisa mais recente sobre prostituição na América Latina, tendo por orientanda Mariana Farias Silva, teve como âmbito da pesquisa o Brasil, a Argentina e o Uruguai. A escolha desses três países foi devido a que somos brasileiros, o Uruguai é o único país da América Latina que conta com lei de regulamentação da prostituição e a Argentina por conter um decreto

---

[64] A nuvem de tags funciona como uma reunião de todas as palavras-chave utilizadas pelo blog ou sítio com a correspondente quantidade de vezes em que o termo aparece no espaço, isto com uma representação gráfica/visual.

DECISÃO JURÍDICA NA COMUNICATIVAÇÃO

presidencial e porque neste país o debate conta com a participação de diversas entidades da sociedade civil. Assim, constituíram os *corpora* da pesquisa legislações, decisões judiciais, textos de projetos de lei sobre regulação da profissão do sexo, bem como textos e manifestações disponíveis em blogs e sites de entidades ativistas sobre o tema. Para observar a comunicação do direito no Brasil, procedemos uma busca por decisões jurídicas usando a palavra prostituição. No site do Tribunal Superior de Justiça (www.stj.jus.br) obtemos 188 decisões e, no site do Supremo Tribunal Federal (www.stf.jus.br), 95 decisões. Observando as decisões, vimos que elas tratam de casas de prostituição, de prostituição de menores, de favorecimento à prostituição, de violência contra prostitutas. Não há uma única decisão condenando uma mulher ou um homem por prática de prostituição. Analisamos os artigos 228, 229 e 230 do Código Penal Brasileiro (Decreto-Lei n. 2.848, de 07 de dezembro de 1940, alterado pela Lei No 12.015, de 2009), bem como lemos na Classificação Brasileira de Ocupações, do Ministério do Trabalho e Emprego, o item "5198 – Profissionais do sexo". Das decisões judiciais, analisamos o Habeas Corpus n. 211.888 – TO (2011/0152952-2), a Sexta Turma do Superior Tribunal de Justiça, cuja decisão tomada em 2016 se reconhece a prostituição como profissão, bem como que é exercício arbitrário das próprias razões o caso de uma prostituta pegar um objeto de um cliente como forma de pagamento do serviço. Neste caso, não foi julgado como crime de roubo por se tratar de meio empregado para satisfação do contrato de serviço. Com isso, consideramos que o direito está comunicando que a prestação de serviço sexual é legítima, mesmo não havendo legislação específica sobre esse serviço.

Para obter dados da Argentina, onde prostituição individual não é crime, embora não seja legalizada, catalogamos o Código Penal Argentino, Lei Nacional 11.179/84, no qual há o artigo 125 que trata da prostituição de menores, Art. 126, crime de proxenetismo, e no art. 127 referente ao delito de rufianismo, quando a exploração econômica do exercício da prostituição é ilegal, com condenação de 4 a 6 anos. Há ainda a Lei n. 26.364/2008 (Lei de Prevenção e Sanção da Exploração sexual de pessoas e Assistência as suas vítimas), que define o que seria exploração sexual; a Lei 12.331/36 (Lei de Profilaxia), sancionada no ano de 1936, que penaliza o estabelecimento de locais para o exercício da atividade sexual; e o Decreto de Necessidade e Urgência n. 936/2011, promulgado em 2011, pela Presidenta Cristina Fernández de Kirchner, que proibiu a publicação de avisos publicitários que "promovam a oferta sexual explícita ou implícita".

4. A COMUNICATIVAÇÃO

Quanto ao âmbito local, 18 províncias colocam a prostituição em seus códigos de contravenções e faltas: Buenos Aires, Catamarca, Chaco, Chubut, Corrientes, Formosa, Jujuy, La Pampa, La Rioja, Mendoza, Misiones, Salta, San Juan, San Luis, Tierra del Fuego, Tucumán e San Cruz. Como contravenção, a prostituição está regulamentada nos capítulos que tratam da moral pública e dos bons costumes, definindo-a como qualquer incitação ou oferta pública para manter relações sexuais em troca de dinheiro ou qualquer promessa remuneratória, e associa a atividade à moléstia e ao escândalo. As punições previstas são multas ou prisões. Da busca usando a palavra *prostitución*, no site da *Suprema Corte de Justicia de la Nación Argentina* (www.csjn.gov.ar), obtivemos 74 decisões. Elas lidam com casos de bordeis, casas de prostituição, prostituição de menores, favorecimento à prostituição, violência contra prostitutas. Não localizamos decisão condenando uma mulher ou um homem por prática de prostituição.

No Uruguai, a busca usando a palavra *prostitución*, no site da Suprema Corte de Justicia (http://bjn.poderjudicial.gub.uy), obtivemos 127 decisões. À semelhança da Argentina e do Brasil, as decisões se referem a casos de bordeis, casas de prostituição, de prostituição de menores, de favorecimento à prostituição, de violência contra prostitutas. Não há decisão condenando uma mulher ou um homem por prática de prostituição. O Uruguai, diferente da Argentina e do Brasil, tem regulamentada a prostituição através da Lei n. 17.515/2002, na qual lemos *"Artículo 1º.- Es lícito el trabajo sexual realizado en las condiciones que fijan la presente ley y demás disposiciones aplicables"*, ou seja, a prostituição é atividade lícita. Dessa forma, caso a profissional do sexo não atue dentro dos padrões exercidos pela norma, a sua atividade passa a ser considerada um ilícito, como, por exemplo, atuar em lugares não estabelecidos pelo Estado, ou fazerem propaganda em jornais de grande circulação. Sobre esta questão a AMEPU (Associação de meretrizes profissionais do Uruguai) tem se pronunciado contra a regulamentação, mesmo tendo sido uma das organizações mais atuantes na sua elaboração.

Nosso objetivo nesta seção foi apenas demonstrar a pluralidade de métodos e técnicas de pesquisa que podem ser empregados em pesquisa com decisão jurídica.

Das observações das pesquisas realizadas, identificamos duas vias de pesquisa, a prático-forense a sociojurídica e, em cada uma delas, uma pluralidade de pesquisas viáveis.

DECISÃO JURÍDICA NA COMUNICATIVAÇÃO

Exemplos de pesquisa prático-forense:
a) Intertextualidade – petição inicial, contestação e sentença;
b) Argumentação – informações constitutivas da decisão jurídica;
c) Diálogo entre cortes / transconstitucionalismo.

Exemplos de pesquisa sociojurídica:
a) pesquisar o cotidiano de juristas no exercício de sua profissão;
b) pesquisar a participação de opiniões políticas, de debates e manifestações de movimentos sociais em decisões judiciais;
c) pesquisar a interação sistêmica entre sistemas de comunicação;
d) observar acoplamentos cognitivos e estruturais em processos de regulação sistémica, observar a interferência dentre informações políticas, científicas, econômicas, de ativismo social em decisões judiciais.

5. A CONSTRUÇÃO DE SENTIDO JURÍDICO DE BAGATELA

Para pesquisar como o direito vivencia irritações autorreferentes e heterorreferentes em sua construção de sentido, selecionamos um tema e definimos os termos de busca. Os termos são utilizados na busca por decisões nos *sites web* de tribunais, bem como em buscadores da *internet* para obter informações (documentos, literatura, vídeos). Aqui apresentaremos a pesquisa sobre a construção do sentido jurídico de bagatela ou princípio da insignificância.

As decisões foram coletadas acessando os *sites web* de cada um dos 27 tribunais estaduais (ver listagem no início deste livro), do Superior Tribunal de Justiça e do Supremo Tribunal Federal.

Uma dificuldade da pesquisa foi o modo como cada *site web* viabiliza a busca e o acesso à decisão, principalmente quanto à decisão mais antiga. Não há um padrão de site, uns tribunais viabilizam chegar às decisões mais antigas em questão de segundos, outros exigiram horas, pois não contam com um botão dirigindo às decisões mais antigas, o que me exigiu clicar centenas de vezes até chegar à última página, como ocorreu no site do Tribunal de São Paulo.

Os dados coletados das decisões foram lançados em planilha de *excel*. Procedemos análise quantitativa e qualitativa do universo amostral.

DECISÃO JURÍDICA NA COMUNICATIVAÇÃO

TABELA 2 – universo amostral

Tribunal		Bagatela	Insignificância
Acre	AC	222	639
Alagoas	AL	158	561
Amapá	AP	25	20
Amazonas	AM	146	582
Bahia	BA	500	1786
Ceará	CE	373	1442
Espírito Santo	ES	105	362
Goiás	GO	375	2091
Maranhão	MA	40	126
Mato Grosso	MT	438	2344
Mato Grosso do Sul	MS	5143	6214
Minas Gerais	MG	3542	21865
Pará	PA	565	2290
Paraíba	PB	234	959
Paraná	PR	636	2397
Pernambuco	PE	152	820
Piauí	PI	87	434
Rio de Janeiro	RJ	51	152
Rio Grande do Norte	RN	106	642
Rio Grande do Sul	RS	7701	29526
Rondônia	RO	775	2650
Roraima	RR	62	223
Santa Catarina	SC	1118	6907
São Paulo	SP	3385	22262
Sergipe	SE	259	520
Tocantins	TO	476	1334
Distrito Federal	DF	771	6003
STJ		1214	6358
STF		131	822
	TOTAL	28802	122.331

Fonte: o autor

5. A CONSTRUÇÃO DE SENTIDO JURÍDICO DE BAGATELA

As variáveis de análise foram:

QUADRO 14 – variáveis da pesquisa

Processo	Ano	Turma	Relator	Tipo	Fato	Decisão	doutrina	legislação	jurisprudência	OBS.

Fonte: o autor

Com o total de 28.802 decisões como resultado da busca com o verbete *bagatela* e 122.331 na busca com o verbete *insignificância*, passamos estabelecer a população, para isso recorremos à fórmula:

$$N = \frac{\dfrac{z^2 \times p(1-p)}{e^2}}{1 + \left(\dfrac{z^2 \times p(1-p)}{e^2 N} \right)}$$

N = tamanho da população
e = margem de erro (porcentagem no formato decimal)
z = escore z
O escore z é o número de desvios padrão entre determinada proporção e a média.

Considerando o universo de 102.369 decisões, optamos por um nível de confiabilidade de 90% e margem de erro de 5%[65]. Com isso, tivemos por população o universo amostral de 2.346 decisões. Desse total, reduzimos 131 decisões do Supremo Tribunal Federal (STF) e 292 do Superior Tribunal de Justiça, assim, buscamos 1923 decisões estaduais. Para definir quais decisões dos Estados analisar, consideramos o percentual representativo por Estado, bem como que deveria haver decisões do máximo de anos possíveis. Por exemplo: ACRE (AC), Amapá (AP) e Maranhão (MA).

---

[65] Esse cálculo foi realizado acessando o site: https://www.solvis.com.br/calculos-de-amostragem/

TABELA 3 – universo amostral por estado

	00	01	02	03	04	05	06	07	08	09	10	11	12	13	14	15	16	17	18	19
AC	1	1	0	0	0	2	2	3	5	4	5	7	9	11	14	28	36	56	23	19
AP											1	3	5	2	3	1	1	3	3	1
MA																	8	61	43	14

Fonte: o autor

Na linha superior constam os anos, de 2000 a 2019 representados por sua casa decimal, 00 a 19. Na linha abaixo estão os quantitativos de decisões por ano.

Das 226 decisões, do Acre, coletamos as de 2000 e 2001, duas de 2005 a 2010, três de 2011 a 2014 e cinco de 2015 a 2019, perfazendo o total de 53 decisões.

Coletamos todas as 20 decisões do Amapá (AP).

Das 126 decisões, do Maranhão (MA), coletamos cinco decisões de 2016 e dez, de 2017 a 2019. Perfazendo o total de 35 decisões.

Este mesmo procedimento foi aplicado para todos os estados.

Para estabelecer que decisões analisar, recorremos ao *Web Site* https://www.4devs.com.br/gerador_de_numeros_aleatorios. Lançamos a quantidade de decisão por estado/ano. Com o quadro de números aleatórios, acessamos o site e catalogamos aquelas correspondentes à entrada do número definido pelo gerador de números aleatórios.

Na medida em que fomos desenvolvendo a pesquisa, percebemos que algumas decisões eram desnecessárias e outras que, sequer apareciam na busca e eram fundamentais porque integravam a recursividade, ou seja, eram referenciadas em várias decisões. Por exemplo, na análise de decisões do STF identificamos que a decisão do Processo HC 84412/2004-SP era reiteradamente citada, mas não integrou o elenco de decisões nas buscas que fizemos no site do STF. Então, procedemos a busca pelo número do processo para obter seu inteiro teor.

Numa busca no Google encontramos, como resultado da expressão *bagatela e direito penal*, 131000 resultados, como resultado da busca com a expressão *bagatela e direito civil*, 102.000, *bagatela e direito tributário*, 70.000 resultados, por fim, *bagatela e administração pública*, 115.000. Acessamos artigos disponíveis na *internet* e, principalmente, as doutrinas citadas nas decisões judiciais para analisar o papel da doutrina na construção de sentido do direito.

5. A CONSTRUÇÃO DE SENTIDO JURÍDICO DE BAGATELA

A categoria principal da pesquisa é sentido. Especificamente nesta pesquisa, exploramos as três dimensões do sentido: dimensão material (de estado) (*Sachdimension*), temporal (*Zeitdimension*) e social (*Sozialdimension*) (LUHMANN, 1998[1984], p. 90), às quais, na comunicação, contam com o acréscimo, à teoria da sociedade de Luhmann, de elementos linguísticos.

A dimensão material se refere a que o sentido é uma Forma de dois lados, como trabalhado no capítulo anterior. "A dimensão material possibilita operações de ligação que têm que decidir se permanece no mesmo sentido ou se passam a um sentido distinto"[66] (LUHMANN, 1998[1984], p. 92). Temos aqui a questão do conteúdo do sentido, porém não como a fixação de um conteúdo, mas sim que a linguagem é trabalho social e, como tal, vive em constante formação (MARCUSCHI, 2007a, p.77; MARCUSCHI, 2008a, p. 229).

A dimensão temporal do sentido nos leva a considerar que não se trata de uma construção linear, como se decisões posteriores agregam argumentos ao sentido. A temporalidade torna a tensão entre presente e ausente (quem/ /que/onde/como) uma questão de quando, com a temporalidade, temos o horizonte de sentido, o qual nos afasta da busca por início e fim do sentido (LUHMANN, 1998[1984], p. 93). Tempo não é, portanto, uma questão de como informações foram constituindo a memória do sentido de bagatela com o tempo, mas observar que na comunicação há conclusibilidade, porém o sentido nunca termina (BAKHTIN, 2003[1979], p. 280). Evolução não é progressão vertical de sentido, como se o sentido fosse uma construção que com o tempo se vão fixando, sedimentando elementos. Não. Não é isso. Evoluir, construção de sentido, é entendido como mudança, mudança de sentido o que ocorre paradoxalmente porque o sentido conta com a diferenciação entre sentido atual e possível (LUHMANN, 2007[1997], p. 32).

A dimensão social se refere a que o sentido envolve "reduplicação particular de possibilidades de entendimento" (LUHMANN, 1998[1984], p. 95). Trata-se do duplo horizonte: do *alter* e, o do *ego*. Esse duplo horizonte dá lugar ao consenso e ao dissenso, bem como à tolerância (LUHMANN, 1998[1984], p. 96) na construção do sentido. Nesta dimensão, observamos, inclusive, o Ethos discursivo (MAINGUENEAU, 2016, p. 13-33).

Da leitura do inteiro teor das decisões, os termos que se repetiam eram separados, coletávamos os excertos que os continham e os destacávamos em azul nas planilhas. Estes termos eram considerados constituidores da memória

---

[66] die Sachdimension Anschlußoperationen, die zu entscheiden haben, ob sie noch bei demselben verweilen oder zu anderem übergehen wollen. (LUHMANN, Soziale Systeme, p. 112).

DECISÃO JURÍDICA NA COMUNICATIVAÇÃO

de sentido jurídico de bagatela, do princípio da insignificância. Quando recorremos para a nuvem de palavras, via o site https://wordart.com/nwl5dq0aletg/ nuvem-de-palavras não foram as mesmas palavras que se destacaram quando procedemos a leitura individual de cada decisão da população, do universo amostral. Preferimos aquelas palavras que identificamos "manualmente" usando planilha excel. Assim, construímos o quadro abaixo:

QUADRO 15 – construção de sentido de bagatela

Ano	Tribunal	Numero	Argumento
1979	STF	6186-2-SP	Política criminal + lesividade social
1981	TJSC	Ap. 31469-1	Delito formal e material + bem jurídico protegido
1982	TJRS	Ap. 14268	Conduta típica + periculosidade social
1984	TJSP	Ap. 787955-6	Valor irrisório
1989	STF	HC 66869	Afastamento da ilicitude + onerar a atividade jurisdicional
1994	STJ	HC 37253-SP	Contumácia
1998	STF	HC 77003	Razoabilidade e proporcionalidade
2000	STF	HC 80095	Valor mínio é diferente de pequeno valor
2002	STF	HC 82324	Perigo presumido
2004	STF	HC 84412	o princípio da insignificância pressupõe a concomitância de quatro vetores: a) a mínima ofensividade da conduta do agente; b) nenhuma periculosidade social da ação; c) o reduzidíssimo grau de reprovabilidade do comportamento e d) a inexpressividade da lesão jurídica provocada.
2008	STF	HC 92531	Fragmentariedade + intervenção mínima do estado
2012	STF	HC 111017	CF, Art. 5º, XXXIX "não há crime sem lei anterior que o defina, nem pena sem cominação legal" + preço ou a expressão financeira do objeto do delito.

Fonte: o autor

A decisão de 1979 do Supremo Tribunal Federal integrou esta listagem por ser a mais antiga que obtivemos nas buscas e por ser a primeira que continha elementos que se repetiam em decisões posteriores, formava precedentes, compõe a Forma de sentido do direito, sua recursividade. As decisões

5. A CONSTRUÇÃO DE SENTIDO JURÍDICO DE BAGATELA

do Tribunal de Justiça do Estado de Santa Catarina (TJSC), do Tribunal de Justiça do Estado do Rio Grande do Sul (TJRS) e do Tribunal de Justiça do Estado de São Paulo (TJSP) são decisões que consideramos portadoras da construção de sentido do direito, da memória semântica, por terem sido as mais citadas em decisões destes e de outros tribunais estaduais. Na terminologia sistêmica, estas foram as que geraram redundância/variação, atualização/mudança no sentido jurídico de bagatela.

A primeira observação foi que as decisões do STF e do STJ não configuraram as mais referenciadas no processo de formação do sentido jurídico de bagatela, bem como que o TJSC, o TJRS e o TJSP são os que têm suas decisões mais referenciadas. Uma análise explorando as dimensões do sentido, a dimensão temporal pode servir para uma compreensão dessa situação, pois decisões de tribunais estaduais são datadas antes de decisões dos tribunais superiores.

A segunda observação foi quanto à dimensão material. Os primeiros elementos que constituíram a bagatela foram: política criminal e lesividade, pois estes foram os argumentos centrais na decisão de 1979 do STF, em caso de Conflito de Jurisdição no. 6.186-2-SP, relativo à competência do Superior Tribunal Militar como única instância competente para julgar casos da caserna. A política criminal se referia ao direito penal e sua função social. A lesividade social não era referente ao valor econômico, mas sim à estima, ao valor social de a bagatela ser admitida apenas em caso de não atingir o bem jurídico penal.

Com a decisão do TJSC de 1981, os argumentos da decisão de 1979 foram usados e observamos a inclusão dos argumentos *delito formal e material*, ou seja, se a violência é consumada independente de o resultado ter sido vantajoso para o agressor, bem como o argumento *bem jurídico penal*.

Com a decisão de 1982 do TJRS, agrega-se ao sentido de bagatela a *periculosidade social* e, com a decisão de 1984 do TJSP, o argumento do *valor pecuniário*, ou seja, se ele é irrisório ou não, portanto o quantitativo seria o critério a influenciar o sentido de bagatela. O valor envolvido ser irrisório tematiza a não exclusividade do valor material, valor pecuniário, e traz ao debate o valor social. Com isso, o elemento econômico não se configura como critério principal para a aplicação do princípio da insignificância, mas sim o valor para a vítima e para a sociedade, ou seja, o bem jurídico penal, a expectativa normativa penal. Não se trata de um valor individual, saliente-se, mas sim de considerar que o direito penal forma um sentido social de violência que não pode ser desprotegido via a bagatela. Na literatura já se encontra críticas quanto ao risco jurídico que a bagatela poderia proporcionar, de maneira que a bagatela não poderia legitimar a violência dos furtos de pequeno valor.

DECISÃO JURÍDICA NA COMUNICATIVAÇÃO

Na sequência, a decisão de 1989 do STF, no HC 3725-3, ao pautar o afastamento da ilicitude e a questão da onerosidade da prestação jurisdicional enfatiza os argumentos das decisões anteriores. Aqui já não identificamos acréscimo de argumentos, mas detalhamento com o aprofundamento da dimensão material do sentido. Observamos que o tema da lesividade e da periculosidade social soa "formado", porém insuficiente. Valores presentes em debates sobre acesso à justiça – como os desenvolvidos na sociologia da administração da justiça, quando critérios econômicos, sociais e culturais são apontados como responsáveis por dificultar e afastar demandas sociais no judiciário (SOUSA SANTOS, 1986, p. 167-171; 2015, p. 1-25) – passam a integrar recursivamente a memória semântica de bagatela, o mesmo se diga quanto ao valor econômico para o estado quanto às demandas judiciais, no que tange demandas "irrelevantes" quanto ao bem jurídico e a função social do direito.

Em 1996, o STF agrega o argumento da *contumácia*, em decisão referente a atropelamento. O argumento que conduz à inclusão da contumácia é

> 18. Pessoas da estirpe do paciente, que não possuem um senso crítico, com freio inibitório dos arroubos da juventude e que, se não fazem parte do imenso rol dos 'filhinhos do papai', dos quais recebem todas as condições para a prática das estripulias e depois o apoio moral quando erram, pelo menos não recebem dos genitores a necessária orientação, somente o império da justiça poderá atingi-los e obstá-los das práticas hoje, de pequenas infrações, amanhã de grande delitos (HC 70.747-5 RS, STF, Relator Francisco Rezek).

Na sequência, temos a inclusão da razoabilidade e proporcionalidade com a decisão do STF de 1998, no HC 77003. O tema do valor ínfimo e pequeno valor volta a ter lugar, como lemos na decisão de 2000, do STF, HC 80095. Chamamos atenção para esse retorno temático, o qual repisa que o sentido não se sedimenta, não se forma com definitividade, antes, segue aberto. É o que observamos com essa decisão de 2000. Em 2002, no HC 82324, o STF traz o tema do perigo presumido. É em 2004, com a decisão do STF no HC 84412 que são equacionados os quatro elementos formadores do sentido jurídico de bagatela:

a) a mínima ofensividade da conduta do agente;
b) nenhuma periculosidade social da ação;
c) o reduzidíssimo grau de reprovabilidade do comportamento e
d) a inexpressividade da lesão jurídica provocada.

5. A CONSTRUÇÃO DE SENTIDO JURÍDICO DE BAGATELA

Desde então, estes quatro critérios aparecem recursivamente nas decisões dos Tribunais Estaduais, inclusive os aqueles, até então, recorriam a decisões do TJSP, TJSC e do TJRS.

Outra observação foi que nas decisões estaduais que negam a aplicação do princípio de bagatela predomina a intertextualidade às decisões do TJSP, porém, quando a decisão aplica o princípio, predominam decisões do TJSC e do TJRS. Essa observação nos levou a considerar que as decisões do TJSP são conservadoras quanto à aplicação do princípio da bagatela, já as dos TJSC e do TJRS são vanguardistas, progressistas na mutação do sentido jurídico. Caberia pesquisar se esse fenômeno se repete quanto a decisões de outras temáticas jurídicas.

Outra observação foi quanto à bagatela ter se tornado tema jurídico por provocação, irritação, da doutrina. Ainda que haja decisões cíveis, tributárias e de administração pública; foi quando se tornou tema no direito penal que a bagatela ganhou notoriedade. Neste ramo do direito, a bagatela, princípio da insignificância, tematiza o *bem jurídico penal*, problematizando a função social do direito penal. Bagatela se fez tema por questões sociais irritarem o direito, tais como encarceramento em massa, acesso à justiça, morosidade processual, ineficácia jurídica, os quais põem em risco a legitimação do direito penal. O sistema jurídico compreendeu tais irritações e as selecionou a partir de seus elementos. Suas operações de observação das irritações moveram o direito a operar elementos principiológicos do direito penal, uma vez que a bagatela lida com o sentido de direito penal para a sociedade, o que nos remete a tematizar a relação justiça e direito. "O direito não tem porque desistir da ideia de justiça" (LUHMANN, 2005[1993], p. 278).

Observando como foi possível a bagatela integrar o direito, identificamos que foram argumentos fáticos e doutrinários. Compreensível uma vez que não há legislação. Com o tempo, a jurisprudência passa a integrar a argumentação. Essa situação, não haver argumento legislativo, é específica de temas que não estão regulamentados por legislação. Aproveitamos para lembrar David Hume por nos alertar para a cuidado com a aplicação de afirmações provenientes de pesquisa realizada para casos não pesquisados. Ariscamos, todavia, que sempre que um tema de novos direitos tem lugar em decisões judiciais, principalmente porque não conta com legislação, os argumentos fáticos e doutrinários terão mais lugar, até que surjam decisões de tribunais superiores, quando então estas passam a predominar nas argumentações.

Com a decisão de 2008, no HC 92531, e a de 2012, no HC 111017, ambas do STF, observamos que o direito segue construindo o sentido jurídico

DECISÃO JURÍDICA NA COMUNICATIVAÇÃO

de bagatela retematizando critérios de maneira que temas são incluídos e excluídos no sentido de bagatela. A categoria teórica central aplicada foi o paradoxo do sentido: atualidade/potencialidade. Ocorre que sentido não tem início nem término. Ele não tem origem. Ele nunca se conclui. A comunicação não para, portanto nunca deixará de vivenciar mudanças. Isso nos remete à carnavalização do sentido, que não há texto adâmico (BAKHTIN, 2003[1979], p. 272), que não se pode falar em conclusibilidade como inteireza, em completude como fim de um enunciado, mas sim conclusibilidade como elemento temporal de enunciados, portanto como responsividade (BAKHTIN, 2003[1979], p. 280). É o que temos com a língua com trabalho social (MARCUSCHI, 2007a, p. 77) e o sentido como Forma de dois lados (LUHMANN, 1998[1984], p. 77-212; 2006[1997], p. 27-40).

A construção de sentido é constante, não há um sentido que se sedimenta ao ponto de determinar decisões futuras, antes, um sentido só tem sentido quando ele mesmo porta um sentido, ou seja, contém elementos que viabilizam a distinção ao mesmo tempo em que contém elementos que permitem a inclusão de novos sentidos. Para testar essa hipótese, reduzimos o universo amostral às decisões em que o princípio da insignificância foi aplicado a casos de uso ou porte de entorpecente. Vejamos os seguintes excertos:

> ainda que a quantidade de 0,25 g de maconha apreendida na posse do requerente, não cabe aplicar o princípio da insignificância para estes casos por se tratar de saúde pública (TJSP 1979 – HC 12780).

> aplica-se a teoria da bagatela porque a ínfima porção da erva seca apreendida, apenas 0,2 g – o que representa uma diminuta quinta parte de uma grama –, não se presta para formar qualquer 'fininho', sendo insuscetível para causar dependência concreta a alguém e, em consequência, de duvidosa potencialidade tóxica e perigosidade à saúde pública (TJSC 1981 – HC 25832).

> não se reconhece o princípio da insignificância mesmo sendo ínfima a quantia apreendida, pois a lei não cogita de quantidade de droga, apenas visa resguardar a saúde pública (STF, 2003, HC 81641-0).

> Paciente preso com 0,25 g de substância entorpecente, tipo canabis sativa, vulgarmente conhecida como maconha. O porte de quantidade mínima não possui alta periculosidade social, nem lesividade material a bens jurídicos. O princípio da insignificância deve ser aplicado sempre que atendidos os requisitos objetivos, quais sejam: mínima ofensividade da conduta do agente; ausência de periculosidade social da ação; reduzido

5. A CONSTRUÇÃO DE SENTIDO JURÍDICO DE BAGATELA

grau de reprovabilidade do comportamento e inexpressividade da lesão jurídica causada. Nada justifica a desproporção entre tratamento penal que se dá ao usuário civil e ao militar (STF, 2008 – HC 94.809).

Esses excertos indicam o quanto a comunicação jurídica, a construção de sentido do direito não se reduz a uma decisão, antes contém recursividade comunicacional, portanto, uma calculabilidade com a expansão do valor (*Eigen*) referenciado, como observamos com as sucessivas ocorrências de reentrada da forma na forma, como lemos em Spencer-Brown:

> os lados de cada distinção experimentalmente desenhada têm dois tipos de referência.
> O primeiro, ou explícita, se refere ao valor de um lado de acordo com a forma como está marcado.
> O segundo, ou implícita, se refere a um observador externo. Ou seja, o lado de fora é o lado do qual uma distinção deve ser vista (SPENCER-BROWN, 1972, p. 69)[67].

Recursividade é expressão matemática desenvolvida pelos teóricos da teoria do caos para explicar como é possível uma máquina não-trivial dar resultados calculáveis, ainda que imprevisíveis, trata-se do comportamento *Eigen*, ou seja, de reconhecibilidade das regularidades (FOERSTER, 2003d, p. 321). Recursividade, nestes termos, envolve não uma repetição, uma redundância, mas uma circularidade reflexiva, ou seja, sempre conterá acréscimo de informação. Com a *re-entry* e a recursividade, o sistema é capaz de aprendizado, tanto consigo mesmo, quanto com seu ambiente, afinal, ao observar, no próprio sistema ocorrem intercâmbios de operações e composições de ordem internas tanto quanto externas ao sistema (FOERSTER, 2003b, p. 308; 319). Trata-se da *Eigen Function*, *Eigen Values*, *Eigen Behavior*, ou seja, da autorreferência, portanto de a comunicação deter sua própria função, seus valores próprios de referência e, inclusive, deter comportamentos próprios no sentido de deter um nível de invariância, o que torna possível a comunicação humana mesma.

Aplicando isso à decisão jurídica, temos decisão como uma forma de operação do direito com a qual uma formação de sentido jurídico porta elementos

---

[67] No original: the sides of each distinction experimentally drawn have two kinds of reference. The firth, or explicit, reference is to the value of a side, according to how it is marked. Second, or implicit, reference is to an outside observer. That is to say, the outside is the side from which a distinction is supposed to be seen.

DECISÃO JURÍDICA NA COMUNICATIVAÇÃO

constantes (estrutura) ao mesmo tempo em que porta variação, mudança (abertura cognitiva, aprendizado). Assim, não cabe pensar em pesquisar decisão jurídica para conhecer ou estabelecer a decisão a ser tomada, por mais que haja uma probabilidade, um risco jurídico calculável, porém quanto ao sentido, a recursividade remonta a expectativa cognitiva (aprendizado) e a normativa (contrafática, imunidade do direito quanto aos interesses pessoais e pretensões particulares sobre o direito).

A decisão de 1979, do STF, trata de Conflito de Jurisdição no. 6.186-2-São Paulo Bagatela não contava ainda com uma memória semântica, com uma massa crítica sobre o tema. Esse estado de novidade da bagatela no direito está presente nesta decisão uma vez que os recursos argumentativos são princípios do direito, o bem jurídico penal, o lugar do direito penal na sociedade, portanto, elementos sociológicos como controle social penal, política criminal. Em 1981, saúde pública foi considerado argumento insuficiente ao ponto de ser afastado, a bagatela foi aplicada ao caso de porte e apreensão de 0,2g, de entorpecente (maconha). A recursividade ocasionou o afastamento do argumento da lesividade à saúde pública e incorporou o argumento da saúde individual, com termos como: 0,2g de maconha não dá nem para fazer um fininho. No HC 81641/2003, do STF, os Ministros do STF retomam o tema da saúde pública para negar a aplicação do princípio da insignificância em caso de apreensão de 0,68g de maconha. Esse retorno do argumento saúde pública contou com o argumento que independentemente da quantidade de entorpecente e de se tratar de maconha, o STF é tribunal responsável por ditar o norte do direito para a sociedade, por isso, não cabe falar em bagatela para crimes envolvendo drogas pois isso é tema de saúde pública e o STF não pode patrocinar argumentos favoráveis ao uso de drogas para a sociedade brasileira. Em 2008, o STF, no HC 94.809, aplica o princípio da insignificância para uso ou porte de pequena quantia de maconha. Concluímos que o sentido jurídico de algo não é o estabelecimento de um conteúdo, a fixação de uma definição. O que chama atenção neste momento da pesquisa é como temáticas vão integrando o sentido jurídico de bagatela. Observamos assim que a recursividade da expressão saúde pública integrou o sentido de bagatela, depois foi afastado e depois volta a integrar. Nossa conclusão sobre essa situação é que um argumento nunca é eliminado, mas sim segue potencialmente presente no horizonte de sentido do direito. Ele segue passível de ser evocado futuramente.

O processo de incluir, excluir e reincluir um conceito nos afasta da hipótese de que os Ministros julgam como querem e bem entendem, nem que não há respeito à legislação, nem que houve compra-e-venda de sentença,

5. A CONSTRUÇÃO DE SENTIDO JURÍDICO DE BAGATELA

nem que se trata de corrução sistêmica porque o direito estaria funcionando simulando juridicidade, mas efetivamente comunicando economia e política, portanto, selecionado elementos políticos e econômicos se desdiferenciando ao ponto de perder sua autonomia funcional, de observação, de decisão (LUHMANN, 2005[1993], p. 137; 513; 2007[1997], p. 568). Preferimos lidar com essa situação considerando-a aprendizado, aquisição e atualização do sistema jurídico mesmo (LUHMANN, 2005[1993], p. 102), portanto de política do direito. Assim concluímos, inclusive, porque os envolvidos nos casos analisados sequer são pessoas com poder econômico ou político. Não com isso ignoro haver casos de *lobby* em decisão judicial.

Para testar as conclusões até aqui, repetimos os mesmos procedimentos, agora tendo por temática crimes militares. Observamos, no Supremo Tribunal Federal casos envolvendo situações na caserna. Em decisão datada de 1979, a aplicação do princípio da insignificância é negado pelo STF sob o argumento que cabe exclusivamente ao Superior Tribunal Militar decidir a aplicabilidade da bagatela aos crimes de âmbito militar, aqueles ocorridos na caserna. Em 2000 houve decisões, todas mantendo a resposta de 1979. Em 2006, o princípio passa a ser aplicável para casos relativos à caserna. Em 2007, se mantém aplicável. Em 2008 volta a não ser aplicável. Em 2010 há decisão que admite a aplicação do princípio e decisão negando sua aplicação. A análise se ocupou em observar se não era uma questão da temática, porém consideramos que não, mas sim principiológica mesmo. Essa análise se deu quando verificamos, nas duas decisões de 2010, que ambas tratam de uso ou porte de entorpecente em ambiente militar. No *Habeas Corpus* 101.759 MG admite a aplicação e no *Habeas Corpus* 104923 RJ se nega.

Semelhante situação lemos no caso da Súmula 599: "O princípio da insignificância é inaplicável aos crimes contra a administração pública", datada de 20 de novembro de 2017, do Superior Tribunal de Justiça. Independente das controvérsias doutrinárias e decisões na área tributária, quanto a se tomar por insignificante mover ações de execução fiscal para casos inferiores a R$ 20.000,00 (vinte mil reais), no Recurso de Habeas Corpus No. 85.272, os Ministros da Sexta Turma do Superior Tribunal de Justiça – relator o Ministro Nefi Cordeiro – aos 14 de agosto de 2018, votaram, por unanimidade, pela não aplicação da referida Súmula em razão da peculiaridade do caso, decide que

> a despeito do teor do enunciado sumular n. 599, no sentido de que
> O princípio da insignificância é inaplicável aos crimes contra a administração pública, as peculiaridades do caso concreto – réu primário, com

DECISÃO JURÍDICA NA COMUNICATIVAÇÃO

> 83 anos na época dos fatos e avaria de um cone avaliado em menos de R$ 20,00, ou seja, menos de 3% do salário mínimo vigente à época dos fatos – justificam a mitigação da referida súmula, haja vista que nenhum interesse social existe na onerosa intervenção estatal diante da inexpressiva lesão jurídica provocada.

Essa situação de mudança no sentido, nos conduz a dois temas: temporalidade na construção de sentido; mudança de um Ministro no STF. Na dimensão da temporalidade do sentido temos o problema transversal do reversibilidade/irreversibilidade do sentido. Na dimensão social, temos a mudança de Ministros, afinal o STF conta com 11 ministros, portanto a mudança de um Ministro tem uma capilaridade na construção de sentido no STF que não se assemelha a quando muda um Ministro no STJ, Tribunal composto por 33 Ministros. Quanto a uma Turma, em qualquer dos tribunais, como elas são comportas por três desembargadores ou Ministros, a dimensão social do sentido é afetada

Com a primeira temática, a temporalidade, se pode cair no engano de considerar que a construção de sentido seria linear, como se com o tempo determinada temática fosse ganhando complexidade na medida em que novos critérios vão se agregando devido às novas decisões até que um sentido se firme. Não. Não ocorre essa construção fixativa de conteúdo. Como observamos, a construção de sentido nega justamente essa hipótese. O sentido de uma decisão anterior não garante nada quando a como ele será usado numa decisão posterior. A decisão posterior pode selecionar o sentido da que lhe é anterior, bem como pode selecionar uma outra informação, o que não significa necessariamente rejeitar o sentido anterior, pois pode agregar nova informação corroborando com o sentido anterior, mas não repetindo os argumentos usados na comunicação anterior. Na dimensão da temporalidade do sentido temos o problema transversal do reversibilidade/irreversibilidade do sentido. Com a comunicativação observamos justamente o sentido em seu movimento constitutivo mesmo sem por isso concluir com acusação ao STF. Principalmente porque nossas pesquisas não se ocupam em defender ou denegrir imagens sociais de instituições ou pessoas físicas, mas sim colaborar para uma metodologia de pesquisa com decisão e, por consequência, menos violenta, no sentido de ter direito como sistema de sentido dedicado à legitimação de vingança social.

A temática da mudança de componentes do STF nos leva a tematizar questões quanto o nível da interação e da organização. Observar decisões judiciais podemos aplicar os três níveis: interacional, organizacional e sistêmico.

Neste ponto enfatizamos a dimensão social, quando temos uma mudança de Ministro. O STF conta com 11 Ministros, portanto a mudança de um Ministro

5. A CONSTRUÇÃO DE SENTIDO JURÍDICO DE BAGATELA

tem capilaridades na construção de sentido que não se assemelha quando se trata da mudança de um Ministro no STJ, Tribunal composto por 33 Ministros. Porém, quanto às Turmas, em qualquer dos tribunais, como elas são comportas por três desembargadores ou Ministros, a dimensão social do sentido é afetada. Com esta temática observamos as decisões enquanto organização. No caso do STJ e do STF estes compõem o centro do sistema jurídico, no sentido de serem os tribunais que têm maior atuação na construção de sentido do direito. Também se pode observar a força dos relatores na construção de sentido do direito. O que desmistificamos aqui é a hipótese de a construção de sentido se dar linearmente, afinal as divergências dentre opiniões de Ministros do STF na construção de sentido do direito é fator que não pode ser descartado. Então, como fica a questão da autoria? Insistimos que não se trata de considerar o sujeito concreto como criador do direito. Quem comunica é o sistema, não o Ministro.

Observar a autoria é tomar como referente o emitente de uma informação, não como um portador do sistema jurídico. Mais, a anotação da data em que o Ministro passa a integrar o STF é também fator que não pode ser descartado, principalmente após aprendermos que há etnométodos, inclusive, nos cotidianos institucionais. Com isso, chamamos atenção justamente para que a comunicação não para, para que, do ponto de vista da comunicativação, temas seguem sem formar uma expectativa de sentido enquanto outros a formam. Não formar expetativa de sentido não se confunde com não desenvolver Forma de sentido, não deter uma memória semântica, mas que se mantém num estado de fluidez maior que outros temas.

Observamos que Ministros recém empossados aportam informações distintas daquelas dos ministros mais antigos. Assim é porque localizamos, em votos de Ministros com história no STF, a frequência de argumentações como "conforme já decidiu o Ministro x, em decisão anterior". Quando se trata de Ministro recém empossado, localizamos em suas primeiras decisões poucas referências aos demais Ministros e uma intextualidade com maior presença de textos legislativos, jurisprudenciais e doutrinários. Esse ponto nos levou a observar a categoria mudança na argumentação das primeiras decisões e nas decisões posteriores, de um mesmo Ministro.

Sigamos apresentando nossas observações comunicativistas, agora observando elementos argumentativos: fáticos, legislação, doutrina e jurisprudência. Nesta etapa optamos por utilizar as decisões mais antigas catalogadas de cada tribunal estadual, do STJ e do STF. Porém, usamos duas decisões do STF, sendo a primeira por servir de registro histórico, a decisão tomada em 1961. Assim, o universo amostral desta etapa foi constituído de 30 decisões.

DECISÃO JURÍDICA NA COMUNICATIVAÇÃO

QUADRO 16 – histórico de decisões bagatela e insignificância

Tribunal	ANO	Relatoria	Decisão	Assunto
TJAC	2000	Eva Evangelista	1	Administrativo. Prefeito custeio de taxi 60 reais para funcionários do sistema de ensino
TJAL	2005	Orlando Manso	0	Roubo, emprego de arma
TJAP	2018	Constantino Brahuna	0	Furto. Reincidência
TJAM	2013	Rafael de Araújo Romano	0	Furto qualificado, conduta reprovável
TJBA	2009	Abelardo Paulo de Matta Neto	1	Furto pequeno valor 45 reais
TJCE	2014	Luiz Evaldo Gonçalves Leite	1	Furto 50 reais
TJES	2017	Sérgio Luiz Teixeira Gama	0	Posse arma, perigo abstrato
TJGO	2005	João Batista de Faria Filho	1	Acidente de trânsito
TJMA	2016	Vicente de Castro	0	Tráfico entorpecente
TJMT	1998	Flávio José Bertin	0	Roubo, violência independente do valor
TJMS	2006	Gilberto da Silva Castro	0	Furto, bicicleta
TJMG	2015	Eduardo Machado	0	Roubo, violência independente do valor
TJPA	2014	Nadja Nara Cobra Meda	0	Entorpecente. Droga 05, g maconha
TJPB	2014	Luiz Silvio Ramalho Júnior	0	Peculato. Agente Público. Apropriação de combustível da ambulância pertencente à Prefeitura
TJPR	1992	Octávio Valeixo	0	Trânsito. Periculosidade. Cavalo de pau. Via pública
TJPE	1998	Nildo Nery	1	Administrativo. Réu punido com perda de emprego
TJPI	2007	Rosimar Leite Gonçalves	0	Furto. Criança e adolescente
TJRJ	2006	Nagib Slaibi Filho	1	Execução fiscal 25 reais
TJRN	2007	Armando da Costa Ferreira	1	Furto bicicleta
TJRS	1970	José Silva	1	Estelionato. Voz em telefone. Compra de pneus. Devolvidos. Substitui reclusão por detenção.
TJRO	2006	José Gonçalves da Silva Filho	0	Furto qualificado. Concurso agentes reprovabilidade da conduta
TJRR	2007	Ricardo Oliveira	0	Roubo. Violência independente do valor

5. A CONSTRUÇÃO DE SENTIDO JURÍDICO DE BAGATELA

Tribunal	ANO	Relatoria	Decisão	Assunto
TJSC	1981	Donato João Sehen	1	Entorpecente. 0,2g maconha.
TJSP	1999	Henrique Nelson Calandra	1	Execução fiscal. Município já despendeu com papel e procuradoria mais que o a ser arrecadado
TJSE	2007	Manuel P. Nabuco D'Ávila	0	Furto qualificado com corrução de menores
TJTO	2010	Moura Filho	1	Furto, ínfimo valor e o réu devolveu o valor
TJDF	1995	Pedro Aurélio Rosa de Farias	0	Entorpecente. Usuário cocaína. Dano à saúde
STJ	1990	Athos Carneiro	1	Trânsito. Carro bate em moto, lesão corporal leve
STF	1979	Décio Miranda	1	Peculato. Falsificação de documento militar. Baile recreativo.
STF	1988	Aldir Passarinho	1	Trânsito. Lesão corporal leve

Fonte: o autor.

Olhando os dados, descartamos a questão do conservadorismo. Trataremos por conservador os tribunais em que as decisões negam argumentos novidosos, até que eles venham a compor a memória semântica via decisão de Tribunais Superiores, seja STJ ou STF e tribunal progressista os que cunham suas decisões independente de tribunais superiores, acatando argumentos novidosos, bem como são os tribunais que predominam decisões contrárias ao senso comum teórico do direito (WARAT, 1982, p. 38). Ao observar esta categoria, identificamos que os tribunais que mais influenciam os demais são o de São Paulo, Santa Catarina e Rio Grande do Sul.

Uma primeira consideração é que os tribunais estaduais que tomaram as primeiras decisões sobre bagatela foram o TJRS, decisão de 1970, e o TJSC, decisão de 1981. Lembremos que no site do STF há uma decisão de 1961, ainda que não se trate de bagatela como princípio jurídico e fazendo uso da palavra insignificância, mas se trata de formação de convicção de tribunal do júri. Este caso se refere ao argumento que o júri considerou algumas provas insignificantes e, por isso, a decisão ensejou o *habeas corpus*. A seguinte decisão do STF trata de conflito de competência e data de 1979. O tema é fraude, uso de carteira militar para entrar em baile de recreação do município, a questão versa sobre se tratar de jurisdição militar ou não. A decisão foi que o fato não afetou a administração militar, portanto a licitude está em a jurisdição ser a Cível.

Se é coincidência ou não, os dois tribunais estaduais que têm as decisões mais antigas são da região sul do Brasil. Ainda que uma afirmação consistente demande mais dados que os presentes na tabela acima, esses são os tribunais que têm suas decisões mais citadas pelos outros (intertextualidade), junto ao Tribunal de Justiça de São Paulo. Assim, ariscamos afirmar que estes são os tribunais que mais exercem influência na construção de sentido do direito.

Os dados da tabela geral nos levam a considerar a relação tempo (anos) e decisões tomadas, observamos que as decisões mais antigas eram mais propícias a aceitar o argumento da bagatela (princípio da insignificância). A hipótese é que isso ocorre devido a que, com o tempo, foram sendo estabelecidos critérios (molduras, estruturas) ao sentido de bagatela. Estes critérios vão estabelecendo uma estabilidade na Forma de sentido, o que amplifica para expectativas normativas. Para verificar essa hipótese, vejamos os gráficos a seguir:

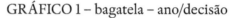

GRÁFICO 1 – bagatela – ano/decisão

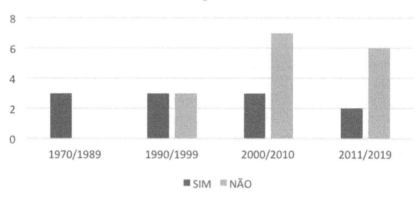

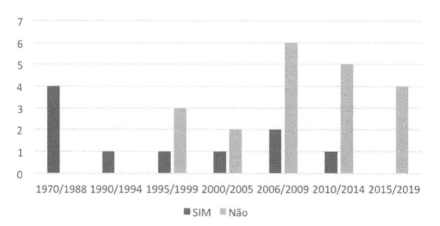

Fonte: o autor

5. A CONSTRUÇÃO DE SENTIDO JURÍDICO DE BAGATELA

A hipótese pode ser considerada comprovada, porém para verificá-la, acessamos as decisões obtidas com a busca pelo termo bagatela em cada um dos estados. Obtivemos a manutenção da hipótese posto que, independente do estado e de ser no STJ ou no STF, quanto mais recente a decisão menos o argumento de bagatela foi aceito. Portanto a decisão rejeita o pleito e denega o *Habeas Corpus* que é a ação judicial mais frequente no STJ e no STF, e nos tribunais estaduais são apelações, porém também há HCs.

Nossa leitura é que, na medida em que bagatela foi obtendo critérios mais objetivos, sua aplicação se fez menos plausível. Não podemos afirmar qualquer causalidade, mas uma correlação. O sistema aprende. Então, para alguns casos se antecipa que não adianta peticionar porque o sentido de bagatela adquiriu uma memória tal que o argumento será rejeitado. O que nos remonta à expectativa normativa, ao aprendizado contra fático. Nossa leitura dos dados é que se faz necessário o caso conter uma peculiaridade tal que justifique demandar argumentando a bagatela, mesmo que se tenha por expectativa que, para determinados temas, bagatela não é mais aplicada. Caberia a hipótese de recurso procrastinatório, porém HC é um recurso pouco relacionado a ganho de tempo, bem como recorrer ao STF demanda gastos econômicos. Porém, não temos dados para seguir com essa reflexão, então apenas provocamos a possibilidade de seu lugar tendo em vista os dados catalogados.

Observando a autoria, os principais peticionários são defensores públicos. Esse dado nos adverte para a questão do acesso à justiça. A importância da Defensoria Pública Estadual e a da União (DPU) na formação semântica do direito é tal que, sem esses profissionais as demandas no STJ e STF da população sem recursos financeiros seria nula. Os temas dos processos trazem à dimensão social do sentido elementos da sociedade brasileira que sem a DPE e a DPU não seria possível. Uma comparação entre as decisões que tiveram Defensores Públicos como peticionários e advogados particulares, não identificamos predomínio de decisão favorável a uma ou outra categoria. Isso nos leva a considerar que não se pode atribuir a formação de sentido do direito a fator econômico. Não se trata de negar que fatores econômicos estão acoplados ao direito, apenas observamos que em decisão judicial sobre bagatela a economia não pode ser aventada como causa.

Outra categoria explorada foi a participação da doutrina na construção de sentido do direito. Observamos que os argumentos das decisões mais antigas eram exclusivamente pautados por elementos fáticos, raras citavam doutrina, nenhuma citava legislações ou jurisprudência. Uma dificuldade nesta parte foi que nem todos os tribunais estaduais disponibilizam o inteiro teor das decisões. Isso nos levou a refazer a listagem dos processos para termos um universo de decisões com inteiro teor disponível. Refeita a planilha, foram considerados apenas os argumentos referentes à bagatela, ou princípio da insignificância. Portanto, argumentos que tenham outra temática presente no processo, por exemplo, arguição de preliminar ou pedidos que suscitavam argumentos diversos da bagatela, não foram considerados.

Uma reflexão é que seria óbvio não haver citação de legislação nem jurisprudência uma vez que se trata de tema que não conta com legislação e precedente. Ocorre que o Brasil tem constituição federal. Chama nossa atenção que referências à legislação para lidar com a bagatela não foram encontrados até uma decisão que teve o Ministro, recém empossado, Ministro Ayres Brito em 2012.

TABELA 4 – dados ano/doutrina/jurisprudência

ANO	Doutrina		Jurisprudência	
	sim	Não	Sim	não
1970/2000	6	4	2	8
2001/2019	5	15	17	3

Fonte: o autor

Desses dados observamos que a relação entre doutrina e jurisprudência é inversamente proporcional, ou seja, quanto mais a jurisprudência passa a ser citada menos doutrina é citada. Graficamente, temos:

GRÁFICO 2 – bagatela – doutrina/jurisprudência

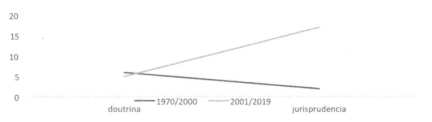

Fonte: o autor

5. A CONSTRUÇÃO DE SENTIDO JURÍDICO DE BAGATELA

Essa situação foi pesquisada nas 131 decisões do Supremo Tribunal Federal, quando pudemos observar a repetição da mesma situação, porém acrescendo que quando se trata de tipo jurídico com decisão jurisprudencial, não há citação de doutrina. É o que observamos quando verificamos que de 1961 a 2000 há 9 casos. Quando o tema foi crime militar (3 casos) e de execução fiscal (1 caso) houve citação de jurisprudência, mas não de doutrina. Nos demais casos, competência jurisdicional, crime de trânsito com pequena lesão (2 casos) e administração pública e furto, houve citação de doutrina e não de jurisprudência. Observamos que as decisões começam com argumentos fáticos, sem referências a doutrina ou jurisprudência, depois começam a aparecer citações de doutrinas e em seguida de jurisprudência. Concluindo a análise quantitativa sobre esta questão, temos o seguinte quadro das decisões do STF:

GRÁFICO 3 – bagatela/doutrina/jurisprudência – STF

Fonte: o autor

Nossa conclusão é que, na prática jurídica, a doutrina tem "serventia" na medida em que há debates que ainda não contam com jurisprudências. Conforme se vai consolidando um entendimento, uma estrutura de sentido, os argumentos das decisões são fáticos e jurisprudenciais.

A análise qualitativa das decisões do TJRS, ainda quanto à relação entre doutrina e jurisprudência, portanto, teoria e prática, lemos ao final de duas páginas:

> o prejuízo foi mínimo, no caso, e os pneus foram apreendidos e devolvidos ao dono. Assim, é de ser substituída a reclusão por detenção, favorecendo uma obra de política criminal, a amparar delinquente primário, de bom passado, com sursis, que lhe derem por 2 anos, devendo no seu gozo exercer profissão honesta, abster-se de bebidas alcoólicas e não mudar de

DECISÃO JURÍDICA NA COMUNICATIVAÇÃO

residência sem prévia autorização do juiz processante. Este preencherá as formalidades a que alude o art. 703, do Código de Processo.

O teor do referido artigo é: "Art. 703. O juiz que conceder a suspensão lerá ao réu, em audiência, a sentença respectiva, e o advertirá das consequências de nova infração penal e da transgressão das obrigações impostas". Não tem qualquer relação com bagatela, com princípio da insignificância. Não encontramos citações de doutrina e chama nossa atenção a referência a política criminal sem explicar qual é ela.

As observações das decisões antigas do Supremo Tribunal Federal (STF), sendo a mais antiga de 1961 (HC 38342-Guanabara), contém duas páginas e trata de insignificância de provas apresentadas em processo de tribunal de júri, para desse argumento pleitear a nulidade da decisão. Optamos por mantê--la como integrante do universo amostral da pesquisa para registro histórico e, quanto ao conteúdo, não há referência à doutrina nem à jurisprudência, os argumentos são exclusivamente fáticos.

A seguinte decisão, com registro de 1979 em processo de Conflito de Jurisdição no. 6.186-2-São Paulo. Ela contém oito páginas e aborda a falsificação de documento militar por um civil. Seu teor explora elementos fáticos e artigos do Código Penal Militar, e decide que a carteira falsificada foi usada exclusivamente para ingresso num baile de um clube na cidade. A decisão se trata de bagatela e decide ser a competência da vara judicial do município de Taubaté e não da justiça militar. Não há referência à doutrina nem à jurisprudência.

Em decisão tomada no ano de 1981 a 2ª Câmara Criminal do Tribunal de Justiça de Santa Catarina, em sede do *Habeas Corpus* No. 25832, decidiu por dois votos contra um, sendo esse um o voto do Relator, aplicar a bagatela em caso de posse de 0,2 g de maconha. A decisão tem 12 páginas e, dentre os argumentos, lemos:

> a ínfima porção da erva seca apreendida, apenas 0,2 g – o que representa uma diminuta quinta parte de uma grama –, não se presta para formar qualquer 'fininho', sendo insuscetível para causar dependência concreta a alguém e, em consequência, de duvidosa potencialidade tóxica e perigosidade à saúde pública.
>
> O problema assim denominado criminalidade de bagatela é de difícil solução porque se situa na divergência entre o conceito formal e o conceito material de 'delito', e se acentua, conforme sublinha Heinz Zipf, em sua obra Introdução à Política Criminal, quando uma ação formalmente

5. A CONSTRUÇÃO DE SENTIDO JURÍDICO DE BAGATELA

típica prejudica materialmente, no caso concreto, somente em grau insignificante o bem jurídico protegido.

Afirmava Nelson Hungria que não existe furto na subtração de coisas cujo valor é juridicamente irrelevante (Com. Cod. Penal, Vol. I, VII, p. 21).

O prof. Juarez Tavares, tradutor de Johannes Wessels no Brasil, diria muito mais tarde, em linguagem mais técnica e sistemática, em nota de rodapé, que ganha corpo na doutrina o chamado princípio da insignificância, pelo qual se eliminam de antemão do tipo (ou da antijuridicidade) as ações que impliquem em danos de pequena monta ao bem jurídico protegido.

Desse excerto, observamos que a base argumentativa é fática e doutrinária, não há a referência à legislação. Aplica-se, ao final, o princípio da insignificância e o HC é concedido. Chama atenção a expressão "política criminal", agora, como título de uma obra literária jurídica, doutrina penal.

A presença de termos cotidianos, como "fininho", para descartar a potencialidade tóxica e, "duvidosa", para descartar a periculosidade à saúde pública chamam atenção quando se tem que "potencialidade tóxica e periculosidade à saúde pública" são os argumentos mais usados noutras decisões para negar a aplicação do princípio da insignificância. É que nesta decisão o argumento é contrário, porém não deixa de recorrer à memória semântica do direito. Com isso, observamos que o elemento temporalidade do paradoxo do sentido auxilia uma leitura, uma compreensão do fenômeno de o sentido conter em si mesmo memória e variação, o sentido atual e o possível.

Do Tribunal de Alçada do Rio Grande do Sul, na Apelação Crime No. 14.268, julgada aos 25 de fevereiro de 1982, lemos:

> que periculosidade social representa o furto apenas tentado de dez fraldas descartáveis? Soa até ridículo a persecução penal por tal conduta. Basta observar estantes de qualquer supermercado para saber-se da insignificância, da ninharia de que trata o presente processo, que aliás, nem deveria ter nascido se se observasse a lição igualmente sábia do mestre Frederico Marques, a de mitigada disponibilidade que se contém no art. 28 do CPP (Elementos I, 338). Nestas condições a Câmara absolve o apelante com fundamento no art. 386, inciso III, do CPP[68].

---

[68] Texto legislativo: Art. 386. O juiz absolverá o réu, mencionando a causa na parte dispositiva, desde que reconheça: I - estar provada a inexistência do fato; II - não haver prova da existência do fato; III - não constituir o fato infração penal.

DECISÃO JURÍDICA NA COMUNICATIVAÇÃO

Observamos aqui que a citação de legislação é processual, do Código Processual Penal, não de legislação material. Por isso, consideramos que, nessa decisão, não há referência à legislação. A presença do termo "ninharia" nos remete às mesmas questões do uso do termo "fininho" na decisão de Santa Catarina.

Seguindo com decisões do STF, os outros processos mais antigos que se contêm bagatela e insignificância são *Habeas Corpus* (HC) dos anos 1988, 1993, 1994 e 1995 (neste ano há dois HC). Em todos eles não há referências à doutrina nem à jurisprudência. Em 1998, no HC 77.003-4–PE, há referência a Heleno Fragoso, livro Lições de Direito Penal, bem como ao HC 3.557-9 do STJ. A partir de 1998, as decisões que seguem, aumentam as referências à doutrina e à jurisprudência, como lemos nos seguintes excertos:

> Segundo Luíz Flávio Gomes, in Revista Brasileira de Ciências Criminais, São Paulo, Revista dos Tribunais, 1992, número especial, de lançamento, pág 91: ' um dos pontos de partida da teoria do controle social penal e política criminal moderna consiste, com vimos, em tratar de modo diferenciado (reações estatais distintas) a criminalidade pequena ou média, de um lado e a criminalidade de alta lesividade social, de outro. Mas, entre nós, ainda não está, no entanto, devidamente delimitado o conceito de 'pequena e média criminalidade', também denominada criminalidade de bagatela. ... Não existe lei brasileira sobre o que considerar com infração penal de menor potencial ofensivo. Em virtude dessa falta de 'delimitação legislativa', parece evidente que qualquer aproximação ao conceito de crime de bagatela só pode ser resultado (momentaneamente) do trabalho mental interpretativo dogmático (HC 81.641-0/STF/2003)
>
> Luiz Flávio Gomes assim define o crime de bagatela: infração que individualmente considerada produz lesão ou perigo de lesar de escassa repercussão social
>
> a propósito do tema, André Luiz Callegare já afirmava: 'embora a conduta do sujeito do delito previsto no art. 334 do CP seja formalmente típica, entendemos não ser materialmente típica, nos casos em que a incidência da alíquota leva a um valor mínimo iludido, posto que o dano social em tela é irrelevante' ... 'na Lição de Francisco de Assis Toledo, '(...) por sua natureza fragmentária, só vai até onde seja necessário para a proteção do bem jurídico.
>
> Não se deve ocupar de bagatelas' (in Princípios Básicos de Direito Penal) (AI 559.904-00/RS/2005)

5. A CONSTRUÇÃO DE SENTIDO JURÍDICO DE BAGATELA

Revela-se expressivo, a propósito do tema, o magistério de Edilson MOUGENOT BONFIM E DE FERNANDO CAPEZ (Direito Penal – Parte geral", p. 121/122, 2004, Saraiva): 'na verdade, o princípio da bagatela ou da insignificância'... 'não tem previsão legal no direito brasileiro'... 'sendo considerado, contudo, princípio auxiliar de determinação da tipicidade, sob a ótica da objetividade jurídica. Funda-se no brocardo civil *'minimis no curat praetor'* e da conveniência da política criminal" (HC 92.901/RJ/ STF-2007).

No Superior Tribunal de Justiça, a busca por bagatela resultou em 1.218 retornos, sendo o processo mais antigo registrado a Ação penal No 13, decidida aos 13 de dezembro de 1990. Nesse sentido, a busca por insignificância, resultou em 6.334 retornos, sendo a mais antiga o HC190.686, decido aos 27 de outubro de 2011. Essas datas chamam atenção para um cuidado ao observador: ainda que o termo insignificância detenha mais resultados, não necessariamente dessa busca obtivemos a decisão mais antiga.

Desses dados, observamos que a doutrina, a pesquisa dogmática, tem um papel relevante na construção do sentido do direito, ainda que a temporalidade entre o debate doutrinário e seu "início" de uso em decisão judiciais nos levem a questionar essa relevância. A doutrina mais antiga citada é a tradução do livro de Heinz Zip ao espanhol, publicada em 1973.

Se foi Claus Roxin quem resgatou o princípio da insignificância, em 1964, para despertar o debate do sentido de bem jurídico penal e desenvolver o afastamento de aplicação de legislação penal para casos considerados de pleno valor penal recorrendo, quando cita Franz von List, em artigo publicado em 1903, e o brocardo latino *mínima non curat praetor* (LUZ, 2012, p. 203), o que observamos foi a passagem de mais de cinco anos para uma discussão doutrinária repercutir numa decisão judicial. Isso pode ser comemorado ou visto como desprestígio da doutrina na prática jurídica. Seja como for, doutrina não é ignorada pela prática jurídica, pelo menos quando se trata de tema novo.

Observamos que a construção de sentido de bagatela passou por diversos caminhos e segue se desenvolvendo conforme sua aplicação encontra elementos novos. As primeiras decisões pautam o debate por frases de efeito, à espécie de apelos à justiça social. É o que lemos em passagens como:

> Se a lesão corporal (pequena equimose) decorrente de acidente de trânsito é de absoluta insignificância, como resta dos elementos dos autos – outra prova não seria possível fazer-se em tempos depois – há de impedir-se

DECISÃO JURÍDICA NA COMUNICATIVAÇÃO

que se instaure ação penal que a nada chegaria, inutilmente sobrecarregando-se as Varas Criminais, geralmente tão oneradas.

Levarmos a extremo rigor o disposto no art. 129, §6º, da Lei Penal, as varas criminais de trânsito não suportariam o volume de processos que as onerariam (STF, HC 66896-1, 1989).

Esta passagem acrescenta aos critérios política criminal, periculosidade social e lesividade social, o critério da oneração da atividade judicial. Afinal, incluiu, para o afastamento da ilicitude, a razão de haver processos judiciais que "não chegam a nada" a não ser onerar a atividade jurisdicional.

Observe-se que estamos no período pós Constituição de 1988, época em que o debate jurídico estava processando ideias do uso alternativo do direito, do direito alternativo, e do ativismo judicial. A construção de sentido de bagatela seguiu sua complexidade considerando a tipicidade jurídica, ou seja, se se tratava de furto, roubo, crime de ordem militar, da administração pública, execução fiscal, peculato, descaminho, entorpecente, violência doméstica ou rádio comunitária.

A bagatela se desenvolve como princípio da insignificância, portanto como princípio geral do direito, e como tal segue tendo sua construção de sentido pelos mais diversos argumentos, afinal:

Somente a análise individualizada, atenta às circunstâncias que envolvem o fato, podem autorizar a tese da insignificância (STF, HC 70747-5, 1998).

Em 1998, ao mesmo tempo em que o argumento da bagatela vai ganhando espaço e sendo cada vez mais usado em alguns tribunais estaduais, noutros se aventa que:

o fato de as coisas furtadas terem valor irrisório não significa que o fato seja tão insignificante para permanecer no limbo da criminalidade, visto que no direito brasileiro o princípio da insignificância ainda não adquiriu foros de cidadania, de molde a excluir tal evento de moldura da tipicidade penal (TACRIM-SP – Rel. Emeric Levai – BMJ 84/6).

Essa decisão do Tribunal de Justiça do Estado de São Paulo é citada na mesma época que encontramos a decisão do Tribunal de Justiça do Rio Grande do Sul, no *Habeas Corpus* julgado aos 17 de junho de 1981 (HC 25832), na qual há argumentos como:

5. A CONSTRUÇÃO DE SENTIDO JURÍDICO DE BAGATELA

Crime não é apenas conduta típica, senão que a conduta com periculosidade social. Sendo, assim, quando inexistente perigo social no comportamento do autor, ou for débil, tênue, inexpressivo, não se forma, tipo, ou, se se formar, como pretendem alguns juristas, não se forma, contudo, a antijuridicidade penal, que pressupõe conduta do homem socialmente perigosa.

O debate doutrinário e jurisprudencial se nutria de elementos como "reprovação social", "contumácia", "dano à saúde do usuário de droga" e "ínfimo valor versos pequeno valor". Entre os favoráveis e os opositores da aplicação da bagatela não faltaram argumentos.

Quanto à legislação, observamos que o processo de adaptação do direito à sociedade não aguarda a legislação. Este caso é mais um exemplo do quanto não cabe lidar com o direito aos moldes da linearidade causal, mas sim sob a perspectiva da lógica do *ao mesmo tempo*, portanto, do giro comunicacional.

Seguindo a pesquisa, abordaremos agora casos em que o princípio da insignificância foi objeto de decisões envolvendo o âmbito militar. No Supremo Tribunal Federal, observamos a formação do sentido que o conflito de competência da justiça militar é pautado pelas normas especiais dos militares, como o Código Penal Militar e legislações específicas. Casos envolvendo uso de entorpecentes, mesmo quando se tratou de 0,2g de maconha, casos de um militar que ficou com um fogão, por indicação de seu superior, devido aos gastos com reforma no imóvel que era da Marinha, casos referentes à agressão física, como no caso de um militar que teve seu joelho ferido devido a uma lata arremessada por outro militar, caso de militar que perdeu sua arma, comprou outra e entregou ao exército. Encontramos decisões sobre o tema que datam de 1979 até 2007, todas tinham por teor que cabia à justiça militar decidir sobre casos envolvendo questões de ordem militar. Até que em 2007, no HC 92901-RJ, o STF toma decisão diversa. Trata-se de abandono de posto por um Cabo no Rio de Janeiro que teve por Relator Celso de Melo. O caso trata de abandono de posto em razão de socorrer filho submetido a nefrectomia total (retirada de um rim), o qual precisou de atendimento emergencial. O cabo, não tendo parente no Rio, temeu não ser autorizado por superior a se ausentar, por isso, solicitou a outro militar que o substituísse no período de seu afastamento. A inicial foi rejeitada por ser considerado caso de aplicação do princípio da insignificância, porém houve recurso e este levou o cabo a requerer este Habeas Corpus no STF, onde obteve decisão por unanimidade pela aplicação da bagatela. Este caso reforça a teoria de a decisão jurídica

DECISÃO JURÍDICA NA COMUNICATIVAÇÃO

ser o espaço de aprendizagem do direito, afinal, o processo de adaptação do direito à sociedade não aguarda a legislação.

Lemos semelhante situação no caso da Súmula 599 do Superior Tribunal de Justiça datada de 20 de novembro de 2017: "O princípio da insignificância é inaplicável aos crimes contra a administração pública". Independente das controvérsias doutrinárias e decisões na área tributária, quanto a se tomar por insignificante mover ações de execução fiscal para casos inferiores a R$ 20.000,00 (vinte mil reais), no Recurso de Habeas Corpus No. 85.272 os Ministros da Sexta Turma do Superior Tribunal de Justiça, sendo relator o Ministro Nefi Cordeiro, aos 14 de agosto de 2018 votaram, por unanimidade, pela não aplicação da referida Súmula em razão da peculiaridade do caso. Decide que:

> a despeito do teor do enunciado sumular n. 599, no sentido de que O princípio da insignificância é inaplicável aos crimes contra a administração pública, as peculiaridades do caso concreto – réu primário, com 83 anos na época dos fatos e avaria de um cone avaliado em menos de R$ 20,00, ou seja, menos de 3% do salário mínimo vigente à época dos fatos – justificam a mitigação da referida súmula, haja vista que nenhum interesse social existe na onerosa intervenção estatal diante da inexpressiva lesão jurídica provocada.

Esse caso reforça a tese de a decisão jurídica ser o espaço de aprendizado do direito, o portanto, perspectivas fundamentalistas não aportam elementos suficientes para uma teoria da decisão jurídica, o que encontramos na teoria reflexiva, na sociologia da decisão jurídica. Inclusive porque a decisão não ocorre aleatoriamente, mas sim sob a referência a elementos já presentes no direito, na comunicação da licitude. Lembremos dos critérios construídos:

> sedimentou-se a orientação jurisprudencial no sentido de que a incidência do princípio da insignificância pressupõe a concomitância de quatro vetores: a) a mínima ofensividade da conduta do agente; b) nenhuma periculosidade social da ação; c) o reduzidíssimo grau de reprovabilidade do comportamento e d) a inexpressividade da lesão jurídica provocada.

Como já nos referimos acima, esses quatro vetores foram construídos ao longo de anos, porém, agora nos referimos às controvérsias para demonstrar que a constituição não é linear, mas circular, ou seja, que a construção de

5. A CONSTRUÇÃO DE SENTIDO JURÍDICO DE BAGATELA

sentido vivencia idas e vindas, aceitação/rejeição/aceitação/rejeição ..., portanto, não cabe falar em formação paulatina. Na doutrina encontramos debates sobre a bagatela, o princípio da insignificância, apontando peculiaridades referentes ao tipo penal, por exemplo, para furto o princípio é admitido, porém para roubo não o é por considerar elementos como reprovação social e garantia da ordem pública.

Casos como porte ou uso de maconha, por exemplo, passaram por consideração que foi da saúde pública, passando pela quantidade encontrada, pela reincidência, até se chegar a admissão da aplicação do princípio da insignificância, como lemos no caso do HC 81.641-0-RS, julgado em fevereiro de 2003, no qual consta que "embora a questão não seja pacífica, esta Egr. 5ª Turma, já firmou entendimento que é inaplicável o princípio da insignificância para crimes de droga, por considerar se tratar de saúde pública", lemos mais tarde, no HC 94.809-0-RJ, julgado aos 12 de agosto de 2008, que, mesmo em se tratando de crime militar, o uso ou porte de quantidade ínfima de droga (0,25g de maconha) é aplicável o princípio da insignificância:

> o princípio da insignificância deve ser aplicado também no âmbito militar, sempre que atendidos seus requisitos objetivos. Sua aplicação ao caso vertente atende aos princípios da isonomia, racionalidade e proporcionalidade, porque, na prática, ocorreu fato isolado, que não afetou a Instituição Militar, estando o paciente, por isso na mesma condição civil.

Observamos que o sentido de bagatela segue em constante formação, porém adquire postulados mais fixos (estrutura) em 2014, quando o *Habeas Corpus* No. 84.412-SP, sob a relatoria de Celso Mello e julgado aos 19 de outubro de 2014, se torna a decisão mais referenciada no próprio STF, no STJ e nos tribunais estaduais., É a primeira vez que há o elenco de critérios ao sentido jurídico de bagatela, ou seja, "aspectos objetivos", a saber:

> O princípio da insignificância – que deve ser analisado em conexão com os postulados da fragmentariedade e da intervenção mínima do Estado em matéria penal – tem o sentido de excluir ou de afastar a própria tipicidade penal, examinada na perspectiva de seu caráter material.
>
> Tal postulado – que considera necessária, na aferição do relevo material da tipicidade penal, a presença de certos vetores, tais como (a) a mínima ofensividade da conduta do agente, (b) a nenhuma periculosidade social da ação, (c) o reduzidíssimo grau de reprovabilidade do comportamento

DECISÃO JURÍDICA NA COMUNICATIVAÇÃO

e (d) a inexpressividade da lesão jurídica provocada – apoiou-se, em seu processo de formulação teórica, no reconhecimento de que o caráter subsidiário do sistema penal e impõe, em função dos próprios objetivos por ele visados, a intervenção mínima do poder público.

Esses quatro critérios dirigem até hoje a aplicação da bagatela, do princípio da insignificância, porém, não por isso sem seguir vivenciando sua construção, reconstrução, revisão e construção de sentido, a exemplo quando surgem decisões incluindo no sentido de bagatela concepções de justiça social, como no excerto:

> Escapam desse molde simplesmente formal, por exigência mesma da própria justiça material enquanto valor ou bem coletivo que a nossa Constituição Federal prestigia desde o seu principiológico preâmbulo. Justiça como valor, a se concretizar mediante uma certa dosagem de razoabilidade e proporcionalidade na concretização dos valores da liberdade, igualdade, segurança, bem-estar, desenvolvimento, etc. Com o que ela, justiça, somente se realiza na medida em que os outros valores positivos se realizem por um modo peculiarmente razoável e proporcional. Equivale a dizer: a justiça não tem como se incorporar, sozinha, à concreta situação das protagonizações humanas, exatamente por ser ela a própria resultante de uma certa cota de razoabilidade e proporcionalidade na historicização de valores positivos (os mencionados princípios da liberdade, da igualdade, da segurança, bem-estar, desenvolvimento, etc.). Donde a compreensão de que falar do valor da justiça é falar dos outros valores que dela venham a se impregnar por se dotarem de um certo quantum de ponderabilidade, se por este último termo (ponderabilidade) englobarmos a razoabilidade e a proporcionalidade no seu processo de concreta incidência. Assim como falar dos outros valores é reconhecê-los como justos na medida em que permeados desse efetivo quantum de ponderabilidade (mescla de razoabilidade e proporcionalidade, torna-se a dizer). Tudo enlaçado por um modo sinérgico, no sentido de que o juízo de ponderabilidade implica o mais harmonioso emprego do pensamento e do sentimento do julgador na avaliação da conduta do agente em face do seu subjetivado histórico de vida e da objetividade da sua concreta conduta alegadamente delitiva[69].

---

[69] BRASIL. Supremo Tribunal Federal. *Habeas Corpus* no 109.134, da 2a Turma, Brasília, DF, 13 set. 2011. Relator: Ministro Ayres Britto.

5. A CONSTRUÇÃO DE SENTIDO JURÍDICO DE BAGATELA

Nessa mesma perspectiva observamos a decisão que teve como Relator o Ministro Ayres Britto, no Habeas Corpus No. 111.017, Rio Grande do Sul, decidido aos 07 de fevereiro de 2012, no qual lemos o primeiro argumento legislativo em defesa da bagatela, citando o "inciso XXXIX do art. 5º da CF, *ipsis litteris*: não há crime sem lei anterior que o defina, nem pena sem prévia cominação legal" e, na sequência, propõe acrescer aos já aspectos objetivos, o elemento econômico, ou seja, "levar em consideração o preço ou a expressão financeira do objeto do delito". Assim, não só a objetividade, mas também a relevância para o infrator e para a vítima, passam a constar como elementos integrantes para a aplicação ou não da bagatela.

Por fim, remeto o leitor de volta ao caso da Súmula 599 do Superior Tribunal de Justiça emitida em novembro de 2017, levando em conta que em junho de 2018, o próprio STJ no Recurso Especial n. 1737343-SC/2018/0097759-0 decide afastar a aplicação desta súmula. Como explicar isso? É possível alegar a arbitrariedade, o poder de decisão de ministros dos tribunais superiores, porém, optamos por seguir em pesquisa para explicar fenômenos como esse. Assim, observando com parêntesis, sem achar que ao outro cabe aceitar e se submeter ao que eu digo que observo, afinal, não nos ocupamos em observar qualquer hipótese de verdade única, não somos caçadores de sentido, a pesquisa não se ocupa em identificar o sentido estabelecido, muito pelo contrário, observamos como o direito, sistema das comunicações sociais humanas sobre licitude, vive o paradoxo do sentido.

Resgatando o que já trabalhamos sobre David Hume, que o conhecimento científico é uma questão de hábito, na medida em que fomos observando a construção de sentido de bagatela em decisões de tribunais estaduais, da análise das decisões do TJAC, do TJPE, do TJRS, do TJSP, do STJ e do STF, observamos que o mesmo processo construtivo se dá nos demais tribunais regionais, mesmo que não observados diretamente. Há, entendo, casos em que se pode fazer observações sobre uns tribunais a partir de dados de outros tribunais, afinal, ainda que haja peculiaridade, tribunais são instituições que lidam com decisão jurídica, portanto, há elementos universalizantes da tomada de decisão jurídica quando se pesquisa a construção de sentido do direito. Assim, entendo que, sim, por abstração, por meio de teoria se pode propor universalizações sobre a decisão jurídica, não por isso, se estabelece uma doutrinação teórica de decisão jurídica. Com isso, não concordamos com Hume sobre que o conhecimento científico não se diferencia porque se trata de hábito, afinal, observações que conduzem a afirmações sobre tribunais que não tiveram dados coletados diretamente, não se faz sem o conhecimento científico

DECISÃO JURÍDICA NA COMUNICATIVAÇÃO

adquirido com observações sobre os dados coletados e analisados de outros tribunais. Contudo, não toda conclusão, observação, afirmação é plausível. Isso é justamente o que ocorre quando resultados de pesquisa são publicados e vivenciam as críticas (positivas e negativas), afinal solipcismo não faz ciência, mas coletivamente, como proposto por Popper com o falsificacionismo e, como proposto por Thomas Kuhn com o paradigma.

Foi o que vivenciamos. Para testar nosso ceticismo, observamos decisões de outros tribunais questionando se podemos estender a hipótese que diante de temas novos, predominam argumentos fáticos e, paulatinamente, vai ganhando Forma doutrinária seguida de jurisprudencial. Para isso, analisamos os dados de cada um dos tribunais. As decisões foram escolhidas aleatoriamente. Observamos, com a pesquisa, que sim, seguia válida a hipótese que as primeiras decisões de temas novos eram pautadas por elementos fáticos, depois surgem decisões citando argumentos doutrinários e, posteriormente, é que localizamos decisões com argumentos jurisprudenciais. Com o tempo, jurisprudências vão sedimentando critérios decisórios e deixa de haver um número significativo de referências à doutrina.

Por fim, quando se trata de temas novos ou "novos direitos", portanto de temáticas que não constam na legislação vigente, observamos que a construção de sentido explora mais elementos fáticos, seguido da inclusão de referências à doutrina. Na medida em que surgem as primeiras decisões de tribunais estaduais (notadamente dos tribunais de São Paulo e do Rio Grande do Sul), é que decisões judiciárias passam a integra a construção de sentido do direito. Observamos também que, na medida em que a jurisprudência vai estabelecendo uma memória jurídica do tema, a doutrina vai deixando de ser referenciada nas decisões judiciais, porém seguem servindo às decisões jurídicas judiciárias. Observamos que advogados, procuradores e promotores tendem a seguir citando doutrina, todavia menos que antes, pois passam a centrar seus argumentos em jurisprudência. Com isso, concluímos que, sobre este tema, não há porque reduzir a importância e o valor do fazer ciência em direito, posto que, nos momentos mais complexos, aqueles em que não há precedentes, é a ciência do direito (notadamente interdisciplinar) quem socorre a prática forense, é à ciência do direito que se recorre.

Os dados nos levaram a observar que:
1) a comunicação não tem início nem término;
2) a recursividade do direito permite que ele viva a construção de sentido de sua forma recorrendo à memória jurídica ao mesmo tempo em

5. A CONSTRUÇÃO DE SENTIDO JURÍDICO DE BAGATELA

que aberto para aprender com seu ambiente (acoplamento cognitivo e estrutural);

3) a construção de sentido não é linear, mas circular dada a temporalidade do sentido (atual/possível);

4) a decisão jurídica é contingente = poderia ser tomada deferente da que foi tomada;

5) o direito como sistema de sentido de licitude é quem, aplicando seu *Eigen Values* (lícito/ilícito) promove seu *Eigen Behavior* (operação recursiva autorreferente) construindo o sentido de direito.

6. INTERVENÇÃO SISTÊMICA APLICADA AO TRABALHO ESCRAVO

Nos despertamos para aplicar a comunicativação para observar como é possível a construção de sentido de trabalho escravo no Brasil com a publicação, aos 16 de outubro de 2017, da Portaria n. 1.129/2017, assinada pelo Ministro do Trabalho Ronaldo Nogueira de Oliveira. Esta Portaria foi recepcionada como favorável à legalização do trabalho escravo, em contraste com a política de combate ao trabalho escravo.

A questão de pesquisa foi como foi vivenciada a referida publicação. Nossa hipótese foi que a comunicação não para, porém há temas que o embate tem que se dar no âmbito das instituições sociais, por mais que mobilizações sociais, protestos sejam importantes. Se as instituições capazes de tratar das comunicações promovendo expectativas normativas contra o trabalho escravo atuam em favor do trabalho escravo, protestos de rua são mais necessários para provocar o debate, porém, esta via não promove mudanças urgentes, até que as instituições se agreguem aos protestos. Com isso, apenas alertamos para que temas como trabalho escravo exigem muito mais atuações institucionais que de outros espaços sociais. Esperar ou exigir a formação de uma massa crítica demanda muito tempo e uma continuidade comunicativa que raramente ocorre na comunicação, na sociedade.

Nesta pesquisa recorremos a elementos da teoria da orientação sistêmica contextual (WILLKE, 1986, p. 455-467; WILLKE, 2016, p. 1-35; MASCAREÑO, 2011, p. 24-26). Os dados foram coletados em sites web e os analisamos qualitativamente.

O processo de orientação sistêmica contextual envolve:
a) um sistema regulador. Como sistema, por exemplo, sua comunicação tem a forma de dois lados pautada pela distinção Y/Z;

DECISÃO JURÍDICA NA COMUNICATIVAÇÃO

b) um sistema a ser regulado, o qual opera a partir de seu código, para nosso exemplo o código será a distinção A/B;

c) a primeira questão do sistema regulador é quando interver e como irritar o sistema que se quer regular;

d) tomadas essas duas seleções (decisões), o sistema regulador elabora e partilha uma informação capaz de promover desdiferenciação, como oferecendo uma distinção, por exemplo, e/f;

e) a estratégia de intervenção usada pelo sistema regulador é a distinção e(A/B) f, pois assim pode irritar o sistema a ser regulado;

f) uma vez partilhada a informação e(A/B) f, o sistema ser regulado a compreende operando com seus códigos, podendo rejeitar ou aceitar a intervenção. Se rejeita, o sistema regulador muda sua estratégia de intervenção; se aceita, o sistema autorregulado opera com a distinção e(A/B) f.

Aplicando esse aporte teórico, reproduzimos o modelo gráfico de Aldo Mascareño:

QUADRO 17 – orientação sistêmica contextual

Fonte: MASCAREÑO, 2011, p. 24.

6. INTERVENÇÃO SISTÊMICA APLICADA AO TRABALHO ESCRAVO

Volto a lembrar que observamos comunicações, não pessoas, indivíduos. Isso não significa que não são pessoas, indivíduos que emitem os enunciados. Inclusive, porque a "palavra está sempre carregada de um conteúdo ou de um sentido ideológico ou vivencial" (BAKHTIN, 2006[1929], p. 99), porém, isso não nega que a língua, a comunicação, a fala, o texto escrito ou oral não refletem a pessoa do indivíduo, mas sim que a palavra, a língua, a fala, é já social. Afinal, "a sociedade não pesa o mesmo que a soma dos indivíduos" (LUHMANN, 2007[1997], p. 13).

Em 1971, Dom Pedro Casaldáliga, bispo emérito de São Félix do Araguaia, fez várias denúncias de trabalho escravo na Amazônia, onde havia se aliado aos xavante de Marãiwatsédé para retirar grandes produtores rurais de suas áreas e aos tapirapé e os carajá, o que resultou constantes confrontos com latifundiários e multinacionais, além da ditadura militar (CASALDALIGA, 2016). Essas comunicações não surtiram efeitos. Não irritaram os sistemas sociais, porém, registraram as primeiras enunciações para a erradicação do trabalho escravo no Brasil. Uma possibilidade é que não irritou porque o tema não era pauta política, jurídica nem econômica.

Ocorre que o tema segue e passa, então, a irritar os sistemas sociais em 1980, quando a Comissão Pastoral da Terra (CPT) registra denúncias de trabalho escravo junto ao Ministério do Trabalho. Observe que agora a informação é dirigida ao governo, portanto, irrita o sistema político, ainda que esse siga negando se irritar.

É no governo de Fernando Henrique Cardoso, em 1992, que – após denúncia da CPT à ONU, em Genebra, e diante da cobrança da OIT (Organização Internacional do Trabalho) para que o Brasil, considerando a Convenção 29 da OIT, explicasse suas atuações relativas às denúncias recebidas pela OIT desde 1985 – o governo brasileiro promove a criação de um grupo especial de erradicação de trabalho forçado, através do Ministério do Trabalho, cujo Ministro era o economista Walter Barelli, o qual contou com Ruth Beatriz Vasconcelos Vilela para chefiar a equipe (COELHO, 2000, p. 7-29).

Chama atenção que órgãos internacionais comunicam o tema com uma constância que passa a irritar o sistema político ao ponto de esse sair de seu estado de letargia e passar a se comunicar. É o que ocorre em 1995, quando o Ministério do Trabalho e do Emprego, por meio da Portaria no. 550, de 14 de junho de 1995, cria, sob a coordenação da Secretaria de Fiscalização do Trabalho (Sefit), com a colaboração da Secretaria de Segurança e Saúde no Trabalho (SSST), o grupo especial para implantação da fiscalização móvel, nos termos do § 1º do artigo 3º, do Regulamento da Inspeção do Trabalho, aprovado pelo

Decreto n.º 55.841, de 15 de março de 1965. Chama atenção que a legislação referenciada data de 1965 (SCHWARZ; THOMÉ, 2017, p. 01-22). Tal irritação levou inclusive ao Decreto Nº 1.538, de 27 de junho de 1995, que cria o GERTRAF (Grupo Executivo de Repressão ao Trabalho Forçado), alterado pelo Decreto nº 1.982, de 14.8.1996. Hoje chamada de Comissão Nacional de Erradicação do Trabalho Escravo, a CONATRAE está vinculada ao Ministério dos Direitos Humanos.

Aplicando o aporte da teoria da orientação sistêmica contextual, construímos o seguinte quadro:

QUADRO 18 – aplicação da orientação sistêmica contextual

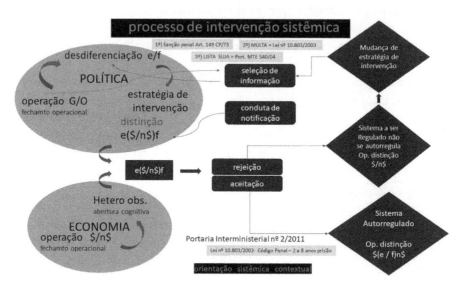

Fonte: o autor

Nossas observações foram que:

1ª) o sistema político, sistema regulador e interventor, opera com a distinção (*Eigen Value*) poder/nãopoder, aplicado ao estado, temos, governo/oposição (G/O) (LUHMANN, 2009, p. 53). O sistema econômico, sistema a ser regulado, opera com a distinção pagar/nãopagar ($/ñ$) (LUHMANN, 2017[1988], p. 130) e o sistema jurídico, lícito/ilícito(L/I) (LUHMANN, 2005[1993], p. 80);

2ª) O sistema político decide intervir no sistema econômico informando sua política pública de erradicação do trabalho escravo. Para isso, seleciona informações sobre o trabalho escravo e decide intervir tendo por estratégia

6. INTERVENÇÃO SISTÊMICA APLICADA AO TRABALHO ESCRAVO

a criminalização. Essa estratégia se inicia com a alteração, em 2003, do artigo 149, do Código Penal Brasileiro, quando a pena passa a ser aumentada para dois a oito anos de prisão para o caso de trabalho escravo. O sistema político, com apoio do sistema jurídico, partilha a desdiferenciação tecrim/ñtecrim como estratégia de intervenção. Tecrim = ter trabalho escravo é crime. Essa estratégia é partilhada (conduta de notificação) sob a Forma de distinção tecrim($/ñ$)/ñtecrim. Usamos essa representação para mostrar como a política, para intervir na economia molda seu código, ou seja, se desdiferencia para o sistema econômico poder vir a processar a informação. Assim é porque o sistema econômico lida com informações pautadas por elementos internos. Política é ambiente do sistema econômico. Observe que a notificação (a partilha) contém elementos econômicos ($/ñ$) na comunicação política (tecrim($/ñ$). Com essa estratégia, a política espera vir a promover irritação no sistema econômico ao ponto de esse processar a comunicação e operar alterando ou não seus elementos quanto ao emprego de trabalho escravo e ganhos econômicos.

3º) ocorre que o sistema econômico observa a informação partilhada pelo sistema político e a opera se autorregulando com a Forma $(tecrim/ñtecrim)/ñ$. No caso, o sistema econômico compreendeu (aprendizado do sistema econômico) que ninguém vai preso por conter escravo, assim, economicamente é mais viável manter trabalho escravo.

4º) diante da reação do sistema econômico, o sistema político segue com seu interesse regulador, então altera sua estratégia de intervenção, agora, recorrendo ao critério multa. É elaborada a Forma de desdiferenciação temulta/ñtemulta e, como estratégia de intervenção, partilha a informação na Forma de distinção temulta($/ñ$)/ñtemulta = trabalho escravo implica multa. Como multa é um elemento econômico, a expectativa é que essa intervenção funcionará.

5º) ocorre que o sistema econômico compreende essa nova intervenção, todavia decide que é mais econômico ter trabalho escravo e pagar multas, caso aplicadas, que não ter trabalho escravo.

6º) com essa nova rejeição, o sistema político opera uma nova estratégia: a lista suja. Para isso, cria, com a publicação da Portaria Interministerial n. 02/2011, o Cadastro de Empregadores que tenham submetido trabalhadores a condições análogas à de escravo (GIRARDI, 2014, p. 1-27; 2014)[70]. Assim, partilha (*mitttailung*) a forma de desdiferenciação tefichasuja

---

[70] Para ver mais dados, acessar: http://reporterbrasil.org.br/dados/trabalhoescravo.

DECISÃO JURÍDICA NA COMUNICATIVAÇÃO

($/ñ$)/ñtefichasuja. A política da lista suja implica que, quem constar na lista, fica impedindo de receber financiamento por parte de qualquer instituição bancária, agência de fomento, e investidores nacionais e internacionais.

7º) o sistema econômico compreende esta distinção e, agora, promove alteração em sua unidade (*Eigen Value*) e passa a operar observando por meio da diferenciação teficha($/ñ$)/ñteficha, pois ser impedido de ter financiamento elimina a possibilidade de seguir no mercado. Não só a questão ética, mas principalmente a imagem da empresa, sua legitimação são elementos considerados por algumas empresas.

As listas sujas de empregadores de trabalho escravo são publicadas no site do Ministério do trabalho. Foram publicadas três listas, a primeira lista foi referente ao período de 2012 a dezembro de 2014, na qual contaram 504 nomes; na atualização em julho de 2013 foram incluídos políticos ruralistas, empresas de deputados federais como João Lyra (PSD-AL), Urzeni Rocha (PSDB-RR) e de Antônio Cabrera. Outra lista suja, referente ao período de maio de 2013 a maio de 2015, foi divulgada constando 604 nomes. Finalmente, a lista de 28 de outubro, publica 340 nomes.

Como sabemos. A comunicação é constante. Ela não para.

Em 2014, a Emenda Constitucional n. 81, altera o art. 243 para a seguinte redação:

> Art. 243. As propriedades rurais e urbanas de qualquer região do País onde forem localizadas culturas ilegais de plantas psicotrópicas ou a exploração de trabalho escravo na forma da lei serão expropriadas e destinadas à reforma agrária e a programas de habitação popular, sem qualquer indenização ao proprietário e sem prejuízo de outras sanções previstas em lei, observado, no que couber, o disposto no art. 5º.

Ainda em 2014, a Associação Brasileira de Incorporadoras Imobiliárias (Abrainc) ajuizou ação direta de inconstitucionalidade (ADI 5209) requerendo que a lista suja não fosse mais publicada, alegando que o texto da lei é ambíguo ao ponto de impedir os empregadores de saber se estão ao não realizando trabalho análogo à condição de trabalho escravo. O Ministro Ricardo Lewandowski concedeu medida liminar determinando suspensão da publicação da lista suja. Assim, a última lista suja foi publicada em junho de 2014.

Em 2015, por meio da Portaria Interministerial nº 02 de 2015, do Ministério do Trabalho e Emprego e da Secretaria de Direitos Humanos da Presidência da República regulamenta a lista suja.

6. INTERVENÇÃO SISTÊMICA APLICADA AO TRABALHO ESCRAVO

Em 2016, a Portaria Interministerial n. 04 de 2016, revoga a Portaria n. 02/2015.

As comunicações seguem. A Ministra Carmem Lúcia, ao tomar decisão na ADI 5209, considerou a ação prejudicada, uma vez que a Portaria Interministerial n. 02/2011 foi revogada pela Portaria Interministerial n. 02/2015. Neste mesmo ano, o Ministério Público do Trabalho impetrou ação judicial requerendo divulgação da lista suja. O juiz do Trabalho Rubens Curado Silveira, da 11ª Vara do Trabalho de Brasília, concedeu a liminar em favor da publicação da lista suja, afirmando ser "injustificável omissão" do Ministério do Trabalho, que ainda não cumpriu os termos da portaria. Além disso, o juiz destacou na decisão que isso "esvazia a política de Estado de combate ao trabalho análogo ao de escravo no Brasil"[71].

Em 07 de março de 2017, o Ministro Presidente do Tribunal Superior do Trabalho, Ives Gandra da Silva Martins Filho, decidiu pela não publicação da lista suja. Neste mesmo dia o Ministério Público do Trabalho impetrou mandado de segurança no TST requerendo a publicação e obteve decisão favorável, porém a lista seguia sem ser publicada.

Aos 16 de outubro de 2017 foi publicada a Portaria n. 1.129/2017, assinada pelo Ministro do Trabalho Ronaldo Nogueira de Oliveira, a qual foi recepcionada como favorável à legalização do trabalho escravo, em contraste com a política de combate ao trabalho escravo[72].

A repercussão resultou em manifestações de organizações internacionais (OIT, ONU) no dia seguinte, 17 de outubro. Bem como de entidades nacionais judiciárias, políticas e da sociedade civil.

Dia 20 de outubro, o Partido REDE impetrou junto ao Supremo Tribunal Federal a ADPF n. 489 (ação de Arguição de descumprimento de preceito fundamental). Neste mesmo dia, a Confederação Nacional de Profissionais Liberais impetrou a ADPF 491.

Dia 24 de outubro foi a vez do Partido PDT impetrar a AD I n. 5802 (Ação Direta de Inconstitucionalidade). Neste mesmo dia a Ministra Rosa Weber toma decisão liminar na ADPF 489 suspendendo a aplicação da Portaria.

---

[71] Procuradoria do Trabalho. MTP Notícias. **Nova decisão do TST manda União publicar lista suja do trabalho escravo**. Disponível em: http://www.anpt.org.br/imprensa/noticias/3014-nova-decisao-do-tst-manda-uniao-publicar-lista-suja-do-trabalho-escravo

[72] Sobre o tema, acessar: http://reporterbrasil.org.br/2017/03/lista-de-transparencia-traz-250-nomes-flagrados-por-trabalho-escravo/ bem como: http://www.conectas.org/noticias/lista-suja-trabalho-escravo.

DECISÃO JURÍDICA NA COMUNICATIVAÇÃO

Dia 26 de outubro o Ministério Público do Trabalho impetra Ação Civil Pública perante o Tribunal Regional do Trabalho do Distrito Federal (Brasília) requerendo a publicação da lista suja, a qual estava suspensa de publicação pelo Supremo Tribunal Federal (STF) desde dezembro de 2014 por decisão do ministro Ricardo Lewandowski em ação promovida pela Associação Brasileira de Incorporadoras Imobiliárias (Abrainc), questionando a legalidade da lista.

Dia 27 de outubro, o TRT da 10 região concede liminar na Ação Civil Pública exigindo a publicação da lista suja.

Dia 28 de outubro, o Ministério do Trabalho publica a lista suja.

Esses dados, principalmente sua temporalidade, nos permitem – considerando que a estratégia de intervenção envolve mais que boas intenções e justiça social, pois a comunicação sistêmica não é linear nem hierárquica, mas circular e heterárquica – observar não apenas comunicações interacionais e sistêmicas, mas também organizacionais. As comunicações nos levaram a considerar que, no Brasil, os sistemas político, econômico e jurídico atuam com autonomia sistêmico-funcional, pois a operação dos sistemas político, jurídico e econômico não se deram sob qualquer situação que nos leva a considerar estarem simulando autonomia funcional. Antes observamos que a mudança na política (sistema político), desde o *impeachment* da Presidenta Dilma Rousseff, não implicou mudança na operação da política pública de erradicação do trabalho escravo no Brasil, afinal o sistema jurídico seguiu emitindo informação pela manutenção da referida política pública, por mais que os sistemas econômicos e políticos buscassem eliminar a erradicação.

Uma opção de leitura desses dados é que na sociedade atual já não se viabiliza imposição de algo exclusivamente pelo poder, o que implica admitir que só por meio da comunicação entre diversos sistemas de comunicação algo se implementa na memória semântica social. O processo de construção de sentido da erradicação do trabalho conta com atores nacionais, regionais e mundiais. Com isso, não é simples para um país ou uma empresa seguir com trabalho escravo sem sofrer retaliações e acusações negativas por isso, ainda que sigam sendo grandes marcas, com é o caso da ZARA, punida em 1011, 2014, 2015 e 2017 por trabalho escravo. A Apple, HP e Dell em razão os trabalhadores da fábrica Foxconn na China. A Sadia e Perdigão por terem sido condenadas por trabalho escravo em Iporã, interior do Paraná. A Renner por causa de 37 costureiros bolivianos. A Coca-cola devido aos 179 caminhoneiros, em Minas Gerais, trabalhando média de 80 horas extras semanais (NAVARRO, 2017, p. 1).

6. INTERVENÇÃO SISTÊMICA APLICADA AO TRABALHO ESCRAVO

Com isso, identificamos acoplamentos cognitivos, porém não estruturais, afinal a atuação de órgãos como OIT, AGU, DPU, MPT, STJ e STF nos levam a considerar que o sistema do direito não deixou de operar com autonomia, como se pode ler acima das informações partilhadas no sistema jurídico.

Outros dados foram enunciados voltados ao caso da Portaria. Eles nos permitiram observar a participação de personalidades e entidades na produção de sentido da política pública de erradicação de trabalho escravo no Brasil.

Como visto, a via encontrada pelo governo para irritar o sistema econômico foi a lista suja, posto que a via da criminalização resultou na rejeição uma vez que a economia entendeu como ineficaz a mudança no aumento da pena prevista no Código Penal Brasileiro, bem como a aplicação de multa.

Tomamos a lista suja como comunicação que irritou ao ponto de promover mudança no sistema econômico, afinal, a partir dela mais empresários passaram a evitar ou a não mais utilizar trabalho escravo.

Explorando as manifestações contrárias à Portaria, portanto à legalização do trabalho escravo no Brasil, localizamos a enunciada pela Conectas e pela OIT. A Uma das instituições mais dedicadas à defesa dos direitos humanos no Brasil, a ONG Conectas, por meio da diretoria Juana Kweitel, afirmou: «A lista sempre foi vista como uma ferramenta eficaz e criativa desenvolvida de maneira pioneira no Brasil". Pela OIT, Luiz Machado, coordenador do programa de combate ao trabalho escravo da OIT no Brasil, afirmou: «ouvimos dos próprios empregadores que eles se preocupam mais com o fato de ter o nome na lista do que com as multas. As multas são irrisórias, principalmente as trabalhistas. E a condenação penal, que deveria estar sendo posta em prática e reforçada, não tem sido aplicada devidamente".

A estas manifestações, o governo reagiu em defesa da Portaria alegando que se trata de esclarecer a terminologia aplicada na legislação, pois a Lei No 10.803/2003 reformulou a artigo 149 do Código Penal, trazendo quatro elementos para definir juridicamente o que é a condição análoga à de escravo, sendo elas: a) trabalho forçado; b) servidão por dívida; c) condições degradantes (trabalho sem dignidade alguma, que põe em risco a saúde e a vida do trabalhador); d) jornada exaustiva (que leva ao completo esgotamento da pessoa, em função da intensidade da exploração, e coloca em risco a sua vida). Para o governo, esses termos são amplos e ambíguos, dificultando a atuação dos fiscais do trabalho, bem como que o ruralista não tenha trabalho escravo, pois com esse texto de lei não há como saber quando uma situação é análoga ao trabalho escravo.

Politicamente, desde 2003, a bancada ruralista – políticos eleitos Deputados e Senadores apoiados pelos empresários agrícolas – quer retirar como elementos as condições degradantes e a jornada exaustiva, alegando ser difícil (portanto, "subjetivo") identificar essas condições na prática, o que resulta nos empregadores viverem em clima de "insegurança jurídica".

O Ministro do Trabalho Ronaldo Nogueira, em entrevista realizada aos 26 de outubro de 2017, sobre a Portaria MTB n. 1129 13/10/2017 afirmou: "Não senti vergonha para assinar a Portaria porque o objetivo da portaria é dar segurança jurídica e objetividade à atuação do auditor-fiscal. Tem abrangência no ambiente do ministério e não tem alcance para desconstituir o que está na legislação, no Código Penal, na Constituição, em leis internacionais. Precisamos definir com mais objetividade o que é trabalho escravo, jornada exaustiva e trabalho em condições degradantes".

O Presidente Michel Temer justificou a Portaria declarando que o Ministro do Trabalho havia levado a ele casos absurdos de decisões dos fiscais do Ministério do Trabalho que chegam a considerar trabalho escravo o fato de não haver saboneteira no lugar correto.

"O ministro do Trabalho me trouxe aqui alguns autos de infração que me impressionaram. Um deles, por exemplo, diz que se você não tiver a saboneteira no lugar certo significa trabalho escravo"

Presidente Michel Temer, em entrevista ao site Poder360 em 20 de outubro

Para criticar supostos excessos na fiscalização do trabalho escravo, Temer citou e apresentou na entrevista ao site Poder360 documentos de um caso envolvendo a MRV Engenharia, em Americana (SP). Mas este processo envolveu um total de 44 infrações. Entre elas, estava o caso da saboneteira, mas também havia insuficiência de alimentos, o não pagamento de salários e a restrição ao direito de ir e vir do trabalhador por meio da retenção de sua Carteira de Trabalho e Previdência Social (CTPS).

6. INTERVENÇÃO SISTÊMICA APLICADA AO TRABALHO ESCRAVO

A ONU emite a seguinte manifestação: "a mudança poderá provocar "retrocessos lamentáveis" e "interromper a trajetória de sucesso do Brasil no combate ao trabalho escravo".

A OIT volta a se manifestar declarando: "modificações na noção de trabalho análogo à escravidão devem ser feitas a partir de um amplo debate democrático. Caso contrário, revisões podem resultar em conceitos que não caracterizam adequadamente a escravidão contemporânea".

Nesse clima de pressão para que o governo revogasse a Portaria, a Advocacia Geral da União, o Ministério Público do Trabalho e o ministério Público Federal emitiram cartas ao Ministro do Trabalho repudiando a Portaria.

No Senado, a Comissão de Direitos Humanos e Legislação Participativa (CDH) convida o referido Ministro a ir ao Senado explicar a portaria.

Insistimos. Não observamos o emissor das manifestações, mas sim seu conteúdo para identificar que código binário é o comunicado. Lemos as manifestações acima como comunicações pautadas pelo código da política, portanto, comunicações do sistema político. Com essas manifestações observamos que a política pública de erradicação do trabalho escravo logrou uma estabilidade ao ponto de não ser viável sua alteração por meio de uma arbitrariedade.

Ao ler manifestações de entidades jurídicas como a da AGU, do MPF e do MPT, vemos reações do sistema jurídico contra alteração da política pública por meio de portaria. Assim, o sistema do direito foi irritado e se manifestou rejeitando a alteração da política pública. Ainda no âmbito jurídico, com a decisão da Ministra do STF, a aplicação da Portaria foi suspensa.

Do ponto de vista político, observamos também que, ao final, a lista suja voltou a ser publicada, mesmo com sua suspensão desde 2014.

Ocorre que, como sociedade é sistema de comunicação e como a conclusibilidade da comunicação não significa fim do debate, com a portaria do trabalho escravo suspensa por decisão judicial, a bancada ruralista e a frente parlamentar agropecuária trataram de se reunir com o Presidente Michel Temer, aos cinco dias do mês de maio de 2017, para discutir a regularização tributária do setor.

Esses dados nos levam a considerar que as estruturas de inclusão e exclusão não são pensadas como arranjo unitário prévio a influenciar as decisões organizacionais, mas sim como premissas decisórias selecionadas e conformadas pelas próprias organizações, pelos próprios sistemas de comunicação. Nesse sentido, na teoria da sociedade como sistema de comunicação, as organizações concretizam as mais impactantes decisões sobre a inclusão e a exclusão de indivíduos nos mais diferentes sistemas funcionais da sociedade: escolas,

DECISÃO JURÍDICA NA COMUNICATIVAÇÃO

hospitais/planos de saúde, empresas, tribunais, prisões, estados-nações e organizações formuladoras e implementadoras de políticas públicas de um modo
geral.

Com dados coletados sobre a política pública brasileira de erradicação do
trabalho escravo, a pesquisa pôs em foco os padrões e premissas decisórias
que orientam decisões de inclusão e exclusão nos processos de implementação de políticas públicas no Brasil.

A construção destas premissas acontece também nas relações intersistêmicas quando observamos acoplamentos cognitivos e estruturais, a coordenação
e a intervenção entre o sistema político, econômico e jurídico.

Com isso, observamos comunicações no nível dos sistemas funcionais para
observar como a política pública de erradicação do trabalho escravo no Brasil vivencia interações que acontecem no contexto de sua implementação.

Os dados mais recentes é que o Decreto n. 9.759 de 11 de abril de 2019,
que promove a extinção de todos os conselhos e de outros tipos de colegiados ligados à administração pública federal, atinge diretamente a Comissão
Nacional de Erradicação do Trabalho Escravo, a CONATRAE. Porém, decisão liminar do Supremo Tribunal Federal, de 13 de junho de 2019, limita o
alcance do Decreto e mantém os Conselhos e colegiados estabelecidos em
lei. Aos 16 de outubro de 2020 foi publicada a nova lista, disponível no site
do Ministério do Trabalho[73].

Identificamos também, que aos 05 de outubro de 2020 foi publicada a decisão do Supremo Tribunal Federal na ADPF (Arguição de Descumprimento
de Preceito Fundamental) no 509, tomada aos 05 de setembro de 2020, mantendo a legalidade da lista suja.

A pesquisa pôs em foco os padrões e premissas decisórias que orientam
decisões de inclusão e exclusão nos processos de implementação de políticas pública no Brasil. Das relações intersistêmicas, observamos acoplamentos
cognitivos e estruturais, a coordenação e a intervenção entre o sistema político, econômico e jurídico. O que nos permitiu refletir sobre comunicações no
nível dos sistemas funcionais para observar como a política pública de erradicação do trabalho escravo, no Brasil, está vivenciando interações que acontecem no contexto de sua implementação. Assim, temos que essa pesquisa
proporciona observar o quanto estruturas de inclusão e exclusão não são pensadas como arranjo unitário prévio a influenciar as decisões organizacionais,

---

[73] https://sit.trabalho.gov.br/portal/images/CADASTRO_DE_EMPREGADORES/CADASTRO_
DE_EMPREGADORES.pdf

6. INTERVENÇÃO SISTÊMICA APLICADA AO TRABALHO ESCRAVO

mas sim como premissas decisórias selecionadas e conformadas pelas interações, pelas organizações e pelos sistemas de comunicação. É que na teoria da sociedade como sistema de comunicação, as organizações operam decidindo e isso resulta inclusão/exclusão de indivíduos nos mais diferentes sistemas funcionais da sociedade: escolas, hospitais/planos de saúde, empresas, tribunais, prisões, estados-nações e organizações formuladoras e implementadoras de políticas públicas de um modo geral (LUHMANN, 2010[2006]).

Entendemos, por fim, ter demonstrado mais um exemplo do quanto a teoria dos sistemas aporta elementos para se pesquisar a sociedade brasileira, assim como qualquer outra, mesmo marcadas por desigualdade. O que não se confunde com defender ou tomar a teoria dos sistemas como indispensável, melhor ou a única adequada. Apenas negamos sua inutilidade para lidar com a realidade de sociedades marcadas por desigualdade, como é a brasileira.

As reflexões, nesta pesquisa, foram:
1. a intervenção sistêmica nos permite observar comunicações não apenas no nível sistêmico, mas também no das organizações;
2. as estruturas de inclusão e exclusão não são pensadas como arranjo unitário prévio a influenciar decisões organizacionais, mas sim como premissas decisórias selecionadas e conformadas pelas próprias organizações, pelos próprios sistemas de comunicação;
3. as organizações concretizam as mais impactantes decisões sobre a inclusão e a exclusão de indivíduos nos mais diferentes sistemas funcionais da sociedade;
4. a comunicação nunca termina.

7. DECISÃO POLÍTICA E JURÍDICA: ANÁLISE DE ARGUMENTAÇÃO

Outra aplicação da comunicativação é em pesquisa sobre argumentação para observar como foi possível a decisão ter sido tomada tal como foi, a partir da observação de elementos argumentativos. Isso não implica escavar silêncios, buscar descobrir intencionalidades, nem a relação com um auditório. Antes de apresentar a pesquisa, vejamos as categorias de análise. Esta pesquisa que iremos expor foi dedicada a observar a diferenciação decisão-política/ /decisão-jurídica.

Dentre os desafios de pesquisar a construção de sentido do direito a partir da argumentação jurídica, está a dupla contingência, o paradoxo de que qualquer decisão pode ser diferente da que foi tomada, mas uma é a tomada. Toda decisão é contingente. A primeira categoria é a diferenciação interpretação/ /argumentação. Interpretar produz mais textos (LUHMANN, 2005[1993], p. 403); argumentação conta com "motivos que não podem ser fundamentados; isto é, motivos que não são motivos"[74] (LUHMANN, 1995, p. 285). Argumentar é um paradoxo desparadoxizado com a teoria da recursividade e autorreferência da comunicação, na qual comunicações anteriores e futuras, estruturas (memória) e expectativas (cognitivas e normativas) estão presentes simultaneamente na argumentação.

Com a distinção interpretar/argumentar elementos como textualidade, literalidade, contexto, semântica, pragmática, partilha, participação, entendimento integram as observações. Mais, a argumentação está relacionada à justificação, à validação dos argumentos, aos enunciados utilizados numa tomada de decisão jurídica (LUHMANN, 2005[1993], p. 403-407). Essa distinção afasta da pretensão de classificações das decisões com adjetivos como

---

[74] No original: that grounds are needed which cannot be grounded; that is, grounds which are not grounds.

errada, correta, fruto de má interpretação, ou considerando a intencionalidade do autor, a moralidade do julgador, no sentido de julgar o decididor.

Quando pesquisamos argumentação, os *corpora* da pesquisa são compostos por os dados coletados em documentações físicas, bem como em sites *web*. Quando se trata de pesquisa com processos físicos, são catalogadas peças como: petição inicial, despacho inicial, reposta do réu (predominantemente contestação), depoimentos, laudos periciais e decisões tomadas. Quando os dados são obtidos em sites *web*, essas mesmas peças podem configurar os *corpora* da pesquisa, porém nem sempre estão disponíveis, o que reduz o *corpus* da pesquisa a textos de decisões monocráticas ou colegiadas. No caso das colegiadas, a análise envolve uma comparação entre os argumentos apresentados em cada voto de desembargadores ou ministros, por exemplo.

A busca por decisões em sites se dá utilizando as palavras-chave ou as expressões de referência na página de pesquisa. No caso do Supremo Tribunal Federal, a página é: http://www.stf.jus.br/portal/jurisprudencia/pesquisar Jurisprudencia.asp. No caso do Superior Tribunal Justiça, a página é: https://scon.stj.jus.br/SCON/. Decisões destes tribunais têm a peculiaridade de poderem ser observados em vídeos disponíveis na TV Justiça e/ou no YouTube.

Na análise dos argumentos, recorremos à intertextualidade e não à sequência lógica da argumentação, pois a intertextualidade permite observar as relações entre argumentos sem necessariamente exigir que haja uma premissa conclusiva derivada das premissas anteriores. Observamos a base argumentativa aplicada na decisão e não a sequência lógica nos moldes aristotélicos, por exemplo. Não pesquisamos, fique claro, a verdade formal do que se afirma, mas a justificação da decisão enquanto relação entre o que se afirma (decisão) e os argumentos apresentados, ainda que isso permita verificar saltos argumentativos, entimemas, falácias e ausência de argumentos.

Analisamos argumentos, não a subjetividade do decididor, inclusive porque anuímos com a teoria que não é possível ingressar, acessar a mente, o cérebro humano, mas sim falas, escritas e gestos, o que pode conduzir a afirmações sobre esses dados, mas não sobre a intencionalidade. Na comunicativação direito é sistema de comunicação dedicado ao tema da licitude. Licitude é o meio de comunicação simbolicamente generalizado do direito, de modo que sua unidade se deve à codificação lício/ilícito (LUHMANN, 2005[1993], p. 80-81).

Uma decisão é considerada política ou jurídica segundo os argumentos tenham relação com o código da política ou do direito. Uma decisão é jurídica se a argumentação se pauta pela licitude e é política se referente

7. DECISÃO POLÍTICA E JURÍDICA: ANÁLISE DE ARGUMENTAÇÃO

ao sistema de comunicação política. Poder, na pesquisa, é o meio de comunicação simbolicamente generalizado da política, contudo, a unidade da política conta com codificação de dois níveis, afinal a política lida com diferenciação vertical e horizontal na sociedade moderna. Vertical se dá com a diferenciação funcional referente à política administrativa e a horizontal, de política pública, quando se trata de encontrar decisões vinculantes para lidar com as questões sociais (LUHMANN, 2014[2010], 112). Os dois níveis podem ser representados pelos códigos: governante/governado; governo/oposição. No primeiro nível estão concentradas as decisões políticas, só quem está no poder as pode tomar. No segundo, estão as questões relativas à diferenciação sistema/ambiente, quando se fala em legitimação, em governabilidade, em partido político como organização central deste sistema. Deve-se ao segundo nível a tematização entre direito/esquerda, governabilidade/revolução, movimentos de protesto e reforma política (KING, THORNHILL, 2003, p. 71-72). Adicionando a isso os elementos da análise de discurso de Maingueneau e elementos da linguística de Marcuschi procedemos análises de argumentações dos PAD's objeto da pesquisa, usando, além desses critérios, a ausência de justificação, quando então a decisão é classificada como política, afinal, foi pautada por poder, no caso, poder burocrático da instância decisória que se impõe independente da legislação vigente. Com isso, uma decisão arbitrária é política e uma discricionária, pode ser jurídica ou política a depender dos dados argumentativos que a compõe.

A ausência de argumento (entimema), quando há omissão de premissas, no caso de haver uma decisão sem a exposição dos argumentos ou quando temos uma decisão com omissão do argumento que levou à conclusão (falácia, falso raciocínio) integra a pesquisa. Sobre o tema Aristóteles distingue silogismo perfeito de imperfeito:

> chamo silogismo perfeito o que nada requer além do que nele está compreendido para evidenciar a necessária conclusão; de imperfeito aquele que requer uma ou mais proposições as quais, ainda que resultem necessariamente dos ermos formulados, não estão compreendidas nas premissas (Aristóteles, Organón-AA, 24b 20-25).

Para esta situação, recorremos ao Organón, livro que reúne seis obras de Aristóteles sobre lógica, sendo o terceiro livro o Analíticos Primeiros ou Analíticos Anteriores (que será referido com a sigla AA) e o quarto, Analíticos Posteriores (aqui referido com a sigla AP). Ainda que não apliquemos os

DECISÃO JURÍDICA NA COMUNICATIVAÇÃO

elementos da lógica formal aristotélica, alguns nos ajudam a pesquisar argumentação, a exemplo da distinção termo, premissa e raciocínio. Termo é o meio de expor uma ideia. Premissa é o meio de expor um juízo, uma frase. E raciocínio é como expomos uma argumentação. Como estas não são reflexões sobre lógica, apenas nos referimos para indicar que esses conhecimentos não foram ignorados nas análises de argumentação que promovemos, ainda que não limitas nossas análises tomando por argumentação exclusivamente o raciocínio demonstrativo, aquele que requer a presença clara dos elementos que levaram à conclusão.

Não reduzimos, fique claro, a análise a descortinar problemas de definição, como se se tratasse de buscar a origem, a essência do sentido. Inclusive porque a omissão de fundamentação não é suficiente para se afirmar que não há demonstração, justificação. Assim é porque não nos dedicamos a analisar a verdade nem uma razão última, mas sim observar quando uma comunicação é jurídica ou política ou econômica etc.

Diversos autores desenvolveram e seguem desenvolvendo a lógica aristotélica. Na área jurídica ela tem ganhado importância justamente por servir para parametrizar a ideia de justiça como decisão tomada com base em provas. Nessa perspectiva, a demonstração do raciocínio, a argumentação utilizada para a tomada de decisão é justa na medida em que permite se conhecer os argumentos. A ausência de argumento ou a presença de um argumento diverso dos presentes num raciocínio levam à injustiça da decisão. Para Aristóteles, voltando ao livro Analíticos Anteriores, as propriedades do raciocínio e as conclusões falsas têm lugar quando a arbitrariedade do julgador predomina sobre a capacidade de argumentação. Recorre-se à força para suprir a ausência de argumento justo. No livro Retórica, livro I, Aristóteles dedica o décimo capítulo à Retórica judicial: a injustiça e suas causas. Nessa obra o autor afirma que "os entimemas convêm mais aos discursos jurídicos" (Aristóteles, Organón-Tópicos, 1368 a).

Ainda que nossas reflexões não tratem da lógica formal de Aristóteles, decidi expor a sua tabela da verdade e as etapas do conhecimento: a primeira é a fase da apreensão, é quando expressamos ideias por meio de palavras e termos. A segunda, a das ideias, é quando a apreensão se dá via a conexão dentre ideias, como quando expressamos as informações por meio de frases, quando ligamos sujeitos (substantivos) a predicados (qualidades) através de verbos (ação). Por fim, a terceira a apreensão, que se dá com a formulação de raciocínios, quando promovemos a conexão dentre frases. Um raciocínio parte de uma premissa maior, seguida de premissa menor e, então, a premissa

324

7. DECISÃO POLÍTICA E JURÍDICA: ANÁLISE DE ARGUMENTAÇÃO

conclusiva, ou simplesmente conclusão (ARISTÓTELES, Organón-AA, I, 24a10-15).

As implicações dessa perspectiva é que a função do intérprete, ou seja, do julgador, é subsumir dos fatos a lei a ser aplicada para resolver o caso. A perspectiva do método lógico é garantir a condução à verdade jurídica, para isso basta o jurista saber que os juízos (as proposições) são classificados:

a) Quanto à quantidade (sujeito):
a.1) Universal – quantificador de totalidade universal – todo, Nenhum;
a.2) Particular – quantificador de existência – Algum, Alguns;
a.3) Singular – identifica um único sujeito – (Eu, fulano, este);
a.4) Indefinido (indeterminadas) – não contém quantificador.

b) Quanto à qualidade (predicado):
b.1) Afirmativo – relacionado ao sujeito;
b.2) Negativo – afasta ou nega uma qualidade ao sujeito.

c) Quanto ao valor de atribuição:
c.1) Inesse (ou Simplesmente atributivas) – são as proposições assertórias;
c.2) Modais – juízo modal contém uma cópula ligando o predicado ao sujeito, podem ser:
Necessário – dever (tem que ..);
Possível – possibilidade (pode ser ...);
Contingente – possibilidade (depende ...);
Impossível – impossibilidade de ser (não pode ser ...).
. Princípios Lógicos Formais:
Identidade: "toda realidade é idêntica a si mesma";
Equivalência: "não há igualdade, apenas semelhança";
Contradição: "uma coisa não pode ser e não ser ao mesmo tempo";
Terceiro excluído: "algo é ou não é, não existe uma terceira possibilidade".

Assim, o raciocínio, portanto um silogismo, pode ser modal ou categórico. Os silogismos modais são os que se referem às proposições de modo: condicional (se, então); disjuntivo (ou); conjuntivo (e); exclusividade (só, apenas). Os silogismos categóricos podem ser: Absolutos, proposições de *Inesse*: atributivas – V ou F. As proposições modais são: É Proibido / É Obrigatório / É Permitido.

Como forma de garantir a verdade jurídica, o método lógico indica que se aplique as leis da verdade formal de Aristóteles, que, em resumo, é:

QUADRO 17 – Lógica formal aristotélica

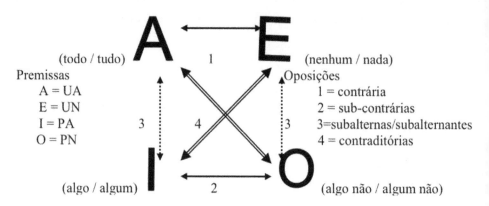

Fonte: o autor

Atributos do sujeito (S) = quantidade / oposições parciais = 1 e 2;
Atributos do predicado (Pr)= qualidade / oposições aparentes = 3;
Matéria Necessária (MN) = o predicado é essencial ao sujeito;
Matéria Contingente (MC) = o predicado é possível, mas não essencial ao sujeito.

Regra das oposições:
   oposições totais – 1 e 2 = contrariedades e sub-contraditoriedade;
   oposições aparentes – 3 = subalternância;
   oposições parciais – 4 = contraditoriedade;

Lei da contradição = se um é V, o outro é F; se um é F, o outro é V.
A e O ou E e I – ambas não podem ser V ou F ao mesmo tempo.

Lei da Contrariedade = se um é V, o outro é F. Se um é F, o outro pode ser V ou F.
A e E não podem ser V ao mesmo tempo.
A e E podem ser F em matéria contingente, mas não em necessária.

7. DECISÃO POLÍTICA E JURÍDICA: ANÁLISE DE ARGUMENTAÇÃO

Lei da Sub-contrariedade = I e O não podem ser F ao mesmo tempo, mas ambas podem ser V.

Em matéria necessária: se uma é falsa a outra é verdadeira

Em matéria contingente, se uma é verdadeira a outra também é.

Lei da Subalternação = A e I ou E e O – se A é V, I é V. Se I é F, A é F.
– se A é F, I pode ser V ou F. Se I é V, A pode ser V ou F.

Aplicando essas leis teríamos:

Ex. em Matéria Necessária – ser humano (S) – linguagem (Pr)

O ser humano se comunica Nenhum ser humano se comunica
   pela linguagem (V).   pela linguagem (F).

Algum ser humano se comunica Algum ser humano não se comunica
   pela linguagem (V).   pela linguagem (F).

Ex. em Matéria Contingente = Ser humano (s) – corrupção (Pr)

Todo ser humano é corrupto (F). Nenhum ser humano é corrupto (F).
Há ser humano corrupto (V).   Algum ser humano não é corrupto (V).

Esse resumo serve apenas para informar que não ignoramos a hipótese de uso da argumentação para verificar verdade formal, todavia, não a aplicamos para analisar se uma decisão foi política ou jurídica, pois distinguimos verdade de validade, portanto não observação conhecimento, mas a validação de argumentos numa decisão.

Na comunicativação tecemos reflexões sobre a decisão tomada observando a construção do sentido, aqui, especificamente observamos quais os argumentos partilhados, como seguem no processo comunicacional, se partem de informação, partilha ou entendimento, quais e como são aceitos, ignorados ou refutados pela parte contrária e qual a relação argumentativa entre a decisão, a petição inicial e a contestação, qual a relação entre o dito em depoimento e o transcrito na decisão ou mesmo quanto ao teor da decisão.

No caso da pesquisa que iremos expor como exemplo, as decisões foram coletadas em processos físicos de PADs (Processos Administrativos Disciplinares) impetrados pela Corregedoria contra Servidores que integravam a Direção do Sindicato da categoria. O universo amostral foi constituído

DECISÃO JURÍDICA NA COMUNICATIVAÇÃO

de sete PADs. Antes de apresentar os dados, repisaremos os elementos da comunicativação empregados nesta pesquisa.

No caso desta pesquisa, nos ocupamos em observar se as decisões dos PADs são jurídicas ou políticas, o que não descarta a possibilidade de poderem ser de outros sistemas sociais. Lembramos que a comunicativação observa comunicações, portanto, informações, partilhas e compreensões, jamais consciência, mente, intenção.

Na comunicativação, uma decisão é tomada por arbitrária quando sua fundamentação, seus argumentos não estão justificados. Com isso, uma decisão jurídica é discricionária, pois, se arbitrária a classificaremos como decisão política, por mais que, na comunicativação, há acoplamento estrutural entre o psíquico e o direito, entre o político e o jurídico. Para o primeiro caso, observar elementos psicológicos significa observar comunicação e não a psiquê mesma, com isso temos que, observando a comunicação, é possível tecer reflexões sobre a influência e a irritação de elementos psicológicos na comunicação, para isso são observados adjetivos presentes na argumentação. Quando afirmamos que observamos comunicação e não mente, afirmamos que observando argumentos é possível tecer considerações sobre irritações advindas do sistema psíquico, mas jamais podemos observar o psíquico, mas exclusivamente comunicação. Sobre o tema da observação de elementos do sistema psicológico por meio dos argumentação recorremos ao *ethos* discursivo (MAINGUENEAU, 2016, p. 13-33). Mais, o psicológico não determina, define, estabelece, atribui o sentido jurídico, só o direito faz isso, ainda que se tome o texto como acoplamento entre as operações de validez e argumentação jurídica (LUHMANN, 2005[1993], p. 402). Um argumento não é capaz de mudar o sentido do direito, porém afeta a recursividade de argumentos, as informações(LUHMANN, 2005[1993], p. 401).

Nesta perspectiva, "argumentar é uma operação de auto-observação do sistema jurídico em reação ao seu contexto comunicativo, a uma diferença de opinião sobre a atribuição de valores do código lícito/ilícito"[75] (LUHMANN, 1995, p. 286). Trata-se do paradoxo do sentido, dos limites do significado e de que o direito contém redundância e, ao mesmo tempo, mudança, variação. Há, inclusive, a redundância informacional da Forma – do lado da redundância/informação, afinal, informação produz surpresas (eventos, variações)

---

[75] No original: Legal argumentation is an operation of self-obsrvation of the legal system reacting in its communicative context to a difference os opinion as to the allocation of the code values legal/ilegal.

7. DECISÃO POLÍTICA E JURÍDICA: ANÁLISE DE ARGUMENTAÇÃO

e a redundância que promove repetição, indicação do que não é surpreendente (estrutura). É justamente a Forma de sentido que indica os limites variáveis e que corrige o que é novo, surpreendente, e o que não o é (LUHMANN, 1995, p. 291).

A perspectiva biológica de que sistema vivo reage à irritação de seu ambiente aumentando sua própria variedade não é transportada à sociológica. Luhmann reequaciona os elementos de teorias da biologia, da matemática, da física, da engenharia ao aplicar na teoria da sociedade como sistema de comunicação. Nesta teoria dos sistemas, a sociedade (na comunicação humana) contra a dispersão e ausência de termos, palavras, conceitos para lidar com situações novidosas, o social restaura a redundância adequada usando elementos presentes (LUHMANN, 1995, p. 292). Aplicando isso à argumentação, «usando o argumento, o sistema reduz sua própria surpresa a uma quantia tolerável e apenas permite informações como diferenças adicionais em pequenos números para o fluxo de garantias» (LUHMANN, 1995, p. 292). Essa ideia se encontra também na teoria social e na linguística, como lemos na etnometodologia, para a qual, no cotidiano não se problematiza constantemente tudo que se houve, antes construímos etnométodos que nos levam à compreensão e à comunicação, por mais que não se tenha a precisão do que se disse e do que se ouve (GARFINKEL, 2018[1967], p . 9). Na linguística essa ideia é tratada como princípio da economia comunicativa, posto que os objetos do discurso a que o texto faz referência são presentados de forma lacunar, ou ainda, nos discursos se pressupõe conhecimentos textuais, situacionais e enciclopédicos, o que nos orienta e nos leva a não explicitar as informações consideradas redundantes (KOCH, 2006, p. 30). Trata-se de que, ao argumentar, selecionamos os argumentos dentre o excesso de informações possíveis. Assim é porque visamos ser entendido (irritar o outro a participar da comunicação). Ao argumentar operamos frente às perturbações selecionado nos "horizontes de expectativas" os argumentos que tomaremos por disponíveis à redundância, "repetição do mesmo em outras situações" (LUHMANN, 2007[1997], p. 626).

Nesse aspecto, temos que legislação, jurisprudência e doutrina integram a memória semântica do direito porque se presume seu conhecimento ao ponto de soar, na prática jurídica, vergonhoso seu desconhecimento. Nessa visão, a argumentação é vinculada às dimensões do sentido (objetiva, temporal e social). Especificamente quanto à temporalidade, casos com mais história semântica são mais referenciados, pois partir da memória semântica aumenta as expectativas de lograr sucesso no caso, de obter decisão favorável ao que se pleiteia.

DECISÃO JURÍDICA NA COMUNICATIVAÇÃO

Ainda a título de elementos teóricos, observamos argumentação sob três níveis de observações: interacional, organizacional e sistêmico. Graficamente, temos:

QUADRO 19 – argumentação

Níveis	Argumento	Forma	Operação	Limite	Tempo	Fundamento (erro)
Interação	Texto	opinião	interpretação	interesse	instantâneo	boa razão
Organização	Regra	burocracia	decisão	membrancia	duradouro	confiança
Sistema	conceito	sentido	comunicação	autorreferencia	constante	redundância

Fonte: o autor

No nível da interação, observamos textos (fala, escrita, gesto, imagens, sons) lidando com a intertextualidade, isto é, a relação entre argumentos, se e o que do depoimento testemunhal é usado noutra argumentação, por exemplo, na sentença, ou a presença de argumentos de uma petição inicial na contestação, na sentença etc. A argumentação como operação de interpretação é atada num tempo instantâneo porque, uma vez enunciada, se esgota na interação mesma. Não se observa sua permanência, por fim, neste nível de observação. Observamos, ainda, a fundamentação, ou seja, que argumentos são usados, bem como se há ou não argumentos, o que permite observar se são boas razões, a coerência entre os argumentos e o que se pleiteia ou o que se conclui.

No nível das organizações, a pesquisa se ocupa com os argumentos enquanto normatividade, ou seja, como elementos e diretrizes institucionais. A forma, portanto, é a burocracia, tomada como expressão da perspectiva que determinada organização tem. Argumentos são decisões institucionais da organização e tem como limite o pertencimento à organização. A argumentação, nesse nível de observação, tem durabilidade por ser forma burocrática da decisão. Quanto à fundamentação, observamos a relação de confiança organizacional, por exemplo, quanto se trata de um sindicato, um tribunal, uma instituição social, uma ONG.

No nível sistêmico, lida-se com o argumento como conceito, ou seja, experiências condensadas e distinções estabelecidas pelo próprio sistema comunicador. Nesse nível, a pesquisa se ocupa com os argumentos enquanto forma

7. DECISÃO POLÍTICA E JURÍDICA: ANÁLISE DE ARGUMENTAÇÃO

de sentido, como é o caso de partirmos da licitude para considerar um argumento como jurídico, afinal licitude é o meio de comunicação simbolicamente generalizado do direito. Observamos, também a autorreferência, ou seja, os limites do direito mesmo, afinal, autorreferência é diferenciação, marca que indica a identidade do lado interno da Forma de dois lados (KAUFMANN, 1987, p. 53-54), bem como observamos a heterrorreferência, ou seja, as irritações de elementos do ambiente na argumentação.

Outra categoria é a distinção conceito/interesse. Conceitos jurídicos são referências ao sistema jurídico em si mesmo. Interesses são referências ao ambiente. Sendo assim, o sistema jurídico não determina os interesses que deve ter, antes, se orienta pelas irritações do ambiente, a exemplo, pelas comunicações das partes, as quais são justamente formulações de interesses (LUHMANN, 1995, p. 297). É, contudo, o direito mesmo quem informa o que é conforme o direito (lícito) e o que não é conforme o direito (ilícito). A argumentação no nível dos sistemas é atada a um tempo constante porquanto o sentido contém estrutura e variação. Aqui cabe distinguir observação de primeira ordem – aquela que lida com a leitura e compreensão de textos – da observação de segunda ordem – aquela que pergunta como o texto deve ser lido e entendido – e a observação de terceira ordem – aquela que pergunta por que os argumentos serão satisfeitos com as boas razões, com a sua fundação. O que se observa neste nível, portanto, é a validez de um argumento, a justificação informada, sua recursividade, a reentrada do sentido no sentido sistêmico. Por isso, entendemos que cada petição inicial, cada contestação, cada sentença, cada parecer, cada laudo, cada voto de um desembargador, de um ministro de tribunal superior, cada acórdão (decisão colegiada de tribunais) são oportunidades para o direito se alterar, ocorre que uma mudança de sentido do direito não se dá por um argumento, uma decisão, mas pelo próprio direito como comunicação sistêmica, afinal, a «a argumentação nunca pode parar (descansar, descansar)» (LUHMANN, 1995, p. 290).

A comunicação reduz a surpresa comunicativa a uma quantia tolerável e apenas permite informações como diferenças adicionais de pequenos números de fluxos de garantia, pois só assim se pode comunicar, se pode ter ganhos de capacidade de ampliar respostas às informações. Textos são referências e não determinantes das decisões que serão tomadas, textos são "materiais linguísticos observáveis" (MARCUSCHI, 2008a, p. 71). Já os fundamentos (argumentos) têm a função de redundância, de distinguir fundamentos selecionados como positivos ou negativos. Ocorre que, como observação de segunda ordem, dá-se a omissão de algo importante e indispensável, porém

DECISÃO JURÍDICA NA COMUNICATIVAÇÃO

deve-se justamente a essa omissão a criação de um espaço livre que permite ao direito operar distinções, a observar a si mesmo e ao seu ambiente com ganhos em riqueza estrutural (LUHMANN, 1995, p. 293).

Ocorre que uma das funções do direito, é promover expectativas cognitivas (de aprendizagem) e normativas (contra fáticas). Para isso, o direito preserva redundâncias bem-sucedidas e, diante de novos casos, conta com espaços livres, ainda que limitados à sua memória semântica, para desenvolver sua própria experiência prática. Não existe uma regra de equilíbrio derivada disso. Porém, existe restrição a interesses pessoais justamente porque a comunicação é mediada por conceitos, os quais têm por efeitos decisões dentro do próprio sistema. Assim se explica o quanto, no âmbito sistêmico, as decisões são sistêmicas e não desejos, necessidades, vontades particulares e individuais. A argumentação, nessa perspectiva, amplia a orientação conceitual, pois o sentido de algo aumenta sua variedade e sua irritabilidade quanto ao ambiente, resultando em custos internos correspondentes devido à redundância e à variedade. Redundância e variedade permitem muito espaço para o equilíbrio de interesses, inclusive "desequilíbrio em favor da variedade e contra os valores da redundância deve trazer consistência, confiabilidade e justiça"[76] (LUHMANN, 1995, p. 298).

A metodologia consistiu em transcrever excertos *ipsis litteris* dos PADs, em especial os argumentos da Corregedoria, dos Servidores, da peça de defesa e de depoimentos testemunhais. Esses excertos foram lançados em planilha de excel e observamos considerando as fundamentações, a consistência, a sequência argumentativa entre argumentos acusatórios, depoimentos de testemunhas e os imputados, a defesa apresentada, o termo de indicação e o relatório da Comissão.

No PAD A destacamos a superficialidade dos argumentos presentes em cada uma das partes dos textos. Os fatos estão reduzidos a uma frase: "*A, no dia xx/xx/20xx, utilizou-se indevidamente do sistema de registro de Boletim de Ocorrência para comunicar as ausências de autoridades em seus gabinetes*".

Não bastasse a plena ausência de argumentos para justificar a decisão, o termo "*indevidamente*" presente já na descrição dos fatos conota a perspectiva criminalizante do julgador e evidencia a falta de neutralidade e julgamento antecipado. Isso é corroborado com o fato de se tratar de um superior julgando um ato de um Servidor, portanto, o ato de um "*hierarquicamente inferior*",

---

[76] No original: Where much room is allowed for interest balancing, an unbalancing in favour of variety and against redundancy values must bring consistency, reliability and justice with it

7. DECISÃO POLÍTICA E JURÍDICA: ANÁLISE DE ARGUMENTAÇÃO

bem como de um superior julgando acusação contra outros superiores. A previsibilidade de condenação e de pré-julgamento é compreensível, porém decisão justa requer, mais que neutralidade, imparcialidade (BARRY, 1995).

A falta de neutralidade implica termos a decisão por política e não jurídica, afinal uma decisão jurídica, justa ou não, requer fundamentação. A não neutralidade foi observada também nos itens "d)" e "e)" da parte *"Observância do Devido Processo Legal"*.

> d) O colegiado inquiriu 11 (onze) pessoas, interrogou o Imputado, e analisou documentos, para formar sua convicção da sanção administrativa de suspensão ao servidor em tela.
>
> e) Quanto ao argumento da Corregedoria, Madalena discordou completamente, em virtude de situações totalmente antagônicas com o objeto do presente PAD.

A CORREGEDORIA, fls. 318, afirma:

> "(...) a despeito da fundamentação apresentada nos Pareceres acima expostos, não podemos deixar de levar em conta que em caso análogo conforme citado pela parecerista técnica, esta Casa Correcional deu solução diversa determinando o Arquivamento da Sindicância Administrativa no. 632/20 (cópia anexa) sob o argumento de "inexistir infração disciplinar". Sendo assim, não podemos sugerir que esta Corregedoria, adote posicionamentos diversos para casos análogos, destarte afrontando o Princípio da Isonomia Administrativa. Entrementes, sugiro a V. Sa. O Arquivamento deste PAD."

O argumento que o Servidor *"agiu por livre e espontânea vontade e o Servidor EBS foi pressionado pelo Presidente do Sindicato para registrar através de Boleto de Ocorrência ausência de funcionários"* afasta o arquivamento do PAD contra Manuel Alves. Contudo, não há um único argumento justificador da decisão de ilegalidade por uso de Boletim de Ocorrência para a situação objeto deste caso. Observa-se, inclusive, que o superior Alberto Carlos autorizou Manuel Alves a fazer o uso do sistema de Boletim (Depoimento de Manuel Alves). Caberia, no mínimo, uma acareação entre Manuel Alves e Jair Freire.

O fato de a autorização não ter sido sequer apurada, nos leva a considerar que o argumento central da decisão não tem elementos de prova, não conta com base jurídica. Essa ausência de apuração nos leva a manter a hipótese

DECISÃO JURÍDICA NA COMUNICATIVAÇÃO

de decisão política e não jurídica, portanto que há elementos para se afirmar que estamos diante de perseguição política e não de um julgamento juridicamente fundado, pois não se apura se a conduta do Servidor foi ilícita, mas sim se é reprovada pela Corregedoria, inclusive, porque um Servidor quando integra a Direção do Sindicato ele é afastado oficialmente da função de Servidor, ele legalmente não mais integra a corporação. Lembremos que decisão administrativa também é decisão jurídica, porém não é uma decisão judicial, mas sim decisão judiciária.

No PAD B, observamos um Parecer Técnico em três folhas que tem por decisão a condenação máxima de 30 dias de suspensão do Servidor e dos demais por terem invadido, como dirigentes do Sindicato, reunião sigilosa de trabalho, que se realizava sob segredo de justiça. Tal Parecer não apresenta argumentação, apenas uma transcrição de palavras do Procurador.

Oura maneira de observar é identificar termos que são usados para destacar interesses políticos decisórios e afastar elementos jurídicos, ou seja, justificações pautadas por licitude e decisões pautadas por poder, governo, governabilidade. É o caso do uso do termo "invasão" com a conotação de "ocupar pela força". Contudo: como um Presidente de Sindicato invade uma reunião em segredo de justiça usando a força? Qual a força do Presidente Sindical para Invadir? Se era reunião secreta, como ele sabia? Se era reunião secreta como alguém que não poderia e não deveria estar presente, estava? A resposta é que ele soube porque recebeu denúncia de um Servidor notificando oficialmente o Sindicato que *"a reunião foi convocada de forma irregular"*. Ora, se recebeu documento oficial de denúncia, já não cabe mais falar em segredo e, em se tratando de sindicato, nada mais evidente que o Sindicato apurar a denúncia. Ainda assim, fica a questão de como numa reunião sigilosa entra alguém não convidado. Apesar disso, tem-se na conclusão:

> Independente do mérito do pleito sindical, essa situação, por si só, é gravíssima na medida em que, alguém vazou informação sigilosa e os representantes do sindicato claramente extrapolando sua missão institucional, invadiram a reunião reservada.

Não há argumentos que auxiliem verificar como se chegou a essa conclusão. Não há, portanto, validade jurídica. Se o que se está apurando é a quebra do sigilo, não foi o sindicado, nem seus componentes os autores dessa ação. Se a acusação é que o sindicato não podia entrar na reunião, caberia apurar

7. DECISÃO POLÍTICA E JURÍDICA: ANÁLISE DE ARGUMENTAÇÃO

como eles ingressaram numa reunião sigilosa para a qual não foram convidados. Ficam as reflexões.

Observamos também o conteúdo quanto ao *"mérito do pleito sindical"*. Inexiste, em todo o restante do processo, qualquer referência a tal *"pleito sindical"*, muito menos o que se tem por *"mérito"* dele. Qual a responsabilidade administrativa e jurídica de representantes sindicais que recebem uma denúncia e se omitem? Não há no processo argumento justificador da conclusão que "foi extrapolada a missão institucional". Que argumentos foram utilizados para decidir qual a missão funcional e social do Sindicato? Não há argumento presente na decisão que justifique porque se conclui pela condenação máxima.

Outra observação é quanto ao Parecer Técnico não conter descrição das condutas ilícitas, não há referência a qualquer texto legislativo. O argumento aparece apenas na conclusão do Despacho Homologatório da Corregedoria:

"HOMOLOGO a proposta da Comissão Processante pela aplicação da pena de suspensão aos imputados a Armando Silva e Manuel Alves, prazo de 30 dias, de acordo com a Lei no. Cda/61, observada a gravidade da conduta, os danos dela decorrentes e a repercussão do fato e os antecedentes funcionais dos servidores".

Nessa decisão chama atenção os argumentos:
* *"Gravidade da conduta"*;
* *"Danos dela decorrentes para o serviço"*;
* *"Repercussão do fato"*;
* *"Antecedentes funcionais do imputado"*.

Ocorre que não há qualquer argumento para fundamentar e justificar o que se tomou por gravidade, para quais os danos dela decorrentes, para qual a repercussão punível e, muito menos, para os antecedentes. Quanto a esses últimos, observe-se que, até essa condenação, o Servidor contava apenas com elogios e comendas, além de uma condenação num PAD que já envolvia ligação sindical, a qual teve decisão de arquivamento pela Comissão que foi rejeitada pela Corregedoria, sob argumentos escusos e questionáveis.

No PAD C temos a seguinte situação:

A Presidente da 2ª Comissão, conclui: *"há indícios suficientes de autoria e materialidade delitiva, sugerimos a instalação de PAD em desfavor de Manuel Alves por haver ajustado sua conduta, em tese, ao artigo 2, da Lei n. 31/77".*

A Conclusão da Comissão é: *"Diante do exposto, conclui-se que os imputados, Manuel Alves, Demetrius Alencar, Tárcio Amaral, Walter Lima e Fabiano Martins*

DECISÃO JURÍDICA NA COMUNICATIVAÇÃO

são culpados das acusações relatadas nos autos, motivo pelo qual a Comissão de forma uníssona opina ela aplicação da pena disciplinar concernente à suspensão, por entender praticadas as infrações previstas n*a lei*".

Não há os argumentos que serviram para imputar as condutas dos acusados à legislação.

No Despacho do Corregedor consta:

> Ao Corregedor para adoção das seguintes providências:
>
> 1) Considerando o querestou apuradona Investigação Preliminar, restou evidenciado que *Manuel Alves, Demetrius Alencar, Tárcio Amaral, JredRre e Fabiano Martins* invadiram a secretaria e agrediram oralmente uma servidora dizendo que ela não tinha como impedir que eles entrem na secretaria;
>
> 2) Considerando que a ação dos servidores, até o momento identificados, no mínimo, revela o desprezo pela instituição;
>
> 3) Considerando que a legislação não reservou às entidades associativas e/ou sindicais competência para o exercício do controle externo da atividade dos Servidores, cabendo tal mister constitucionalmente ao órgão do Ministério Público e o controle interno, o ingresso de quaisquer representações sindicais ou associativas ainda que com a suposta finalidade de exercerem atos fiscalizatórios da atividade nas unidades se revela ilegal e abusiva;
>
> 4) Considerando que os imputados são servidores, eles estão sujeitos ao regime jurídico de Servidores da categoria;
>
> Determino que seja:
>
> 1) Elaborada portaria inaugural para instauração de Processo Administrativo Disciplinar em desfavor dos servidores: *Manuel Alves), Demetrius Alencar), Tárcio Amaral, Walter Lima e Fabiano Martins*;

Destacam-se os adjetivos acusatórios "*invasão*" e "agressividade verbal" com a Servidor*a*, bem como a conclusão de que integrantes de sindicato seguem respondendo como servidor das funções que estão afastados. Aplicando a análise de argumentação, não localizamos argumento que justifica a relação entre as acusações e a decisão tomada.

A primeira observação é que o Relatório omite que os integrantes do Sindicato foram apurar denúncias sobre o funcionamento irregular da secretaria.

Das 09 testemunhas, 06 estavam presentes na hora do fato, portanto são testemunhas oculares, e 03 não. Abaixo seguem exemplos sobre a intertextualidade entre depoimentos e decisões tomadas.

7. DECISÃO POLÍTICA E JURÍDICA: ANÁLISE DE ARGUMENTAÇÃO

Acusação: a secretaria foi invadida sem que houvesse prévia autorização

Das 09 testemunhas, apenas duas afirmam que o pessoal do Sindicato entrou na secretaria. Dois depoimentos descrevem que integrantes do SINDICATO entraram, mesmo os funcionários dizendo que não deveriam entrar.

Não há uma busca da Comissão Processante na apuração sobre quem foram esses funcionários que disseram não, afinal isso seria indispensável para a acusação dos dirigentes do Sindicato.

Não se localiza que ordem é considerada legítima. Quem seria legítimo para dar a ordem de proibição para o pessoal do Sindicato não entrar na secretaria? Essa ordem é válida como deôntica: "é proibido"; "é obrigatório"; "é permitido"? Sua intensidade é modalizada como "é necessário" ou como "é possível".

A análise observou que não há na decisão argumento que permita localizar quem a Comissão Processante estabelece como autoridade legítima para dar a ordem para ao pessoal do SINDICATO, afinal, no depoimento de Diretora Bianca Silva, na Sindicância, consta que:

> "Daniela Pereira informou [a Diretora Bianca Silva] que apesar de a recepcionista ter informado que eles não poderiam entrar, eles adentraram".

Nesse mesmo depoimento consta:

> "por volta das 12h50 fui almoçar, retornando por volta das 13h50 e ao adentrar na secretaria, percebi que havia nos corredores integrantes do SINDICATO, ocasião em que foi interpelada por Joana, a qual é funcionária, informando que apesar da recepcionista ter informado que eles não poderiam ter acesso ao ambiente, eles adentraram".

Neste último excerto do depoimento de Diretora Bianca Silva, ela esclarece que não deu ordem para o pessoal do SINDICATO não entrar na secretaria. Caso assim fosse, ela poderia corrigir o engano em seu depoimento em sede do PAD. Todavia, neste momento, depõe que *disse aos integrantes do Sindicato que se aquela ação deles era uma ação legal, poderia ficar à vontade para fazê-la*.

Analiticamente, observa-se ter havido autorização e não negativa de ingresso.

DECISÃO JURÍDICA NA COMUNICATIVAÇÃO

Quanto à autoridade legítima para a ordem ignorada, no depoimento de Daniela Pereira consta:

> "percebeu que os servidores João Cintra, Orlando Cantao, Giovanna Damasseno tentaram impedir que integrantes do SINDICATO entrassem na secretaria, momento em que ouviu a servidora Giovanna Damasseno, a qual estava na recepção, dizer que iria pedir autorização à Direção para que eles adentrassem, momento em que um dos integrantes do SINDICATO disse: "Diga que vamos invadir mesmo e qualquer coisa chamem a polícia", percebendo que os servidores ficaram nervosos com a situação, e logo em seguida a senhora Diretora Bianca Silva, Diretoria da Secretaria, chegou, então disse aos integrantes do SINDICATO: "Pronto! Falem com ela".

Não consta que Daniela Pereira emitiu comando "é proibido", ela não disse ao pessoal do SINDICATO para não entrar. Observa-se que, em depoimento, Orlando Cantao afirma que não estava no local e tomou conhecimento dos fatos por relato de colegas. No depoimento de Daniela Pereira não consta que ela deu ordem para não entrarem na secretaria.

Em depoimento, Sandra Silveira afirma que ouviu Daniela Pereira dizer ao Servidor que *"não podia adentrar, tem que aguardar a Diretoria chegar"* e *"ouviu Diretora Bianca Silva dizer que Manuel Alves* não podia adentrar nas salas". Contudo, a Comissão Processante não busca esclarecer se Joana e a Diretora Bianca Silva (Diretoria) faltaram com a verdade fática ou se Sandra Silveira foi quem deu falso testemunho. Analiticamente, são três depoimentos contradizendo um ao outro. Contudo, ainda assim, a Comissão Processante decide que os pelos integrantes do sindicato invadiram a Secretaria porque não só não houve prévia autorização, mas porque houve proibição para ingressarem na Secretaria.

Não há argumento no processo que ajude a conhecer o que a Comissão Processante considerou ORDEM LEGÍTIMA no caso, nem quem foi agredida verbalmente pelo pessoal do SINDICATO.

Acusação: integrantes do SINDICATO destrataram os funcionários.
Das 09 testemunhas, apenas uma (Edinora), que é testemunha não ocular, afirma que *"através de comentários de outros funcionários, teve conhecimento que houve bateboca. Porém, afirma: "não sabe especificar se tratava de pessoal do SINDICATO ou de outro movimento da categoria".*

7. DECISÃO POLÍTICA E JURÍDICA: ANÁLISE DE ARGUMENTAÇÃO

O Diretor, em depoimento no PAD, afirma não lembrar se a Diretora Bianca Silva relatou ter ouvido palavras ofensivas a ela.

A própria Diretora Bianca Silva, em seu depoimento na sindicância e no PAD, afirma não ter sofrido destrato:

> "naquela ocasião um dos integrantes do SINDICATO se dirigiu a mim e disse que estava fazendo aquilo por um bem maior à categoria; ao que respondi que não sou contra nada que viesse a melhorar as condições de trabalho, porém dentro da legalidade; que ao ir se ausentando do local para efetuar uma ligação, escutou alguém perguntar em voz alta: Essa é a dona do prédio é?; que retornou e perguntou aos integrantes do SINDICATO o por quê deles terem dito aquilo, pois a declarante não os tinha tratado mal".

Observa-se que a Comissão Processante não se ocupou em esclarecer qual foi a resposta dos integrantes do Sindicato. A análise é que o depoimento segue como se os julgadores tomarem por pressuposto que houve agressividade, pois não se ocupam em apurar se a resposta dada para a Diretora Bianca Silva foi ou não agressiva.

Constata-se que na peça DESPACHO, do Corregedor, consta que Patrícia foi destratada. No Relatório, a Comissão escreve que a Diretora Bianca Silva foi destratada. Isso foi analisado como pré-julgamento, pois tomaram por destrato atos não apurados. No relatório consta:

> Patrícia, em depoimento no PAD, narrou que "não teve conhecimento de nenhum mal estar entre o pessoal do SINDICATO e o da secretaria".

Daniela Pereira afirma: "*deu início uma discussão entre o pessoal do SINDICATO e a Diretora, não sabe informar o teor da discussão*". Ocorre que a Comissão não apura essa discussão. Mais uma vez, encontra-se um entimema, pois não há o argumento que revele como a Comissão conclui que houve "a agressão verbal".

Ainda sobre o tema, Diretora Bianca Silva, em depoimento na Sindicância e no PAD, afirma que não estava no local e tudo que soube foi por meio de Joana.

Não há no depoimento de Patrícia, nem no de Diretora Bianca Silva, qualquer referência a terem tratado com agressividade verbal. Não localizamos argumento justificador da decisão da Comissão.

Por fim, uma análise de argumentação para demonstrar quando é evidente uma decisão ser política e não jurídica. No PAD D a Comissão julgou pela improcedência da acusação. O Corregedor destituiu a Comissão, criou outra e abriu PAD contra os membros da 1ª Comissão. Vejamos os dados.

Na ATA FINAL DELIBERATIVA, consta:

> *"(...) esta* PRESIDENTE [Márcia Alencar] se pronuncia favoravelmente ao indiciamento dos imputados, Manuel Alves, *Tárcio Amaral, Walter Lima e Fabiano Martins*, por entender que suas condutas se ajustaram àquelas preconizadas na legislação.

O segundo integrante da Comissão Silviano Calisto, votou:

> "(...) no caso em apreço, não se vislumbra que os fatos apurados aos representantes do Sindicato tenham sido praticados no exercício de suas atribuições como Servidores, uma vez que os mesmos encontram-se licenciados de suas funções primárias, conforme dispõe a legislação vigente, exercendo assim, o mandato de Sindicato".
>
> "(...) não há provas nos autos digna de convencimento de que os imputados tenham moldado suas ações, digam-se legítimas, a qualquer transgressão disciplinar prevista em Lei".

O terceiro membro da Comissão, Daniel Adolmiran, vota:

> "(...) não podemos aferir se houve uma quebra de protocolo convencionado ou atribuir responsabilidades penas ou administrativas sem o devido amparo legal regulatório de forma aleatória e em momento tão específico como o então investigado".
>
> "Desta forma, considerando as provas carreadas nos presentes autos, as quais não tiveram o condão de materializar as transgressões então apuradas, bem com a realidade fática constatada no local, o membro Daniel Adolmiran pugna objetivamente pelo ARQUIVAMENTO do presente feito, em razão da materialidade delitiva não ter sido plenamente delineada e do regular exercício da atividade sindical ter sido aferido, ao menos, no presente caso concreto."

O PAD foi remetido ao Corregedor para deliberação, o qual determinou a redistribuição do PAD, bem como a remoção dos membros da Comissão com a seguinte decisão:

7. DECISÃO POLÍTICA E JURÍDICA: ANÁLISE DE ARGUMENTAÇÃO

Toda a ação sindical, portanto, por seu caráter de ilegitimidade, desautoriza a pretensão de ARQUIVAMENTO, solução que destoa, completamente, das provas constantes dos autos, em razão do que cumpre a este Corregedor Geral, redistribuir o feito a outra Comissão, para à luz do conjunto probatório e de novas diligências darem, continuidade ao presente feito, de modo a firmar o seu entendimento, diverso ou não, do apresentado pela Comissão Processante, compatibilizando-o com as provas constantes dos autos.

Encaminhem-se os autos para a Corregedoria, a fim de redistribuir o feito a outra Comissão, a fim de dar prosseguimento ao feito.

Extraiam-se cópias dos votos proferidos pelos Membros da 1ª Comissão, nos autos do processo sob apreciação, encaminhando-os à Corregedorial, com o desiderato de servirem de esteio à instauração de Processo Administrativo Disciplinar em desfavor de Márcia Alencar, Daniel Adolmiran, Silviano Calisto, a fim de verificar se os mesmos, ao proferirem seus votos, incidiram na prática de eventual transgressão.

A 1ª Comissão foi destituída, foi nomeada nova Comissão e aberto PAD contra os membros da primeira.

Cabe ressaltar que não apenas o Corregedor afirma existir um destoar entre as provas nos autos e a decisão de arquivamento da Comissão Processante, sem apontar qualquer argumento para fundamentar essa dissonância, como também usa seu argumento infundado como justificativa para redistribuir o processo a uma outra Comissão. A evidência de perseguição política e tratamento parcial, arbitrário, é observada devido à decisão de abrir PAD contra os membros da Comissão original para que se proceda investigação por transgressão em razão dos votos proferidos.

É evidente o controle e o tom ameaçador presente na argumentação da decisão, o que elimina qualquer possibilidade de considerar imparcialidade da Corregedoria na apuração, mas sim que há forte indício de perseguição, pois, até os julgadores que decidem pelo arquivamento, sofrem PAD por seu voto.

Assim demonstramos como desenvolvemos pesquisa com argumentação. Dos dados analisados, a pesquisa conclui que as decisões foram políticas porque não há fundamentação jurídica nas decisões e porque as decisões não se apoiam nas provas presentes nos autos. Não há como considerar juridicamente válida uma decisão tomada sem esteio legislativo, sem apoio nos elementos fáticos, sem provas materiais e jurídicas. As decisões não contam

DECISÃO JURÍDICA NA COMUNICATIVAÇÃO

com elementos de licitude, são, portanto, políticas uma vez que estão apoiadas em poder político, são comunicações baseadas no código governo/oposição (LUHMANN, 2009, p. 170), no caso, Secretaria e Sindicato.

As decisões tomadas não constituem argumentações, mas imposição aos moldes de quem parte da objetividade sem parêntesis, para lembrar Maturana.

REFERÊNCIAS

ABBAGNANO, Nicola. **Storia dela filosofia**. V. I – La filosofia antica (dele origine al neoplatonismo). Milano: TEA, 1993a.

ABBAGNANO, Nicola. **Storia dela filosofia**. V. VI – La filosofia dei socoli XIX-XX. Milano: TEA, 1993b.

ADAMS, Frederick. The informational turn in philosophy. *In*: **Minds and a machines**. Netherlands, Kluwer, no. 13, p. 471-501, 2003.

AFONSO DA SILVA, Virgílio. O relator dá voz ao STF? Uma réplica a Almeida e Bogossian. **Revista Estudos Institucionais**, v. 2, n. 2, p.648-669, 2016a.

AFONSO DA SILVA, Virgílio. O Supremo Tribunal precisa de Iolau: resposta às objeções de Marcelo Neves ao sopesamento e à otimização. **Revista de Direito da Universidade de Brasília**, v. 2, n. 1, p. 96-118, jan./abr. 2016b.

ALES BELLO, Ângela. **Introdução à fenomenologia**. (Tradução Ir. Jacinta Turolo Garcia e Miguel Mahfoud). Florianópolis: EdUSC, 2006.

ALEXANDER, Jeffrey C.. **Las teorias sociologicas desde la segunda guerra mundial**: análises Multidimensional. Barcelona: Gedisa, 1990.

ÁLVARES SALDANHA, Elza Roxane. Kirchmann e a negação do caráter científico da ciência do direito. **Revista de Informação Legislativa**, Brasília, Senado, a. 27, n. 108, p. 271-284, out./dez. 1990.

ANDRADE, PéricIes. Agência e estrutura: o conhecimento praxiológico em Pierre Bourdieu. **Estudos de Sociologia**, Revista do Programa de Pós-Graduação em Sociologia da UFPE, v. 12. n. 2, p. 97-118, 2006.

ANGELL, Márcia. **A verdade sobre os laboratórios farmacêuticos**. Rio de Janeiro/São Paulo: Record; 2007.

ANTONOV, Mikhail. History of schism: the debates between Hans Kelsen and Eugen Ehrlich. **Vienna Journal on International Constitutional Law (ICL Journal)**, v. 5, no. 1, p. 1-21, 2011.

ARCHER, Margaret. Realismo e o problema da agência. **Estudos de Sociologia**, Revista do Programa de Pés-Graduação em Sociologia da UFPE, v. 6, n. 2, p. 51-75, 2000.

ARCHER, Margaret. **Teoría social realista**. El enfoque morfogenético. Tradução Daniel Chernilo. Santiago de Chile: Universidad Alberto Hurtado, 2009[1995].

DECISÃO JURÍDICA NA COMUNICATIVAÇÃO

ARISTÓTELES. Analíticos posteriores. *In*: **Organón**. Tradução Edson Bini. São Paulo: Edipro, 2016.

ARISTÓTELES. **Metafísica**. Tradução bilingue Giovanni Reale. São Paulo: Loyola, 2015.

ARRUDA JÚNIOR, Edmundo Lima de. **Lições de direito alternativo**. São Paulo: Acadêmica, 1991.

ATIENZA, Manuel. **Las razones del derecho**. Teorías de la argumentación jurídica. México: Universidad Nacional Autónoma de México, 2005

ATIENZA, Manuel. **El derecho como argumentación**. Concepciones de la argumentación. Madrid: Ariel, 2012.

AUSTIN, John Langshaw. **How to do things with words**. Oxford: Oxford University Press, 1962.

AUSTIN, John Langshaw. **Sentido e percepção**. São Paulo: Martins Fontes, 1993[1962].

BAKHTIN, Mikhail. **Marxismo e filosofia da linguagem**. São Paulo: Hucitec, 2006[1929].

BAKHTIN, Mikhail. **Estética da criação verbal**. São Paulo: Martins Fontes, 2003[1979].

BANAKAR, Reza; TRAVERS, Max. **Theory and Method in Socio-legal Research**, Oxford: Hart, 2005.

BARBOZA, Estefania Maria de Queiroz; KOZICKI, Katya. Judicial Review e o ativismo judicial da Suprema Corte américa na proteção dos direitos fundamentais. **Espaço Jurídico, Journal of Law**, Joaçaba, v. 17, n. 3, p. 733-752, set./dez. 2016.

BARRY, Brian. **Justice as imparciality**: a treatise on social justice. Oxford: Oxford University-Clarendon, 1996.

BARROS, Alberto Ribeiro G.. DESOBEDIÊNCIA CIVIL E DIREITO DE RESISTÊNCIA POLÍTICA. **Cadernos de Ética e Filosofia Política**, v. 2, n. 31, p. 152-172, 2017. Disponível em: http://www.revistas.usp.br/cefp/article/view/142059

BARROSO, Luís Roberto. A razão sem voto: o Supremo Tribunal Federal e o governo da maioria. **Revista Brasileira de Políticas Públicas**, Brasília, v. 5, Número Especial, p. 23-50, 2015.

BARROSO, Luís Roberto. **Judicialização, ativismo judicial e legitimidade democrática**. Disponível em: https://www.direitofranca.br/direitonovo/FKCEimagens/file/Artigo Barroso_para_Selecao.pdf. Acesso em: 3/ago./2018.

BASTITTI, César Augusto. O método de análise cartesiano e seu fundamento. **scientiæ zudia**, São Paulo, v. 8, n. 4, p. 571-596, 2010.

BATESON, Gregory. **Mente e natureza**. Rio de Janeiro: Francisco Alves, 1986[1979].

BELLO, Enzo; ENGELMANN, Wilson. **Metodologia da pesquisa em direito**. Caxias do Sul-RS: Educs, 2015.

BECKER, Howard. S. **Segredos e truques da pesquisa**. Rio de Janeiro: Zahar, 2008.

BERNARDINO COSTA, Alexandre; ROCHA, Eduardo Gonçalves. Epistemologia e Pesquisa em Direito. In: BELLO, Enzo; ENGELMANN, Wilson. **Metodologia da pesquisa em direito**. Caxias do Sul-RS: Educs, 2015. p. 117-138.

BHOM, David. **Causalidade e acaso na física moderna**. Rio de Janeiro: Contratempo, 2015.

BLOOR, David. Anti-Latour. **Studies in History, Philosophy of Science**, v. 30, n. 1, p. 81–112, 1999.

BLOOR, David. Response to Latour. **Studies in History, Philosophy of Science**, v. 30, n. 1, p. 131–136, 1999.

REFERÊNCIAS

BÔAVIAGEM, Aurélio Agostinho da. O Direito Alternativo fundamenta-se no Direito vivo/ livre ou no Direito Natural? Será ele Direito? **Revista do Instituto dos Advogados de Pernambuco**, Recife, v.1, nº 1, 1999.

BOBBIO, Norberto. **Teoria do ordenamento jurídico**. Tradutora Maria Celeste Cordeiro Leite dos Santos. Brasília: UnB, 1986[1961].

BONJOUR, Laurence. A dialética do fundacionismo e coerentismo. *In*: GREGO, John; SOSA; Ernest. **Compêndio de epistemologia**. Rio de Janeiro: Loyola, 2008. p. 191-229.

BONFIGLI, Fiammetta; SCHWARTZ, Germano. Movimentos sociais e Direito: o GT (Grupo de Trabalho) jurídico e seu papel na ocupação da Câmara de Vereadores de Porto Alegre em 2013. RBSD – Revista Brasileira de Sociologia do Direito, v. 7, n. 2, p. 3-33, maio/ago. 2020.

BOURDIEU, Pierre. **Poder simbólico**. Lisboa: DIFEL, 1989[1982].

BOURDIEU, Pierre; WACQUANT, Loic. **An invitation to reflexive sociology**. Chicago, University of Chicago Press, 1992.

BRENNAN, Richard. **Gigantes da física**. Uma história da física moderna através de oito biografias. Rio de Janeiro: Zahar, 1997.

BUENO DE CARVALHO, Amilton. **Magistratura e direito alternativo**. São Paulo: Acadêmica, 1992.

BUNGE, Mário. **La investigación científica**: su estrategia y su filosofia. Barcelona: Ariel 1980.

BURDZINSKI, Júlio César. Os problemas do fundacionismo. **Kriterion**, n. 115, p. 107-125, jun. 2007.

BUSTAMANTE, Thomas. Princípios, regras e conflitos normativos: uma nota sobre a superabilidade das regras jurídicas e as decisões contra legem. **Direito, Estado e Sociedade**, n. 37, p. 152-180, jul./dez. 2010.

BUSTAMANTE, Thomas; GODOI BUSTAMANTE, Evanilda Nascimento de. Jurisdição constitucional na era Cunha: entre o passivismo procedimental e o ativismo substancialista do STF. **Revista Direito & Praxis**, Rio de Janeiro, v. 7, n. 13, p. 346-388, 2016. DOI: 10.12957/dep.2016.17530.

CALIXTO, Angela Jank; CARVALHO, Luciani Coimbra de. O direito social à desobediência civil: uma análise a partir da teoria de Ronald Dworkin. **Direito & Paz**, São Paulo, Lorena, Ano IX, n. 36, p. 62-82, jan./jun. 2017.

CAMPILONGO, Celso Fernandes. **Direito e diferenciação social**. São Paulo: Saraiva, 2011.

CAMPILONGO, Celso Fernandes. **Interpretação do direito e movimentos sociais**. Rio de Janeiro: Elsevier, 2012.

CAMPILONGO, Celso Fernandes. **Política sistema jurídico e decisão judicial**. São Paulo: Saraiva, 2017.

CARRINO, Agostino. **Eugen Ehrlich e Hans Kelsen**: una controversia sulla sociologia del diritto. Working paper, no. 79, Barcelona, 1993. Disponível em: https://www.icps.cat/archivos/WorkingPapers/WP_I_79.pdf?noga=1. Acesso em: 30/09/2018.

CARVALHO, Salo. Crítica e contracrítica dos movimentos de crítica à dogmática jurídica: ensaio sobre as transições da escola do direito livre e do movimento do direito alternativo em homenagem a Amilton Bueno de Carvalho. **Revista Direitos e Garantias Fundamentais**, Vitória, v. 17, n. 1, p. 9-48, jan./jun. 2016. Disponível em: http://sisbib.emnuvens.com.br/direitosegarantias/article/view/668/274

DECISÃO JURÍDICA NA COMUNICATIVAÇÃO

CASALDÁLIGA, Pedro. **Uma igreja da Amazônia em conflito com o latifúndio e com a marginalização social**. Disponível em: http://www.servicioskoinonia.org/Casaldaliga/cartas/1971CartaPastoral.pdf. Acesso em: 03/07/2016.

CASTAÑON, Gustavo Arja. O que é construtivismo? **Caderno de História e Filosofia da Ciência**, Campinas, Série 4, v. 1, n. 2, p. 209-242, jul.-dez. 2015.

CATHARINA, Alexandre de Castro. **Movimentos sociais e a construção dos precedentes judiciais**. Curitiba: Juruá, 2015.

CITTADINO, Gisele. Judicialização da política, constitucionalismo democrático e separação de poderes. In: VIANNA, Luiz Werneck (org). **A Democracia e os três poderes no Brasil**. Belo Horizonte-Rio de Janeiro: UFMG-IUPERJ, FAPERJ, 2002. p. 17-42.

COELHO, Marco Antônio. Trabalho escravo no Brasil. Depoimento de Walter Barelli e Ruth Vilela. **Revista Estudos Avançados**, v. 14, n. 38, p. 7-29, 2000.

COLARES, Virgínia. **Inquirição na justiça**. Estratégias linguístico-discursiva. Porto Alegre: SAFE, 2003.

COLOMBAROLI, Ana Carolina de Morais. Movimento social de mulheres e atuação perante o poder judiciário: entre os avanços e as potencialidades ignoradas. **Caderno Espaço Feminino**, Uberlândia-MG, v. 30, n. 1, p. 26-50, jan./jun. 2017. DOI 10.14393/CEF-v30n1-2017-2

COMTE, Auguste. **Principios de filosofia positiva**. (trad. Jorge Lagarrigue). Santiago: Librería del Mercúrio, 1875[1868].

COMTE, Auguste. **Curso de filosofia positiva**. (trad. José Arthur Giannotti e Miguel Lemos). São Paulo: Abril Cultural, 1978[1830]. Coleção Os Pensadores.

CONDÉ, Mauro Lúcio leitão. **Wittgenstein**: linguagens e mundo. São Paulo: Annablume, 1998.

COPI, Irving. M.. **Introdução à lógica**. São Paulo: Mestre Jou, 1974.

CÔRTES TOURINHO, Carlos Diógenes. A consciência e o mundo. O projeto da fenomenologia trnasc3endental de Edmund Husserl. **Revista da Abordagem Gestáltica**, v. XV, n. 2, p. 93-98, jul-dez, 2009.

COSTA, Renata Almeida da. Humanismo e sociologia: as bases do movimento do direito alternativo. Alternativo a quê(em)?. **Revista Direitos e Garantias Fundamentais**, Vitória, v. 17, n. 1, p. 49-64, jan./jun. 2016. Disponível em: http://sisbib.emnuvens.com.br/direitosegarantias/article/view/766/275

COTRIM JÚNIOR, Dorival Fagundes. O direito de resistência em Spinoza e a institucionalização do Decreto Nº 8.243/14. **Cadernos Espinosanos**, São Paulo, n.39, p. 287-315, jul./dez. 2018.

CRESWELL, John. W. Investigação qualitativa e projeto de pesquisa. Escolhendo entre cinco abordagens. Porto Alegre: Penso, 2014.

CUNHA, Alexandre dos Santos; SILVA, Paulo Eduardo Alves da. **Pesquisa empírica em direito**. Rio de Janeiro: Ipea, 2013.

DANCY, Jonathan. **Epistemologia contemporânea**. Lisboa: Edições 70, 1985.

DEITZ, Thomas; KALOF, Linda. **Introdução à estatística social**. Tradução Ana Maria Lima de Farias e Vera Regina Lima de Farias. Rio de Janeiro: LTC-Gen, 2015.

DERRIDA, Jacques. **Canalhas**. Dos ensaios sobre a razão. Madrid: Trotta, 2005.

DESCARTES, René. **Discurso do método**. São Paulo: Martins fontes, 2001[1637].

DESCARTES, René. **Meditações sobre Filosofia Primeira**. Edição bilíngue (trad. Fausto Castilho). São Paulo: Unicamp, 2004[1641].

REFERÊNCIAS

DEVITT, Michael. Dummett´s anti-realism. **The Journal of Philosophy**, v. 80, n. 2, p. 73-99, feb. 1983.

DILTHEY, Wilhelm. **Introdução às ciências humanas**. Tentativa de uma fundamentação para o estudo da sociedade e da história. Tradução Marco Antônio Casanova. Rio de Janeiro: Forense Universitária, 2010[1882].

DILTHEY, Wilhelm. **Os tipos de concepção de mundo e o seu desenvolvimento nos sistemas metafísicos**. Tradução Artur Mourão. Disponível em: http://www.lusosofia.net/ textos/dilthey_tipos_de_concep_ao_do_mundo.pdf. Acesso em: 03/maio, 2018.

DILTHEY, Wilhelm. **Teoría de la Concepción del mundo**. Tradução Eugenio Imaz. México: Fondo de Cultura Económica, 2015[1924].

DINUCCI, Aldo. Análise das três teses do Tratado do Não-Ser de Górgias de Leontinos. **O que nos faz pensar**, v. 17, n. 24, p. 5-22, oct. 2008. Disponível em: http://www.oque nosfazpensar.fil.puc-rio.br/index.php/oqnfp/article/view/257

DINUCCI, Aldo. **Górgias de Leontinos**. São Paulo: Oficina do Livro, 2017.

DOMINGUES, Ivan. **O grau zero do conhecimento**: o problema da fundamentação das ciências humanas. São Paulo: Loyola, 1991.

DOMINGUES, Ivan. **Conhecimento e transdisciplinaridade II**: aspectos metodológicos. Belo Horizonte: Editora UFMG, 2005.

DUMMETT, Michael. **Truth and other enigmas**. Cambridge, MA: Harvard University Press, 1978.

DURKHEIM, Émile. **As regras do método sociológico**. São Paulo: Martins Fontes, 2007[1895].

DUTRA, Roberto; ARENARI, Brand. Implementação de Políticas Públicas e Inclusão Social: a atuação de organizações implementadoras com populações de rua usuárias de drogas. **Boletim de Análise Político-Institucional**, n. 13, p. 29-36, out. 2017.

DWORKIN, Ronald. **Taking rights seriously**. Harvard: Harvard University Press, 1977.

EINSTEIN, Albert. **Does the inertia of a body depend upon its energy-content?** (1905). Disponível em: https://www.fourmilab.ch/etexts/einstein/E_mc2/e_mc2.pdf. Acesso em: 30/03/2019.

EINSTEIN, Albert. The foundation of the general theory of relativity (1916). *In*:. KOX, A. J.; KLEIN, Martin J.; SCHULMANN, Robert. **Collected papers**. New Jersey (EDU): Princeton University Press, 1997. Disponível em: http://hermes.ffn.ub.es/luisnavarro/nuevo_maletin/ Einstein_GRelativity_1916.pdf

ELY, John Hart. **Democracia e desconfiança**. Uma teoria do controle judicial de constitucionalidade. São Paulo: Martins Fontes, 2010.

EHRLICH, Eugen. **Fundamentos da sociologia do direito**. Brasília: UnB, 1986[1913].

ERLING SEVERO, Elena; CRUZ, Rubia Abs da. Advocacy feminista para o acesso à justiça. **Justiça e direitos humanos**: experiências de assessoria jurídica popular. Curitiba: Terra de Direitos, 2010. p. 45-59. Disponível em: https://terradedireitos.org.br/uploads/arquivos/ Miolo_PB_final.pdf

FANTI, Fabiola. Movimentos sociais, direito e poder judiciário: um encontro teórico. *In*: Fabiano Engelmann (org.) **Sociologia política das instituições judiciais**. Porto Alegre: EdUFRGS/ CEGOV, 2017. p. 241-274.

DECISÃO JURÍDICA NA COMUNICATIVAÇÃO

FERREIRA, Cleia Simone; SANTOS, Éverton Neves dos; MARTINS DE SOUZA, Marcos Gabriel Eduardo Ferreira. As pessoas em situação de rua e a defensoria em movimento humanizador. *In*: JOCA MARTINS, Martha Priscylla Monteiro; MONTEZUMA, Talita de Fátima Pereira Furtado, ALVES, Vinicius (coord.). **Defensoria Pública, assessoria jurídica e popular e movimentos sociais e populares**: novos caminhos traçados na concretização do direito de acesso à justiça [E-book]. Vol. 2. Goiás: IPDMS, 2017. p. 377-398.

FERRER, Diogo. Apresentação à eidção portuguesa. *In*: HUSSERL, Edmund. **Investigações lógicas**: prolegomenos à lógica pura: Tradução Diogo Ferrer. Rio de Janeiro: Forense, 2014[1901]. p. IX-X.

FEYEHABEND, Paul. ¿Por qué no Platón? Tradução Maria Asunción Albisu. Madrid: Tecnos, 1993[1980].

FEYEHABEND, Paul. **Contra o método**. Tradução Cezar Augusto Mortari. São Paulo: EdUnesp, 2011[1975].

FITTA QUIRINO, Juan Carlos. La jurisprudencia no es ciencia. A 125 años de la muerte de Julius Hermann von Kirchmann. **Nueva Época**, México, ano 23, n. 64, p. 313-324, set./dez. 2010.

FLORENTINO E SILVA, Clara Welma. Construção coletiva de uma nova concepção de defensoria pública, com foco em atuações de mobilização social e educação popular, em parceria com a assessoria jurídica popular e os movimentos sociais e populares. *In*: JOCA MARTINS, Martha Priscylla Monteiro; MONTEZUMA, Talita de Fátima Pereira Furtado, ALVES, Vinicius (coord.). **Defensoria Pública, assessoria jurídica e popular e movimentos sociais e populares**: novos caminhos traçados na concretização do direito de acesso à justiça [E-book]. Vol. 2. Goiás: IPDMS, 2017. p. 349-376.

FOERSTER, Heinz von. **Sistemi che osservano**. Roma: Astrolabio, 1987.

FOERSTER, Heinz von. Ethics and Second-Order Cybernetics. *In:* Y. Ray et B. Prieur (eds.). **Systèmes, Ethique, Perspectives en thérapie familiale**. ESF editeur, Paris, 1991. p. 41–55.

FOERSTER, Heinz von. Cybernetics of cybernetics. *In*: **Understanding understanding**: essays on cybernetics and cognition. New York: Springer-Verlag, 2003a. p. 283-286.

FOERSTER, Heinz von. Disorder/Order: Discovery or Invention? *In*: **Understanding understanding**: essays on cybernetics and cognition. New York: Springer-Verlag, 2003b. p. 273-282.

FOERSTER, Heinz von. Ethics and Second-Order Cybernetics. *In*: **Understanding understanding**: essays on cybernetics and cognition. New York: Springer-Verlag, 2003c. p. 287-304.

FOERSTER, Heinz von. For Niklas Luhmann: "how recursive is communication?". *In*: **Understanding understanding**: essays on cybernetics and cognition. New York: Springer--Verlag, 2003d. p. 305-323.

FOERSTER, Heinz von. On self-organizing systems and their environment. *In*: **Understanding understanding**: essays on cybernetics and cognition. New York: Springer-Verlag, 2003e. Também disponível em: https://www.cybertech.swiss/research/references/VonFoerster2003/fulltext.pdf Acesso em: 30/3/2003e. p. 1-19.

FONTAINHA, Fernando de Castro; GERALDO, Pedro Heitor Barros. **Sociologia Empírica do Direito**. Curitiba: Juruá, 2015.

REFERÊNCIAS

FORSHAW, Jeff; COX, Brian. **O universo quântico**. Tudo o que pode acontecer realmente acontece. São Paulo: Fundamento Educacional, 2016.

FRANCA FILHO, Marcílio Toscano. História e razão do paradigma vestifaliano. **Anuario de Derecho Constitucional Latinoamericano**, Tomo II, p. 1445-1465, 2006.

FRASER, Nancy. Reenquadrando a justiça em um mundo globalizado. **Lua Nova**, São Paulo, v. 77, p. 11-39, 2009.

FREIRE, Olival; PESSOA JÚNIOR, Osvaldo; BROMBERG, Joan Lisa. **Teoria quântica**. Estudos históricos e implicações culturais. Campina Grande-PB: EdUEPB/Livraria Física, 2010.

FRESÁN, Javier. **Gödel**: la lógica de los escépticos. Madrid: Nivola, 2008.

GARCÍA AMADO, Juan Antonio. Sobre formalismos y antiformalismos en la Teoría del Derecho. **Eunomía. Revista en Cultura de la Legalidad**, n. 3, p. 13-43, sep./feb. 2013.

GARFINKEL, Harold. **Estudos de etnometodologia**. Petrópolis: Vozes, 2018[1967].

GARFINKEL, Harold. **Ethnomethodogoly's program**: working out Durkheim's aphorism. Lanham/Boulder/New York/Oxford: Rowmam & Littlefild, 2002.

GARFINKEL, Harold. **Toward a sociological theory of information**. Colorado (USA): Paradigm, 2008.

GETTIER, Edmund L. Is Justified True Belief Knowledge? **Analysis**, v. 23, n. 6, p. 121–143 Jun.; 1963. DOI: 10.1093/analys/23.6.121

GHIRALDELLI JR., Paulo. **Para compreender a filosofia de Donald Davidson**. Disponível em: https://ghiraldelli.files.wordpress.com/2008/07/davidson_pdf_versao_final.pdf. Acesso em: 03/30/2017.

GIRARDI, Eduardo Paulon e outros. Mapeamento do trabalho escravo contemporâneo no Brasil: dinâmicas recentes. **Revista Brasileira de Geografia Econômica**, Ano II, n. 4, p. 1-27, 2014. DOI: 10.4000/espacoeconomia.804. Para ver mais dados, acessar: http://reporterbrasil.org.br/dados/trabalhoescravo.

GLASERSFELD, Ernest von. An Introduction to Radical Constructivism. In: WATZLAWICK, P. (ed.). **The invented reality**. New York: Norton, 1984. p. 17–40. English translation of: Glasersfeld, E.. Einführung in den Radikalen Konstruktivismus. In: Watzlawick, P. (ed.) Die Erfundene Wirklichkeit, Munich: Piper, 1981. p. 16–38. Disponível em: http://vonglasersfeld. com/070.1.

GÖDEL, Kurt. **Obras completas**. Madrid: Alianza, 2006[1968].

GOFFMAN, Erving. **Os quadros da experiência social**. Uma perspectiva de análise. Petrópolis: Vozes, 2012[1974].

GOLDSTEIN, Rebecca. **Incompletude**: a prova e o paradoxo de Kurt Gödel. Tradução Ivo Korytowski. São Paulo: Companhia das Letras, 2008.

GONDIN, Elnora. Justificação epistêmica: fundacionismo e coerentismo. **Ideas y Valores**, v. 66, no. 163, p. 223-241, 2017.

GOTTHARD, Günther. **Life as Polycontexturality**. H. Fahrenbach (Hrsg.), Wirklichkeit und Reflexion, Festschrift für WalterSchulz, Pfullingen 1973, p. 187-210. Disponível em: http://www.vordenker.de/ggphilosophy/gg_life_as_polycontexturality.pdf

GUANABARA, Ricardo. Visões alternativas do direito no Brasil. **Revista Estudos Históricos**, v. 9, n. 18, p. 403-416, jun./dez. 1996.

DECISÃO JURÍDICA NA COMUNICATIVAÇÃO

GUMPERZ, John J. Fact and inference in courtroom testimony. In: GUMPERZ, John J. **Language and social identity**. Cambridge: Syndicate of the University of Cambridge, 1982. p. 163-194.

GUMPERZ, John J.. Contextualization conventions. PAULSTON, Christina and TUCKER, G. Richard (org.). **Sociolinguistics**: the essential readings. Blackwell, 2003. p. 140-141.

HAACK, Susan. Belief in naturalismo: an epistemologist´s philosophy of mind. *In*: STALMACH, Jerzy; BROZEK, Bartosz; KWIATEK, Lukask. **The normative mind**. Miami: Copernicus Center Press, 2011. p. 229-249.

HAACK, Susan. **Manifesto de uma moderada apaixonada**. Ensaios contra a moda irracionalista. Rio de Janeiro: Loyola/PUC-Rio, 2011.

HABERMAS, Jürgen. **Teoría de la acción comunicativa vol. I**. Buenos Ayares: Taurus, 1987a[1981].

HABERMAS, Jürgen. **Teoría de la acción comunicativa vol. II**. Buenos Ayares: Taurus, 1987b[1981].

HABERMAS, Jürgen. **Aclaraciones a la ética del discurso**. Madrid: Trotta, 2000[1991].

HABERMAS, Jürgen. **Teoría de la acción comunicativa**: complementos y estudios previos. Madrid: Catedra, 1994.

HABERMAS, Jürgen. **Faticidad y validez**. Madrid: Trotta, 1998[1992].

HABERMAS, Jürgen. **La lógica de las ciencias sociales**. Madrid: Tecnos, 1996[1982].

HABERMAS, Jürgen. **Verdad y justificación**. Madrid: Trotta, 2002[1999].

HAHN, Hans; NEURATH, Otto; CARNAP, Rudolf. A concepção cientifica do mundo. O círculo de Viena. Dedicado a Moritz Schlick. **Cadernos de História e Filosofia da Ciência**, Campinas, Unicamp, Centro de Lógica e Epistemologia, v. 10, p. 5-20, 1986.

HART, Herbert. L. A.. **O conceito de direito**. Tradução A. Ribeiro Mendes. Lisboa: Fundação Calouste Gulbenkian, 1994[1961].

HARTMANN, Ivar. A Realidade das Decisões sobre Liberdade de Expressão, Honra e Imagem no STF e no STJ. **Espaço Jurídico Journal of Law [EJJL]**, v. *19, n.* 3, p. 731-754, 2019. https://doi.org/10.18593/ejjl.19672

HEGEL, Georg Wilhelm Friedrich. **Ciência da lógica**. 1. A doutrina do ser. Petrópolis: Vozes, 2016a[1812].

HEGEL, Georg Wilhelm Friedrich. **Ciência da lógica**. 1. A doutrina do conceito. Petrópolis: Vozes, 2016c[1812].

HEGEL, Georg Wilhelm Friedrich. **Ciência da lógica**. 2. A doutrina da essência. Petrópolis: Vozes, 2016b[1812].

HINTIKKA, Merrill B.; HINTIKKA, Jaakko. **Uma investigação sobre Wittgenstein**. Campinas: Papirus, 1994.

HORBACH, Beatriz Bastide; FUCK, Luciano Felício. **O Supremo por seus assessores**. São Paulo: Almedina, 2014.

HUME, David. **Investigações sobre o entendimento humano**. Lisboa: Fundação Caloust Gulbenkian, 2004[1748].

HUSSERL, Edmund. **A crise da humanidade européia e a filosofia**. Tradução Urbano Zilles. Porto Alegre: EDIPUCRS, 2002[1936].

REFERÊNCIAS

HUSSERL, Edmund. **Ideias para uma fenomenologia e para uma filosofia fenomenológica**. Tradução Márcio Suzuki. Aparecida-SP: Idéias & Letras, 2006[1913].

HUSSERL, Edmund. **Meditaciones cartesianas**. Tradução: José Gaos e Miguel García-Baró. México: Fondo de Cultura Económica, 1996[1931].

HUSSERL, Edmund.**Investigações lógicas**: prolegomenos à lógica pura: Tradução Diogo Ferrer. Rio de Janeiro: Forense, 2014[1901].

HYMES, Dell. **Foundations of sociolinguistics an ethnographic approach**. Philadelphia: University of Pennsylvania, 1972.

HYMES, Dell. Models of interaction of language and social life. *In*: GUMPERZ, John J.; HYMES, Dell. **Directions in sociolinguistics**. The ethnography of communication. Oxford/New York: Blackwell, 1986. p. 35-71.

INSTITUTO PAULO MONTENEGRO; AÇÃO EDUCATIVA. **Indicador de analfabetismo funcional**. LIMA, Ana; CATELLI JR., Roberto (coord.). Disponível em: http://acao educativa.org.br/wp-content/uploads/2018/08/Inaf2018_Relat%C3%B3rio-Resultados-Preliminares_v08Ago2018.pdf. Acesso em: 30/mar./2018.

ISAACSON, Walter. **Einstein**: sua vida, seu universo. São Paulo: Companhia das Letras, 2007.

JESUS, Diego Santos Vieira de. O baile do monstro: O mito da Paz de Vestfália na história das relações internacionais modernas. **História**, v. 29, n. 2, p. 221-232, dec. 2010. Doi: 10.1590/S0101-90742010000200012

JHERING, Rudolf von. **A finalidade do direito**. Tomo I. tradução Heder K. Hoffmann. Campinas: Bookseller, 2002a[1877-1883].

JHERING, Rudolf von. **A finalidade do direito**. Tomo II. tradução Heder K. Hoffmann. Campinas: Bookseller, 2002b[1877-1883].

JHERING, Rudolf von. **A luta pelo direito**. eBooksBrasil.com. Digitalizado da Primeira Edição, 1999[1872].

KANT, Immanuel. **Correspondence**. (trad. Arnulf Zweig). Cambridge/New York/ Melbourne: Cambridge University Press, 1999.

KANT, Immanuel. **Crítica da razão pura**. Lisboa: Fundação Calouste Gulbenkian, 1997[1787].

KANT, Immanuel. **Fundamentação da metafísica dos costumes**. (Tradução: Paulo Quintela). Lisboa: Edições 70, 2007[1785].

KANT, Immanuel. **Prolegômenos a toda metafísica futura que queria aparentar-se como ciência**. Lisboa: Edições 70, 1998[1783].

KAPLAN, Abraham. **A conduta na pesquisa**. São Paulo: EdUSP, 1972.

KAUFFMAN, L. H. Form dynamics. **Journal Social Biological Structure**, v. 10, p. 53-72, 1980.

KAUFFMAN, L. H. Self-reference and recursive forms. **Journal Social Biological Structure**, v. 10, p. 53-72, 1987.

KAUFFMAN, L. H. **Laws of Form**. An exploration in mathematics and foundations. Disponível em: http://homepages.math.uic.edu/~kauffman/Laws.pdf. Aceso em: 03/05/2000.

KELSEN, Hans. **Teoria pura do direito**. São Paulo: Martins Fontes, 1992[1960].

KELSEN, Hans. Uma fundamentação para a sociologia do direito. **Revista Direito & Praxis**, Rio de Janeiro, v. 10, n. 1, p. 775-816, 2019[1915]. [Versão original: KELSEN, Hans. Eine Grundlegung der Rechtssoziologie. Archiv für Sozialwissenschaft und Sozialpolitik, n. 39, p. 839-876, 1915. (Trad. Henrique Sagebin Bordini).

DECISÃO JURÍDICA NA COMUNICATIVAÇÃO

KERBRAT-ORECCHIONI, Catherine. **Análise da conversação**. São Paulo: Parábola, 2006.

KING, Michael; THORNHILL, Chris. **Niklas Luhmann's theory of politics and law**. Nova York: PALGRAVE MACMILLAN, 2003.

KLINK, Bart van. Facts and norms: the unfinished debate between Eugen Ehrlich and Hans Kelsen. **Tilburg Working Paper Series on Jurisprudence and Legal History**, no. 06-03 August 28, 2006. Tilburg University Legal Studies Working Paper No. 004/2006. Disponível em: https://ssrn.com/abstract=980957 or http://dx.doi.org/10.2139/ssrn.980957. Acesso em: 30/09/2018.

KNEALE, William; KNELAE, Martha. **O desenvolvimento da lógica**. Lisboa: Fundação Calouste Gulbenkian, 1991.

KOCH, Ingdore G. Villaça. **Desvendando os segredos do texto**. São Paulo: Cortez, 2006.

KONSEN, Lucas; BORDINI, Henrique S. Sociologia do direito contra dogmática: revisitando o debate Ehrlich-Kelsen. **Revista Direito e Práxis**, Rio de Janeiro, Vol. 10, N.1, p. 303-334, jan./abr. 2019. DOI: 10.1590/2179-8966/2018/35106| ISSN: 2179-8966

KORBUT, Andrei. The idea of constitutive order in ethnomethodology. **European Journal of Social Theory**, v. 17, n. 4, p. 479–496, 2014. DOI: 10.1177/1368431013516057.

KRIPKE, Saul A.. **O nomear e a necessidade**. Tradução Ricardo Santos e Teresa Filipe. Lisboa: Gravida, 2012[1972].

KRIPPENDORFF, Klaus. **On Reflexivity in Human Communication**. Temple Conference on Discourse Analysis, p. 1-29, 1989. http://repository.upenn.edu/asc_papers/253.

KRISTEVA, Julia. **História da linguagem**. (Tradução Maria Margarida Barahona). Lisboa: Edições 70, 2003[1969].

KUHN, Thomas. **A estrutura das revoluções científicas**. Tradução Beatriz Vianna Boeira e Nelson Boeira. São Paulo: Perspectiva, 2000[1962].

KUHN, Thomas. **A tensão essencial**. Tradução: Rui Pacheco. Lisboa: Edições 70, 2009[1977].

KUHN, Thomas. **O caminho desde a estrutura**. Tradução: Cezar A. Mortari. São Paulo: UdUNESP, 2017[2000].

LABOV, William. **Padrões sociolinguísticos**. São Paulo: Parábola, 2008[1972].

LABOV, William. **Principles of linguistic change**. Social factors. Oxford: Blakwell, 2001.

LAGAZZI-RODRIGUES, Suzi. A prática do confronto com a materialidade discursiva: um desafio. *In*: GUIMARÃES, Eduardo; BRUM DE PAULA, Mirian Rose. **Sentido e memória**. São Paulo: Pontes, 2005. p. 185-206.

LAKATOS, Imre. **Falsificação e metodologia dos programas de investigação científica**. Lisboa: Edições 70, 1999[1978].

LATOUR, Bruno. **Jamais fomos modernos**: ensaio de antropologia simétrica. Tradução Carlos Irineu da Costa. Rio de Janeiro: Editora 34, 1994.

LATOUR, Bruno; WOOIGAR, Steve. **A vida de laboratório**: a produção dos fatos científicos. Rio de Janeiro: Dumará, 1997.

LATOUR, Bruno. For David Bloor... and Beyond: A Reply to David Bloor's 'Anti-Latour'. **Studies in History, Philosophy of Science**, v. 30, n. 1, p. 113–129, 1999.

LATOUR, Bruno. **A esperança de pandora**. Tradução: Gilson César Cardoso de Sousa. Santa Catarina: EdUC, 2001.

REFERÊNCIAS

LEHRER, Keith; TOLLIVER, Joseph T.. Tropes and truth. *In*: REBOUL, Anne. **Mind, values and metaphysics**: philosophical essays in Honor of Kevin Mulligan, v. 1, p. 109-116, 2014. Springer International Publishing. https://doi.org/10.1007/978-3-319-04199-5_8

LIA ALMEIDA, Ana. Assessoria jurídica popular: um conceito, um movimento. *In*: JOCA MARTINS, Martha Priscylla Monteiro; MONTEZUMA, Talita de Fátima Pereira Furtado, ALVES, Vinicius (coord.). **Defensoria Pública, assessoria jurídica e popular e movimentos sociais e populares**: novos caminhos traçados na concretização do direito de acesso à justiça [E-book]. Vol. 2. Goiás: IPDMS, 2017. p. 111-156.

LIMA Fernando Rister de Sousa; FINCO, Matteo. Há limite econômico para a intervenção do judiciário na saúde? **Revista Brasileira de Sociologia do Direito** (RBSD), v. 6, n. 1, p. 27-41, jan./abr. 2019.

LINHARES, Orlando Bruno. O despertar do sonho dogmático. **Trans/Form/Ação**, São Paulo, v. 28, n. 2, p. 53-81, 2005.

LÔBO, Paulo Luiz Netto. Constitucionalização do direito civil. **Revista de Informação Legislativa**, Brasília, Senado Federal, a. 36, n. 141, p. 99-109, jan./mar. 1999.

LUHMANN, Niklas. **Sistema jurídico y dogmática jurídica**. Santiago de Chile: Olejnik, 2018[1974].

LUHMANN, Niklas. **La differenziazione del diritto**. Bologna: Il Mulino, 1981.

LUHMANN, Niklas. **Struttura della società e semântica**. Roma-Bari: Laterza, 1983.

LUHMANN, Niklas. **Sistemas Sociales**. Lineamentos para una teoría general. México/Barcelona: Universidad Iberoamericana/Anthropos, 1998[1984].

LUHMANN, Niklas. **Come è possibile l'ordine sociale**. Roma-Bari: Laterza, 1985.

LUHMANN, Niklas. Legal argumentation: an análisis of its form. **Modern Law Review**, v, 58, no 3, p. 285-298, may. 1995.

LUHMANN, Niklas. **Observaciones de la modernidad**. Racionalidad y contingencia en la sociedade moderna. Barcelona/Buenos Aires/México: Paidós, 1997[1992].

LUHMANN, Niklas. **A improbabilidade da comunicação**. Lisboa: Veja-Passagens, 2001.

LUHMANN, Niklas. **La ciencia de la sociedad**. México/Barcelona: Universidad Iberoamericana/Herder, 1996[1990].

LUHMANN, Niklas. **El derecho de la sociedad**. México/Barcelona: Universidad Iberoamericana/Herder, 2005[1993].

LUHMANN, Niklas. **La sociedad de la sociedad**. México/Barcelona: Universidad Iberoamericana/Herder, 2007[1997].

LUHMANN, Niklas. **Moral de la sociedad**. Madrid: Trotta, [2008]2013.

LUHMANN, Niklas. **La política como sistema**. Lecciones publicadas por Javier Torres Nafarrate. México/Barcelona: Universidad Iberoamericana/Herder, 2009.

LUHMANN, Niklas. **Organización y decisión**. México/Barcelona: Universidad Iberoamericana/Herder, 2010[2006].

LUHMANN, Niklas. **Sociología política**. Madrid: Trotta, 2014.

LUHMANN, Niklas. **La economía la sociedad**. México/Barcelona: Universidad Iberoamericana/Herder, 2017[1988].

LUZ, Yuri Corrêa da. O princípio da insignificância em matéria penal: entre aceitação ampla e aplicação problemática. **Revista de Direito GV**, São Paulo, v. 8, n. 1, p. 203-234, jan./jun. 2012.

MAIA, Alexandre da. O Movimento do Direito Alternativo e sua influência na Comarca do Recife. **Revista da OAB – Seccional de Pernambuco**, Recife, n. 24, 1997.

MAGALHÃES, Juliana Neuenschwander. os paradoxos do direito e da democracia. **Revista da Faculdade Mineira de Direito**, v. 22, n.43, p.1-19, 2019.

MAINGUENEAU, Dominique. **Anovas tendências de análise do discurso**. Campinas-SP: Pontes, 1997.

MAINGUENEAU, Dominique. **Análise de textos de comunicação**. São Paulo: Cortez, 2005a.

MAINGUENEAU, Dominique. **Gênese dos discursos**. Curitiba: Criar, 2005b.

MAINGUENEAU, Dominique. **Cenas da enunciação**. São Paulo: Parábola, 2008.

MAINGUENEAU, Dominique. **Doze conceitos em análise de discurso**. São Paulo: Parábola, 2010.

MAINGUENEAU, Dominique. **Discurso e análise de discurso**. São Paulo: Parábola, 2015.

MAINGUENEAU, Dominique. Retorno crítico sobre ethos. In: BARONAS, Roberto Leiser e outros (org.). **Análise do discurso**: entorno da problemática do ethos, do político e de discursos constituintes. Campinas-SP: Pontes, 2016. p.13-34.

MARCONDES FILHO, Ciro. **O escavador de silêncio**. Formas de construir e de desconstruir sentidos na comunicação. Nova teoria da comunicação II. São Paulo: Paulus, 2004.

MARCONDES FILHO, Ciro. Ensaio sobre a incomunicação. **Revista latino Americana de Ciências dela Comunicación**, v. 9, n. 17, p. 40-49, jul./dez. 2012.

MARCONDES, Danilo. Apresentação: a filosofia da linguagem de j. L. Austin. In: AUSTIN, John Langshaw. **Quando dizer é fazer**. Trad. Danilo Marcondes. Porto Alegre: Artes Médicas: 1990.

MARCONDES, Danilo. Desfazendo mitos sobre a pragmática. **ALCEU**, v. 1, n.1, p. 38-46, jul./dez. 2000.

MARCUSCHI, Luiz Antônio. **Fenômenos da linguagem**. Reflexões semânticas e discursivas. Rio de Janeiro: Lucerna, 2007a.

MARCUSCHI, Luiz Antônio. **Cognição, linguagem e práticas interacionais**. Rio de Janeiro: Lucerna, 2007b.

MARCUSCHI, Luiz Antônio. **Processo de compreensão**. Produção textual, análise de gêneros e compreensão. São Paulo: Parábola, 2008a.

MARCUSCHI, Luiz Antônio. **Produção textual, análise de gêneros e compreensão**. São Paulo: Parábola, 2008b.

MARCUSCHI, Luiz Antônio. **Linguística de texto**: como é e como se faz? Recife: EdUFPE, 2009.

MARIANO SILVA, Jeferson. **Como comparar os comportamentos decisórios dos magistrados?** WORKSHOP Mare Incognitum: desafios da pesquisa empírica sobre o STF. Disponível em: https://fundaogetuliovargas.academia.edu/Departments/Escola_de_Direito_de_S%C3%A3o_Paulo/Documents?page=3. Acesso em: 30/03/2019.

MARIANO SILVA, Jeferson. **Mapeando o Supremo**. As posições dos ministros do STF na jurisdição constitucional (2012-2017) Disponível em: https://fundaogetuliovargas.academia.edu/Departments/Escola_de_Direito_de_S%C3%A3o_Paulo/Documents?page=3. Acesso em: 30/03/2018.

MARQUES, Marcelo Pimenta. **Platão, pensador da diferença**. Uma leitura do Sofista. Belo Horizonte: Humanitas, 2006.

REFERÊNCIAS

MARTINI, Sandra Regina; BACK, Mateus Di Palma. Da Bukowina austríaca à global: resgatando o direito vivo do seu sincretismo metodológico. **Revista Direito Mackenzie**, v.11, n.1, p.109-132, 2017. DOI: 10.5935/2317-2622/direitomackenzie.v11n1p109-132.

MARTINS, Roberto de Andrade; SÉRGIO ROSA, Pedro. **História da teoria quântica**: a dualidade onda-partícula de Einstein a De Broglie. São Paulo: Livraria da Física, 2014.

MASCAREÑO, Aldo. Ética da contingência por maio do direito reflexivo. In: STAMFORD DA SILVA, Artur (org.). **Sociologia do direito: na prática da teoria.** Curitiba: Juruá, 2007. p. 203-239.

MASCAREÑO, Aldo. **Diferenciación y contingencia em América Latina.** Santiago de Chile: EdUAH, 2010.

MASCAREÑO, Aldo. Sociología de la intervención sistémica: orientación sistémica contextual. **Revista Mad**, Universidad de Chile, no 25, p. 1-33, sep. 2011.

MASCAREÑO, Aldo; CARVAJAL, Fabiola. Los distintos rostros de la inclusión y exclusión. **Revista CEPAL,** no 116, p. 131-146, ago. 2015.

MASCAREÑO, Aldo; STAMFORD DA SILVA, Artur; LOEWE, Daniel; RODRIGUEZ, Darío. Redes Informales e Instituciones Democráticas em América Latina. **DADOS – Revista de Ciências Sociais**, Rio de Janeiro, v. 59, n. 3, p. 683-718, 2016. DOI:10.1590/00115258201689

MASCAREÑO, Aldo; GOLES, Erica; RUZ, Gonzalo A.. Crisis in complex social systems: a social theory view illustrated with the chilean case. **Complexity**, v. 21, no. 52, p. 1-11, nov./dez. 2016. DOI 10.1002/cplx.21778.

MASCAREÑO, Aldo. *Esse sequitur operari*, o el nuevo giro de la teoría sociológica contemporánea: Bourdieu, Archer, Luhmann. **Revista Mad**, n. 37, p. 54-74, 2017. DOI: 10.5354/0718-0527.2017.47272.

MASCAREÑO, Aldo. De la inmunidad a la autoinmunidad: la disolución del orden social. **Astrolabio. Revista internacional de filosofia**, v.25, p. 22-47, 2020.

MATURANA, Humberto; VARELA, Francisco. **El arbor del conocimiento**: las bases biológicas del conocimiento humano. Santiago de Chile: EdUniversitaria, 1984.

MATURANA, Humberto; VARELA, Francisco. **De maquinas y seres vivos**. *Autopiesis*: la organización de lo vivo. Santiago de Chile: EdUniversitaria, 1994.

MATURANA, Humberto. **Cognição, ciência e vida cotidiana**. tradução Cristina Magro; Victor Paredes. Belo Horizonte: EdUFMG, 2001.

MATURANA, Humberto. **A ontologia da realidade**. Belo Horizonte: EdUFMG/Humanistas, 2014.

MAURÍCIO DOMINGUES, José. Reflexividade, individualismo e modernidade. **Revista Brasileira de Ciências Sociais** (RBCS), v. 17, n. 49, p. 55-70, jun. 2002.

MAURÍCIO DOMINGUES, José. Subjetividad colectiva: un concepto, una teoría. **Cuadernos de Teoría Social**, v. 3, N. 6, p. 38-48, 2017. Disponível em: https://www.academia.edu/35711390/Subjetividad_Colectiva_Un_concepto_una_teor%C3%ADa.

MBEMBE, Achille. **Necropolítica**. São Paulo: N1-edições, 2018.

MERTON, Robert. **The sociology of science**. Theoretical and empirical investigations. London/Chicago: University of Chicago, 1973.

MEZZAROBA, Orides ; TAVARES NETO, J. Q . O método enquanto pressuposto de pesquisa para o direito: a contribuição de Pierre Bourdieu. **Revista de Direito Brasileira**, v. 15, p. 116-132, 2016.

DECISÃO JURÍDICA NA COMUNICATIVAÇÃO

MONT'ALVERNE, Martônio. Judiciário versus executivo/legislativo: o dilema da efetivação dos direitos fundamentais numa democracia. **Pensar**, Fortaleza, v. 11, p. 185-191, fev. 2006. DOI: 10.5020/2317-2150.2006.v11n1p185. Disponível em: https://periodicos.unifor.br/rpen/article/view/790/1650

MONTEIRO, João Paulo. **Hume e a epistemologia**. São Paulo: UNESP/Discurso Editorial, 2009.

MOREIRA, Adilson José. Direito, poder, ideologia: discurso jurídico como narrativa cultural. **Revista Direito e Práxi**, Rio de Janeiro, v. 08, n. 2, p. 830-868, 2017. DOI: 10.12957/dep.2017.21460

MORETTI, Deborah Aline Antonucci; COSTA, Yvete Flavio da. A importância do ativismo judicial na implementação dos direitos sociais não implementados pelo poder público. **Revista Direitos e Garantias Fundamentais**, Vitória, v. 17, n. 1, p. 111-134, jan./jun. 2016. Disponível em: http://sisbib.emnuvens.com.br/direitosegarantias/article/view/750/279

NAVARRO, Joana. **Trabalho escravo. Conheça 9 marcas famosas envolvidas com trabalho escravo**. Disponível em: http://esquerdadiario.com.br/Conheca-9-marcas-famosas-envolvidas-com-trabalho-escravo. Acesso em: 17/10/2019.

NELKEN, David. An e-mail from Global Bukowina. **International Journal of Law in Context**, n. 3, p. 189-202, 2007. Doi:10.1017/S1744552307003011

NELKEN, David. Eugen Ehrlich, Living Law, and Plural Legalities. **Theoretical Inquiries in Law**, v. 9, n. 2, p. 443-471, 2008.

NEVES, Marcelo. Entre subintegração e sobreintegração: a cidadania inexistente. **DADOS. Revista de Ciências Sociais**, Rio de Janeiro, v. 37, n. 2, p. 253-275, 1994.

NEVES, Marcelo. Do pluralismo jurídico à miscelânea social: o problema da falta de identidade da(s) esfera(s) de juridicidade na modernidade periférica e suas implicações na América Latina. **Revista Unijui**, São Paulo, v. 4, n. 5, p. 7-37, 1995.

NEVES, Marcelo. Do consenso ao dissenso: O estado democrático de Direito a partir e além de Habermas". In: Jessé Souza (ed.), **Democracia hoje**: Novos desafios para a teoria democrática contemporânea. Brasília: Editora UnB, 2001. p. 111-163

NEVES, Marcelo. **Transconstitucionalismo**. São Paulo: Martins Fontes, 2009.

NEVES, Marcelo. Aumento de complexidade nas condições de insuficiente diferenciação funcional: o paradoxo do desenvolvimento social da América Latina. *In*: Germano Schwartz (ed.). **Judicialização das esferas sociais e fragmentação do direito na sociedade contemporânea**. Porto Alegre: Livraria do Advogado, 2012, 199-207.

NEVES, Marcelo. Os Estados no(s) centro(s) e os Estados na(s) periferia(s): alguns problemas com a concepção de Estados da sociedade mundial em Niklas Luhmann. **Revista de Informação Legislativa**, Brasília: Senado Federal, v. 52, no. 206, p. 111-136, abr./jun. 2015.

NEVES, Marcelo. Ideias em outro lugar? Constituição liberal e codificação do direito privado na virada do século XIX para o século XX no Brasil. **Revista Brasileira de Ciências Sociais**, v. 30, no. 88, p. 5-27, 2015.

NEVES, Marcelo. **Constituição e direito na modernidade periférica**: uma abordagem teórica e uma interpretação do caso brasileiro. São Paulo: Martins Fontes, 2019.

NEWTON, Isaac. **Principia**: Princípios Matemáticos de Filosofia Natural-Livro I. São Paulo: EdUSP, 2016 [1687].

REFERÊNCIAS

NOGUEIRA COELHO, Maria Cecília de Miranda. Entre aporias, dilemas, paradoxos e labirintos – uma explicação sobre escolhas, à guisa de introdução. **Nuntius Antiquus**, Belo Horizonte, v. 13, n. 2, p. 7-15, 2017. DOI: 10.17851/1983-3636.13.2.7-15.

OLIVEIRA, Luciano. Os excluídos existem? Notas sobre a elaboração de um novo conceito. **Revista Brasileira de Ciências Sociais**, v. 12, n. 33, p.1-11, fev. 1997. Também, disponível em: http://anpocs.com/images/stories/RBCS/33/rbcs33_04.pdf

OLIVEIRA, Luciano. **Sua excelência o comissário e outros ensaios de sociologia do direito.** Rio de Janeiro: Letra Legal, 2004.

PATERSON, John; TEUBNER, Gunther. Changing maps: empirical legal autopoiesis. *In*: Reza Banakar and Max Travers (eds.). **Theory and Method in Socio-legal Research**. Oxford: Hart, 2005. p. 215-237.

PATY, Michel. Construção do objeto e objetividade na Física Quântica. In: FREIRE JR, O., PESSOA JR, O., and BROMBERG, JL., orgs. **Teoria quântica**: estudos históricos e implicações culturais [online]. Campina Grande: EDUEPB; São Paulo: Livraria da Física, 2011. p.155-182.

PENNA, Camila. Reflexividade e agência na teoria sociológica contemporânea. **Revista Ciências Sociais Unisinos**, v. 48, n. 3, p. 192-204, set./dez. 2012. Doi: 10.4013/csu.2012.48.3.02

PERERIA DE ANDRADE, Vera Regina. **Dogmática jurídica**. Escorço de sua configuração e identidade. Rio de janeiro: Livraria do Advogado, 2003.

PETERS, Gabriel. Admirável senso comum? Agência e estrutura na sociologia fenomenológica. **Ciências Sociais Unisinos**, v. 47, n. 1, p. 85-97, jan./abr. 2011. DOI: 10.4013/csu.2011.47.1.09.

PLATÃO. **Teeteto**. Tradução Madriana Manuela Nogueira e Marcelo Boeri. Lisboa: Fundação Calouste Gulbenkian, 1995.

PLATÃO. **Sofista**. Tradução José Cavalcanti de Souza, Jorge Peleikat e João Cruz Costa. São Paulo: Nova Cultural, 1972.

PLATÃO. **A república**. tradução Carlos Alberto Nunes. Belém: EdUFPA, 2000.

PLATÃO. **Crátilo**. Tradução Maria José Figueiredo. Lisboa: Instituto Piaget, 2001.

PLATÃO. **Parmênides**. Tradução Maura Iglésias e Fernando Rodrigues. São Paulo: Loyola, 2003.

POPPER, Karl. **A lógica da pesquisa científica**. São Paulo: Cultrix, 1971.

POPPER, Karl. **Conjecturas e refutações**. Brasília: UnB, 1972.

POPPER, Karl. **Conhecimento objetivo**. Belo Horizonte: Itatiaia, São Paulo: EdUSP, 1973.

POPPER, Karl. **Os dois fundamentos da teoria do conhecimento**. São Paulo: Unesp, 2013[1930-1933].

POSSENTI, Sírio. Notas sobre condições de possibilidade da subjetividade, especialmente na linguagem. **Caderno de Estudos Linguísticos**, Campinas, v. 35, p. 95-107, jul./dez. 1998.

POSSENTI, Sírio. **Discurso, estilo e subjetividade**. São Paulo: Martins Fontes, 2001.

POSSENTI, Sírio. **Os limites do discurso**. Curitiba: Criar, 2002.

PROENÇA-ROSA, Carlos Augusto de. **História da ciência**: da antiguidade ao renascimento científico. 2. ed. Brasília: FUNAG, 2012a.

PROENÇA-ROSA, Carlos Augusto de. **História da ciência**: o pensamento científico e a ciência no século XIX. 2. ed. Brasília: FUNAG, 2012b.

PUTMAN, Hilary. **Corda tripla**. Mente, corpo e mundo. Aparecida-SP: Idéias & Letras, 2008[1999].

QUINE, Williard van Orman. **O sentido da nova lógica**. Curitiba: EdUFPR, [1944] 1996.

RAJAGOPALAN, Kanavillil. **A linguística que nos faz falhar**. Investigação crítica. São Paulo: Parábolas, 2004.

RAV, Yehuda. Perspectives on the history of the cybernetics movement: the history of the current research through the contributions of Norbert Wiener, Warren McCulloch, and John von Neumann. **Cybernetics and Systems**: an International Journal, no. 33, p. 780-782, 2002. DOI: 10.1080/01969720290040830

RAWLS, Anne Warfield. Respecifying the study of social order – Garfinkel´s transition from theoretical conceptualization to practices in details. GARFINKEL, Harold. **Seeing sociologically**: the routine groups of social action. Colorado (USA)/London: Paradigm, 2006. p. 1-97.

RAWLS, Anne Warfield. Edictor´s introduccion. GARFINKEL, Harold. **Toward a sociological theory of information**. Colorado (USA)/London: Paradigm, 2008. p. 1-100.

RAWLS, Anne Warfield. An essay on two conceptions of social order. **Journal of Classical Sociology**, v. 9, n. 4, p. 500-520, 2009. DOI: 10.1177/1468795X09344376.

RAWLS, Anne Warfield; MANN, David. Getting information systems to interact: the social fact character of "object" clarity as a factor in designing information systems. **The Information Society**, v. 31, p. 175-192, 2015. DOI: 10.1080/01972243.2015.998106

RAWLS, Anne Warfield. Introdução. *In*: GARFINKEL, Harold. **Estudos de etnometodologia**. Petrópolis: Vozes, 2018. p. 17-85.

REALE, Giovanni. **Aristóteles, Metafísica**. Vol. III. Sumários e comentários. São Paulo: Loyola, 2017.

REALE, Giovanni; ANTISERI, Dario. **História da filosofia**. Antiguidade e idade média. Vol. I. São Paulo: Paulus, 1990.

RECASÉNS SICHES, Luis. **Nueva filosofia de la interpretatión del derecho**. México: Porrúa, 1973

RIBAS VIEIRA, José; LACOMBE, Margarida; LEGALE, Siddharta (Coord.). Jurisdição constitucional e direito constitucional internacional. Belo Horizonte : Fórum, 2016.

RIBAS VIEIRA, José; LÍRIO DO VALLE, Vanice Regina. **Saídas institucionais ou a força do processo democrático na prevalência da constituição?** Disponível em: http://www.publicadireito.com.br/conpedi/anais/36/11_1102.pdf. Acesso em: 3/ago./2018.

RIBEIRO, Branca Telles & GARCEZ, Pedro M.. **Socioligüística interacional**. São Paulo: Loyola, 2002.

ROBLES, Gregório. A polêmica entre Kelsen e Ehrlich sobre a natureza da ciência jurídica. **Panóptica**, Vitória, v. 7, n. 1 (23), p. 1-14, 2012

ROCHA, Paula; JORDÃO, Maria Perpétua Socorro. Autoritarismo judiciário e precariedade de defesa das camadas populares no Brasil: Uma herança perversa. **Revista interterritórios**, Betdza-PE, v. 3, n. 5, p. 106-119, 2017.

RODRIGO RODRIGUEZ, José. Dogmática é conflito: a racionalidade jurídica entre sistema e problema. In: RODRIGO RODRIGUEZ, José; PÜSCHEL, Flavia Portella; MACHADO, Marta Rodriguez de Assis. **Dogmática é conflito**: uma visão crítica da racionalidade jurídica. São Paulo: Saraiva, 2012. p. 21-32.

RODRIGO RODRIGUEZ, José; PÜSCHEL, Flávia; ASSIS MACHADO, Marta. O raciocínio jurídico-dogmático e suas relações com o funcionamentop do Poder Judiciário e a democracia.

In: RODRIGO RODRIGUEZ, José; PÜSCHEL, Flavia Portella; MACHADO, Marta Rodriguez de Assis. **Dogmática é conflito**: uma visão crítica da racionalidade jurídica. São Paulo: Saraiva, 2012. p. 33-54.

RODRÍGUEZ, Darío. **Organizaciones para la modernización**. México: Universidad Ibero-Americana, 2004.

RODRÍGUEZ, Darío. La sociología y la teoría de la sociedad. In: LUHMANN, Niklas. **La sociedad de la sociedad**. México/Barcelona: Universidad Iberoamericana/Herder, 2006.

RODRÍGUEZ, Darío & OPAZO, María Pilar. **Comunicaciones de la organización**. Santiago de Chile: PUC-Chile, 2007.

RODRÍGUEZ, Darío; STAMFORD DA SILVA, Artur. Como sociólogo se puede hacer de todo, sin quedar encasillado en un ámbito temático. **Revista Brasileira de Sociologia do Direito**, ABraSD, v. 2, n. 2, p. 12-37, jul./dez., 2015. Disponível em: http://revista.abrasd. com.br/index.php/rbsd/article/view/12/32

RODRIGUES DE CARVALHO, Ernani. Em busca da judicialização da política no Brasil: apontamentos para uma nova abordagem. **Revista de Sociologia e Política**, Curitiba, PR, n. 23, p. 115-126, nov. 2004. Disponível em: http://www.scielo.br/pdf/rsocp/n23/ 24626.pdf

RORTY, Richard. **Philosophy and the mirror of nature**. Princeton/New Jersey: Princeton University, 1979.

RORTY, Richard. **El giro lingüístico**. (Tradução Gabriel Bello). Barcelona/Buenos Aires/ México: Paidós/Universidad Autonoma de Barcelona, 1990[1967].

RORTY, Richard. **Objetivismo, relativismo e verdade**. Escritos filosóficos I. Rio de Janeiro: Dumará, 1997.

RORTY, Richard. **El pragmatismo, una versión**: antiautoritarismo en epistemología y ética. Barcelona: Ariel, 2000.

RORTY, Richard. **Verdade e progresso**. São Paulo: Manole, 2005.

RUSSELL, Bertrand. **História da filosofia ocidental**. Tradução Brenno Silveira. São Paulo: Cia Editora Nacional, 1957.

RUSSELL, Bertrand. **Lógica e conhecimento**. São Paulo: Abril, 1974[1956]. Coleção Os Pensadores.

RUSSELL, Bertrand. **Os problemas da filosofia**. São Paulo: EdUnesp, 2005[1912].

RUSSELL, Bertrand. **Philosophy of atomism logic**. Nottingham-Reino Unido: The Bertrand Russell Peace Foundation, 2010[1924].

RUSSELL, Bertrand. **Conhecimento humano**. São Paulo: EdUnesp, 2018.

SADEK, Maria Tereza. **O judiciário em debate**. São Paulo: Sumaré, 1995. Disponível em: https://static.scielo.org/scielobooks/82r9t/pdf/sadek-9788579820342.pdf

SALOMÃO LEITE, Glauco; SILVA NETO, José Raimundo; FORNE, Raphael Crespo. Direito, democracia e internacionalização da constituição: direito(s) em debate. Ativismo judicial contramajoritário: o caso da descriminalização do porte de drogas para uso próprio. *In*: FERREIRA SANTOS, Gustavo; ALLAIN TEIXEIRA, João Paulo; ARAÚJO, Marcelo Labanca Corrêa de. **Direito, democracia e internacionalização da constituição**: direito(s) em debate. Recife: APPODI, 2016. p. 375-382.

SAUSSURE, Ferdinand de. **Curso de linguística geral**. São Paulo: Cutrix, 2002.

DECISÃO JURÍDICA NA COMUNICATIVAÇÃO

SCHALANSKI, Mariana; BERGER SITO, Santiago Artur. O solipsismo nas decisões judiciais produzidas no paradigma da filosofia da consciência e a exigência democrática da hermenêutica. **Revista de Argumentação e Hermenêutica Jurídica**, Brasília, v. 3, n. 1, p. 20-39, jan./jun. 2017.

SCHLUCHTER, Wolfgang. A Dualidade entre Ação e Estrutura: esboços de um programa de pesquisa weberiano. **Política & Sociedade**, Florianópolis, v. 15, n. 34, p. 18-42, set./dez. 2016. DOI: /10.5007/2175-7984.2016v15n34p18

SCHWANINGER, Markus. What Can Cybernetics Contribute to the Conscious Evolution of Organizations and Society? **Systems Research and Behavioral Science**, v. 21, p. 515-527, 2004. (www.interscience.wiley.com) DOI:10.1002/sres.636.

SCHWARTZ, Germano; SANTOS NETO, Arnaldo Bastos. O sistema jurídico em Kelsen e Luhmann: diferenças e semelhanças. **Direitos Fundamentais e Justiça**, n. 4, p. 188-210, jul./set. 2008.

SCHWARTZ, Germano **As constituições estão mortas?** Momentos constituintes e comunicações constitucionalizantes dos movimentos sociais do Século XXI. 2ª. Ed. Rio de Janeiro: Lumen Juris, 2020.

SCHWARTZ, Rodrigo Garcia; THOMÉ, Candy Florencio. Trabalho escravo contemporâneo, contexto e história: uma introdução ao caso brasileiro. **Revista de Direito do Trabalho e Meio Ambiente do Trabalho**, Brasília, v. 3, n. 1. p. 01-22, Jan./Jun. 2017.

SELLARS, Wilfred. Empiricism and the Philosophy of Mind. *In*: FEIGL, Herbert; SCRIVEN, Michael (eds.). **Minnesota Studies in the Philosophy of Science**, Volume I: The Foundations of Science and the Concepts of Psychology and Psychoanalysis. Minnesota: University of Minnesota Press, 1956. p. 253-329.

SELLARS, Wilfred. **Empirismo e filosofia da mente**. Tradução Sofia Inês Albornoz Stein. Petrópolis: Vozes, [2003] 2008.

SELLARS, Wilfred. Mental events. **Philosophical Studies**, v. 39, p. 325-345, 1981.

SERRES, Michel. **Historia de las ciências**. Madrid: Cátedra Teorema, 1998.

SEVERO ROCHA, Leonel. Epistemologia do direito: revisitando as três matrizes jurídicas. **RECHTD, Revista de Estudos Constitucionais, Hermenêutica e Teoria do Direito**, v. 5, n.2, p. 141-149, jul./dez. 2013.

SHECAIRA, Fábio Perin; STRUCHINER, Noel. Peculiaridades da argumentação sobre fatos no campo do direito. **Teoria Jurídica Contemporânea**, Rio de Janeiro, v.1, n.1, p. 126-143, jan. jul. 2016.

SIECZKOWSKI, João Batista. Conhecimento e justificação: a origem de debate entre internalismo vs. Externalismo. **Filosofia Unisinos**, v. 9, n. 3, p. 228-242, set./dez. 2008. Doi: 10.4013/fsu.20083.04.

SILVA RAMOS, Elival da. **Ativismo judicial**. Parâmetros Dogmáticos. São Paulo: Saraiva, 2015

SIMON, Samuel. Albert Einstein: ciência, filosofia e política. **scientiæ zudia**, São Paulo, v. 3, n. 4, p. 715-26, 2005.

SOKAL, Alan; BRICMONT, Jean. **Imposturas intelectuais**. Tradução: Max Altmam. Rio de Janeiro/São Paulo: Record, 2010.

SOUTO, Cláudio. Magistratura brasileira e ideologia formalista. **Sequencia**, PPGD-UFSC, v. 10, n. 19, p. 9-36, 1989.

REFERÊNCIAS

SOUTO, Cláudio. **O que é pensar sociologicamente**. São Paulo: EPU, 1987.

SOUTO, Cláudio. **Tempo de direito alternativo**. Porto Alegre: SAFE, 1997.

SOUTO, Cláudio; SOUTO, Solange. **Sociologia do direito**: uma visão substantiva. Porto Alegre: SAFE, 2003.

SOUTO, Cláudio. Sobre a pesquisa científica em direito. **Revista Brasileira de Sociologia do Direito**, ABraSD, v. 2, n. 2, p. 38-49, jul./dez. 2014. Disponível em: http://revista.abrasd.com.br/index.php/rbsd/article/view/35/45

SOUTO, Cláudio. For a general theoretical unified axiomatic reduction of the natural spaces. **RBSD – Revista Brasileira de Sociologia do Direito**, v. 6, n. 2, p. 2-12, maio/ago. 2019. Disponível em: http://revista.abrasd.com.br/index.php/rbsd/article/view/327/188

SOUZA E SILVA, Jailson de; WILLADINO, Raquel; NASCIMENTO, Rodrigo Costa do. **Novas configurações das redes criminosas após a implantação das UPPS**. Rio de Janeiro: Observatório de Favelas, 2018.

SOUZA JÚNIOR, José Geraldo; FONSECA, Lívia Gimenes Dias da. O Constitucionalismo achado na rua – uma proposta de decolonização do Direito. **Revista Direito e Práxis**, Rio de Janeiro, v. 8, n.4, p. 2882-2902, 2017. Disponível em: http://www.scielo.br/pdf/rdp/v8n4/2179-8966-rdp-8-4-2882.pdf

SOUSA SANTOS, Boaventura de. A sociologia dos tribunais e a democratização da justiça. **Pela mão de Alice**. São Paulo: Cortês, 1986. p.161-186.

SOUSA SANTOS, Boaventura de. Revisitando "poderá o direito ser emancipatório?". **Revista Direito & Práxis**, Rio de Janeiro, v. 6, n. 10, p. 1-25, 2015. DOI: 10.12957/dep.2015.15403.

SPENCER-BROWN, George. **Laws of form**. London: George Allen and Unwin, 1969.

SPRINGER DE FREITAS, Renan. **Sociologia do conhecimento**. Pragmatismo e pensamento evolutivo. Bauru-SP: EdUSC, 2003.

STAMFORD DA SILVA, Artur. Certeza e segurança do direito: reflexões em torno do processo de execução. **Revista de Informação Legislativa**, Brasília, a. 36, n. 141, p. 257-270, jan./mar. 1999.

STAMFORD DA SILVA, Artur. E por falar em ciência, onde anda a cientificidade do direito. **Revista da Faculdade de Direito de Betdza**, Betdza, ASCES, ano 33, v. 24, n. 1, 63-78, 2002.

STAMFORD DA SILVA, Artur. Conciliação judicial e ação comunicativa: Acordo judicial como negociação versus consenso. **Anuário dos Cursos de Pós-Graduação em Direito**, Recife, UFPE, n. 13, p. 75-109, 2003.

STAMFORD DA SILVA, Artur; LUMBANBO DE MELO; Murilo Otávio; BARBOSA, Romero Barreto. Construção judicial do direito. Desde Kelsen e Hart. Ainda somos os mesmos ... e vivemos. **Revista de Informação Legislativa**, Brasília, Senado Federal, ano 42, no 165, p. 205-218, jan./mar., 2005.

STAMFORD DA SILVA, Artur. Etnométodos y decisión jurídica: el derecho estatal como vía para la concreción de los derechos humanos. una propuesta metodológica. **DOXA**, Cadernos de Filosofía del Derecho, n. 29, p. 423-438, 2006.

STAMFORD DA SILVA, Artur; RAMOS, Chiara. Conciliação judicial e a função social das profissões jurídicas: uma análise etnometodológica do direito. **Revista de Informação Legislativa**, Brasília, Senado, v. 44, n. 175, p.317-333, jul./set. 2007a.

DECISÃO JURÍDICA NA COMUNICATIVAÇÃO

STAMFORD DA SILVA, Artur. Sociologia da decisão jurídica: pesquisa qualitativa sobre semântica social da comunidade jurídica. In: STAMFORD DA SILVA, Artur (org.). **Sociologia do direito**: na prática da teoria. Curitiba: Juruá, 2007b. p. 303-346.

STAMFORD DA SILVA, Artur; DA MAIA, Alexandre; ALLAIN TEIXEIRA, João Paulo. Pesquisa em direito e a superação das escolas-de-um-só. Uma profecia às avessas?. In: **180 anos do ensino jurídico no Brasil**. Campinas: Millennium, 2008.

STAMFORD DA SILVA, Artur. Gödelização da racionalidade e o limite da decisão jurídica: desparadoxizando as dicotomias da hermenêutica desde a teoria dos sistemas de sentido com Niklas Luhmann. **Revista Acadêmica** (Faculdade de Direito do Recife), Recife, Nossa Livraria, no. LXXXI, p. 113-137, 2009.

STAMFORD DA SILVA, Artur. Sociologia da decisão jurídica: pesquisa qualitativa sobre semântica social da comunidade jurídica. In: STAMFORD DA SILVA, Artur (org.). **Sociologia do direito**: na prática da teoria. Curitiba: Juruá, 2007b. p. 303-346.

STAMFORD DA SILVA, Artur. Discursos constituintes e direito: a construção de sentido do direito da sociedade a partir de decisões jurídicas. *In*: GOUVÊA, Lúcia Helena Martins; GOMES, Regina Souza (org.). **Anais do II Fórum Internacional de Análise do Discurso**: Discurso, Texto e Enunciação. Rio de Janeiro, Faculdade de Letras-UFRJ, 2010a.

STAMFORD DA SILVA, Artur. Decisão jurídica e mudança social. Para uma Sociologia da Decisão Jurídica. **Revista Confluências**, Rio de Janeiro, PPGSD, n. 11, p. 121-150, 2010b.

STAMFORD DA SILVA, Artur. Decisión judicial y cambios sociales en la óptica de la teoría de sistemas de sentido social. *In*: CADENAS, Hugo; MARCAREÑO, Aldo; USQUIZA, Anahí (ed.). **Niklas Luhmannn y el legado universalista de su teoría**. Santiago de Chile: RIL, 2012a. p. 267-316.

STAMFORD DA SILVA, Artur. Teoria reflexiva da decisão jurídica: observações a partir da teoria dos sistemas que observam. *In*: SCHWARTZ, Germano (org.). **Juridicização da esferas sociais e fragmentação do direito na sociedade contemporânea**. Porto Alegre: Livraria do Advogado, 2012b. p. 29-58.

STAMFORD DA SILVA, Artur. Direito estatal e direito extra-estatal em Max Weber: observações sobre o cotidiano prático-forense em Recife na construção do direito estatal. **Revista Sociologia Jurídica**, n. 15, p. 1-17, jul./dez. 2012c. Disponível em:https://sociologiajuridica. net/direito-estatal-e-direito-extra-estatal-em-max-weber/

STAMFORD DA SILVA, Artur. A semântica social da igualdade desde decisões do supremo tribunal federal. uma leitura sociológica da decisão jurídica. **Revista Eletrônica do Mestrado em Direito da UFAL**, Maceió, UFAL, v. 4, n. 1, p. 1-22, jan./jun. 2013. Disponível em: http://www.seer.ufal.br/index.php/rmdufal/article/view/318/757

STAMFORD DA SILVA, Artur; LEAL, Virgínia. Justiça Restaurativa como Direitos Humanos: observações éticas do discurso, pedagógicas e jurissociológicas. *In*: FARIA SILVA, Eduardo; GEDIEL, José Antônio Peres; TRAUCZYNSKI, Silvia Cristina. **Direitos humanos e políticas públicas**. Curitiba: Universidade Positivo, 2014a. p. 111-130.

STAMFORD DA SILVA, Artur. Sociologia da decisão jurídica: aplicação ao caso da homoafetividade. **Revista Brasileira de Sociologia do Direito**, ABraSD, v. 1, n. 1, p. 66-85, jan./jun., 2014b. Disponível em: http://revista.abrasd.com.br/index.php/rbsd/article/view/37/47.

REFERÊNCIAS

STAMFORD DA SILVA, Artur. **10 lições sobre Luhmann**. Petrópolis: Vozes, 2016 (Reimpresso em 2020).

STAMFORD DA SILVA, Artur. Teoria reflexiva da decisão jurídica: direito, mudança social e movimentos sociais. **Revista de Direito da UnB**, Brasília, UnB, v. 2, n. 1, p. 27-52, jun./dez. 2016. Disponível em: https://direitounb.scholasticahq.com/article/669-teoria-reflexiva-da-decisao-juridica-direito-mudanca-social-e-movimentos-sociais

STAMFORD DA SILVA, Artur; CARNEIRO, Henrique Carvalho; ARAÚJO PENHA, Marcelle Virgínia de. A produção do sentido jurídico de prova ilícita nas decisões do STF. Uma análise linguístico-pragmática dos discursos presentes em decisões jurídicas. In: COLARES, Virgínia e outros. **Linguagem & Direito**: caminhos para linguística forense no Brasil. São Paulo: Cortez, 2017. p. 199-227.

STAMFORD DA SILVA, Artur. Niklas Luhmann: 20 anos do Sociedade da sociedade. O lugar do ao mesmo tempo na teoria do direito. **Revista de Estudos Constitucionais, Hermenêutica e Teoria do Direito (RECHTD)**, Porto Alegre, Unisinos, n. 10, v. 1, p. 27-40, jan./abr. 2018. Doi: 10.4013/rechtd.2018.101.03 Disponível em: http://revistas.unisinos.br/index.php/RECHTD/article/view/rechtd.2018.101.03/60746255

STRECK, Lênio Luiz. Entre o ativismo e a judicialização da política: a difícil concretização do direito fundamental a uma decisão judicial constitucionalmente adequada. **Espaço Jurídico, Journal of Law**, Joaçaba, v. 17, n. 3, p. 721-732, set./dez. 2016.

STRUCHINER, Noel; BRANDO, Marcelo Santini. Como os juízes decidem os casos difíceis do direito? *In*: STRUCHINER, Noel; TAVARES, Rodrigo de Souza. **Novas fronteiras da teoria do direito**: da filosofia moral à psicologia experimental. Rio de Janeiro: PoD/PUC-Rio, 2014. p. 171-221.

TAVARES, Ana Cláudia Diogo. a luta pelo direito e a assessoria jurídica popular: desafios e perspectivas da atuação da Renap no estado do Rio de Janeiro. **Confluências** – Revista Interdisciplinar de Sociologia e Direito. Rio de Janeiro, PPGSD-UFF, v. 7, n. 1, p. 2-16, 2006. Disponível em: http://periodicos.uff.br/confluencias_teste/article/view/20127/11800

VICHINKESKI TEIXEIRA, Anderson. Ativismo judicial: nos limites entre racionalidade jurídica e decisão política. **Revista Direito GV**, São Paulo, v. 8, n. 1, p. 37-58, jan./jun. 2012.

TEIXEIRA MENDES, Regina Lúcia. Verdade real e livre convencimento: o processo decisório judicial brasileiro visto de uma perspectiva empírica. **Dilemas**, v, 5, n. 3, p. 447-482, jul./set. 2012.

TELLES JÚNIOR, Goffredo. **Direito quântico**: ensaio sobre o fundamento da ordem jurídica. São Paulo: Saraiva, 2014[1970].

TELLES JÚNIOR, Goffredo. O chamado direito alternativo. **Revista da Faculdade de Direito, Universidade de São Paulo**, v. 94, 1999. Disponível em: http://www.revistas.usp.br/rfdusp/article/view/67433/70043

TEUBNER, Günther. A Bukowina Global sobre a Emergência de um Pluralismo Jurídico Transnacional. **Impulso**, Piracicaba, v. 14, n. 31, p. 9-32, 2003.

TEUBNER, Günther. Dealing with paradoxes of law: Derrida, Luhmann and Wiethölter. *In*: PEREZ, Oren; TEUBNER, Günther. **Paradoxes and inconsistencies in the law**. Oxford: Hart, 2006. p. 41-64.

THOREAU, Henry David. **A desobediência civil e outros escritos**. São Paulo: Martin Claret, 2002.

VALCARENGHI, Emerson Carlos. Internalismo e crença epistemicamente racional. **O que nos faz pensar**, n. 25, p. 239-265, ago. 2009.

VALCARENGHI, Emerson Carlos. O internalismo pode integrar uma análise correta do conceito de conhecimento? **Kriterion**, Belo Horizonte, nº 117, p. 39-66, Jun. 2008.

VANDENBERGHE, Frédéric. **Teoria social realista**: um diálogo franco-britânico. (Trad. Gabriel Peters, Estela Abreu, Ana Liési Thurler). Belo Horizonte: Editora UFMG/Rio de Janeiro: IUPERJ 2010.

VANDENBERGHE, Frédéric. Cultura e agência: a visão "de dentro". **Sociologias**, Porto Alegre, ano 18, n. 41, p. 130-163, jan./abr. 2016.

VANDENBERGHE, Frédéric. Do estruturalismo ao culturalismo: a filosofia das formas simbólicas de Ernest Cassirer. **Revista Sociedade e Estado**, v. 33, n. 3, p. 653-674, set./dez. 2018.

VIANNA, Luiz Werneck; BURGOS, Marcelo Baumann; SALLES, Paula Martins. Dezessete anos de judicialização da política. **Tempo Social, Revista de Sociologia da USP**, v. 19, n. 2, p. 39-85, nov. 2007.

VILLAS BÔAS FILHO, Orlando. **Teoria dos sistemas e o direito brasileiro**. São Paulo: Saraiva, 2009.

XAVIER, José Roberto. **A pesquisa empírica e o direito**. Rio de Janeiro: Autografia, 2018.

WARAT, Luis Alberto. Saber crítico e senso comum teórico dos juristas. **Sequência**, Santa Catarina, v. 3, n. 05, p. 48-57, 1982. Disponível em: https://periodicos.ufsc.br/index.php/sequencia/article/view/17121/15692

WARAT, Luis Alberto. Técnicas argumentativas na prática judicial. **Sequência**, Santa Catarina, v. 5, n. 09, p. 35-56, 1984. Disponível em: https://periodicos.ufsc.br/index.php/sequencia/article/view/16731/15302.

WEBER, Max. **Economia y sociedad**. Tradução Vários tradutores. México: Fondo de Cultura Econômica, 1996[1922].

WEBER, Max. **Metodologia das ciências sociais**, parte 1. Tradução Augustin Wernet. São Paulo: Cortez, 2001.

WEBER, Max. **Metodologia das ciências sociais**, parte 2. Tradução Augustin Wernet. São Paulo: Cortez, 2003.

WIENER, Norbert. **Cybernetics**: or the control and communication in the animal and the machine. Cambridge/Massachutts: The MIT Press, 1965.

WIERNER, Norbert. **Cibernética y sociedad**, cap. 1. Disponível em:http://www.bahiapsicosocial.com.ar/en_sayo_nunca_desnudos/index.php/wiener-cibernetica-y-sociedad-cap-1/. Acesso em: 10/08/2009.

WILLIAMS, Michael. **Problems of knowledg**: a critical introduction to epistemology. Oxford: Osxcofrd Press, 2001.

WILLKE, Helmut. Formas de autoorientación de la sociedad. **Revista Mad**, Universidad de Chile, n. 34, 2016, p. 1-35. DOI: 10.5354/0718-0527.2016.40608

WILLKE, Helmut. The Tragedy of the State: Prolegomena to a Theory of the State in Polycentric Society. **ARSP: Archiv für Rechts – und Sozialphilosophie** *(Archives for Philosophy of Law and Social Philosophy)*, v. 72, No. 4, p. 455-467, 1986.

WITTGENSTEIN, Ludwig. **Investigações filosóficas**. Lisboa: Fundação Clouste Gulkenkian, 1974[1953]. Coleção Os Pensadores.

REFERÊNCIAS

Lista de Web Sites

Tribunal		Site Web
Acre	AC	https://esaj.tjac.jus.br/cjsg/consultaCompleta.do
Alagoas	AL	https://www2.tjal.jus.br/cjsg/resultadoCompleta.do
Amapá	AP	http://tucujuris.tjap.jus.br/tucujuris/pages/consultar-jurisprudencia/consultar-jurisprudencia.html
Amazonas	AM	https://consultasaj.tjam.jus.br/cjsg/consultaCompleta.do
Bahia	BA	https://www.tjba.jus.br/jurisprudencia/
Ceará	CE	https://esaj.tjce.jus.br/cjsg/consultaCompleta.do;jsessionid=84FFC0DEAFF9BDB0716D804C76102D27.cjsg2
Espírito Santo	ES	http://aplicativos.tjes.jus.br/sistemaspublicos/consulta_jurisprudencia/cons_jurisp.cfm
Goiás	GO	https://www.tjgo.jus.br/jurisprudencia/juris.php
Maranhão	MA	https://jurisconsult.tjma.jus.br/#/home
Mato Grosso	MT	http://jurisprudencia.tjmt.jus.br/consulta
Mato Grosso do Sul	MS	https://esaj.tjms.jus.br/cjsg/consultaCompleta.do
Minas Gerais	MG	https://www5.tjmg.jus.br/jurisprudencia/formEspelhoAcordao.do
Pará	PA	http://www.tjpa.jus.br/PortalExterno/institucional/Acordaos-e-Jurisprudencia/168242-Pesquisa-de-Jurisprudencia.xhtml
Paraíba	PB	http://juris.tjpb.jus.br/search?site=jurisp_digitalizada&client=tjpb_index&output=xml_no_dtd&proxystylesheet=tjpb_index&proxycustom=%3CHOME/%3E
Paraná	PR	http://portal.tjpr.jus.br/jurisprudencia/publico/pesquisa.do?actionType=pesquisar
Pernambuco	PE	http://www.tjpe.jus.br/consultajurisprudenciaweb/xhtml/consulta/consulta.xhtml
Piauí	PI	http://www.tjpi.jus.br/e-tjpi/home/jurisprudencia
Rio de Janeiro	RJ	http://www4.tjrj.jus.br/ejuris/ConsultarJurisprudencia.aspx
Rio Grande do Norte	RN	http://esaj.tjrn.jus.br/cjosg/
Rio Grande do Sul	RS	https://www.tjrs.jus.br/site/jurisprudencia/
Rondônia	RO	http://webapp.tjro.jus.br/juris/consulta/consultaJuris.jsf
Roraima	RR	http://jurisprudencia.tjrr.jus.br/juris/
Santa Catarina	SC	https://www.tjsc.jus.br/web/jurisprudencia
São Paulo	SP	https://esaj.tjsp.jus.br/cjsg/consultaCompleta.do
Sergipe	SE	http://tjse.jus.br/portal/consultas/jurisprudencia/judicial
Tocantins	TO	http://jurisprudencia.tjto.jus.br/

DECISÃO JURÍDICA NA COMUNICATIVAÇÃO

Distrito Federal	DF	https://pesquisajuris.tjdft.jus.br/IndexadorAcordaos-web/sistj?visaoId=tjdf.sistj.acordaoeletronico.buscaindexada.apresentacao.VisaoBuscaAcordao
STJ		http://www.stj.jus.br/sites/portalp/Inicio
STF		http://portal.stf.jus.br/